国家出版基金项目
NATIONAL PUBLICATION FOUNDATION

科技创新与
科技强国丛书

能源革命与碳中和

创新突破人类极限

薄智泉　徐　亭　沈寓实
林子薇　高文宇　廖文剑　编著

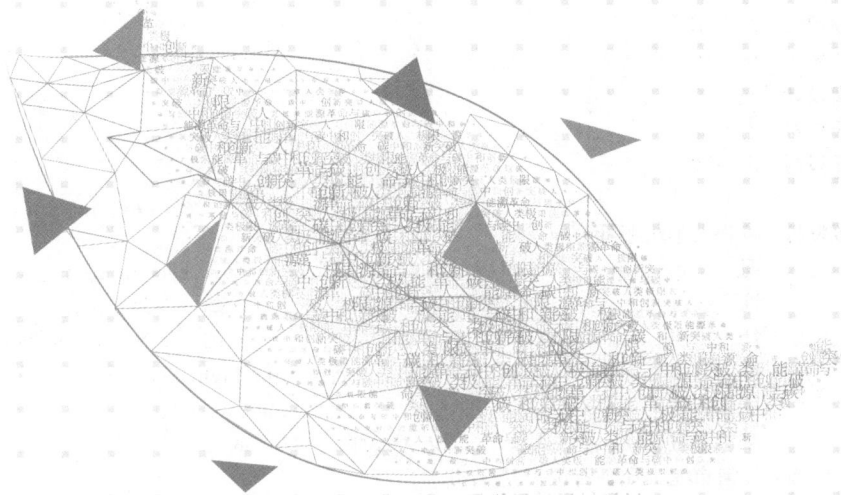

清华大学出版社
北京

内 容 简 介

随着人工智能和大数据的应用、5G 和物联网的实施、数字孪生和虚拟现实的推广，以及新材料和再生医学的出现，人类已步入第四次工业革命。第四次工业革命融合和带动了新一轮的能源革命，并在多个维度上进行融合创新，如可再生能源、智能化能源管理、数字能源、能源互联网、特高压、储能、与新材料结合的高性能能源等，共享经济、智慧社会、万物互联等都与能源合理利用密切相关，能源革命影响着经济和生活的方方面面，为世界实现碳中和奠定了基础。

本书从第四次工业革命的角度，结合创新的思维，全面梳理了新一轮能源革命的重点成就和未来趋势，具有系统性、科普性、启发性、前瞻性。本书不仅可以供科技类高校师生、研究人员、企业家、创业者及政府部门的管理决策者参考，也是广大科技工作者和相关从业人员的科普读物。

图书在版编目（CIP）数据

能源革命与碳中和：创新突破人类极限 / 薄智泉等编著. -- 北京：清华大学出版社，2025.7.
（科技创新与科技强国丛书）. -- ISBN 978-7-302-70044-9

Ⅰ. F426.2；X511

中国国家版本馆 CIP 数据核字第 2025YJ2766 号

策划编辑：白立军
责任编辑：杨 帆 薛 阳
封面设计：刘 键
责任校对：刘惠林
责任印制：宋 林

出版发行：清华大学出版社
网　　　址：https://www.tup.com.cn，https://www.wqxuetang.com
地　　　址：北京清华大学学研大厦 A 座　　　　　　邮　　编：100084
社 总 机：010-83470000　　　　　　　　　　　　邮　　购：010-62786544
投稿与读者服务：010-62776969，c-service@tup.tsinghua.edu.cn
质量反馈：010-62772015，zhiliang@tup.tsinghua.edu.cn
课件下载：https://www.tup.com.cn，010-83470236
印 装 者：三河市龙大印装有限公司
经　　　销：全国新华书店
开　　　本：185mm×230mm　　　印　　张：21.5　　　字　　数：421 千字
版　　　次：2025 年 9 月第 1 版　　　　　　　　　印　　次：2025 年 9 月第 1 次印刷
定　　　价：79.00 元

产品编号：098285-01

"科技创新与科技强国丛书"
出 版 说 明

　　科技是国之利器。建设世界科技强国不仅重要，而且复杂，唯有创新才能抢占先机。当前以人工智能、大数据、互联网、数字孪生、新材料、新能源等颠覆技术为基础的新一轮技术变革，使人类进入创新爆发时代。

　　"科技创新与科技强国丛书"包括首批规划出版的《科技与创新改变世界》《智能时代的科技创新——逻辑与赛道》《科技创新的战略高地——关键核心技术与原创策源》《能源革命与碳中和——创新突破人类极限》《科技创新与社会责任》，及规划中的《科技服务赋能先进制造——深度融合与模式创新》《科技简史——从中国到世界》《创新联合体——战略科技力量与关键核心技术》《科学基金与科学捐赠——推动科技进步与人类发展》《科学原创——从科学原创到产业集群全链融合》《科技创业家——科技创新与产业创新深度融合》《链长制——产业链与创新链融合发展》《数实融合——高质发展与内涵增长》《AI 大模型——算力突围与行业应用》《科技创新之路——案例、路径与方法》等。

　　本丛书由 SXR 科技智库上袭创新联合体理事长徐亭及国际应用科技研究院院长薄智泉担任总策划，薄智泉院长担任总编审，丛书在策划立项与组织编写过程中，得到了编委会顾问邬贺铨院士（中国工程院院士、中国互联网协会原理事长、中国工程院原副院长）、赵沁平院士（中国工程院院士、教育部原副部长）、干勇院士（中国工程院院士、中国工程院原副院长）、陈清泉院士（中国工程院院士、香港大学荣誉讲座教授）、褚君浩院士（中国科学院院士、复旦大学教授）、王中林院士（中国科学院外籍院士、爱因斯坦世界科学奖得主、中国科学院北京纳米能源与系统研究所创始所长）、薛其坤院士（中国科学院院士、南方科技大学校长）、黄维院士（中国科学院院士、俄罗斯科学院外籍院士、美国工程院外籍院士、西北工业大学学术委员会主任）、唐本忠院士（中国科学院院士、香港中文大学（深圳）理工学院院长）、谭建荣院士（中国工程院院士、浙江大学教授）、陈纯院士（中国工程院院士、浙江大学教授）、贺克斌院士（中国工程院院士、清华大学教授）、王金南院士（中国工程院院士、生态环境部环境规划院院长）、何友院士（中国工程院院士、海军航空大学教授）、杨善林院士（中国工程院院士、合肥工业大学学术委员会主任）十五位院士联袂推荐。

本丛书还得到了联合国科学和技术促进发展委员会主席、世界数字技术院理事长彼特·梅杰，世界数字技术院执行理事长、联合国数字安全联盟理事长、乌克兰工程院外籍院士李雨航，第十三届全国政协常委、国际核能院院士、中国科协原党组副书记、副主席张勤，中华人民共和国科学技术部原党组成员、第十一届全国人大教科文卫委员会委员吴忠泽，中国上市公司协会会长、中国企业改革与发展研究会会长宋志平，中企会企业家俱乐部主席、深圳国际公益学院董事会主席马蔚华，第十二届全国政协常委、中国石油化工集团公司原董事长、党组书记傅成玉，福耀玻璃集团创始人、董事长曹德旺，海尔集团董事局主席、首席执行官周云杰，360公司创始人、董事长兼CEO周鸿祎等的大力支持。

本丛书从3个不同的角度，全面诠释科技创新与科技强国的重要意义。首先是"高度"，从国际视野的高度分析整体科技的格局，比较核心科技领域的状况，揭示科技战略的规划，反映我国在科技方面的理论创新和实践创新。其次是"宽度"，从全面科技领域及实践的宽度对颠覆科技领域进行分析，对重大科技工程进行介绍，对未来科技领域进行展望。最后是"深度"，从科技创新理论和实践的深度对分散的相关理论进行梳理，对实践中的规律进行理论总结和提升，对科技创新理论的进一步发展提出思考空间。

科技是第一生产力，创新是一个民族的灵魂，科技和创新是建设现代化经济体系的战略支撑，也是实现高质量发展的必由之路。科技人员是科技创新的主体，"科技创新与科技强国丛书"为科技人员量身打造。本丛书通过重点关注科技人员和科技工作者关心的一些热点问题，涵盖了目前科技创新的方方面面，例如，对科技场景的深入分析，包括结合颠覆科技人工智能、大数据、云计算、区块链、边缘计算、数字孪生、虚拟现实、元宇宙等，为读者展示了智慧时代、共享时代、数字时代典型应用场景的商业模式及创新要点。

那么，本丛书的价值主要体现在哪些方面呢？

第一，较高的体系价值与学术价值。首先是"体系价值"，作为一套丛书，形成一个完整知识体系非常重要。本丛书从科技创新理论、创新力培养、创新力实践、各种科技场景及社会责任等方面创造了完整的知识体系，在很大程度上体现了"体系价值"。其次是"学术价值"，本丛书对创新理论进行了全面梳理，对科技场景进行了深入分析。同时，总结了创新管理和创新力培养的实践指南，提出了构建综合创新生态系统的思路和模式，全面梳理了新型研发共同体的特征和核心领域。

第二，核心的教育价值和创新实践价值。本丛书由院士担任编委会主任和名誉主任，核心作者有的来自高校，有的来自研究院，有的来自产业界，阵容强大、专业权威。他们长期从事科技创新的教学、研究和实践工作，能够保证图书内容的系统性和实用性，对创新既有理论研究，又有产业实践，使学校的创新和创业课程不但有很好的理论支持和实践指导，而且能够做到产学研融合，达到产学研的深度合作和交流。

第三，关键的科普价值和启发价值。本丛书从科技创新管理、广泛的科技实践等方面进行科普，无论是管理类人员还是各个不同领域的科技人员，都会感到既熟悉又新鲜，具有很强的"科普价值"。丛书从不同角度列举了多个创新案例，提出了多个创新方案，研究了多个创新模式，并加以分析、启发思考，具有"启发价值"。如果希望将"创新"发挥到极致，那就必须从"启发"开始。

第四，深远的国家战略意义。通过对创新理论和创新体系的全面梳理，为个人创新、企业创新指明方向，通过个人创新和企业创新推动国家创新，从而为科技强国做出贡献。

本丛书策划的初心主要是为实现其社会效益。内容涉及科技创新、科技合作、科技成果转化和科技向善，有系统性、实用性、科普性和启发性。读者通过阅读这套丛书，可以提升对科技创新的认识，自觉地宣传和承担社会责任。本丛书在激发新时代科技人才创新，以及服务国家战略等层面将产生积极、深远的影响。希望广大读者发扬创新精神、加强创新意识、提升创新力，成为在科技时代能够不断创新的重要贡献者，用科技与创新改变世界。

薄智泉　徐亭

2023 年 8 月

"科技创新与科技强国丛书"
序 1

　　近年来,全球很多国家都在大力发展科技创新,科技创新是国家核心竞争力的体现,也是推动经济社会发展的重要引擎。在过去几十年里,中国科技创新取得了巨大的成就,从基础研究到应用技术,从学术界到企业界,都涌现出了一大批优秀的科学家和创新企业。然而,我们也要看到科技创新面临的挑战和问题。一方面,与发达国家相比,中国科技创新仍然存在着差距,特别是在核心技术领域;另一方面,科技创新还需要更好地与经济社会发展相结合,解决实际问题,推动产业升级和转型。为了回应这些挑战和问题,由 SXR 科技智库上袭公司、国际应用科技研究院、同济大学和清华大学出版社等单位共同牵头出版这套"科技创新与科技强国丛书",意义重大,影响深远。

　　收到徐亭理事长和薄智泉院长邀请,担任"科技创新与科技强国丛书"顾问和编委会主任,我非常高兴。作为多国科学院院士,我深感科技创新对于国家发展的重要性,本丛书从多个角度探讨科技创新的重要性、现状和未来发展方向。例如,《科技与创新改变世界》一书,立足国际视野,展望未来科技领域,对全球科技创新格局进行了深入分析,为科技创新理论的完善与发展开拓了思考空间。从科技理论和实践的相互作用、构建成熟技术,到未来科技的发展逻辑框架、遵循现有成果总结,再到未来面临挑战的探索思路,本书循序渐进、环环相扣、阐幽显微,极具启发性,为广大读者奉上了一场丰富而精彩的"书香盛宴"。本丛书中的《能源革命与碳中和——创新突破人类极限》《科技服务赋能先进制造——深度融合与模式创新》《智能时代的科技创新——逻辑与赛道》《科技创新的战略高地——关键核心技术与原创策源》都是从产业变革与场景革命的高度,梳理了新一轮产业革命的重点成就和未来趋势,既具有科普性、启发性、前瞻性,也具有核心的教育价值和创新实践价值,更具有深远的国家战略意义,特别是能够很好地做到产学研融合,达到产学研的深度合作和交流。

　　本丛书规划中的《科技服务赋能先进制造——深度融合与模式创新》《科技创新与社会责任》《科技创新之路——案例、路径与方法》《科学原创——从科学原创到产业集群全链融合》《创新联合体——战略科技力量与关键核心技术》《链长制——产业链与创新链融合发展》《科技创业家——科技创新与产业创新深度融合》《科学基金与科学捐赠——推动科技进步与人类发展》等，深入研究当前科技创新的热点、难点、痛点、卡点和关键点，既从发展趋势和应用前景进行规划和分析，也充分关注科技创新与经济社会发展的关系，探索如何更好地将科技创新成果转化为经济效益和社会福祉，极具创新思路，也比较务实，可为广大读者了解中国科技创新的现状和未来发展提供有益的参考。

人才是科技创新最关键的因素，创新的事业呼唤创新的人才。国家科技创新力的根本源泉在于人才。一个又一个举世瞩目的科技成就的取得，靠的是规模宏大的科技人才队伍。而科技人才的培养，离不开重视科技、重视创新的教育。在科技创新过程中，需要弘扬科学家精神和学风建设，要求大力弘扬胸怀祖国、服务人类的奉献精神，勇攀高峰、敢为人先的创新精神，追求真理、严谨治学的求实精神，淡泊名利、潜心研究的进取精神，集智攻关、团结协作的协同精神，甘为人梯、奖掖后学的育人精神。牢记前辈们的殷殷嘱托，接过科技创新的接力棒，传承科学家精神，胸怀"国之大者"，不仅是广大科技工作者的责任，也当是教育工作者的责任和育人的基本遵循。

不创新，不发展科技，企业就难以在竞争环境中生存，国家就会落后，甚至失去真正的主权。因此，要通过个人创新和企业创新推动国家创新，从而为科技强国做贡献。希望本丛书能够成为广大读者了解科技创新的重要渠道，激发更多人投身科技创新的热情，共同推动科技创新和科技强国的发展。

科技创新是民族振兴、社会进步的基石，科技报国、强国有我，让我们共同努力。

黄维

中国有机电子学科、塑料电子学科和柔性电子学科的奠基人与开拓者
中国科学院院士、俄罗斯科学院外籍院士、美国工程院外籍院士
西北工业大学学术委员会主任

"科技创新与科技强国丛书"

序 2

当前的国际经济形势对经济增长的动力带来挑战,同时,也为科技与创新引领的新产业、新业态和新模式等带来机会。解决经济跨周期问题、克服企业的困难、在国际市场竞争中取胜,都要靠"创新",而且是"有效创新",因此,人们需要了解创新的体系,认识创新的底层逻辑,这样才能把握有效创新的重要性。

首先,了解创新的体系对"有效创新"至关重要,虽然关于"创新"的介绍很多,但是很难找到将"创新"体系化的。本丛书首次将创新进行全面分类,给读者呈现了一幅创新导图,在完整梳理创新过程的同时,将创新类型与创新过程的关系进行了清晰展示,提出创新过程模型选择的具体方案,对"有效创新"具有实际的指导意义。

其次,认识创新的底层逻辑是"有效创新"的重要基础。创新活动会产生知识,而创新活动也需要知识要素的投入,创新本质上是一项复杂而系统的、以知识资源为核心的创造活动。从知识的相互转换及知识管理的底层逻辑出发,本丛书对"创新的模式"进行了深入浅出的分析,系统阐述了科技成果的转化。从政府、企业、教育及科研机构、第三方技术服务、资本和中介机构几方面说明科技创新和各方面的关系。科技创新通常被视为一个纯粹的市场化活动,为了持续创新,需要建立一个创新联合体,将政府、企业、高校和科研机构等各方力量凝聚起来,形成一个协同创新的生态系统。高校和科研机构应加强基础和前沿技术的研究,培养更多的科技创新人才,为科技创新的发展提供有力支持。企业应加强与高校和科研机构的合作,共同开展科技研发和技术转移,实现科技成果的产业化和商业化。本丛书中对科技成果转化成功典范"硅谷模式"的总结是点睛之笔。

著名的管理学大师德鲁克讲过,"未来商业的竞争,不再是产品的竞争,而是商业模式的竞争"。在科技快速发展的当下,商业模式变得越来越重要,商业模式也成为创新最活跃的领域之一,不仅新创立的公司需要认真设计商业模式,而且运营中的公司也要根据市场发展、行业竞争、新产品和服务的推出,以及科技和经济环境的变化进行调整,以确保企业的核心竞争力。企业不是为了创新而创新,而是为创造价值而创新,要在商业模式上动脑筋,学会在价值链或价值网中思考问题,通过改变商业模式的构成要素或组合方式,用不同以往的方式提供全新的产品和服务,不断提高价值创造能力和盈利水平。商业模式创新虽然看起来没有高科技,但却创造了很高的商业价值,而且颠覆了科技的发展,商业模式的创新更是推陈出新。本丛书中的《科技与创新改变世界》详细总结了20种类型的商业模式并介绍了把握商业模式的创新时机,是重要的商业实战指导材料;《链长制——产业链与创新链融合发展》更是从产业链和创新链的深度融合,将模式创新拔高到产业链的维度。

经过30多年的基层管理到大型企业的领导工作,我在一些创新方面获得了一定的成功尝试,深刻体会到创新的重要和不易。本丛书对科技创新进行了丰富翔实的介绍和分析,既提供了扎实的理论基础,包括创新图谱、创新过程、创新战略、创新管理、创新力培养、社会责任和创新范式的思考,又展示了丰富的创新场景,包括能源革命与碳中和、智慧时代、共享时代、数字时代、新材料、生命科学甚至未来科技。本丛书逻辑清晰,分析透彻,兼具理论性、实用性、科普性和启发性,读之受益匪浅,是对广大管理人员及各行从业者非常友好的工具书。

宋志平

中国上市公司协会会长

中国企业改革与发展研究会会长

"科技创新与科技强国丛书"

序 3

世界经济论坛主席克劳斯·施瓦布说,第四次工业革命将颠覆几乎所有国家的所有行业。这也使得科技与创新在国家发展和企业竞争中上升到了前所未有的战略高度。

习近平总书记在二十大报告中指出,必须坚持科技是第一生产力、人才是第一资源、创新是第一动力,深入实施科教兴国战略、人才强国战略、创新驱动发展战略,开辟发展新领域新赛道,不断塑造发展新动能新优势。

立足于时代大背景,着眼于国家战略,清华大学出版社出版"科技创新与科技强国丛书",从国际视野分析了整体科技的格局,并从全面科技领域及实践的宽度对颠覆科技领域进行了分析,对重大科技工程进行了介绍,对未来科技领域进行了展望。更可贵的是,丛书对实践中的规律进行了理论总结和提升,对科技创新理论的进一步发展提出思考空间。这套丛书既有顶级院士、学者的前沿力量研究支持,又有产业管理者的鲜活实践加持,很好地做到产学研融合,为无论是个人创新还是企业创新提供了启发。

关于技术与创新的关系,战略专家凯翰·克里彭多夫提出了这样一个观点:最伟大的创新都是概念的创新,而非技术本身的创新。他认为,当我们开始思考概念转变是如何推动技术发展,并开始了解改变演变的方式时,我们就能更好地理解创新是如何发生的。

概念或者是理念的提出或革新让我们对认识事物、认识世界、理解世界趋势形成了一种新共识。这种新共识将推动我们对技术形成新的理解,进而推动技术变革,并应用到更新的领域,为人们的美好生活、为社会的发展、为人类的进步创造价值。

创新的概念最早是由熊彼特定义的,他认为创新就是建立一种新的生产函数,也就是说把一种从来没有过的关于生产要素和生产条件的"新组合"引入生产体系。而这种创新被认为是企业家的特质和职能。德鲁克对创新则定位为"创新就是创造一种新资源"。但他不再将"创新"归结为仅是企业家个体的行为,而是提出"每个人都是自己的 CEO"，也就是每个人都是创新的主体。

物联网时代是一个"流动的时代"。对企业而言，用户的需求是不确定的、时刻变化的。只有让人人都创新，才能为科技持续和更深刻的创新提供源源不断的动力，才能为用户提供持续迭代的最佳体验。

而这也需要企业从理念到机制上全面创新的支持。

海尔正在全面推进向物联网生态的转型，这是一个自理念到机制、到技术全面转型和创新的系统性工作。自创业开始海尔便明确的"人的价值最大化"宗旨在今天更凸显出其价值和意义。我们推进了从小微到链群合约生态的组织变革，搭建了让人人都有机会成为创业家的平台，释放了每个人的自主创新意识。链群中每个节点围绕用户的体验迭代，围绕用户的美好生活自主创新、迭代升级。也正因如此，海尔在智慧住居生态和产业互联网生态等赛道上无论是从技术创新，还是体系变革，乃至在带动产业转型方面都取得了一些成果。这也让我们对科技与创新改变世界有了更深刻的理解。

诺贝尔经济学奖获得者埃德蒙·菲尔普斯说，万众创新是经济增长和社会活力的源泉。让人人都创新，让人人都成为自主创新的主体，会带来更美好的世界。

周云杰

海尔集团董事局主席、首席执行官

PREFACE

序 1

　　能源是人类发展与进步的驱动力,也是建设可持续发展社会的重要和必要条件。传统能源主要指的是化石能源,它的最大优势是能量密度高、燃烧值高,因此利用其发电与供应稳定。然而,几百年来,随着人类大量使用陆地上的石油、煤炭和天然气等化石能源,陆地上化石能源的存量在快速减少,给人类未来可持续发展造成重大威胁。工业的快速发展和化石能源的过度使用,给全球经济带来繁荣的同时也带来全球变暖的挑战,能源革命是减缓全球变暖的关键。能源革命的核心就是改变能源结构,从高碳排放的能源,如煤炭、石油等,转变为低碳排放的能源,如可再生能源;并通过创新手段对能源进行高效利用,这样,就能够有效减少温室气体排放,减缓全球变暖现象。随着能源革命的推进,应用新能源已成为当今世界发展的重要方向。

　　近 20 年来,一方面,科学家们潜心研究各种形态的蓝色海洋能源,人类未来可能取代化石能源的主流能源有可能来自于海洋;海洋覆盖了地球 70% 以上的表面,其中蕴藏着丰富而清洁的可再生能源,主要以波浪、潮汐、海流、温度差、盐度梯度等形式存在于海洋之中,广义的海洋能源还包括海上风能、太阳能和海洋生物质能。另一方面,当前人类迈入了以纳米技术、物联网、人工智能为代表的新时代,未来的能源是发散式、分布式、移动式、不确定数目的能源集成,这就是新时代能源。例如,电子器件正在向着微小集成化、无线移动化、功能智能化方向发展,需要利用微纳米技术和新材料高效收集、转换和存储周围环境中分散、微弱的能量,为微纳器件提供持久、免维护、自驱动的能源。2005 年我大胆提出了微纳能源技术,并利用微纳能源技术发明了纳米发电机。纳米发电机主要有三大应用,第一个是可以捕集微小的分布式能源,第二个是用于自驱动的传感技术,第三个还可以用于采集大能源,应用范围比较广,是一个原创的新科学、新领域。例如,在健康医疗领域,心脏起搏器可以是自驱动的;在蓝色海洋能源方面,基于纳米发电机网络的分布式能量采集思想,使不同尺度的海洋能采集和应用成为可能,有利于促进海洋清洁能源的大规模商业化应用。因此蓝色海洋能源的有效利用将为"碳达峰、碳中和"的新时代能源提供有力支撑。

　　一年前,我很高兴地收到徐亭先生提供的《能源革命与碳中和——创新突破人类极限》一书的规划草案,欣然接受了编委会名誉主任的邀请,主笔贡献了第7章"微纳能源"和第8章"蓝色海洋能源",并参加了徐亭先生组织的编委会研讨会,倾听了薄智泉先生对本书的规划介绍,深入了解了背后的思考和编写的初心。

　　本书详细介绍了新能源的发展历程,论述了新能源的发展现状,以及如何通过科技创新来实现能源革命与碳中和,从而推动人类可持续发展。本书从国际视野深刻揭示了能源革命与工业革命的关系,通过第四次工业革命与创新思维结合,全面梳理了新一轮能源革命的重点成就和未来趋势;通过深入挖掘新能源的发展历史,让读者对新能源发展的过去、现在和未来有了更深入的了解。同时,本书还论述了未来新能源发展的可能性,以及未来能源革命的可能性,这对更深入理解新能源的发展趋势,更好地把握发展机遇,促进可持续发展,为世界人民提供更加安全、更加清洁的能源,具有重要意义。

　　能源革命是一个复杂的过程,需要推动碳中和、实现能源转型,以及推进清洁能源技术发展。未来新能源发展,必将涉及技术创新、经济发展、社会变革等多方面。在此过程中,我们需要深入研究新能源领域的发展趋势,积极推动新能源革命的进程,努力实现可持续发展的目标。希望我们共同努力,通过不懈地科技创新和能源革命减缓全球变暖的趋势,减少碳排放,实现碳中和。

王中林院士

中国科学院外籍院士、美国国家发明家科学院院士

欧洲科学院院士、加拿大工程院国际院士

2019年爱因斯坦世界科学奖得主

2018年能源界最高奖埃尼奖得主

中国科学院北京纳米能源与系统研究所创始所长

中国科学院大学讲席教授

2025年3月

PREFACE

序　2

在当今复杂且相互关联的世界中,寻求可持续能源解决方案和应对气候变化的迫切需要已成为人类的当务之急。我怀着极大的热情和兴趣阅读了《能源革命与碳中和——创新突破人类极限》一书。本书共 15 章,深入探讨了清洁能源和碳中和的多个方面,并为塑造人类共同的可持续发展的未来,提供了宝贵的见解和创新理念。

作为一名在气候变化、可持续能源和环境可持续发展领域拥有超过 35 年工作经验的高级管理人员和专业人士,我有幸与众多致力于寻找务实解决方案的专家、专业人士和学者合作,解决全球发展和环境挑战的问题。

本书的编著者薄智泉院长、徐亭理事长、沈寓实院士等拥有深厚的知识和推动变革的巨大热情,对向低碳经济转型所面临的复杂挑战表现出了非凡的理解。通过广泛的研究和深厚的知识,他们探索了能源系统、清洁能源技术和碳中和的复杂场景,并提供了对这些主题的全面概述。他们的专业知识在每一章的细致分析中显而易见,突出了该领域的历史背景、技术进步和新兴机遇。作为气候变化、可持续能源和环境可持续发展领域的杰出专业团队,他们为本书带来了丰富的专业理论、知识和经验。凭借联合国、政府机构和国际非政府组织前高级管理人员的背景,我欣赏本书内容的深度、团队的热情,以及在通过可持续能源系统使经济模式向低碳转型发挥关键作用时的坚定。本书的独特之处是融合了理论与实践。本书不仅提出了严格的分析和科学证据,还提供了实用的建议和现实的例子。

本书为正在进行的能源转型、低碳增长和应对气候变化话题做出了及时的响应,涵盖了广泛的主题,从能源系统的历史演变到可再生能源技术的前沿进展,对高熵能源、综合能源系统和数字能源的探索更凸显了创新解决方案在重塑能源格局方面的变革潜力。此外,本书强调了挑战传输极限、拥抱氢能、利用电池存储能力,以及整合工业和金融以实现可持续能源发展的重要性。

书中重点强调创新的作用,特别是在突破新材料和数字化的界限方面,这与时代不断变化的需求产生了强烈的共鸣。当努力实现碳中和并应对紧迫的环境挑战时,我们必须采用完整的解决方案来实现零排放积极目标。作者呼吁各国政府、国际组织、大学、民间社团和私营部门遵守包容性和协作性行动原则,这对于实现整体可持续发展至关重要。

最后,我赞扬薄智泉院长和他出色的团队在编写这本富有洞察力的书籍时所付出的奉献和学术精神,这对政策制定者、科研人员、从业者、企业家,以及任何有兴趣了解和促进可持续能源解决方案和转型的人来说都是宝贵的资源。通过探索能源、创新和碳中和之间错综复杂的关系,本书鼓励我们大胆思考,打破孤岛,提出创造性的解决方案,并共同努力创造更加繁荣和可持续的未来。

普拉迪普·蒙加博士

联合国防治荒漠化公约(UNCCD)前副执行秘书

联合国工业发展组织(UNIDO)能源与气候变化前主任

联合国开发计划署(UNDP)前能源与环境主管

2025 年 2 月

PREFACE
序　3

在人类发展历程中,能源革命一直是重要的里程碑。古人发明了火炬,使生活得到改善;煤炭和石油的出现,使大规模机械化成为可能,推动了工业革命;现代能源技术的发展,更为生活提供了更多便利。然而,在工业革命和经济快速发展的同时也带来了环境问题,如空气污染、气候变化等。为了应对这些问题,必须推动新一轮的能源革命,即在获得能源的同时,减少碳排放,逐渐达到碳中和。

新一轮能源革命是指转变能源生产和消费方式的过程,包括更多的再生能源使用、能源效率提高、能源储存等,以减少温室气体排放。碳中和是指采取措施减少温室气体排放,从而降低温室效应的一系列技术和政策。无疑能源革命和碳中和有着密切的联系,因为能源革命是减少温室气体排放的有效手段。例如,推行可再生能源可以减少对化石燃料的依赖,从而减少温室气体排放;利用各种创新手段——高效生产、传输、储能、使用及管理,可以提高能源转化和利用效率。因此,能源革命和碳中和是密不可分的,二者必须结合起来才能有效地减少温室气体排放,减缓全球气候变暖的速度,为人类的未来发展提供可持续的能源。

作为清洁能源之一的核能是我学习的专业,我从事核能及反应堆研究多年,近些年又投身于数字化和宏观科技管理工作,对能源问题及碳中和高度关注。在获悉了薄智泉、徐亭等关于《能源革命与碳中和——创新突破人类极限》一书的策划后,我参与了编辑筹备研讨。在短短一年多时间就看到一部高质量的作品,倍感欣慰。

本书阐述了能源革命与碳中和的历史背景、最新发展和未来趋势,以及如何通过创新技术来突破人类的极限。全书思路清晰、逻辑完整,由浅入深地介绍了正在发生的能源革命的方方面面,也展示了即将到来的能源革命的技术创新,如能源互联网、数字能源、电池及储能等。随着创新科技的不断涌现,未来能源革命将会起到越来越大的作用。

作为一个全球性重大问题,能源革命与碳中和需要国际社会共同努力,携手应对。本书既为可持续发展提供了路径,也为国际社会提供了一个全新的思路,以期能够实现能源革命与碳中和的发展目标。本书可以使读者在短时间内充分了解能源革命的来龙去脉，对读者理解科技创新及能源革命的未来极具启发性。我推荐这本书，建议政府、企业和社会各界人士阅读它，以期能够在全球可持续发展的道路上，达成更加有效的共识和行动。科技是我们的未来，创新是我们的出路，愿我们的天更蓝、水更绿，愿世界更加宜居，通过能源革命，迈向碳中和。

张 勤

第十三届全国政协常委

中国科协原党组副书记、副主席

国际核能院院士

2025 年 3 月

PREFACE
序 4

人类的社会发展历程,离不开能源的支撑。第一次工业革命以蒸汽机为核心,第二次工业革命以燃油机为核心,从能源的角度重新梳理工业和市场经济发展可以看出能源都是主导性因素,所以似乎将这两次工业革命归纳为能源革命更为恰当。进入 21世纪,全球能源面临温室气体排放量升高、能源结构不断调整、资源利用效率亟待提升等多种挑战,而碳中和发展成为人类共同追求的新方向。

我与能源打交道几十年,深刻明白,当我们站在 21 世纪的舞台上,我们面临的不仅是新的机遇和挑战,更是一个历史性的转折点——能源革命与碳中和。这是一个涉及全球气候变化、环境保护、经济发展和社会进步的重大话题。恰逢此时,清华大学出版社推出了《能源革命与碳中和——创新突破人类极限》一书,我也很荣幸能为此书作序,希望能通过这本书,分享我对这个主题的思考。

本书以全面的视角和深入的研究,探讨了能源革命和碳中和的各个方面,包括高效清洁利用的煤炭、可再生能源、微纳能源、海洋蓝色能源、能源互联网,以及挑战各种极限的新工艺、新材料、数字化和产融一体化等。这些内容不仅提供了对当前能源情况的深入理解,也为我们描绘了一个充满希望的未来:一个通过创新和突破人类极限,实现碳中和的未来。

如同书中所述,在全球范围内,能源与环境问题日益凸显,迫切需要采取积极行动以推动可持续发展。我们正面临能源结构的转型、碳排放的控制及生态环境的保护等重大任务。在这一过程中,创新是关键的驱动力,创新的路径将引领我们向前迈进,不断突破人类的极限。创新不仅是一项又一项技术的突破,更是一项又一项的使命。通过科技创新、产业升级和跨界合作,我们有信心走向碳中和,为人类的可持续未来贡献力量。

作为曾经中国石油化工集团公司及其他几个相关机构的管理者之一,我深深感受到了我们国家在能源革命和碳中和方面所做的努力和取得的成就。我们已经开始向积极的绿色低碳的全面转型,不仅在国家级别,而且在各个行业。我坚信,中国最有希望走在世界前列,成为新能源产业的世界领导者。

为了能源安全、为了低碳环保、为了绿水青山,最重要的还是要发展清洁能源、可再生能源,并结合数字能源、能源互联网、新型储能技术等获得可持续发展。在这个充满变革的时代,能源革命既是一项伟大的挑战,也是一次前所未有的机遇。我们需要在传统能源与新兴能源之间找到平衡,借助创新来引领未来的发展。这意味着在科技、产业、政策和社会各个层面迈出坚定的步伐,以实现碳中和目标,为人类的可持续未来奠定基础。

在这个充满挑战和机遇的时代,我向大家推荐《能源革命与碳中和——创新突破人类极限》这本著作。希望这本书能启发读者的思考,激发读者的热情,并鼓励大家积极参与和推动能源革命和碳中和的伟大事业。让我们共同携手,创造更加清洁、绿色、可持续的明天。

傅成玉

第十二届全国政协常委

中国石油化工集团公司原董事长、党组书记

联合国全球契约中国网络名誉主席

碳中和国际研究院创始院长

2025 年 3 月

FOREWORD
前　言

纵览人类的发展历史,科学技术无疑是推动人类社会进步的主要动力,在科学技术进步的过程中,能源起到举足轻重的作用,而且能源的开发和利用同样都是标志性的,人类极限的每一次重大突破都离不开能源革命。

"钻木取火"开启了能源的利用,"星星之火"标志着人类进入了文明社会。在接下来的几千年里,虽然社会在进步,人类在发展,但是发展非常缓慢,主要原因之一就是对能源的利用停留在薪柴燃料、风能动力的帆船航行,以及少量的简单水利动力上,并没有形成有效的转换。直到 18 世纪 60 年代,以纺织机和蒸汽机为标志,英国通过水利应用和蒸汽机的发明,实现了能源的革命,引发了第一次工业革命,造就了大英帝国长达一个多世纪的世界霸主地位。到了 19 世纪末 20 世纪初,以发电机和电动机等为标志,通过一系列的电气发明,又一次掀起能源革命,迎来第二次工业革命,并逐渐形成工业电气化和流水线的生产方式,加上石油能源的使用,实现了大规模的工业制造。20 世纪 60 年代开始的信息技术、无线通信及网络的兴起带来了第三次工业革命。借助电子技术,不仅可以利用更多形式的能源,而且能源以电池储存的形式成为电子器件一个不可分割的部分,多种形式的再生能源的产生和使用,以及其与互联网的结合应用,标志着人类进入第三次工业革命。随着工业的快速发展,能源的开发和利用得到了快速提升,但是能源消耗的快速增加也给人类生存环境带来了负面影响,从而进一步激发了新的能源革命,并推动"碳中和"目标提出。

随着人工智能和大数据的应用、5G 和物联网的实施、数字孪生和虚拟现实的推广、新材料和再生医学的出现,人类步入第四次工业革命,同时也迎来了新一轮的能源革命。新一轮的能源革命聚焦科技创新与融合,如再生能源、智能化能源管理、数字能源、能源互联网进一步升级、特高压、储能、与新材料结合的高性能能源等;进一步与场景融合,如共享经济、智慧社会,最终走向碳中和。

本书从宏观视角,对能源的形成和发展进行综述,对主要形式的能源进行梳理,对正在进行的能源革命进行探讨,揭示和启发各种能源形式的碳中和技术创新。希望在短时间内对新一轮的能源革命与碳中和及其重要性有一个全面深入的认识，促进全方位有效利用能源、增强节能环保意识，使经济社会更加可持续，尽快实现碳中和，通过创新和能源革命不断突破人类极限。

本书是"科技创新与科技强国系列丛书"中最核心的一本。"科技创新与科技强国系列丛书"由国际应用科技研究院和 SXR 科技智库上袭公司共同策划并组织编写。国际应用科技研究院是一家以科技成果产业化为主的非营利国际组织机构，通过全领域及全地域覆盖，以高科技产业应用技术研究、战略性新兴产业培育、科技成果转化、应用技术培训为核心，搭建一个推广应用技术的平台、交流应用技术的桥梁、科技创新培训的中心，凭借先进的技术优势、人才优势和管理经验，整合国际科技资源，充分挖掘和调动国际各领域科技资源，赋能科技成果转化和科技创新实践。SXR 科技智库上袭公司是一家以科技为主的非营利、综合性的战略研究和决策咨询机构，携手战略合作伙伴，为政府、高校、企业提供科技决策咨询、科研成果产业化和持续经营体系解决方案，努力成为新时代科技咨询综合性思想库、科技咨询开创者和代言人，通过上袭奖（SXR Prize）委员会、SXRSF 上袭科学基金与科学捐赠委员会和上袭家族财富委员会三位一体，以 SXRIC 上袭创新联合体新型组织模式，推动科技不断进步和人类持续发展。

本书由薄智泉院长和徐亭理事长共同策划并牵头组织编写，第 4 章、第 5 章（除 5.4 节）、第 12 章、第 15 章、结束语由薄智泉编写，第 1 章、第 2 章、第 3 章、第 6 章（除 6.5 节）由高文宇团队组织编写，第 7 章由王中林院士、王杰、张弛编写，第 5 章 5.4 节、第 6 章 6.5 节、第 8 章由王中林院士、徐敏义、蒋涛编写，第 10 章和第 11 章由沈寓实院士团队（程寒松、王永真、匡宇、梁田）编写，第 9 章和第 13 章由沈寓实团队（王永真、李嘉宇、葛强）及薄智泉共同编写，第 14 章由廖文剑编写，最终由薄智泉对全书进行整体审阅和修改。

在本书的编著过程中得到了编委会顾问干勇院士（中国工程院院士、中国工程院原副院长）、陈清泉院士（中国工程院院士、香港大学荣誉讲座教授）、王中林院士（中国科学院外籍院士、中国科学院北京纳米能源与系统研究所创始所长、中国科学院大学教授）、贺克斌院士（中国工程院院士、清华大学教授）、王金南院士（中国工程院院士、生态环境部环境规划院院长），以及清华大学出版社的白立军老师的大力支持，在此一并表示衷心的感谢。

作者

2023 年 7 月

CONTENTS

目　录

第1篇　背景综述

第2篇　第一、第二次能源革命及煤炭高效清洁利用

第 4 篇　第四次能源革命——全面科技融合走向碳中和

第 1 篇　背 景 综 述

第 1 章

能源及碳中和概述

学习目标

(1) 掌握能源的概念。

(2) 了解能源在人类历史中的发展历程及趋势。

(3) 辨别能源的不同分类。

(4) 认识能源可持续发展的必要性和复杂性。

(5) 掌握碳中和的技术与途径。

(6) 认识碳中和的意义。

1.1 能源的定义

能源的定义有很多。例如,《大英百科全书》的定义:能源是一个包括所有燃料、流水、阳光和风的术语,人类用适当的转换手段便可利用其为自己提供所需的能量。《日本大百科全书》的定义:人类在各种生产活动中,利用热能、机械能、光能、电能等做功,自然界中能提供能量的各种载体称为能源。中国《能源百科全书》的定义:能源是可以直接或经转换提供人类所需的光、热、动力等任一形式能量的载能体资源。可见,能源是一种呈多种形式的,且可以相互转换的能量源泉。

简单地说,凡是能够提供能量的物质资源都称为能源。这里的能量通常指热能、电能、光能、机械能、化学能等。例如,石油、天然气在燃烧过程中可以提供能量,它们就是能源;流水和风可以提供能量,它们也是能源。能源的利用过程,实质上是能量的转化和转移过程,但不能说能源就是能量,反之亦然。

能源又称能量资源或能源资源,是指能够直接获得或者通过加工、转换而取得有用能的各种资源,包括煤炭、原油、天然气、煤层气、水能、核能、风能、太阳能、地热能、生物质能等一次能源和电力、热力、成品油等二次能源,以及其他新能源和可再生能源。煤炭、石油和天然气等统称为化石能源。煤炭是由远古植物埋在地下经过复杂变化形成的一种固态化石燃料,燃烧会造成环境污染,许多国家都在开发保持空气清洁的煤炭燃烧技术。石油又称原油,是一种浓稠的深褐色液体,大多数人认同的成因是,由古代海洋或湖泊中的生物经过漫长演化形成,大部分石油储藏在地下砂岩层或石灰岩层的小孔中。地下石油开采出来后,经过加热蒸馏,可以从原油中分离出燃料和其他产品。石油占全世界消费能源的 1/3 以上,是大多数汽车、飞机和轮船的燃料。也有许多家庭用石油取暖。制造塑料、油漆、药品和化妆品等所需的原材料都是从石油中提取的。天然气是主要产于油田和天然气田的气态化石燃料,成因与石油相似,比石油轻,常位于石油上部。天然气具有洁净、价格低廉和供应安全等特点,缺点是极易燃烧,若泄漏会引起爆炸,造成火灾。目前,人类大量使用化石能源造成的环境恶化正在危害着地球。人类唯一的出路就是寻求替代能源——可再生能源。可再生能源包括水电能、风能、波动能、潮汐能、地热能、生物能、太阳能等。[1]

能源是国民经济的重要物质基础,未来国家命运取决于对能源的掌控。能源的开发和有效利用程度及人均消费量,是生产技术和生活水平的重要标志。

1.2　能源的来源及发展历程

地球能源按来源可分为三大类:一是来自太阳的能量,包括直接来自太阳的能量(如太阳光热辐射能)和间接来自太阳的能量(如煤炭、石油、天然气、油页岩等可燃矿物,薪材等生物质能,水能和风能等)。二是来自地球本身的能量,一种是地球内部蕴藏的地热能,如地下热水、地下蒸汽、干热岩体;另一种是地壳内铀、钍等核燃料所蕴藏的原子核能。三是月球、太阳等天体和地球的相互作用产生的能量,如潮汐能。

人类对能源的利用在历史上主要有三次转换:第一次是煤炭取代木材等成为主要能源;第二次是石油取代煤炭居主导地位;第三次是 20 世纪后半叶开始出现的向多能源结构的过渡转换。人类利用能源的历史,也是人类认识和征服自然的历史。人类利用能源的历史可分为五大阶段。

（1）火的发现和利用。

（2）畜力、风力、水力等自然动力的利用。

（3）化石燃料的开发和热的利用。

（4）电的发现及开发利用。

（5）原子核能的发现及开发利用。

18 世纪之前，人类仅限于对风力、水力、畜力、木材等天然能源的直接利用，尤其是木材，在世界一次能源消费结构中长期占据首位。蒸汽机的出现加速了 18 世纪开始的产业革命，促进了煤炭的大规模开采。到 19 世纪下半叶，出现了人类历史上第一次能源转换。1860 年，煤炭在世界一次能源消费结构中占 24％，1920 年上升为 62％。从此，世界进入了"煤炭时代"。

19 世纪 70 年代，电力代替了蒸汽动力，电器工业迅速发展，煤炭在世界能源消费结构中的比重逐渐下降。1965 年，石油首次以更高热值、更易运输等特点取代煤炭占据首位，标志着世界进入了"石油时代"。1979 年，世界能源消费结构的比重是：石油占 54％，天然气和煤炭各占 18％，油、气之和高达 72％。石油作为一种新兴燃料不仅直接带动了汽车、航空、航海、军工业、重型机械、化工等工业的发展，甚至影响着全球的金融业，人类社会也被飞速推进到现代文明时代。

但是地球上石油的储量有限，石油的大量消费使能源供应严重短缺。与此同时，化石燃料大量燃烧也引发了气候变暖、两极冰川融化、极端天气突增等一系列全球性危机。世界能源正面临一个新的转折点，向石油以外的能源物质转移已势在必行。在能源消费结构中，已开始从以石油为主要能源逐步向多元能源结构过渡。人类必须对可利用的各种能源进行认真"计算"和"筹划"，既要满足目前的需要，又要考虑长远的影响和发展，为子孙后代的丰衣足食着想。因此，人们一方面研究如何进一步合理、妥善、高效率地开发利用化石燃料和水力等常规能源（又称传统能源），例如，研究提高能源转换效率的方法，改善能源开采和利用的方式等，着重从节流方面想办法并采取措施；另一方面，人们上天、入地、下海，四处寻找开源途径，探索低廉且丰富、又不影响生态环境的清洁新能源，如太阳能、地热能、核聚变能和海洋能等。

可再生能源是目前能源转型的核心。随着各国加大控制碳排放力度，全球的太阳能和风能发电能力都在提高。过去 20 年可再生能源在全球能源结构中所占份额的变化，见表 1-1。

表 1-1　2000—2020 年可再生能源全球占比变化

年份	传统生物质能	可再生能源	化石燃料	核能
2000	10.2％	6.6％	77.3％	5.9％
2005	8.7％	6.5％	79.4％	5.4％
2010	7.7％	7.7％	79.9％	4.7％
2015	6.9％	9.2％	79.9％	4.0％
2020	6.7％	11.2％	78.0％	4.0％

注：来源于世界资源研究所。

　　由表 1-1 可看出，在 2000—2010 年的 10 年间，可再生能源的份额只增长了 1.1％。但是 2010—2020 年的 10 年间，增长速度开始加快，可再生能源的份额增长了 3.5％。

　　当前的能源转型在规模和速度上都是前所未有的，全球气候目标要求到 2050 年实现净零排放。这意味着化石燃料将在 30 年内完全消失，可再生能源将不可避免地迅速增加。继 2020 年创纪录的一年后，可再生能源产能增加有望在 2021 年创下新的纪录。此外，全球能源转型投资在 2021 年达到创纪录的 7550 亿美元。

　　然而，历史表明，仅增加能源资源不足以促进能源转型。煤炭的发展需要矿山、运河和铁路；石油的发展伴随油井、管道和炼油厂；电力的发展需要电机和电网。事实上，能源革命的内在逻辑，就是人类文明发展的需求驱动——原始社会能源主要满足人类生存需求；封建社会人类生活品质提高，初级工业生产使得对能源的需求量大幅增加；工业革命以来社会文明加快发展，人类对交通、信息和文化娱乐的需求大幅提升，现代工业对能源的需求量达到了前所未有的高度。

　　无论人类是否愿意，这场正在发生的能源更替都是大势所趋，别无选择。这场革命不仅技术挑战很大，社会和经济成本也都是巨大的。

1.3　能源的分类

　　能源的分类有多种方法。按自然存在或者人工转换的区别，能源可分为一次能源和二次能源。一次能源是以天然形式存在的能源，如原煤、原油、天然气、油页岩、核燃料、草木秸秆、水能、风能、太阳能、地热能、海洋能等。二次能源是把一次能源直接或间接转换为其他形式的能源,也就是人工能源,人工能源除了电力、焦炭、煤气、汽油、酒精、蒸汽以外,还有人造石油、煤油、柴油、液化石油气、热水、沼气、氢气、激光等。一次能源无论经过多少次加工转换而得到的另一种能源都称为二次能源,可以根据某种能源资源的特点,把能源转换成另一种形式的能源,以适应人们生产和生活的需要。

按资源形态分类,能源可分为含能体能源和过程性能源。含能体能源是指包含能量的物质,燃料能源就属于这一类。过程性能源是指物质在运动过程中产生的能量,风能、水能、潮汐能都属于这一类。含能体能源可以直接储存,而过程性能源无法直接储存,必须通过转换,才有可能储存。

另外,按人类社会开发利用能源的进程和技术状况,能源可分为常规能源和新能源。按存在的状态,能源可分为固体能源、液体能源和气体能源。从环境保护角度,按能源在使用过程中产生的污染程度划分,能源可分为清洁能源和非清洁能源,清洁能源和非清洁能源的划分是相对的。

1.3.1　按照是否可再利用分类

凡是可以不断得到补充或能在较短周期内再产生的能源称为再生能源,如太阳能、风能、水能、海洋能、生物能等。不可再生能源是指那些不能重复再生的天然能源,如原煤、原油、天然气、核燃料铀等。地热能是不可再生能源,但从地球内部巨大的蕴藏量来看,又具有再生的性质。核能的新发展将使核燃料可循环而具有增殖的性质。核聚变的能可比核裂变的能高 5～10 倍,核聚变最合适的燃料重氢(氘)大量存在于海水中,可谓"取之不尽,用之不竭"。因此核能是未来能源系统的支柱之一。[2]

1.3.2　按照使用性质分类

能源按使用性质,可分为燃料能源和非燃料能源。燃料能源又可分为化石燃料、生物燃料和核燃料。化石燃料主要是煤炭、石油和天然气等,是远古生物大量沉积以后形成的;生物燃料是通过生物资源制造的燃料;核燃料是原子反应堆所用的燃料,如核裂变所用的铀。化石燃料和生物燃料燃烧释放化学能,核燃料燃烧释放原子能,当然,核燃料燃烧已不是我们平常所说的"燃烧"概念。非燃料能源中,多数包含机械能,如风能、水能、潮汐能等;有的包含热能,如地热;有的包含光能,如太阳能、激光等;有的包含电能,如雷电。

1.3.3　按照商品化分类

从消费角度划分,能源可以分为商品能源和非商品能源。商品能源是指经流通环节大量消费的能源,主要是煤炭、石油、天然气、电力等;非商品能源是指不经过流通环节自产自用的能源,如农户自产自用的薪柴、秸秆及牧民自用的牲畜粪便等。国际上的统计数字均限于商品能源。在我国农村,非商品能源如秸秆、薪柴的消耗量为1.11亿吨标准煤当量,是农村生活能源消耗总量的35.1%。

在相当长的一段时间里,能源作为关系国计民生的特殊产品,其生产、运输、价格、项目的审批,都被赋予了浓厚的计划经济色彩。因此,能源的商品属性被弱化,社会上普遍认为煤炭、电力、油气是特殊商品或准公共产品,是市场失灵的领域,应该由政府管制、国企垄断经营。事实上,能源虽然是关系国家安全的战略性资源,但也是商品,具有一般商品的基本属性。随着中国工业化进程不断推进,能源消耗也在持续上升,近年来石油、天然气等能源对外的依赖日益加深。中国不仅是世界第一大能源进口国,还是一个能源对外依存度极高的国家,国际能源市场的变化将对中国的能源安全产生巨大的影响。

1.3.4　新能源及再生能源

新能源又称非常规能源,指传统能源之外的各种能源形式,包括刚开始开发利用或正在积极研究、有待推广的能源,如太阳能、地热能、风能、海洋能、生物质能和核聚变能等。新能源产业的发展既是整个能源供应系统的有效补充手段,也是环境治理和生态保护的重要措施,是满足人类社会可持续发展需要的最终能源选择。

新能源的各种形式都是直接或间接地来自于太阳或地球内部所产生的热能,包括太阳能、风能、生物质能、地热能、核聚变能、水能和海洋能,及由可再生能源衍生出来的生物燃料和氢产生的能量。可以说,新能源包括各种可再生能源和核能。相对于传统能源,新能源普遍具有污染少、储量大的特点,对于解决当今世界严重的环境污染和资源(特别是化石能源)枯竭问题具有重要意义。同时,由于很多新能源分布均匀,因此对于解决由能源引发的战争具有重要意义。[3]

中国政府高度重视可再生能源的研究与开发。国家发改委等九部门联合印发《"十四五"可再生能源发展规划》。该规划指出,"十四五"及今后一段时期是世界能源转型的关键期,全球能源将加速向低碳、零碳方向演进,可再生能源将逐步成长为支撑经济社会发展的主力能源;我国将坚决落实碳达峰、碳中和(简称双碳)目标任务,大力推进能源革命向纵深发展,中国可再生能源发展正处于大有可为的战略机遇期。

1.4　关于碳中和

自 1997 年问世以来,碳中和的概念在西方逐渐走红,到 2006 年,已经从最初由环保人士倡导的一个概念,逐渐成为获得越来越多民众支持、受到各国政府重视的实际绿化行动。"碳"就是石油、煤炭、木材等由碳元素构成的自然资源。"碳"耗用得多,导致地球暖化的元凶"二氧化碳"就制造得多。生产生活中二氧化碳释放量被称作"碳足迹"。碳中和就是抵消二氧化碳排放量,让"碳足迹"归零,最终实现二氧化碳"净零排放"的过程。

减少二氧化碳排放量的手段,一是碳封存,主要由土壤、森林和海洋等天然碳汇吸收储存空气中的二氧化碳,人类所能做的是植树造林;二是碳抵消,通过投资开发可再生能源和低碳清洁技术,减少一个行业的二氧化碳排放量来抵消另一个行业的排放量,抵消量的计算单位是二氧化碳当量吨数。一旦彻底消除二氧化碳排放,我们就能进入"净零碳社会"。

因此,碳中和是指以国家、企业、社区或个人为主体,在一定时间内通过植树造林、节能减排等方式,吸收和抵消直接或间接产生的二氧化碳或温室气体,实现相对"零排放"。碳中和的核心是实现经济活动全生命周期和影响范围内的净零排放。由于国际贸易隐含碳、碳转移问题的存在,因此即使一国领土范围内净排放量削减至零,也不等同于碳中和。现阶段,共有 49 个国家及欧盟承诺实现"净零"目标,涵盖了全球一半以上的国内温室气体排放量。

1.5　碳中和的发展概述

2020 年 9 月 22 日,中国政府在第七十五届联合国大会上提出:"中国将提高国家自主贡献力度,采取更加有力的政策和措施,二氧化碳排放力争于 2030 年前达到峰值,努力争取 2060 年前实现碳中和。"2030 年前碳达峰、2060 年前碳中和是相互关联、辩证统一的两个阶段,既符合《巴黎协定》温控目标的要求,也与中国的经济发展需求和减排能力相适应。

1.5.1 碳中和的提出背景

首先,气候变化是引起地质时期生物大灭绝的原因之一。自生物出现以来,地球上已经发生了 5 次大规模的生物灭绝事件,分别发生在奥陶纪末、晚泥盆世、二叠纪末、三叠纪末和白垩纪末。人类出现以前,火山爆发、天体撞击地球、海洋生物变化等灾难性事件使大气中二氧化碳浓度突增,产生大气温室效应,导致全球性海平面变化、生物大灭绝等连锁效应。

其次,大气二氧化碳温室效应使全球气候变化加剧。人类进入工业化时代后,全球大气中二氧化碳平均浓度达到了近百万年以来的最高水平,导致气温不断升高,地球生态系统和人类社会发展受到严重威胁。过去 70 年,大气中二氧化碳浓度的增长率是末次冰期结束时的 100 倍左右。未来,人类将面临全球气温上升,极端天气事件增加,海平面上升和海洋、陆地生态系统被破坏等一系列日益严重的气候变化及其连锁反应。到 21 世纪末,如果全球气温升高达到 2℃,海平面高度将上升 36~87cm,99% 的珊瑚礁将消失,约 13% 的陆地生态系统将被破坏,许多植物和动物可能濒临灭绝。

最后,碳中和是全球应对气候变化的战略举措。目前,气候异常"突变"、地球不断"发烧",是全人类必须共同面对的系统问题,共商共议是实现碳中和目标的必然要求。世界各国应积极采取措施,减少二氧化碳排放量,共同应对气候变化问题。[4]

1.5.2 碳中和学

"碳中和学"是指以实现碳排放与碳吸收之间的动态平衡为目标,以无碳新能源有序替代化石能源为途径,以经济产业政策、能源技术等为内容,研究使人类活动足迹对自然环境影响最小化的一门学科,是能源科学与社会科学的交叉学科。"碳中和学"包含能源学三大核心内容。

(1) 地球系统背景下能源的形成和能源消耗对地球气候与环境的影响,体现了地球与能源间的相互关系。

（2）地球环境孕育人类发展和人类行为改造地球环境，体现了地球与人类间的相互关系。

（3）人类利用技术开发能源和能源驱动人类社会进步，体现了人类与能源间的相互关系。

构建以碳中和为目标的世界能源体系是"碳中和学"的理论核心和首要任务。地球能源始于生物在太阳下的繁盛、灭绝、埋藏和演化，并与地球系统同步发展，最终转向"人造太阳"（可控核聚变），完成能源"从太阳中来、回太阳中去"的终极循环。碳中和目标下的能源发展目标是，形成以清洁、无碳、智能、高效为核心的"新能源"+"智能源"体系，主体要素将发生根本性转变：能源形态将从化石能源向新能源、从有碳向无碳转变；能源技术将从资源优势占主导地位的能源资源型，转变为技术优势占主导地位的能源技术型；能源结构将从以一次能源直接消费为主，调整至电气化二次能源消费为主；能源管理将从集中式利用，发展为智能化平衡用能。碳中和目标符合能源学研究主旨，从资源角度揭示地球系统内化石能源与非化石新能源共生分布关系、碳系能源与氢系能源有序接替转型过程、能源体系与绿色地球和谐发展的自然变化规律。

"碳中和学"的技术内涵包括人类生产生活引起的二氧化碳排放、捕集、利用、封存和移除的全过程及其相关的技术体系。首先，从源头上研究制定经济政策和产业政策，引导人类低碳生活和低碳消费，降低由人类生产、生活产生的碳排放量。其次，以降低碳排放量为目标，研究降低碳排放量的相关技术，同时满足人类生产生活对能源、物质的需求。最后，对过去过度排放的存量二氧化碳，研发碳捕集、碳封存和碳移除等技术，有效降低地球大气系统中的二氧化碳浓度。"碳中和学"的技术内涵涉及以下 4 个方面。

（1）化石能源清洁利用、清洁用能替代、资源回收利用、节能提效等碳减排技术。

（2）利用风能、太阳能、海洋能、地热能等可再生能源，以及氢能、新材料储能、智慧能源、核能与可控核聚变等零碳技术。

（3）二氧化碳捕集、利用、封存、转化及林业、海洋、土壤碳汇等负碳技术。

（4）碳税制度、碳交易制度、复合碳排放权交易体系、碳经济与碳产业政策、碳财政补贴等碳经济技术。

碳中和的核心是降低甚至消除二氧化碳排放量，碳捕集、利用与封存（carbon capture, utilization and storage, CCUS）可以发挥重要作用，以 CCUS 为核心的碳工业将成为碳中和目标下的新兴产业。二氧化碳具有实现生态系统有机物转换和产生温室效应的双重属性,可以分为可供人类利用或固定的灰碳和不可利用或固定的黑碳。在地球碳循环系统中二氧化碳主要来源于能源消费、农林用地、土地利用、垃圾排放等。利用生态系统碳汇、二氧化碳生产化工产品、二氧化碳人工绿色转化、二氧化碳地质驱油等技术,可以增加灰碳的利用率,有效减少大气中二氧化碳的浓度。以 CCUS 为核心的碳工业技术体系涵盖碳捕集、碳运输、碳驱油、碳封存、碳产品、碳金融等业务,是彻底消除黑碳的革命性技术。因此,以 CCUS 为基础的低成本、高能效的碳工业将是世界各国实现碳中和目标的关键产业和新兴产业之一,未来它将利用地下具有巨量储存空间的枯竭性油田、气田、水田等为碳中和做出大贡献。

此外,应加快建立和完善碳税制度、碳交易制度、复合碳排放权交易体系、财政补贴等碳经济与政策杠杆,有效控制二氧化碳排放量。碳汇交易是基于《联合国气候变化框架公约》及《京都议定书》对各国分配二氧化碳排放指标的规定,创设出来的一种虚拟交易。因为发展工业而制造了大量温室气体的发达国家,在无法通过技术革新降低温室气体排放量,不能达到《联合国气候变化框架公约》及《京都议定书》对该国家规定的碳排放标准的时候,可以采用在发展中国家投资造林等方法,增加碳汇,抵消碳排放,从而降低本国总的碳排量。

根据对碳中和贡献程度的不同,形成"二氧化碳＝0""碳＋"(或"C＋")、"碳－"(或"C－")、"碳＝"(或"C＝")符号。"二氧化碳＝0"即碳中和,指二氧化碳排放量与吸收量相抵消。"碳＋"即不符合碳中和发展要求的高能耗、高碳排放的能源、产品或技术,对碳中和具有负面作用,将逐步被替代或退出市场,如煤炭、石油等高碳化石能源和燃油车等产品,及煤炭发电、燃煤供热等技术。"碳－"即符合碳中和发展要求的绿色低碳能源、产品或技术,对碳中和具有长期正面作用,未来将逐步得到推广与应用,如太阳能、风能、地热等可再生能源和借此产生的绿电、绿氢等产品,及清洁能源发电、CCUS、储能、智慧能源、海洋和森林碳汇等技术。"碳＝"即以二氧化碳作为重要循环介质,短期内能够达到减少碳排放效果的能源、产品或技术,对碳中和具有短期正面作用,未来或将被选择性推广与应用,如生物航油、燃料乙醇等能源和以二氧化碳为原料生产的化学产品等,及生物质能加工技术、垃圾回收、二氧化碳超临界发电、二氧化碳跨临界循环制冷(制热)、二氧化碳热电储能等技术。[5]

1.5.3　碳中和面临的挑战

碳中和已成为全球应对气候变化的共识性目标,但实现碳中和还面临以下挑战。

（1）全球二氧化碳排放总量大，大气中的平均二氧化碳浓度仍在持续增加。

（2）印度已承诺在 2070 年实现碳中和目标，而俄罗斯尚未公开宣布具体的碳中和的时间表。

（3）全球能源消费结构仍以化石能源为主，呈现煤炭、石油、天然气、新能源"四分天下"的格局，新能源占比偏低，能源转型面临挑战。

（4）全球太阳能、风能等新能源资源存在间歇性、空间分布差异性，给新能源规模化发展带来了挑战。

（5）氢能、CCUS、储能等技术应用成本较高，尚未实现规模性商业化推广与应用。

1.5.4　实现碳中和的意义

碳中和是全球绿色低碳可持续发展的重大实践。碳中和是全人类的一场绿色化工业革命、减碳化能源革命、生态化科技革命，将给人类社会与经济发展带来新的深刻变革，是实现人类能源利用与地球生态系统可持续发展的重大实践。

碳中和是一场减碳化的能源革命。人类历史上，能源革命和工业革命一直交互进行。第一次工业革命以煤炭为能源，第二次工业革命使石油成为新的能源种类。碳中和将加速世界能源体系向低碳化、无碳化转型，世界能源消费结构由煤炭、石油、天然气和新能源的"四分天下"向以新能源为主的"一大三小"新格局转变。碳中和也是一场生态化的科技革命，其意义不亚于之前的工业革命。科技革命是人类社会发展与进步的驱动力，是工业革命和能源革命的推动力，科学创新和技术进步是实现碳中和目标的关键。

碳中和将大幅度提升人类幸福指数。当前，在碳中和目标下，全球能源系统投资目标正逐渐从化石能源方向转向可再生能源、能效提升和电气化方向。同时，新能源技术领域投资收益远高于投入，将进一步推动以新能源技术进步和规模发展为核心的能源转型进程。国际可再生能源署（IRENA）于近日发布的《全球可再生能源展望：能源转型 2050》报告指出，全球能源系统的投资成本将增加 26 万亿美元，但通过降低环境损害和健康损害等带来的收益将达到 62 万亿～169 万亿美元。碳中和是推动人类社会经济发展和经济增长的新动力，将引领社会经济发展模式发生变化，加快 GDP 增速，增加全人类的幸福指数。加速利用可再生能源、促进能源转型将成为推动全球经济复苏的要素，预计到 2050 年全球可再生能源就业岗位将增加 3 倍，达到 4200 万个，能源相关工作岗位将达到 1 亿个，比当前就业岗位增加 72%。到 2050 年，碳中和将使

GDP 额外增长 2.4%，2019—2050 年，由能源转型带来的累计 GDP 增量将达到 99 万亿美元。碳中和将提升全球生态环境和人类健康水平，深入改善民生，到 2030 年和 2050 年，人类的幸福指数将分别提高 6.9% 和 13.5%。[6]

碳中和是构建人类命运共同体的重要一环。气候变化具有全球性和长期性，是全人类共同面临的挑战，发达国家与发展中国家需要共同承担责任。全球气候变化是冷战以后全球环境与发展领域或非传统安全领域最受全球瞩目、影响极为深远的议题之一，是全球框架下国家治理体系和治理能力现代化中的新兴主题。全球气候变化和碳中和对国际关系有重要的影响，并已经超越了传统的地缘政治范畴，逐步成为全球治理的关键领域。未来，全球需要建立以多赢、生态化、互信、协同、参与、分享为基础的科技创新与国际合作新模式，共同应对气候变化问题。2017 年 1 月 18 日，中国提出了"构建人类命运共同体"理念。同年 2 月，该理念首次被载入联合国决议，成为国际社会的共识。宇宙只有一个地球，人类共有一个家园，要倡导"人类命运共同体"意识。碳中和是构建人类命运共同体的重要一环，将会深远地改变人类文明发展的进程。

碳中和是人类生态文明建设的共识性愿景。碳中和推动了人类社会政治、经济、文化领域的变革，将深入影响人类生活方式与思维方式，加快人类文明向生态文明发展。在碳中和目标下，人类能源消费结构将从以一次能源直接消费为主转变为电气化二次能源占主导地位，电能将成为最主要的能源载体，建筑、交通和家居等行业电气化水平的不断提升将给人类生活带来根本性变化和深层次影响。到 2050 年，建筑行业的直接电气化率最高，将从目前的 32% 上升到 73%；交通运输行业电气化率将从目前的 1% 大幅度增至 49%，交通出行将逐渐零碳化；电动汽车销售量将占到汽车销售总量的 80% 以上，电动汽车保有量将从目前的 1000 万辆增至 17.8 亿辆。家庭家居将向碳中和目标迈进，采暖脱碳、环保施工、绿色建材等方面均有望形成进一步的创新并得到应用；制冷、供暖、家电、照明、烹饪等环节的电气化率不断提高，将加快节能减排型智能家居的开发与推广应用，不断塑造人类节能、环保用能的观念。垃圾分类、节能减排将彻底融入生活，在衣、食、住、行等方面，践行低碳与绿色发展的生活理念与生活方式。

人类社会文明经历从认识自然的原始文明，到利用自然的农业文明，再到征服自然、改造自然的工业文明，然后回到尊重自然、顺应自然、呵护自然的生态文明，最后实现人类与自然的和谐共生。碳中和以人类能源利用与地球碳循环系统之间形成动态平衡为目标，最大限度地降低人类生产、生活对地球生态系统的破坏和影响。无论是原始文明、农业文明还是工业文明，均无法消除人类日益增长的物质文明需求与保护地球生态系统之间的矛盾。以碳中和目标为基础和保障的生态文明将实现人类物质文明与地球生态系统协调统一,构建人类绿色、可持续发展的高度物质文明与精神文明。在碳中和目标约束下,人类将实现社会经济与环境的可持续发展,走向人与自然和谐共生的生态文明。碳中和将促使能源从资源依赖走向技术依赖,最终实现人与自然和谐共存。因此,碳中和是人类生态文明建设与绿色发展的重要组成部分与共识性愿景。[7]

1.6　碳中和的全球格局

随着《京都议定书》《巴黎协定》《格拉斯哥气候公约》等法规的签订和生效,世界各国陆续做出碳减排承诺,并提出了实现碳中和的时间表。截至 2021 年 4 月,超过 130 个国家和地区提出了零碳或碳中和的气候目标。

1.6.1　疫情前国际气候行动的主要进展

第一,煤炭产能和投资下滑。在履行《巴黎气候协定》要求和推进能源转型的双重背景下,各国增加了天然气和可再生能源在发电结构中的占比,全球煤炭产量自 2014 年开始加速下降,煤炭投资也持续收缩。目前 80 个国家和地方政府及企业加入燃煤发电联盟,承诺逐步淘汰燃煤发电。在金融市场上,目前已有 30 多家全球性银行和保险机构宣布将停止为煤电项目提供融资和保险服务。近 1000 家资产超过 6 万亿美元的机构投资者也承诺将从化石燃料领域撤资。

第二,可再生能源投资持续提升,海上风电投资创历史新高。截至 2019 年底,可再生能源占全球装机容量的 34.7%,高于 2018 年的 33.3%。2019 年,可再生能源在全球净发电量增量中所占的份额为 72% 来自太阳能和风能。全球能源消费已经开始由石油为主要能源向多能源结构过渡转换。

第三,全球电动汽车年销量呈指数级增长。根据国际能源署(International Energy Agency,IEA)的最新报告,2019 年电动汽车的全球销量突破 210 万辆,占全球汽车销量的 2.6%,同比增长 40%。66 个国家、71 个城市或地区、48 家企业已经宣布了逐步淘汰内燃机汽车、改用零排放汽车的目标。中国和挪威等国都发出强烈政策信号,要大幅提高电动汽车的比重。

第四,绿色及可持续金融市场发展迅速。全球绿色债券规模在 2019 年跃升至 2500 亿美元,约占发行总债券的 3.5%,而五年前这一数字还不到 1.0%。中国贴标绿色债券发行总量居全球第一。作为国际公共气候资金的主要提供者,多边开发银行的气候融资规模不断上升,2019 年达到 616 亿美元,占到其总运营的 30% 以上,其中 76% 用于气候变化减缓,近 70% 用于中低收入经济体。亚投行的气候融资规模在 2019 年占到其银行总运营的 39%。金融监管机构也意识到气候风险正在对金融体系构成威胁,具有联合国背景的国际组织负责任投资原则(Principles for Responsible Investment,PRI)强制要求签署成员自 2020 年起披露其气候风险和治理指标。

第五,实行碳定价政策的辖区数量翻了一番。碳定价已成为抑制和减少全球温室气体排放并推动投资向更清洁、更高效替代品转移的关键政策机制。截至 2019 年底,已有 40 多个国家和 25 个地区政府通过碳排放交易系统和碳税对碳排放进行定价,覆盖了全球超过 22% 的温室气体排放,各国政府从碳定价中筹集了约 450 亿美元。碳定价政策是解决气候变化负外部性、纠正市场失灵的一种手段,被认为是应对气候变化最主要的市场化政策工具。推行碳定价政策,既需要防范市场主体抵制和削弱碳定价政策的行为,也需要关注低收入群体由于要素、商品价格上升而可能面临的生计问题。中国在继续建设全国碳市场的前提下,要考虑适时引入碳税作为碳市场的补充。同时,大力发展绿色金融,破解绿色项目"融资难、融资贵、融资慢"等"卡脖子"难题;分步推动建立强制披露制度,提高市场透明度,帮助市场主体识别绿色项目,引导金融机构增加绿色资产配置。[8]

1.6.2　疫情产生的影响

2020 年,新冠疫情的暴发导致了全球经济衰退,大规模封锁造成的经济中断对区域供应链、就业和投资造成了严重影响,挑战了许多国家的经济基础,也对全球气候行动产生了深远影响。

一方面,疫情导致政府诸多优先事项发生变化,应对疫情冲击也给大多数政府带来了巨大的财政压力,挤压了各国应对气候变化行动的财政空间。截至 2020 年 7 月,各国政府宣布的财政刺激方案总额接近 12 万亿美元,是 2008 年国际金融危机时刺激支出的 3 倍多。各国的刺激规模从 260 亿美元到 3 万亿美元不等。美国为 3 万亿美元,是最多的,但美国的计划基本没有涉及环境和气候领域,相反特朗普政府还明确提出要为化石燃料行业提供支持。此外,受疫情影响,全球气候谈判进程受阻,第 26 届联合国气候变化大会(COP26)及联合国生物多样性大会均被推迟到 2021 年,许多关键议题谈判被搁浅。

另一方面,疫情危机也转化为许多国家和地区加速低碳转型的动力。欧盟在 2019 年 12 月就通过一项新的可持续增长战略"欧洲绿色协议",计划动用至少 1 万亿欧元使欧洲在 2050 年成为第一个碳中和大陆。疫情期间,欧盟推出"下一代欧盟"复苏计划,将应对疫情危机与之前的可持续增长战略相结合,将 7500 亿欧元中的 30％用于绿色支出,包括减少对化石燃料的依赖、提高能源效率、加大对环境和生态的保护等。欧盟刺激计划预计在未来 10 年增加 1％的 GDP,创造 100 万个就业岗位,同时通过投资循环经济,增加 70 万个就业岗位。包括德国、法国等在内的欧洲国家也表示将以可持续的方式进行疫情后的重建。例如,德国将 1300 亿欧元刺激资金中的 1/3 用于公共交通和绿色氢开发等领域;法国为其航空公司提供了 110 亿美元的紧急援助,以帮助其在 2024 年实现减排 24％的目标;丹麦拨款 40 多亿美元用于社会住房的改造,以增加绿色就业岗位;英国启动了 440 亿美元的清洁增长基金,用于绿色技术的研发[9]。然而,目前全球局势造成的能源危机,仍然给碳中和进程带来了负面影响。[7]

参 考 文 献

[1] 朱子悦,沈照明,刘高超,等. 全球光伏产业现状、政策及产业链利润拆解[R]. 深圳:中信期货有限公司,2022.

[2] International Energy Agency,全球能源回顾 2021[R]. Paris:International Energy Agency,2021.

[3] 巴克良. 谈谈高中地理教材中能源分类的体会[J]. 中学地理教学参考 1983,(3):1-2＋15.

[4] 马怀新. 新能源与减碳[J]. 四川水力发电,2010,29(S2):286-301.

[5] 新时代企业高质量发展中心课题组.中国企业的碳中和战略:理论与实践[J].外国经济与管理,2022,44(2):3-20.

[6] 邹才能,薛庆华,熊波,等.碳中和的内涵、创新与愿景[J].天然气工业,2021,41(8):46-57.

[7] 田慧芳.国际碳中和的进展、趋势及启示[J].中国发展观察,2020,(23):72-74.

[8] 孙世昌,岳小文,杜国敏,等.能源转型发展历程与趋势[J].石油规划设计,2020,31(4):5-9＋54.

[9] 庄贵阳,窦晓铭,魏鸣昕.碳达峰碳中和的学理阐释与路径分析[J].兰州大学学报(社会科学版),2022,50(1):57-68.

第2篇 第一、第二次能源革命及煤炭高效清洁利用

第 2 章

第一、第二次能源革命

学习目标

（1）掌握两次能源革命的本质。

（2）了解能源革命对社会经济发展的作用。

（3）认识和平利用核能的重要性。

（4）掌握全球能源分布和发展格局。

2.1　能源革命与第一次工业革命

人类历史上的工业革命与能源革命几乎是同时发生的。能源革命促进了工业革命，极大地提高了社会生产力，是推动人类文明进步的根本性能源变革，使资源形态、技术手段、管理体制、人类认知等方面出现一系列显著的变化。在人类发展史上，共经历了三次能源领域的重大变革，薪柴、煤炭、电力和石油先后成为世界能源的主角。当下正在进行的新能源革命，被称为第三次能源革命。

18 世纪初，英国煤炭技术特别是煤矿安全技术的突破，促成了蒸汽机的发明，并催生出一个崭新的工业文明时代，发达的煤炭工业也为后期到来的工业革命提供了充足而廉价的能源供应。工业革命对煤炭的需求又刺激了采煤业的发展，并改变了英国的产煤分布格局及煤炭市场格局，全国性煤炭市场雏形开始显现。廉价而充足的煤炭是支撑近代英国经济发展的坚强后盾，使英国顺利地走出了能源危机并走向工业时代。煤炭工业也同样享受着工业革命带来的成果，使其自身不断成熟、壮大。煤炭工业与工业革命在 18—19 世纪相互促进，共同推动了英国经济的跨越发展[1]。

2.1.1 从薪柴到煤炭

能源利用的第一次质的变化大约发生在 40 万年前,人工火代替自然火,木材、秸秆等柴薪能源成为人类社会生产和生活的主要能源,标志着人类进入植物能源时代。植物能源时代主要是利用地表上的生物质能,促进了农业的发展,推动了农业文明。但由于植物能源密度较低、运输不便,植物能源主要用于人类取暖、照明和炊事等活动。生产过程中的动力主要是使用人力和畜力,对生产效率的提高作用有限,植物能源时代经济长期处于极慢增长。

18 世纪蒸汽机的发明使煤炭成为人类社会的主要能源,从此,世界进入了"煤炭时代"。

2.1.2 蒸汽机

18 世纪末出现的以煤炭为燃料的蒸汽机,使机械化的工厂逐渐代替了手工业工场。正是因为英国发达和成熟的煤炭工业,在技术、经营管理,乃至资本来源方面都形成了一个相当庞大的工业模式,才使煤价在欧洲处于较低水平,为蒸汽机发明和应用提供了刺激与需求。如果没有英国煤炭工业,就很难发明出蒸汽机,也很难发生工业革命。

蒸汽机的发明分为两个过程:一是纽科门蒸汽机,二是瓦特蒸汽机。纽科门蒸汽机的最大缺点是耗煤量异常大,只能应用在煤矿中。另外,它只能通过平衡杆带动活塞作上下移动,应用仅限于带动抽水机用于煤矿的排水。改良后的瓦特蒸汽机以减少煤耗量为目标,使得蒸汽机摆脱了对煤矿区的依赖。

蒸汽机的应用不仅使很多经济部门得到快速发展,而且使蒸汽机自身迅速在世界范围内传播。其中铁路和汽船对蒸汽机的应用,标志着其已成为世界性的技术,而且很快在全世界应用并产生了巨大的经济价值。汽船用于内河航运和商业航海。铁路首先出现在英国,很快兴起了大规模兴建铁路的浪潮,西欧和北美地区的铁路建设也几乎和英国保持了相同速度,甚至在俄国和印度这样工资水平较低的国家,在 19 世纪末也形成了自己的铁路网系统。蒸汽机的发展使蒸汽动力在 19 世纪中期成为英国最主要的动力来源,也在西欧和北美地区得到广泛应用,逐渐取代传统动力方式。因此,标志着第一次工业革命的蒸汽机的出现及应用,实质上是第一次能源革命。[2]

2.2　能源革命与第二次工业革命

19 世纪最后 30 年间,资本主义国家开始了以电力应用为标志的第二次工业革命。内燃机、发电机和电动机代替了蒸汽机,推动社会生产力的发展,一些重工业部门如电力、石油、化学等迅速出现并发展,使工业结构发生了变化,生产社会化、专业化程度和协作水平都有了大幅提高。煤炭在世界能源消费结构中的比重逐渐下降。1965 年,石油首次取代煤炭占据能源消费首位,从此,世界进入了"石油时代"。1979 年,世界能源消费结构的比重是:石油占 54%,天然气和煤炭各占 18%,油、气之和高达 72%。石油取代煤炭完成了能源的第二次转换。[3]

2.2.1　从煤炭到油气

第二次能源革命是石油替代煤炭作为主导能源的过程,是基于石油在经济上的优越,伴随核心技术内燃机及电力技术的推广而实现的能源转型,相关产业的兴起引发了第二次工业革命。煤炭替代木材并得到广泛应用,主要取决于蒸汽机的发明和其技术的产业化;石油替代煤炭并得到广泛应用,主要取决于内燃机的发明及其技术的产业化。

虽然人类对石油的利用有着悠久的历史,但利用方式在很长时间仅限于直接燃烧。由于石油是多种烷烃、环烷烃、芳香烃的混合物,因此对石油更为复杂的利用必须以对该燃料进一步提纯为前提。19 世纪 50 年代后,逐渐发现可用蒸馏的方法对石油中的各类成分进行分离。经过研究,本杰明·西利曼发现石油中的各种成分有不同的沸点,通过蒸馏法可从石油中分离出石脑油、煤油、石蜡、润滑油及焦油等成分。这一重要发现最终确立了石油的经济价值,并成为现代石油工业建立的理论基础。然而在石油的开采方面,全欧洲的石油产量在 19 世纪 50 年代末仅有约 3.6 万桶,对石油的采集多依赖地表的石油渗出,少数油井也是人工挖掘而成的。如此低下的生产水平无法为内燃机的大量使用提供燃料支撑。1859 年,人类首次采用钻井技术在宾夕法尼亚的泰特斯维尔(Titusville)建成了首座油井,标志着现代石油工业的开端[4]。

2.2.2　发动机与电动机

发动机（engine）是一种能够把其他形式的能转化为机械能的机器，例如，内燃机通常把化学能转化为机械能，包括内燃机（往复活塞式发动机）、外燃机（如斯特林发动机、蒸汽机等）、喷气发动机、电动机等。发动机既可以指动力发生装置，也可指包括动力装置的整个机器（如汽油发动机、航空发动机等）。发动机最早诞生在英国，因此，发动机的概念也源于英语，本义指产生动力的机械装置。

发动机的分类方式如下：

按使用的燃料分类，可分为汽油发动机（简称汽油机）、柴油发动机（压燃式发动机）和特种燃料发动机（如天然气、氢气和醇类发动机等）。

按照冷却方式分类，可分为水冷发动机和风冷发动机。水冷发动机是利用在气缸体和气缸盖冷却水套内循环的冷却液作为冷却介质进行冷却；风冷发动机是利用流动于气缸体与气缸盖外表面散热片之间的空气作为冷却介质进行冷却。水冷发动机冷却均匀，工作可靠，冷却效果好，被广泛地应用于现代车用发动机。

按照进气形式分类，可分为自然吸气（非增压）式发动机和强制进气（增压式）发动机。若进气在接近大气状态下进行，则为非增压内燃机或自然吸气式内燃机；若利用增压器将进气压力增高，进气密度增大，则为增压内燃机。增压可以提高内燃机功率。

电动机（motor）是把电能转换成机械能的一种设备，主要包括一个用以产生磁场的电磁铁绕组或分布的定子绕组和一个旋转电枢或转子，利用通电线圈产生旋转磁场并作用于转子形成磁电动力旋转扭矩。电动机按使用电源不同分为直流电动机和交流电动机，电力系统中的电动机大部分是交流电动机，可以是同步电动机或者异步电动机。电动机主要由定子与转子组成，依靠电磁感应原理运行。第二次工业革命，石油替代煤炭使电气化全方位实现，本质上又是一场能源革命——第二次能源革命。[5]

2.3　能源与战争

过去的几十年间，几乎每一次能源危机都与战争相关。第一次石油危机开始于1973 年 10 月第四次中东战争爆发，阿拉伯国家要求西方国家改变支持以色列的政策，并以石油为武器打击支持以色列的西方国家——OPEC 成员国中的阿拉伯国家宣布收回石油标价权,使国际油价从 3 美元/桶升高至 10 美元/桶,从而触发了二战之后最严重的全球经济危机和经济衰退。

第二次石油危机以伊朗伊斯兰革命和两伊战争为背景。1978 年底,伊朗爆发伊斯兰革命,导致石油供给严重不足,油价从 13 美元/桶一路攀升到 34 美元/桶。1980 年 9 月,两伊战争爆发,产油设施遭到严重破坏,石油市场缺口增大,国际油价继续攀升到 41 美元/桶。

第三次石油危机同样是战争导致的。1990 年,伊拉克对科威特发动海湾战争,两国石油设施均遭到严重破坏,石油产量骤降。战争爆发后伊拉克遭受国际制裁,石油供应中断。仅 3 个月的时间,国际油价便从 14 美元/桶急剧攀升至 42 美元/桶。

三次石油危机均对全球经济造成了巨大冲击,但石油危机所带来的正面影响也不容忽视——进一步加速了能源转型。第一次石油危机发生时,在全球一次能源消费结构中,石油约占 50%,随着之后历次石油危机和油价的上涨,在当前能源结构中,石油在一次能源的消费占比已下降至 31%。

战争与能源危机往往形影相随。当前俄乌战火所引发的能源危机感,让国际社会的担忧迅速增加。作为战争一方的俄罗斯,正遭到国际社会前所未有的严厉制裁。由于俄罗斯是世界主要的石油和天然气生产和出口国,因此自战争爆发以来,国际油价迅速飙升,欧洲能源供应出现短缺,全球经济衰退风险进一步加剧[6]。

2.3.1　从火药到核武器

人类战争离不开武器的使用。从冷兵器到火器,再到核武器,对武器释放的能量即杀伤力最大化的追求,构成了军事技术自诞生以来发展的主旋律。在冷兵器时代,武器主要分为劈刺类和投射类。增强武器杀伤力的途径,一是改良武器的材料,增强武器硬度和韧度;二是增加武器的初始机械能。

随着火药的发明,人们发现将火药装在封闭的容器内,利用点燃后产生燃烧气体的爆炸力,使兵器和兵器系统具备了比以往任何兵器都大得多的杀伤力。火器产生杀伤力的实质是将化学能转化为热能和机械能。火器时代,人们主要从两个角度追求火器能量释放的最大化:一是改进火器本身。枪械和火炮是火器时代最基本的火器。一战到二战时期是枪械装置发展最迅猛的时期,军事工业制品出现了空前未有的快节奏与短周期更新换代的局面。这一切都是国际战争规模不断升级导致的。

二是提高弹药的威力。中国古代发明的火药,是点燃硝石后,依靠其自身释放的大量氧气完成燃烧过程的自供氧燃烧体系。火药在燃烧后除产生大量气体、浓烟迷雾外还会产生大量残渣,所以被人们称为"黑色火药"或"有烟火药"。在 14 世纪后期欧洲已出现了独立的火药制造工业。16 世纪到 17 世纪前期的欧洲,资本主义逐步发展,随着科学技术的快速发展,制造行业取得了巨大的进步。其中,火药制造技术的进步极大[7]。

1945 年 7 月 16 日,第一颗原子弹试爆成功预示着人类将在核能领域展开一轮新的对武器杀伤力最大化的追求。美国在二战末期对日本投放的两颗原子弹是迄今为止核武器唯一被用于实战的战例。表 2-1 对日本投掷两颗原子弹的简况进行了总结。

表 2-1　对日本投掷两颗原子弹的简况

地　　点	广　　岛	长　　崎
时间	1945 年 8 月 6 日	1945 年 8 月 9 日
弹型	绰号"小男孩",铀装料当量为 2 万吨 TNT	绰号"胖子",钚装料当量为 2 万吨 TNT
投掷工具	B-29 轰炸机	B-29 轰炸机
破坏情况	被毁地区面积为 12km² 市区 81% 的建筑物被毁	被毁地区南北长 3.7km,东西宽 3km,68.3% 的建筑物被毁
伤亡情况	死亡、失踪共 20 万人(20%～30% 死于光辐射;50%～60% 死于冲击波;15%～20% 死于射线病),伤 16 万人	死亡、失踪共 10.8 万人,伤 6 万人(其中 7.3 万人当场死亡、失踪,后来又陆续死亡 3.5 万人)

从表 2-1 我们可以看到,原子弹的杀伤方式主要是爆炸形成的冲击波和光辐射,威力极大,而且因为辐射的作用,杀伤持续性强[8]。

人类对武器能量释放最大化的追求肯定是有终点的,而它的终结必然是一种人为的放弃,是一种人的主观认识,1969 年开启的美苏"限制战略武器"会谈是人类历史上就限制武器能量发展达成共识的开端。1968 年 7 月,美国、苏联等 59 个国家签订了《不扩散核武器条约》,1968 年,西德(联邦德国)在原则上接受了这个条约,并在 1969 年 11 月正式签约。这个行动为限制战略核武器会谈打开了大门。历时两年半,1972 年 5 月,美苏就"限制战略武器"达成协议。

2.3.2　核能的和平利用

人类对核能的利用始于战争,但目前人类对核能的和平利用主要是发展核电。核电站的开发与建设开始于 20 世纪 50 年代。1951 年,美国首次在爱达荷国家反应堆试验中心进行了核反应堆发电的尝试,发出了 100kW 的核能电力,迈出了人类和平利用核能的第一步;1954 年,苏联建成了电功率为 5000kW 的实验性核电站;1957 年,美国建成了电功率为 90 000kW 的希平港原型核电站;1961 年 7 月,美国建成了第一座商用核电站——扬基核电站,电功率近 300MW,发电成本降至 0.092 美元/(kW·h),显示出核电站强大的生命力[9]。

核电作为绿色清洁高效能源,可以统筹经济发展、百姓生活和环境保护。同时,核电可以保障一年 365 天稳定输送电力,而其他新能源受制于季节、地域无法实现。核能用于农业,可以帮助培育新品种、储藏保鲜农产品、防治农作物疾病。利用辐射技术诱变培育性能优良的农作物新品种,是核技术农业应用的主要领域。如今,中国是世界上利用核技术诱变育种最大的国家,所培育的新品种占全球突变品种的 1/4;在中国,诱变育种播种面积占农作物播种总面积的 20% 左右;通过诱变育种,每年增产的油料作物达 10 亿千克,粮食作物达 30 亿千克。核技术在医学中有两个非常重要的应用:一个是核医学成像,另一个是肿瘤的放射治疗。随着核技术的发展,各种核测试分析技术也给考古和文物保护研究提供了重要的方法,原来一些悬而未决的问题可以迎刃而解,热释光测定对判断文物和艺术品的真伪非常有效[10]。

目前,世界核能的发展格局仍是西方发达国家占主导。为了抢占核能市场,世界各国相继出台了核能发展规划和振兴计划。

由于各国对核能发展采取的不同政策和态度,核能竞争的格局正悄然发生着变化,竞争优势正逐步从欧美转向亚洲。国际原子能机构(International Atomic Energy Agency,IAEA)在 2020 年年度报告中指出:"就中长期而言,亚洲是未来全球核电装机增量的主要集中地。"除此之外,因受日本福岛核事故及疫情的影响,全球核电业在低迷状态徘徊。从国际原子能机构 2020 年年度报告中可以看出,2019 年,全球有 13 个核反应堆彻底关闭,全球装机容量出现大幅下滑[11]。

中国将坚持实施积极推进能源节约和能源结构优化的能源发展战略,加快发展核电,提高核电等清洁能源的占比,加强与世界各国及国际机构的交流合作,共同推动世界核能和平利用事业的新发展。

2.4 全球能源分布及格局

根据《BP 世界能源统计年鉴》2021 年版,新冠疫情对能源市场产生了巨大影响,一次能源消费和碳排放的减少速度创二战以来的新高。同时,可再生能源需求持续增加,其中太阳能增长创历史纪录。2020 年一次能源消费减少 4.5%,为 1945 年以来的最大降幅。石油是能源消费减少的主要因素,约占净减少量的 3/4;天然气和煤炭消费也明显减少。尽管总体能源需求下降,但风电、太阳能和水力发电量均有所增加。从各国情况来看,美国、印度和俄罗斯的能源消费降幅最大,中国增幅最大(2.1%),是2020 年全球能源需求增加的少数国家之一。因能源使用而产生的碳排放量减少6.3%,达到 2011 年以来的最低水平。就一次能源而言,这也是二战结束以来的最大降幅。

2.4.1 煤炭行业

2020 年全球煤炭储量为 10 740 亿吨,主要集中在美国(23%)、俄罗斯(15%)、澳大利亚(14%)和中国(13%),其中大部分(70%)储量为无烟煤和沥青。据 2020 年全球储产比,全球煤炭还可以以现有的生产水平生产 139 年,其中北美洲(484 年)和独联体(367 年)是储产比最高的地区。2020 年底煤炭全球全部探明储量见表 2-2[12]。

表 2-2 2020 年底煤炭全球全部探明储量

地 区	无烟煤和烟煤/百万吨	次烟煤和褐煤/百万吨	总计/百万吨	占总量比例	储产比
北美洲	224 444	32 290	256 734	23.9%	484
中南美洲	8616	5073	13 689	1.3%	240
欧洲	59 084	78 156	137 240	12.8%	299
独联体国家	100 208	90 447	190 655	17.8%	367
中东地区与非洲	15 974	66	16 040	1.5%	60
亚太地区(包括中国)	345 313	114 437	459 750	42.8%	78

续表

地　　区	无烟煤和烟煤/百万吨	次烟煤和褐煤/百万吨	总计/百万吨	占总量比例	储产比
中国	135 069	8128	143 197	13.3%	37
全球总计	753 639	320 469	1 074 108	100%	139

2.4.2　油气行业

2020 年底，全球石油探明储量较 2019 年减少了 20 亿桶，总量为 1.732 万亿桶，根据 2020 年的储产比，全球石油还可以以现有的生产水平生产 50 余年。OPEC 组织拥有 70.2% 的全球储量。储量最高的国家是委内瑞拉（占全球储量的 17.5%）。紧随其后的是沙特阿拉伯（17.2%）和加拿大（9.7%）。2020 年石油全球全部探明储量见表 2-3[12]。

表 2-3　2020 年石油全球全部探明储量

地区	2000 年底/10 亿桶	2010 年底/10 亿桶	2019 年底/10 亿桶	2020 年底			
				/10 亿桶	/10 亿吨	占总量比例	储产比
北美洲	236.5	220.3	243.9	242.9	36.1	14.0%	28.2
中南美洲	96.0	320.1	324.0	323.4	50.8	18.7%	151.3
欧洲	21.0	13.6	14.2	13.6	1.8	0.8%	10.4
独联体国家	120.1	144.2	146.2	146.2	19.9	8.4%	29.6
中东地区	696.7	765.9	836.0	835.9	113.2	48.3%	82.6
非洲	92.9	124.9	125	125.1	16.6	7.2%	49.8
亚太地区（包括中国）	37.7	47.8	45.3	45.2	6.1	2.6%	16.6
中国	15.2	23.3	26	26	3.5	1.5%	18.2
全球总计	1300.9	1636.9	1734.8	1732.4	244.4	100%	53.5

2020 年全球天然气探明储量减少了 2.2 万亿～188.1 万亿立方米。阿尔及利亚减少 2.1 万亿立方米，降幅最大，但部分被加拿大储量增长的 0.4 万亿立方米抵消。俄罗斯（37 万亿立方米）、伊朗（32 万亿立方米）和卡塔尔（25 万亿立方米）是储量最大的国

家。根据 2020 年的全球储产比,全球天然气还可以以现有的生产水平生产 48.8 年。中东地区(110.4 年)和独联体(70.5 年)是储产比最高的地区。天然气全球全部探明储量见表 2-4[12]。

表 2-4　天然气全球全部探明储量

地区	2000 年底/万亿立方米	2010 年底/万亿立方米	2019 年底/万亿立方米	2020 年底			
				/万亿立方米	/万亿立方英尺	占总量比例	储产比
北美洲	7.3	10.5	14.8	15.2	535.0	8.1%	13.7
中南美洲	6.8	8.1	7.9	7.9	278.9	4.2%	51.7
欧洲	5.4	4.7	3.3	3.2	111.9	1.7%	14.5
独联体国家	38.6	51.3	56.8	56.6	1998.9	30.1%	70.5
中东地区	58.3	77.8	75.8	75.8	2677.1	40.3%	110.4
非洲	11.9	14.0	14.9	12.9	455.2	6.9%	55.7
亚太地区(包括中国)	9.8	13.5	16.8	16.6	584.8	8.8%	25.4
中国	1.4	2.7	8.4	8.4	296.6	4.5%	43.3
全球总计	138.0	179.9	190.3	188.1	6641.8	100%	48.8

2.4.3　电力行业

天然气是北美洲、独联体、中东地区和非洲主要的发电燃料。南美洲和中美洲超过一半的电力来自水力发电。亚洲煤炭发电占比 57%,远高于其他地区。在欧洲,可再生能源(包括生物能源)是最大的发电源,占比首次达到 28%,超过占比为 21.6% 的核能。欧洲各类发电源占比相当均衡,其中可再生能源、核能、天然气分别占 19.6%;水电占 16.9%。2010—2020 年全球发电量见表 2-5[12]。

表 2-5　2010—2020 年全球发电量　　　　　　(单位:TW·h)

年份	北美洲	中南美洲	欧洲	独联体国家	中东地区	非洲	亚太地区(包括中国)	中国	全球总计
2010	5276.8	1140.5	4065.8	1284.0	873.7	672.3	8257.7	4207.2	21 570.7
2011	5293.8	1181.1	4019.4	1308.5	889.7	689.4	8875.1	4713.0	22 257.0

续表

年份	北美洲	中南美洲	欧洲	独联体国家	中东地区	非洲	亚太地区（包括中国）	中国	全球总计
2012	5243.5	1231.4	4053.1	1330.4	948.6	721.1	9278.1	4987.6	22 806.3
2013	5283.1	1267.6	4022.2	1323.7	982.4	744.0	9812.3	5431.6	23 435.2
2014	5314.2	1287.3	3939.2	1337.9	1051.4	767.9	10 333.7	5794.5	24 031.7
2015	5318.4	1296.6	3982.7	1340.9	1109.7	788.4	10 433.9	5814.6	24 270.5
2016	5331.1	1305.6	4021.4	1369.3	1143.7	796.5	10 947.6	6133.2	24 915.2
2017	5287.7	1306.8	4061.3	1383.0	1190.5	824.8	11 569.8	6604.4	25 623.9
2018	5452.5	1330.9	4065.5	1416.4	1207.4	847.2	12 339.3	7166.1	26 659.1
2019	5382.4	1339.0	3992.1	1428.8	1253.6	863.4	12 741.6	7503.4	27 001.0
2020	5243.6	1282.8	3871.3	1397.1	1265.2	843.9	12 919.3	7779.1	26 823.2
年均增长率 2020	−2.8%	−4.5%	−3.3%	−2.5%	0.6%	−2.5%	1.1%	3.4%	−0.9%
年均增长率 2000—2019	0.6%	2.1%	0.2%	1.5%	4.5%	3.2%	5.4%	7.3%	2.9%
2020 年占比	19.5%	4.8%	14.4%	5.2%	4.7%	3.1%	48.2%	29%	100%

2.4.4　核能行业

2020 年核能消费量下降了 4.1%（以投入当量计算），是 2011 年和 2012 年由福岛事件导致核能消费量下降以来的最大降幅。新冠疫情带来的经济冲击，导致发电量下降。其中法国（减少 0.4EJ）和美国（减少 0.2EJ）的核能发电量下降幅度最大。水电消费量增长了 1%，低于 2.1% 的 10 年平均增长率。中国（增加 0.4EJ）和俄罗斯（增加 0.2EJ）引领增长。中南美洲水电消费量则有所下降。2010—2020 年全球核能消费量见表 2-6[12]。

表 2-6　2010—2020 年全球核能消费量　（单位：EJ）

年份	北美洲	中南美洲	欧洲	独联体国家	中东地区	非洲	亚太地区（包括中国）	中国	全球总计
2010	8.87	0.20	9.69	1.62	—	0.13	5.47	0.70	25.99
2011	8.72	0.21	9.55	1.64	—	0.12	4.51	0.81	24.75

年份		北美洲	中南美洲	欧洲	独联体国家	中东地区	非洲	亚太地区(包括中国)	中国	全球总计
2012		8.46	0.21	9.26	1.67	0.01	0.12	3.18	0.91	22.91
2013		8.71	0.20	9.09	1.61	0.04	0.13	3.17	1.03	22.95
2014		8.75	0.19	9.09	1.68	0.04	0.13	3.40	1.22	23.28
2015		8.67	0.20	8.82	1.81	0.03	0.11	3.82	1.56	23.46
2016		8.69	0.22	8.53	1.80	0.06	0.14	4.23	1.93	23.66
2017		8.63	0.20	8.43	1.85	0.06	0.13	4.44	2.23	23.74
2018		8.58	0.20	8.38	1.85	0.06	0.10	4.95	2.64	24.13
2019		8.59	0.22	8.29	1.88	0.06	0.12	5.77	3.11	24.93
2020		8.35	0.23	7.44	1.94	0.07	0.14	5.82	3.25	23.98
年均增长率	2020	−3.1%	5.0%	−10.5%	2.6%	23.2%	13.7%	0.6%	4.3%	−4.1%
	2000—2019	−0.3%	0.9%	−1.3%	1.8%	—	—	1.0%	16.7%	−0.2%
2020年占比		34.8%	1.0%	31.0%	8.1%	0.3%	0.6%	24.3%	13.6%	100%

俄乌冲突爆发以来,在地缘政治风险和市场担忧情绪的刺激下,世界能源价格大幅上涨。随着冲突的持续及西方与俄罗斯之间制裁和反制裁的不断升级,全球能源市场和能源格局将发生深刻改变。俄罗斯能源供需体系将遭受重大冲击,欧盟将加速能源进口来源多元化。欧洲将减少从俄罗斯进口天然气,欧洲领导人承诺在未来10年左右大幅增加对美国液化天然气的采购。

从中长期看,俄乌冲突将加速能源替代和能源转型的步伐。石油、天然气市场的不稳定已经使欧盟和亚洲等国家意识到寻找替代能源的紧迫性,各国加快发展可再生能源的政治意愿显著增强,未来各国的政策设计和资金都可能加大向可再生能源倾斜。太阳能、风能和热泵的部署有望增长,核能发展可能加速,全球对电池储能系统、海上风能、低碳氢、碳捕集和储存等低碳技术的关注度将上升,储能在许多国家的政策框架中的作用将变得更加清晰。

2.5　中国能源电力大事记^[13]

（1）1956 年,中国第一套 6000kW 火电机组在安徽淮南电厂顺利投入运行,从此结束了我国不能制造火电设备的历史。

（2）1957 年 4 月,新安江水电站开工。新安江水电站是中国第一座自己勘测、设计、施工和制造设备的大型水电站,被誉为"长江三峡的试验田"。

（3）1957 年 12 月,新中国宣布第一个石油工业基地在玉门建成。1950—1958 年,玉门油田共产油 373 万吨,占全国原油总产量 454 万吨的 82％,成为重要的石油生产基地。

（4）1958 年 6 月,勘探发现松辽盆地第一个油田,并正式命名为大庆油田,位于黑龙江省大庆市。

（5）1959 年 10 月,我国第一座国产大型高温高压热电厂——哈尔滨热电厂投产。

（6）1960 年 1 月 28 日,由中国自行设计的第一条跨越长江的高压输电线在武汉顺利架通。

（7）1971 年 5 月,葛洲坝工程开工。它是长江上第一座大型水电站,也是世界上最大的低水头大流量、径流式水电站。葛洲坝工程是三峡工程的一个组成部分,可作为三峡工程的反调节航运梯级。

（8）1974 年 12 月,刘家峡水电站建成,全部设备均是我国第一次自主设计、研制和生产的。

（9）1976 年,龙羊峡水电站开工。电站建成后成为黄河上游第一座大型梯级电站所在地,又被称为"万里黄河第一坝"、黄河"龙头"电站;因水电站的建成,当地旅游业兴起,现为国家 AAAA 级旅游景区,龙羊峡谷也被称为"中国的科罗拉多"大峡谷,名扬海内外。

（10）1984 年 8 月 22 日,全国第一个集资办电企业——山东龙口电厂诞生。

（11）1987 年 9 月,我国自行设计、自行安装、自我完善的特大型火力发电厂——谏壁发电厂全部建成,成为当时全国最大的火力发电厂。

（12）1988 年 4 月,七届全国人大一次会议决定撤销煤炭部、石油部、核工业部和水利电力部,成立能源部。由原国家计委分工管运输和能源工作的副主任黄毅诚担任部长。

（13）1991年12月15日,秦山核电站首次并网发电。这是我国自行设计、研制、安装的第一座核电站,从此结束了中国大陆无核电的历史。

（14）1992年4月3日,七届全国人大五次会议通过兴建长江三峡工程的决议。

（15）1994年5月6日,广东大亚湾核电站2号机组投入商业运行。

（16）2001年底,我国常规水电装机容量跃居世界第一位。

（17）2004年6月30日,国务院召开常务会议讨论并原则通过《能源中长期发展规划纲要（2004—2020年）（草案）》。

（18）2004年12月30日,我国国内距离最长、输气能力最高的管道工程——西气东输工程正式实现全线商业运营。西气东输工程于2002年7月4日全线开工建设,投资总规模约1400亿元,其主要任务是将新疆塔里木盆地的天然气送往豫皖苏浙沪地区,沿线经过新疆、甘肃、宁夏、陕西、山西、河南、安徽、江苏、上海、浙江等10个省区市,主干管道全长4000km,年输120亿 m^3 天然气,可替代1600万吨标准煤。

（19）2005年2月28日,十届全国人大常委会第十四次会议审议通过《中华人民共和国可再生能源法》。

（20）2007年7月,国家电监会发布《电网企业全额收购可再生能源电量监管办法》,2007年8月,国家发改委发布《可再生能源中长期发展规划》,标志着可再生能源迈上新台阶。

（21）2007年11月,国务院正式批准了国家发改委上报的《核电中长期发展规划（2005—2020年）》,标志着我国核电工业进入新的发展阶段。

（22）2008年3月,国家能源局成立,能源管理体制改革迈出新步伐。

（23）2009年12月26日,《中华人民共和国可再生能源法修正案》获通过,新的可再生能源法自2010年4月1日起施行。

（24）2010年7月6日,上海东海大桥海上风电场并网发电,中国海上风电建设大幕拉开。

（25）2010年7月12日,启动新一轮农村电网改造升级,力争用3年时间基本建成安全可靠、节能环保、技术先进、管理规范的新型农村电网。

（26）2010年7月29日,青藏电网联网工程开工,新疆与西北联网工程建成,少数民族地区能源建设提速。

（27）2010 年 9 月 20 日，中国在运核电机组突破 1000 万千瓦，在建核电规模居世界第一。

（28）2012 年 8 月 15 日，国家电网公司宣布，截至 2012 年 6 月底，我国并网风电达到 5258 万千瓦，取代美国成为世界第一风电并网大国。其中，国家电网调度范围并网风电达到 5026 万千瓦，6 年年均增速 87％。

（29）2012 年，能源领域"十二五"规划相继公布，中国核电重启备受瞩目。

（30）2013 年 10 月 24 日，由哈电集团自主研发、设计、制造的世界单机容量最大的机组——向家坝水电站 800 兆瓦级水轮发电机组成功并网发电，使我国水轮发电机制造水平由 700 兆瓦级跃升到 800 兆瓦级，创造了我国电力装备行业水电机组的最高纪录，也创造了世界之最。

（31）2014 年 5 月 20 日，中俄能源合作尘埃落定，中国与俄罗斯签署《中俄关于全面战略协作伙伴关系新阶段的联合声明》，提出建立全面的能源合作伙伴关系。

（32）2014 年 8 月，中国两大核企共同打造"华龙一号"。

（33）2015 年 9 月 26 日，国家主席习近平在纽约出席联合国发展峰会并发表题为《谋共同永续发展做合作共赢伙伴》重要讲话时提出，中国倡议探讨构建全球能源互联网，推动以清洁和绿色方式满足全球电力需求。

（34）2016 年 9 月 3 日，中国正式加入《巴黎协定》。

（35）2016 年 11 月 17 日，《能源发展"十三五"规划》获国家能源委审议通过。随后，由国家能源局组织编制的电力、水电、风电、煤层气、生物质、可再生能源、天然气、太阳能等一大批能源领域专项规划相继公布。

（36）2017 年 7 月 4 日，十三部委联合印发《加快推进天然气利用的意见》。

（37）2017 年 9 月 1 日，全国人大常委会表决通过《中华人民共和国核安全法》。

（38）2018 年 11 月 23 日，藏中电力联网工程竣工投运。该工程是继青藏电力联网、川藏电力联网工程之后，国家电网公司建成的又一项突破生命禁区、挑战生存极限的高原超高压输变电工程，是世界海拔最高的超高压电网工程，也是世界海拔跨度最大的电网工程。工程动态投资约 162 亿元，是迄今为止西藏自治区投资规模最大的电力工程。

（39）2019 年 5 月 15 日，我国可再生能源配额制正式出台。

（40）2019 年 12 月 9 日，国家石油天然气管网集团有限公司成立。

（41）2020 年 11 月 27 日，我国自主三代核电"华龙一号"全球首堆——中核集团福清核电 5 号机组首次并网成功。

　　(42) 2020 年 12 月 12 日,中国提出努力争取 2060 年前实现碳中和目标。

　　(43) 2020 年 11 月 1 日,"国之重器"三峡工程完成整体竣工验收。

　　(44) 2020 年 12 月 21 日,《新时代的中国能源发展》白皮书发布。

参 考 文 献

[1]　马涛. 英国煤炭工业发展及其与工业革命关系研究[D]. 天津:天津师范大学,2014.

[2]　段光正. 能源革命:本质探究及中国的选择方向[D]. 开封:河南大学,2016.

[3]　尤春野. 欧洲能源危机的现状及影响[R]. 北京:太平洋证券,2022.

[4]　易泰告. 1969:世界军事发展的转折点[D]. 长沙:国防科学技术大学,2014.

[5]　高杨帆,叶温丹. 核能和平利用的伦理评估初探[J]. 洛阳师范学院学报,2018,37(6):8-12.

[6]　舒影. 铸剑为犁:和平利用核能造福人类[J]. 国防科技工业,2014(10):15-17.

[7]　谭馨怡. 浅析中国核能发展状况及展望[J]. 中国设备工程,2021(19):235-236.

[8]　田慧芳. 世界能源格局发生深刻改变[J]. 世界知识,2022(9):21-23.

[9]　康桂英. 第一、二次工业革命与世界经济的形成[J]. 科技信息(学术研究),2007(17):133+135.

[10]　邹才能,王长会,崔玉波. 碳中和目标与能源革命[J]. 石油知识,2021(6):22-23.

[11]　刘志雄. 京津冀农村地区传统生物质能源消费及其影响因素研究:以薪柴和秸秆为例[J]. 中国农业资源与区划,2019,40(11):200-206.

[12]　赫瑞瓦特大学能源经济研究与政策中心. BP 世界能源统计年鉴 2021(中文版)[R]. London:BP,2022.

[13]　庆祝中国共产党成立 100 周年　中国能源电力大事记[N/OL]. 中国电力新闻网,2021-06-30. https://gdshe.org/article/15179.html.

第 3 章

煤炭高效清洁利用

学习目标

(1) 掌握煤炭高效转化利用技术方式。

(2) 了解洁净煤技术方法。

(3) 掌握煤基多联产技术的特点。

3.1 煤炭清洁利用的发展概述

中国从 20 世纪 90 年代初开始重视煤炭清洁利用,以解决煤炭利用引起的环境问题。1994 年 2 月,国务院召开了"关于研究我国大力开发推广洁净煤技术问题会议",确定成立了国家洁净煤技术开发推广领导小组。1997 年国务院批准的《中国洁净煤技术九五计划和 2010 年发展纲要》确立了中国洁净煤技术发展框架。2001 年,首次将"洁净煤技术"作为能源技术领域两大主题之一,支持煤液化、水煤浆气化和干煤粉加压气化、IGCC 电站模拟、高效超临界发电、低成本脱硫脱硝等技术研发和工业示范。随着改革开放的持续推进,煤炭生产方式和结构进一步优化,行业纠正了粗放型发展模式,高产高效大型现代化煤矿涌现,煤炭开发的质和量均大幅提高。然而煤炭开发利用导致的环境问题开始凸显,行业内学者与时俱进,在煤炭开发方面,以钱鸣高院士提出的"绿色开采"技术体系为代表的科学采矿思想深入人心;在利用方面,通过煤转化等系列研究促进了洁净煤技术框架的形成,推动了洁净煤技术的快速发展。

中国煤炭资源开发利用理论与技术进步显著,安全、高效、绿色、清洁的共识被进一步凝聚。一系列适应"煤的清洁高效开发利用"的指导思想被提出,例如,谢克昌院士提出要"科学认识煤化工",谢和平院士呼吁提高"科学产能",袁亮院士提出"精准开采"构想。同时,将"燃煤污染物综合控制和利用的技术与装备"等确定为优先主题的重点研究内容。

党的十九大报告提出,我国经济已由高速增长阶段转向高质量发展阶段。煤炭行业也由总量型去产能转向系统型去产能,由单一燃料向燃料与原料并重转变。"清洁低碳、绿色安全、智能高效、多元协同"是煤炭高质量发展的主基调。全国原煤入选率由 2017 年的 70.2% 提高到 2020 年的 74.1%;煤矸石综合利用率由 2017 年的 67.3%稳步提高到 2020 年的 72.2%;矿井水综合利用率稳步提高到 72.2%;土地复垦率由 2017 年的 49% 提高到 2020 年的 57%。[1]

中国能源结构正向绿色低碳转型,但煤炭作为主体能源地位在短期内难以改变。在"双碳"目标的背景下,中国加速构建"清洁低碳、安全高效"的现代能源体系,绿色能源转型与保障能源安全两者相互关联,煤炭作为可再生能源平抑波动的稳定器,在一段时间内将与可再生能源相互依存,并支撑可再生能源的大规模消纳需求。

3.2 煤炭特点

煤炭是中国的主体能源和重要原料,根据国家统计局发布的《中华人民共和国2022 年国民经济和社会发展统计公报》显示,1949 年至今累计生产煤量达 960 亿吨以上,为国家经济社会发展提供了 70% 以上的一次能源,支撑了国内生产总值年均增长9% 以上,为中华民族伟大复兴做出了不可磨灭的历史贡献。同时,煤炭行业一直紧跟时代步伐,坚持改革开放,围绕生产、消费、技术、体制等 4 方面不断开展自我革命,煤炭科技创新能力得到显著增强,清洁低碳利用步伐不断加快,初步探索出一条安全、高效、绿色、智能的转型升级发展之路。

然而,煤炭属于传统高碳化石能源,其大规模开发利用带来的气候变化、环境损伤、生态扰动等问题日益凸显。加快能源结构转型升级,推进绿色低碳发展已成为全球共识和大势所趋。作为世界上最大的发展中国家,中国积极做出"30·60"双碳目标承诺,中央层面、部委层面、地方层面和多个行业加紧研究制定相关低碳政策和工作方案,践行"双碳"由国家战略目标转化为指导各产业系统性变革的具体举措。作为"双碳"目标的主战场,能源产业的减碳、降碳是中国"双碳"工作的重点方向。由于中国以煤炭为主的能源禀赋现状,在保障能源安全的基础上,降低煤炭消费总量及其消费过程中的碳排放强度是实现"双碳"目标的必然选择。

煤炭行业比过去任何时候都更加需要科技创新,需要用系统思维谋划、从多个方面统筹未来煤炭科技发展路径,全面推动能源安全新战略向纵深发展。以科学定"量"、绿色提"质"、创新领"路"为纲,探索推进煤炭消费转型升级的技术路径。

3.3　煤炭的高效转化利用技术

中国是全球最大的能源生产和消费国,近年来,中国油气对外依存度持续上升,能源安全面临严峻挑战。2020 年,中国原油和天然气对外依存度分别为 73% 和 43%,中国煤炭占一次能源消费比重为 56.8%。据预测,到 2030 年中国煤炭占一次能源消费的比重仍将在 50% 左右。因此煤炭是我国能源供应的"稳定器"和"压舱石",为能源安全起到兜底保障作用。

煤炭在补充石油不足、缓解石油对外依存度方面发挥了重要作用。煤炭通过转化可以生产 90% 以上的燃料油和化工产品,近年来,随着煤液化、煤制烯烃等技术的产业化,煤炭具备了替代 5% 进口石油的能力,预计未来 10 年左右其替代能力将达到10%,煤炭正在由燃料向原料转变。[2]

目前,煤炭清洁高效转化利用方式主要分为热解、气化、液化(直接液化和间接液化)等。现在发展的煤化工主要以传统煤化工为基础,以煤炭的清洁利用和高效转化为目标。煤热解技术是将煤炭中的富氢组分通过热解方式提取化工原料或优质液体燃料,以提高煤炭利用效率。煤气化是煤炭高效、清洁利用的核心技术之一,是现代煤化工的龙头,无论是以生产油品为主的煤液化,还是以生产化工产品如合成氨、甲醇、烯烃等为主的煤化工,选择合适的煤气化技术都是整个生产工艺的关键。煤炭直接加氢液化技术是煤炭与氢气在催化剂作用下通过加氢裂化,直接转化成液态油品。煤炭直接液化制油产品可以作为军民航空飞机、火箭以及装甲车辆的油品,满足中国日益增加的特种油品需求。煤炭间接液化技术是先将煤炭气化得到合成气,再利用一定的催化剂在合适的温度和压力下,将合成气转化为各类液体燃料和化学品的技术。

煤炭转化可以实现煤炭的清洁、高效、低碳利用。煤直接液化与煤制天然气的能效分别达58%和60%;煤炭转化产生的二氧化碳浓度高,利于二氧化碳的捕集及无害化处置;在转化过程中,煤炭中的硫转变成硫黄,得到资源化利用;煤制烯烃等化学品可将碳固定在产品中,从而实现减碳。燃煤发电供热也可以实现超低排放。目前,我国建成一批大容量、高参数煤电超临界和超超临界机组,装机比例超过10%,形成全球最大的煤电供应体系,污染物排放可达天然气标准[2]。

经过几十年的努力,中国已掌握了煤制油、煤制烯烃/芳烃、煤制乙二醇等现代煤化工技术,技术产业化走在世界前列,各地相关开发的积极性也很高。但由于规划工作滞后、认识不一致、地方政府就地转化要求和企业的盲目投资也导致煤化工项目中存在一些问题。中国未来煤炭清洁高效转化利用的研究重点是开展煤炭/合成气直接转化制燃料与化学品反应和催化的基础科学问题研究,煤制清洁燃气关键技术、煤制液体燃料及大宗化学品关键技术的研究等。[3]

3.4 洁净煤技术

洁净煤技术(clean coal technology,CCT)是实施煤炭清洁生产和利用的重要手段。美国首先在20世纪80年代中期提出洁净煤技术,是煤炭在开发、加工和利用的过程中旨在减少污染、提高能源利用效率的加工、燃烧、转化及污染控制等技术的总称。洁净煤技术是适应全球可持续发展潮流的新技术增长点和解决环境问题的主导技术之一,是提高煤炭资源利用效率和工业生产效率的新兴技术。中国在《煤炭工业"十五"规划》中明确提出要大力发展洁净煤技术,推动洁净煤技术产业化。近年来在可持续发展理念的引导之下,洁净煤技术实现了全方位的突破,但其技术水平仍然存在一定的缺陷和不足,未来还有很大的进步空间。但是在现行洁净煤技术的支持之下,煤炭产业的循环经济发展在广度和深度上都实现了综合性的拓展,将推动其向循环经济发展模式更进一步。[5]

随着中国产业结构的持续优化、转型,水泥行业产能过剩问题日趋严重。而洁净型煤行业的兴起,打开了煤炭清洁利用和水泥行业去产能的"双赢"局面。一方面,生产清洁型煤可以大量消耗含有一定热值的城市垃圾、糖醛废水、沥青渣等废物;另一方面,生产清洁型煤也能促进存在大量污染的小水泥厂（即立窑水泥厂）的转型改造,在不引起关停、下岗等社会问题的基础上,解决大量水泥落后产能的问题。清洁型煤又称洁净型煤、混凝煤,就是将农作物秸秆、粉煤、煤矸石等可燃物质混合后,加入节能减排增效剂,用水泥厂原有的设备,只是改变水泥生产配方,实现清洁生产的黏结剂产品,经挤压成型生产出来的既防水又能长期存放的洁净型煤炭。

3.5　煤基多联产技术

　　煤炭作为一种传统能源,是其他行业正常运行的保障。随着社会的发展,各种新能源出现在社会生产中,因此应加强各个行业的共同协作,从而实现物质的循环利用和多级利用。例如,利用煤基多联产技术,以煤炭气化和煤炭热解为基础,实现电力、液体燃料、化工产品、供热的跨行业、跨部门联合生产。这种技术在经济和生态方面具有很大优势,可以降低污染物的排放并实现煤炭的清洁利用。

　　基于煤炭气化的多联产系统,以煤炭气化为起点,以"资源化、减量化、再利用"为原则,通过煤炭气化发电(integrated gasification combined cycle,IGCC)合成甲醇、醋酸等多种煤化工技术的优化集成,使得煤炭资源得到洁净高效的综合利用,是在得到多种化工产品的同时利用工艺过程的热能进行发电的多产品关联耦合。该系统是延伸煤炭相关产业链中煤化工循环经济的重要发展模式,不仅可以实现煤炭资源的梯级利用,而且能够实现煤炭资源价值提升、利用效率和经济效益最大化,同时还能做到煤炭利用过程对环境最友好。立足于中国以煤炭为主的能源结构,以煤气化为核心的多联产系统是解决中国未来可持续发展的方向之一。煤气化多联产结构是一个复杂的体系,它以生态模式为基础,具有共生耦合、废物资源化、经济环境与能源效益相协调等特点,其构架原则和本质思想与循环经济模式结构一致。因此基于煤气化多联产的生态工业体系将成为未来煤化工循环经济发展的主要实现方式。[5]

3.6　煤炭应用转向绿色发展

　　创新绿色低碳技术不仅是当前煤炭行业转型发展的需要,也是国际竞争的热点。结合短期与中长期目标,统筹稳增长与调结构,围绕升级换代、低碳融合、颠覆突破、负碳固碳四大技术类型,提出煤炭未来的绿色低碳科技创新重点方向。根据煤炭行业绿色低碳技术发展现状与态势,现有低碳升级技术在 2025 年左右可实现规模化应用推广。2025 年之前,主要进行低碳融合技术与负碳技术的集中攻关;2025—2030 年,开展技术试验与示范,并根据技术成熟度和减碳需求适时进行规模化应用推广;2030 年之前,主要目标是完成重大颠覆突破技术的集中攻关和试验示范;2030 年之后,对取得突破的技术进行规模应用,实现大规模减碳,为 2060 年实现碳中和奠定基础。绿色低碳技术发展路线如图 3-1 所示[1]。

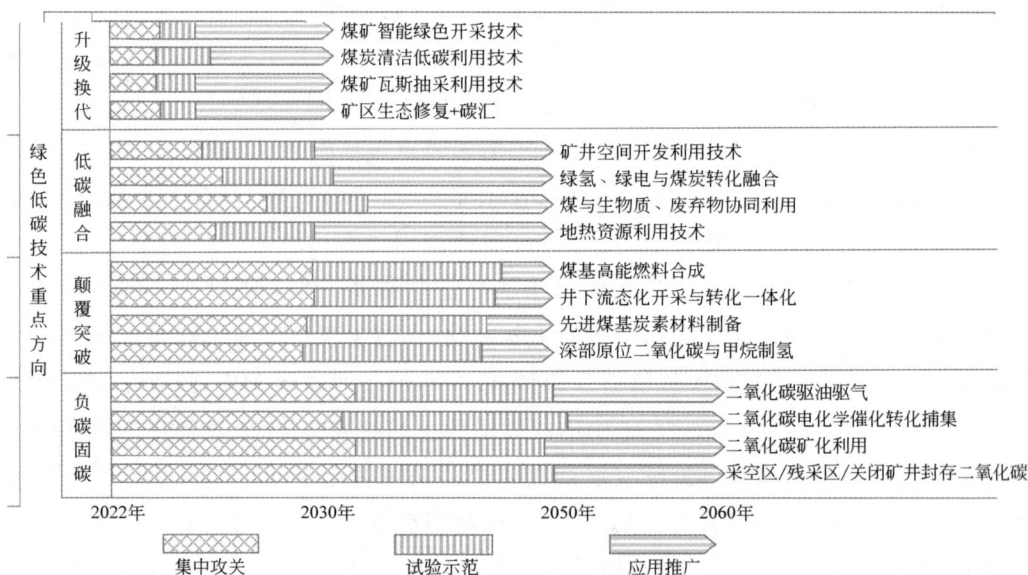

图 3-1　绿色低碳技术发展路线

　　发展智能绿色开采,即精准地质探测与 4D-GIS 系统、煤矿智能快速掘进关键技术、智能无人开采成套技术和煤矿绿色开采关键技术。通过超超临界发电技术、新型煤气化和煤与有机废弃物协同气化技术、煤经合成气一步法制化学品关键技术达到清洁低碳利用。采用关闭矿井瓦斯抽采技术、低浓度瓦斯高效利用技术、低品位气源分布式发电技术,研究煤炭开采对生态环境因子及生态系统功能与结构的影响过程及演变规律,完成矿区生态修复、增强矿区碳汇管理技术。

利用低碳融合技术,实现矿井空间开发利用,实现绿氢、绿电与煤炭转化融合,实现煤与生物质、废弃物协同利用,及实现地热资源利用等。同时,研发深部原位流态化开采的地质保障技术、精准导航技术、智能开拓布局技术、智能化分选技术;研发深部原位采—选—充—电—气—热一体化流态化开采技术、无人化智能输送与提升技术;研发深部原位能量诱导物理破碎流态化开采技术、化学转化流态化开采技术、生物降解流态化开采技术和煤粉爆燃发电关键技术等。继续突破煤制高能燃料和高值化学品关键技术,构建煤基组分定向制备高能液体燃料理论,研制相关过程核心装置,开发特种蜡、PAO 润滑油、特殊取代基芳烃和混合醇等高值油品和化学品。进一步研究煤基石墨化结构材料(高性能石墨、石墨烯、碳纳米管、富勒烯)、碳基储能材料(多孔炭、负极材料)、碳纤维及其复材等功能碳材料制备的关键科学问题和工程基础问题,构建高性能锂电池、燃料电池和超级电容器等储能器件,开发能量密度高、功率密度高、循环寿命长和安全性高的器件。此外,研究井下甲烷、二氧化碳原位制氢低温化技术,基于羧甲基纤维素钠(sodium carboxymethyl cellulose)矿化电池原理,开展阳极气体室催化剂改性,建立重整、制氢、产碱、制酸、发电一体化技术体系;研究井下甲烷、二氧化碳原位制氢高温化技术,改进质子传导的高温固体氧化物燃料电池技术,研发新型燃料电池。

发展负碳固碳技术。聚焦亚临界及超临界二氧化碳在多孔介质中的运移特性研究,开发二氧化碳在常规煤岩储层、常规及非常规油气储层、深部咸水层和深海岩层中的封存技术,研究二氧化碳电化学捕集技术,二氧化碳驱替置换煤层气、石油、页岩气和可燃冰等技术,研究二氧化碳制金刚石、二氧化碳加氢制甲醇和二氧化碳合成聚氨酯等技术。[1]

3.7　煤炭产业链

煤炭是初级产品,其行业的开采赢利水平不高。煤矿的效益向后续加工工业传递和辐射,必须依靠延长产业链来补偿。在计划经济时代可以依靠政府调节,但在市场经济条件下,加上运输的约束,将相对地造成挖煤的越挖越穷,而下游产业利用煤炭富裕起来,造成社会分配的不公平。在利益驱动下,煤炭企业将千方百计延长产业链,以摆脱经济上的困境。

煤炭转化可增加附加值,首先是发电,产值可以增加 5 倍,其次是煤化工,也可以产生高附加值。因此,每个煤炭企业都在根据自身情况形成产业链,但这些都将对环境造成影响。

以煤炭资源为基础的产业链纵向构建方式有以下几种:煤炭—电—建材—市场;煤炭—电力—电解铝—市场;煤炭—气化—市场;煤炭—气化—化工—市场;煤炭—焦化—市场;煤炭—建材—市场;煤炭—液化(煤变油)—化工—市场等。煤化工产业包括煤焦化、煤气化、煤液化和电石等产品。煤化工产业的发展对煤炭资源、水资源、生态、环境、技术、资金和社会配套条件要求较高。而中国煤炭资源主要分布在经济社会发展水平相对较低的中西部地区,依托条件相对较差。因此必须科学规划,合理布局,统筹兼顾资源产地的经济发展和环境容量。

另外,根据煤炭开采生产所排放的废物特征、矿区的资源条件和外部环境,矿区除去矸石利用的产业链外还有"矿井排水—水处理站—供水""瓦斯抽采(煤与瓦斯共采)—瓦斯发电(瓦斯利用)"等产业链。

在形成产业链的同时,也形成了相应的价值链,产业链的运行在经济上必然受价值链的制约。煤炭伴生物、废弃物作为循环物质进行生产时,其资源转化成本若高于使用其他自然资源成本时,就失去了再利用的经济价值。企业对物质使用成本的选择将致使废弃物资源循环停止,产业链面临中断的风险。而煤炭伴生物、废弃物对资源和环境保护有重要的社会意义,因此,政府应该进行适时评估,帮助企业解决实际困难[4]。

参 考 文 献

[1] 刘峰,郭林峰,赵路正.双碳背景下煤炭安全区间与绿色低碳技术路径[J].煤炭学报,2022,47(1):1-15.

[2] 王晓磊,陈贵锋,李文博,等.双碳背景下煤炭清洁高效利用方向构建[J].煤质技术,2021,36(6):1-5.

[3] 卫小芳,王建国,丁云杰.煤炭清洁高效转化技术进展及发展趋势[J].中国科学院院刊,2019,

　　　 34(4)：409-416.

[4]　钱鸣高.煤炭产业特点与科学发展[J].中国煤炭,2006,(11)：5-8＋4.

[5]　张明慧.煤炭清洁生产和利用的经济分析及对策研究[D].太原：太原理工大学,2002.

[6]　杨继贤,张冰,张秀云,等.基于多联产系统的煤化工循环经济发展模式研究[J].中国煤炭,
　　　 2010,36(8)：94-97.

[7]　高岑.煤炭清洁利用技术发展方向及作用研究[J].中国石油石化,2017,(8)：141-142.

[8]　陈贵锋,罗腾.煤炭清洁利用发展模式与科技需求[J].洁净煤技术,2014,20(2)：99-103.

[9]　李美莹,王航,尹时雨.我国煤炭资源特点及其利用[J].当代石油石化,2015,23(11)：24-28.

[10]　卢锋.煤炭行业循环经济发展理念及其实践应用探讨[J].新型工业化,2022,12(4)：
　　　 245-249.

第3篇　第三次能源革命——可再生能源与能源互联网

第 4 章

可再生能源——太阳能

学习目标

(1) 了解太阳能发展状况。

(2) 认识太阳能的核心特点和优势。

(3) 掌握太阳能的基本原理及主要技术。

(4) 熟悉太阳能的应用场景、产业链及发展趋势。

4.1　太阳能的发展概述

太阳能的发展历程可以追溯到古代,例如,阳燧取火,利用太阳干燥和加热等。到了 1839 年,法国物理学家埃克斯·埃蒙·科尔森发明了最早的太阳能发电机组,这一发明改变了世界,开启了世界上太阳能发电的历史。1876 年,美国科学家威廉·爱迪生发明了太阳能电池,他的发明使太阳能发电技术进一步发展。20 世纪,太阳能电池继续发展,新型太阳能电池,如半导体电池和有机太阳能电池,逐渐在市场上普及。20 世纪 50 年代,太阳能发电技术在世界范围内流行起来,而且得到了更多的投资,这也使太阳能发电技术在世界范围内得到了进一步的推广。21 世纪,太阳能发电技术迅速发展,各种太阳能发电系统,如太阳能光伏发电、太阳能热发电、太阳能风力发电等,在世界各地得到了广泛的应用。2010 年,太阳能发电技术再次受到重视,太阳能被推广为可以替代传统能源的替代能源,以应对全球能源危机。如今,随着太阳能发电技术的不断发展,太阳能发电系统的成本逐渐降低,太阳能发电已经成为全球可再生能源的重要组成部分。

据搜狐网《2023 年中国光伏行业研究报告》,中国太阳能发展历程大致可分为以下四个阶段。

1. 缓慢发展期（1970—2004 年）

在这一阶段，中国太阳能电池技术从航空向民用领域过渡，宁波、开封等地陆续成立民用太阳电池厂。1995 年，中国启动了"太阳能光伏产业化工程"，开始在全国范围内建设太阳能光伏发电项目。21 世纪初，无锡尚德成功建立 10MW 太阳能电池生产线，大幅缩短了中国与国际光伏产业的差距。

2. 快速成长期（2004—2012 年）

无锡尚德在美上市，带来的"首富效应"成为中国光伏产业的加速器。2006 年，中国颁布了《中华人民共和国可再生能源法》，进一步促进了可再生能源的开发利用，标志着中国光伏产业发展进入快车道。2009 年的"金太阳工程"政策则专用支持促进光伏发电产业技术进步和规模化发展。

3. 高速发展期（2013—2018 年）

全国光伏发电累计装机容量超过 10 倍增长。2013 年 7 月，国务院提出"分布式光伏发电"和"光伏电站"的二分法，并分类制定电价和补贴政策。同期"国五条"的细化配套政策正式下发，催生了中国光伏应用市场的"黄金时代"。2014 年，中国政府提出了"十三五"规划，明确了太阳能发展的目标和方向，包括大规模建设太阳能发电站和推动光伏产业的技术创新。

4. 平价上网期（2019 年至今）

2019 年，国家发改委印发《关于积极推进风电、光伏发电无补贴平价上网有关工作的通知》，拉开了光伏平价上网时代的大幕。2020 年竞价政策提前下达，但补贴退坡趋势愈发明显，且电价继续下调，行业开始进入提质增效发展阶段。2022 年，政策指导加快推动以沙漠、戈壁、荒漠地区为重点的大型风电光伏基地建设。中国光伏新增装机量连续 10 年位居全球首位，展现了中国光伏行业的强大实力和发展潜力。

太阳能是一种可再生的、可利用的能源，它可以从太阳辐射中获取能量，利用太阳能发电机可以转换太阳能为电能，用于家庭、商业、工业等场景。太阳能发电技术有多种形式，包括太阳能光伏技术、太阳能温度发电技术、太阳能热发电技术等。太阳能光伏技术是将太阳光转换为电能的技术,利用太阳能光伏材料将太阳能转换成电能,从而发电。太阳能温度发电技术是利用太阳能热转换成电能的技术,利用太阳能辐射把太阳能转换成热能发电。太阳能热发电技术是利用太阳能热转换为电能的技术,它利用太阳能热发电机组将太阳能热转换为电能,从而发电。太阳能发电技术已经得到了广泛的应用,它可以有效地保护环境,减少空气污染,减少能源消耗,改善能源结构,并为人类提供可持续的能源。

4.2　太阳能的特点

太阳能是一种可再生能源,不仅清洁环保,而且可持续利用。它可以通过太阳能电池板将太阳能转换为电能,从而满足家庭、商业和工业的能源需求。

(1)无污染:太阳能是一种无污染的清洁能源,不会产生烟雾、气体等废物,不会对环境造成污染。

(2)可再生:太阳能是一种可再生能源,可以持续利用,具有良好的可持续发展性,只要有太阳就可以持续产生能源。

(3)成本低:太阳能具有廉价、安全、可靠的特点,随着太阳能技术的迅速发展,设备价格不断下降,使用范围不断扩大,安装和维护成本也很低,可以有效地节约能源。

(4)绿色能源:太阳能是一种绿色能源,在使用中不会产生放射性废物,安全性高,它可以有效减少温室气体排放,减少温室效应的影响。

(5)免费:太阳能是一种免费的能源,只要有太阳,就可以免费发电,而且不会产生任何污染。

4.3　太阳能的主要技术

太阳能技术主要包括太阳能光伏技术、太阳能热技术和太阳能化学能技术。太阳能光伏技术主要利用太阳能的热能和光能,通过安装太阳能电池板,将太阳光转换成电能并输出到电网。

太阳能热技术利用太阳能的热能,通过安装太阳能热水器和太阳能热水管,将太阳能转换成热能,用于热水和加热。

太阳能化学能技术是利用太阳能将化学能转化为其他形式能量的技术。这种技术涉及利用太阳能来驱动化学反应,从而产生可用能量或者存储能量的化学物质。

太阳能利用的最主要方式是太阳能发电,是目前利用太阳能的主要方式,它是指将太阳能转换成电能,再输出到电网的过程。

4.3.1 太阳能光伏技术

太阳能光伏技术是最常用的太阳能发电技术之一,它可以将太阳能转换成电能。光伏太阳能技术是指利用太阳能来产生电力,其核心是利用光伏效应。光伏效应指当光照射到一些特殊材料上时,就会产生电流的现象。当太阳光照射到光伏设备上时,就会产生电力,将太阳能转换成可以使用的电能。

光伏电池由一种称作"太阳能电池"的半导体材料制成,它的作用是将太阳能转换成电能。当光照射到半导体材料上时,由于光的照射,太阳能电池内部的电子被激发出来,由于电子的电荷不同,就形成电势差,从而形成电流,最终形成电能。光伏发电原理图如图 4-1 所示[1]。

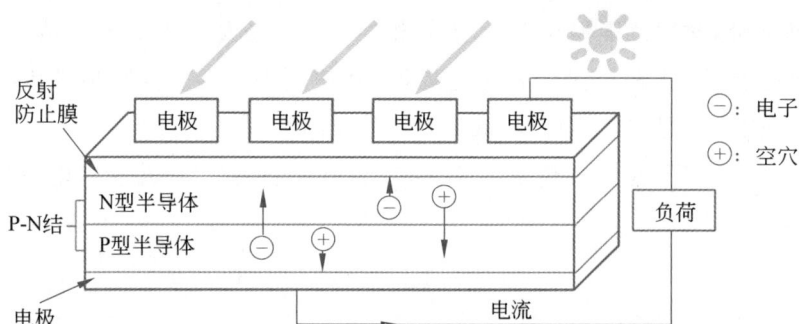

图 4-1　光伏发电原理图

光伏太阳能技术越来越多地用于为住宅和商业建筑供电,以及为没有传统电网基础设施的偏远地区供电。此外,太阳能正变得越来越具有成本效益,使其成为传统能源的可行替代品。太阳能光伏技术也可以利用太阳能来加热水和空气,以及用于加热、冷却和照明等应用。

近年来，基于太阳能光伏技术又出现了以下两种新型技术。

1. 可见光技术

太阳能可见光技术能够将太阳光谱中的可见光转化为电能，其原理是通过太阳能电池转换成电能。相比其他太阳能技术，有更高的能量转化效率，能够更有效地使用太阳能，减少能源的浪费，这也是它比其他可再生能源技术更受欢迎的原因。

2. 薄膜太阳能技术

薄膜太阳能技术可以将太阳能转换成电能，是未来最主要的发电技术之一。它使用薄膜材料来收集太阳能，并在太阳能发电厂中进行电能转换。薄膜太阳能技术是一种较新型的太阳能技术，它利用硅、碲化镉、硒化铜铟镓等半导体材料的薄层吸收太阳光并将其转化为电能。这项技术的效率低于传统的硅基太阳能电池，但它有几个优点，包括生产成本更低、重量更轻和更灵活。薄膜太阳能技术应用广泛，从为日常家居用品供电到大型太阳能农场供电。它也被用于开发建筑一体化光伏（BIPV）系统，这些系统设计美观，在房主和商业企业中越来越受欢迎。

薄膜太阳能技术是一种使用薄膜材料，如硅薄膜、硅钒薄膜、硅锗薄膜、锡锰钙钛矿薄膜和氮化镓薄膜等，将太阳能转换成电能的技术。薄膜太阳能电池板可以将太阳光转换成电能，使用薄膜太阳能技术可以节省电能的开支，减少环境污染，并降低能源成本。薄膜太阳能技术的优点如下。

（1）可靠性高，由于薄膜太阳能电池板的尺寸小、重量轻、安装简单，因此抗风能力强，可靠性高。

（2）可定制性强，薄膜太阳能技术可以根据客户的需求定制各种形状和大小的太阳能电池板。

（3）易于安装，薄膜太阳能电池板采用轻质材料，可以节省安装时间，极大地减少安装成本。

（4）效率不断提高，薄膜太阳能电池板可以将太阳能转换成电能，其转换效率可以达到 15%～20%，逐渐达到传统太阳能电池板的水平。薄膜太阳能技术的缺点也很明显，首先，薄膜太阳能电池板的价格比传统太阳能电池板要昂贵，另外，薄膜太阳能电池板的寿命也要比传统太阳能电池板短，只能使用 5～10 年，而传统太阳能电池板可以使用 20～30 年。

4.3.2　太阳能热技术

1. 太阳能热能转化技术核心板块

太阳能热能转化技术是将太阳能转换为其他能源,以满足人类能源需求的技术。太阳能热能转化技术分为集热器技术、热储存技术、太阳能热能利用技术和太阳能热发电技术。

1) 集热器技术

(1) 平板式集热器:这是最常见的太阳能热能转化技术之一,通过将太阳辐射能集中到平板集热器表面,使其表面升温,并通过导热管或者流体来传递热量。

(2) 抛物面反射器:利用抛物面反射器将太阳辐射能聚焦到集热管或者热能媒介上,以实现高效的热能转化。

2) 热储存技术

(1) 热储罐:用于储存太阳能集热系统中收集到的热能,以便在需要时供应热水或者进行空调供暖等用途。

(2) 热储盐:一种常用的热储存介质,能够在高温条件下吸收和释放大量热量。

3) 太阳能热能利用技术

(1) 太阳能热水器:利用太阳能集热器将太阳辐射能转化为热能,供应热水使用。

(2) 太阳能空调系统:利用太阳能集热器将太阳辐射能转化为热能,用于驱动空调系统,实现空调供暖或者制冷。

4) 太阳能热发电技术

(1) 槽式聚光光热发电:利用聚光器将太阳辐射能集中到槽式集热器上,加热工作介质,产生高温蒸汽驱动涡轮发电机发电。

(2) 塔式光热发电:利用塔式集热系统将太阳辐射能集中到塔顶,加热工作介质,产生高温蒸汽驱动涡轮发电机发电。

2. 太阳能热能转化技术的原理

太阳能热能转化技术是利用太阳光中可见光和红外线的能量,通过热器件产生电能、热能或动能。

太阳能热能转化技术的主要组成部分有太阳能收集器、热器件、热转换机等,它们协同工作,将太阳的热能转换成电能、动能或可利用的热能。

(1)太阳能收集器是将太阳能聚集在一起的装置,如太阳能电池板、太阳能热收集器等,它们可以将太阳能聚集起来,供热器件加热。

(2)热器件是将太阳能的热能转换为电能、动能或可利用的热能的装置,如热电转换器、热力发电机、热力发动机等。

(3)热转换机是将生成的电能、热能或动能转换为其他形式能量的装置,如发电机可以将电能转换为机械能、电能变压器可以将电能转换为其他用电能量等。

3. 技术线路比较

根据聚光和集光方式的不同,光热发电技术可分为塔式、槽式、碟式和线性菲涅耳式四种技术类型,如图 4-2 所示[2]。槽式和塔式为主流,槽式技术较为成熟,塔式技术更具发展潜力。

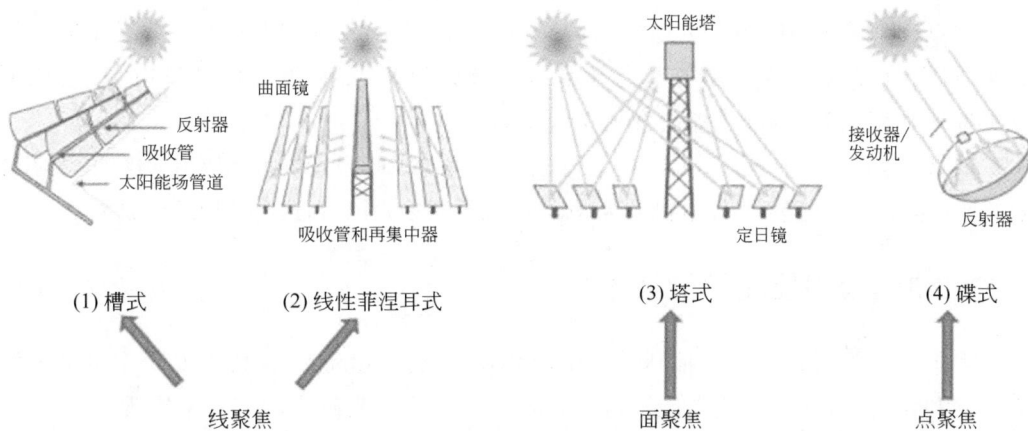

图 4-2 太阳能热发电的四种技术

(1)槽式太阳能热发电系统由太阳能集热器、热水储存器和锅炉组成。太阳能集热器用于收集太阳辐射并将其转化为热能;热水储存器用于储存太阳能集热器产生的热能;锅炉用于将热水储存器中储存的热能转化为蒸汽能;然后,涡轮机借助蒸汽能发电。

槽式太阳能热发电系统具有成本低、效率高、污染小的优点。它是一种绿色能源系统,可以有效减少传统能源的消耗。此外,它安装和维护方便,适合在偏远地区使用。

(2)菲涅耳式太阳能热发电系统是一种太阳能发电技术的系统,它使用太阳能来提供发电机的动力。太阳能热发电系统使用太阳能收集器来收集来自太阳的能量,并将其转换成电能。这种发电系统的优势在于它可以提供持续的可再生能源,而且安装和运行成本较低。另外,它不会污染环境,因此被认为是一种绿色能源。

(3)塔式太阳能热发电系统由太阳能集热器、热储存系统、热传输系统和发电系统组成。太阳能集热器吸收和聚焦太阳辐射,加热工作介质,然后将热传递给热储存系统;热储存系统储存太阳能集热器的热量,并将热量传递给发电系统;发电系统将热量转换为电能。

(4)碟式太阳能热发电系统

碟式太阳能热发电系统是一种利用太阳能热空气发电的系统,它利用太阳能热空气在设置的热收集器上发电。碟式太阳能热发电系统由热收集器、加热器、风机、发电机组成。热收集器由一组由碟状物体组成的受热单元和管道组成,它们之间是空气导热的,充当热交换的作用。热收集器和加热器之间有一个风机,它可以将热空气吹向加热器,从而使加热器能够收集更多的热量。加热器将热量转换成热能,然后通过发电机转换成电能。

优点:碟式太阳能热发电系统结构简单,安装方便,易于维护;它可以获得更多的热量,可以节省能源;这种系统不受气温影响,能够在一定程度上保证发电量;它还可以更好地利用太阳能,可以提高发电系统的效率。

缺点:碟式太阳能热发电系统的运行成本较高;它的发电量受太阳辐射的影响,太阳辐射的变化会影响发电量;当发电机发生故障时,需要更换发电机,这会增加维护成本[3]。

4.3.3 太阳能化学能技术

太阳能化学能技术是一种利用太阳能转化成化学能的技术,利用太阳能将水分解成氢气和氧气,从而产生化学能。这种技术以一种称作光解水的方式来实现。

在光解水中,太阳能被用来激发溶液中的水分子,使水分分解成氢气和氧气,氢气和氧气经过化学反应产生化学能。

太阳能化学能转化技术广泛应用于太阳能电池、太阳能发电机组以及太阳能燃料电池等方面,它不仅可以把太阳能转化成电能,还可以把太阳能转化成化学能。

太阳能化学能转化技术主要分为光催化反应、电化学转换和生物转化等。

光催化反应是利用太阳能引起化学反应的一种方法,可以将太阳能转化为化学能。典型的光催化反应包括水的分解和甲醛的氧化。电化学转换是将太阳能转化为电能的技术,利用太阳能产生电流,实现太阳能转化。生物转化利用生物活性实现太阳能转化,可以将太阳能转化为生物化学能。

氢能技术就是太阳能化学能技术衍生来的。氢能技术利用太阳能分解水,并将分解的氢气利用电解质电池转换成电能。氢能技术是一种可以将太阳能转换为可再生、可利用能源的技术。这种技术它可以清洁、安全地利用可再生的能源,产生的氢气的燃烧产物也是清洁可循环利用的,可以大幅减少温室气体的排放。

4.4　太阳能应用

4.4.1　常见的太阳能应用场景

1. 太阳能发电厂

目前已经部署的太阳能发电厂包括太阳能光伏发电厂、太阳能热电联产发电厂和光热发电厂等。太阳能光伏发电厂利用太阳能电池组件将太阳能直接转换成电能,这种发电方式不需要燃料,不排放二氧化碳。

2. 太阳能热水器

太阳能热水器利用太阳辐射加热水,具有节能、环保、低成本等特点,可提供一种清洁、安全的能源,可替代传统的热水器。

3. 太阳能电池板

太阳能电池板是由太阳能电池组合而成的设备,可以将太阳能转换为可以使用的电能,从而替代传统的电源,减少污染且节省电费。

4. 太阳能空调

太阳能空调是利用太阳能发电技术为室内制冷、制热提供能源的设备,比传统的空调节能率更高,可以调节室内温度,减少空调使用成本。

5. 太阳能照明系统

太阳能照明系统是利用太阳能发电技术为室内外照明提供能源的设备,可以有效地减少对传统能源的依赖。常见的太阳能光源产品有太阳能路灯、太阳能街灯、太阳能路标等,可以在夜晚提供充足的照明,保证行人和车辆安全。

6. 太阳能农业应用

太阳能可以给农业企业提供更多的可再生能源,例如太阳能灌溉系统。农业企业可以利用太阳能替代传统的燃料,从而节省能源。

7. 电动汽车

太阳能可以用来给电动汽车充电,以减少对传统能源的依赖,从而节约能源。

4.4.2 太阳能应用解决方案

太阳能应用解决方案是一种利用太阳能来生产能源的方法。它可以通过各种太阳能元件,如太阳能电池板、太阳能热水器等,将太阳能转换为可以使用的能量。使用太阳能解决方案可以有效地减少碳排放,促进可持续发展,并且可以降低家庭用电和供暖的运营成本,还可以提高住宅的价值,使家庭更加节能环保。以下是一些常见的太阳能解决方案。

1. 智能控制型太阳能应用解决方案

智能控制型太阳能应用解决方案是一种智能控制太阳能系统,通过智能控制,达到最佳的太阳能利用效果。方案包括太阳能系统的安装、调试、维护以及运行状况监控,运行状况监控可以让用户全面了解太阳能系统的运行情况,并可以根据用户不同需求针对性地优化系统。

2. 智能储能型太阳能应用解决方案

智能储能型太阳能应用解决方案可以有效地解决太阳能发电系统中日夜能源不均衡的问题,把太阳能发电系统白天产生的电量储存起来,以满足用户的能源需求,提高太阳能发电系统的利用效率。

3. 智能集成型太阳能应用解决方案

智能集成型太阳能应用解决方案将太阳能系统、储能系统、智能控制系统、传感器系统等技术有机结合起来,实现整个太阳能系统的集成,可以有效地提高太阳能系统的可靠性和稳定性。

4. 太阳能并网解决方案

太阳能并网解决方案的核心是将太阳能发电设备连接到电网,以太阳能发电取代燃煤发电,减少碳排放和空气污染,从而节能减排。太阳能并网的过程包括太阳能发电设备的安装、电网的连接、安全性认证和运行管理等。太阳能发电设备的安装是太阳能并网解决方案的首要步骤,即根据太阳能资源的情况,将太阳能发电设备安装在恰当的位置,以获得最佳的太阳能发电效果。其次,太阳能发电设备需要与电网连接,以便将发电量及时输送到电网。为此,需要申请与电网连接的许可及安全性认证,并建立安全的电气连接。太阳能发电设备的安全性认证是太阳能并网解决方案的重要内容,通过认证,可以保证发电安全、可靠。最后,太阳能并网解决方案需要进行有效的运行管理,以确保太阳能发电设备的正常运行,并及时监测和调整太阳能发电系统的发电量,以达到最佳效果,如图 4-3 所示[4]。

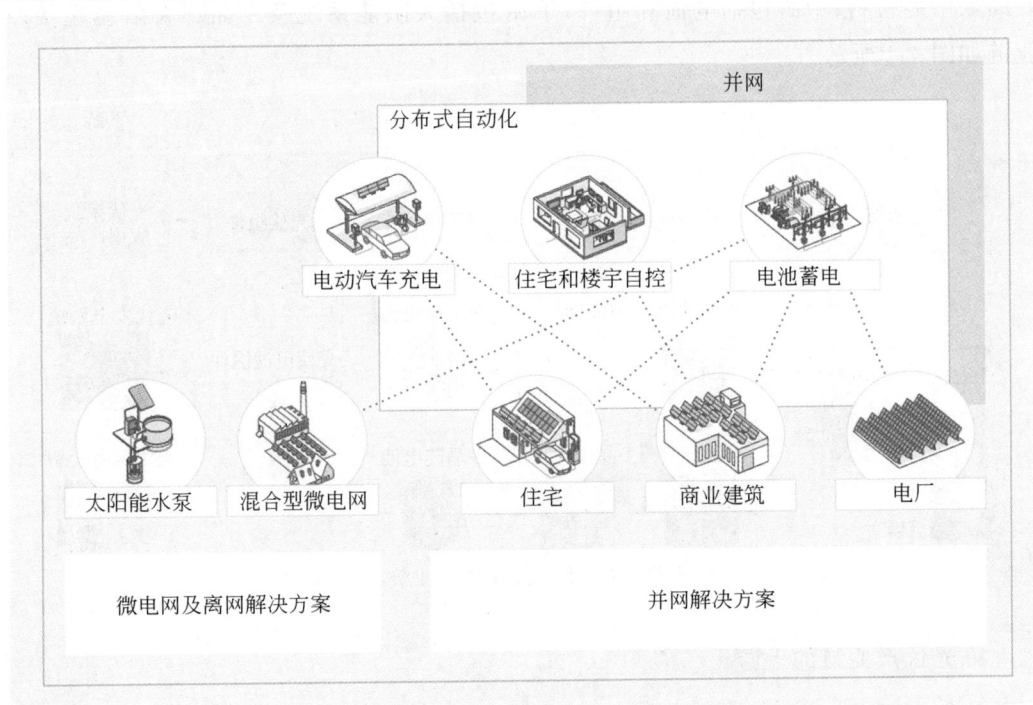

图 4-3　太阳能并网、微电网及离网解决方案

5. 太阳能微电网及离网解决方案

太阳能微电网的主要功能是将太阳能发电装置、储能装置、传输系统、负荷控制装置和自动控制系统等集成到一个系统中,使发电、储能、传输、负荷控制以及自动控制等功能得到实现。

离网解决方案是将上述设备结合在一起,但不与电网相连,是一种独立的系统,只能为当地的用电者提供电力,如图 4-3 所示。

4.5 太阳能光伏产业链

太阳能光伏产业链分上游、中游、下游三个部分不仅包括材料和产品,也包括政府、投资者、供应商、生产企业、服务商及客户,这里主要以产品角度介绍。上游包括主要的太阳能材料;中游包括电池和组件;下游包括太阳能系统及产品。太阳能光伏产业链如图 4-4 所示[5]。

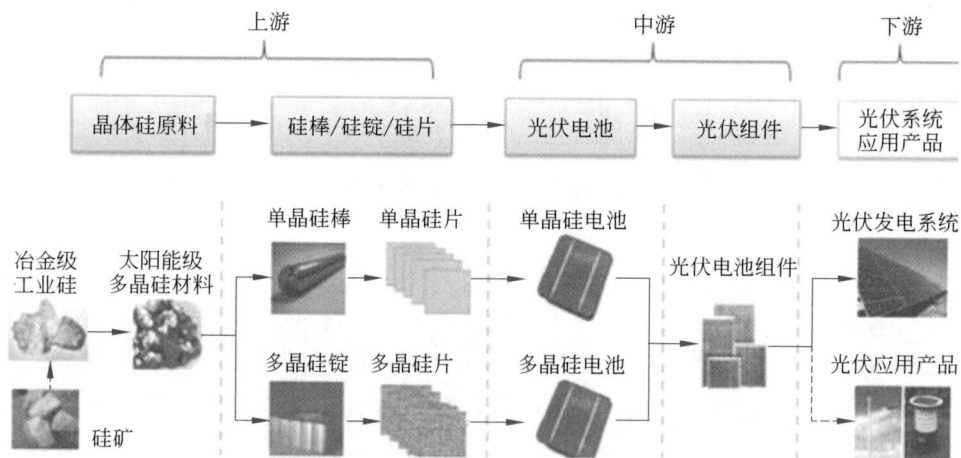

图 4-4 太阳能光伏产业链

1. 光伏产业链的上游

光伏产业链的上游主要包括硅料和硅片,主要指以硅料和硅片为原料的光伏产品生产。硅料是由硅和其他元素组成的矿物,其物理性质接近石英石。硅料经过熔铸、切割、清洗等多个步骤后形成单晶硅基片即硅片,是太阳能电池的主要材料。在光伏产业链的上游,硅料和硅片主要由硅料生产企业和硅片生产企业提供。

2. 光伏产业链中游

光伏产业链中游主要包括光伏电池和光伏组件。光伏电池是光伏产业链的核心,由半导体晶体管和其他电子元件组成,可以将太阳能转换为直流电能。光伏组件由多种组件组成,如电池、结构支架、绝缘材料、连接器、电缆等,通过连接多个光伏电池,可以将太阳能转换为更高电压的电能,从而更有效地利用太阳能。

3. 光伏产业链下游

光伏产业链下游主要包括光伏系统应用产品。

(1)光伏发电系统主要包括太阳能光伏组件、光伏屋顶及结构、光伏电池板、光伏汇流箱、太阳能支架、光伏充电控制器、光伏逆变器、光伏储能系统等。

(2)光伏跟踪系统主要包括太阳能跟踪器、太阳能跟踪系统控制器、太阳能跟踪系统传感器等。

(3)光伏监控系统主要包括光伏逆变器监控系统、太阳能电池板监控系统、光伏系统数据监测系统等。

(4)光伏照明系统主要包括太阳能路灯、太阳能小型照明系统、太阳能庭院灯等。

(5)其他应用产品主要包括太阳能车载充电器、太阳能农业灌溉系统、太阳能热水系统等。

4.6 太阳能的发展趋势

近年来,太阳能发电行业发展迅速,全球发电装机容量不断增加。随着全球气候恶化,太阳能发电逐渐得到政府的支持和民众的认可,投资者对太阳能发电的热情也越来越高。另外,越来越多的政府和公司还在加大投资力度,推动太阳能发电行业的发展,加快技术的普及,使传统能源逐渐被替代。预计未来太阳能发电的发展将进一步加快,投资回报率也会进一步提高,有助于促进更多的投资者参与到太阳能发电领域,推动太阳能发电行业的可持续发展。

由于太阳能发电技术的可再生性和可持续性,太阳能已成为一种很受欢迎的替代能源形式。太阳能发电技术的发展也使太阳能发电成本越来越低,从而使太阳能发电成为一种可行的能源形式。

太阳能发电在技术上也取得了很大的进步,例如,太阳能电池板效率、太阳能发电装置的性能,和太阳能发电的可靠性都得到了提高。此外,新的太阳能发电技术也在不断出现,如太阳能跟踪系统、太阳能浮动系统和太阳能微网系统等。

太阳能发电技术的不断发展,也使得太阳能发电技术更加简单、安全、可靠,更加经济实惠。因此,太阳能发电技术未来可能会取得更大的发展,成为一种更加可靠的可再生能源形式。

参 考 文 献

[1] 黄颐. 2021 中国光伏发电行业概览[R]. 南京:头豹,2021.

[2] 和达资本. 太阳能热发电产业投资地图[R/OL]. 国家光热联盟,(2017-10-27). http://cnste. org/html/zixun/2017/1027/2183.html.

[3] 邹润芳,唐保威,孙玉浩,等. 不尽能源天上来:光伏、光热发电行业报告[R]. 南昌:中航证券研究所,2021.

[4] RYTOFT C. 太阳能[R]. 北京:ABB 评论,2015.

[5] 国信证券经济研究所. 中国光伏产业链浅析[R]. 深圳:国信证券经济研究所,2015.

第 5 章

可再生能源——风能

学习目标

(1) 了解风能。

(2) 认识风能的核心特点和优势。

(3) 熟悉风能利用的主要形式及产业链。

(4) 掌握风能的应用场景。

5.1　风能的发展概述

人类利用风能的历史可以追溯到古埃及、古印度时期,他们使用风能来满足日常需求。18 世纪末,英国科学家发明了风力发电机,但是由于技术和材料的不成熟,以及电力市场尚未发展,风力发电未能得到大规模使用。20 世纪初,美国发明家使风力发电机技术得到了进一步完善,但仍然受到技术和材料的限制,无法大规模使用。20 世纪 60 年代,美国和欧洲开始研究风力发电技术,并开始进行实验性应用。20 世纪 70 年代,英国和欧洲开始大规模应用风力发电技术。20 世纪 80 年代,全球风力发电技术得到了进一步发展,并开始投入商业应用。20 世纪 90 年代以后,全球风力发电技术进入爆炸性发展阶段,大规模应用于电力市场,成为可再生能源发电的重要来源。

20 世纪 50 年代以来,风能发展一直是中国政府推动可再生能源发展的重要组成部分。近年来,随着能源需求的不断增长和环境污染的加剧,中国政府积极推动风能发展,把风能作为可再生能源之一。

2019 年,中国新增风电并网容量达到 794 万千瓦,增长态势十分可观。当前中国风电新增装机容量和累计装机容量已经长期位居世界首位,风力发电占全部发电量的5%,风轮的直径也逐渐增大[1]。中国政府还将进一步推动风能发展,计划到2030年,风能装机容量将达到4500GW,占全球可再生能源装机容量的50%,风能发电利用率提高到30%。此外,中国政府还将着力推动风电行业的科技创新和产业升级,提高风能发电的效率和可靠性,以满足未来可持续发展的需求。

5.2 风能的特点

风能特点主要体现在可再生、可利用、成本低廉、使用安全、环境友好等方面[2]。

1. 可再生

风能是一种可再生能源,不会消耗矿物质,不会排放有害物质,可以持续利用,为将来的发展提供了可能性。

2. 可利用

与其他可再生能源相比,风能的可利用性更强,可以在更多地方利用。

3. 成本低廉

风能发电的成本比其他发电方式低得多,且没有发电运营成本,一般发电成本比煤电低1/5,比核电低一半以上。

4. 使用安全

风能的发电过程比较安全,没有放射性污染,不会产生有害废气,没有火灾爆炸的危险,是一种安全的发电方式。

5. 环境友好

风能的发电没有污染,对环境友好,是当今世界可持续发展的新型发电方式。

5.3　风能的核心技术及原理

5.3.1　风能的核心技术

风能的核心技术包括风机设计、风力发电机技术、风力发电系统设计、风力发电控制系统设计、风力发电网络技术、环境影响评价等技术。

1. 风机设计

风机是将风能转化为机械能的机械设备，它的设计决定了发电的效率和可靠性。

2. 风力发电机技术

风力发电机是将风能转换为电能的核心设备，设计时需要考虑发电效率、可靠性等因素。

3. 风力发电系统设计

风力发电系统是将风能转换为电能的完整系统，设计时需要考虑发电效率、可靠性、安全运行等因素。

4. 风力发电控制系统设计

风力发电控制系统是风力发电系统的核心技术，设计时需要考虑风力发电系统的安全运行和发电效率等因素。

5. 风力发电网络技术

风力发电网络技术是将风力发电系统与电网连接的技术，设计时需要考虑电网的安全性、可靠性、发电质量等因素。

6. 环境影响评价

环境影响评价是风能发电系统的重要组成部分,其目的是评估风力发电系统对环境的影响,以确保风力发电系统的可持续发展。

虽然风能主要用于发电,但是风能还可以转换成其他形式的能源,如热能。

5.3.2　风能技术的原理

风能技术利用风力通过风力发电机发电。当风吹过叶片时,叶片会因风力的作用而旋转,为发电机提供动力,从而产生电能,可以直接用于照明、温控等,也可以用于发电站,再发送到电网中。

风能技术的关键是叶片的设计,必须具备足够的强度、刚度和灵活性,以抵抗风力的影响。在风力发电机的设计中,空气动力学原理是利用风力发电的关键。

风力发电还可以利用风力发电机联合汇流箱等,在发电机发出的电流中,将不同线圈的电流汇集到一起,从而提高发电量。

5.4　海洋风能

5.4.1　海洋风能资源的蕴藏量与分布

受大气气压和海上季风活动的影响,在近海海面会形成丰富的风力资源,一般在水深 10m 且距离海岸线 10km 左右的近海大陆架上才具备开发的价值。海洋风能资源总量巨大,全球可开发利用的总量约为 710 亿千瓦,大部分风能资源集中在深远海。欧洲的海上风能资源最为丰富,其大部分区域的平均风速为 9～12m/s,其次是美国,平均风速为 8～10m/s[3]。全球海域的年平均风能资源分布:[4] 全球海域风能密度的大值区分布于南北半球西风带,南半球西风带大于北半球西风带,南半球西风带的风能密度为 800～1600W/m²,北太平洋西风带海域为 500～1000W/m²,北大西洋西风带为 500～1300W/m²。中低纬海域的风能密度为 200～500W/m²,而赤道中东印度洋、赤道西太平洋、赤道东太平洋附近海域的风能密度基本都在 200W/m² 以内。

中国近海风能资源丰富,可开发利用的风能储量为 7.5 亿千瓦,是陆上风能资源的 3 倍,长江到南澳岛之间的东南沿海及其岛屿是我国最大的风能资源区,资源丰富区包括山东、辽东半岛、黄海之滨,南澳岛以西的南海沿海、海南岛和南海诸岛[5]。中国海上风速高,大部分近海区域平均风速为 7~9m/s,很少有静风期,适合建设有效利用风能的海上风电场。建设海上风电场,是缓解能源、环境压力、促进经济社会可持续发展的有效措施。风力发电场正从内陆及大陆沿海逐步向海上发展,海上风能未来将成为我国风能的发展方向和制高点。

5.4.2　海上风力发电

1. 海上风力发电的技术原理

目前海上风力发电技术是基于空气动力学和电磁发电的原理,利用风力带动风力涡轮机的叶片旋转,将风的动能捕获为装置的机械能,再通过齿轮变速箱将旋转的速度提升,使电磁发电机发电,实现机械能向电能的转化[6]。图 5-1 是带有齿轮变速箱的现代水平轴风力涡轮机基本组件的示意图,由风力涡轮机叶片、低速轴、高速轴、传动系统、风速计、风塔、发电机、偏航机构、液压系统、电控系统等部件组成[7]。现代大型风力涡轮机通常采用切入速度为 3~4m/s 的转子从风中提取能量,风力涡轮机随着风速增加发电量增加,直到达到其额定功率水平,此时风速通常为 11~15m/s。在更高的风速下,控

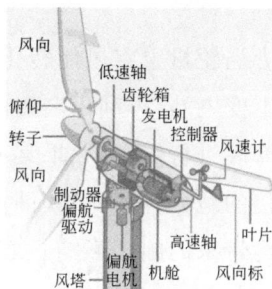

图 5-1　带有齿轮变速箱的现代水平轴
风力涡轮机基本组件的示意图

制系统通过失速控制、桨叶俯仰或两者结合来限制功率输出以防止风力涡轮机过载。大多数涡轮机在风速为 20~25m/s(切断速度)时停止发电,以限制转子的载荷,防止涡轮机结构部件的损坏,通常使用的是感应或异步发电机。

典型的海上风力发电厂如图 5-2 所示,主要通过风力涡轮机组发电,再通过输电系统将电输送到变电站[8]。每个风力涡轮机都安装在具有基础支撑的塔顶上。海上风电机组的基础结构通常是单桩或导管架结构,需要将桩打入海床以锚定结构,或者由"负压桶"锚或放置于海底的宽而重的重力基座来支撑,这两种结构分别运用在浅水(水深<30m)和中等水深(水深 30~50m)。对于更深的水域(水深>50m),如西海岸

和缅因湾附近,需要浮动的基础结构,通过系泊线连接到海床用于锚定。通常,我们需要用到各种大型专业施工船来驱动基础桩、在塔顶安装风力涡轮机及铺设电缆。例如,12MW 风力涡轮机的风力发电厂需要配备的涡轮机安装船要能够提升 500ft 高、500t 重的部件并能够处理超过 300ft 长的风力涡轮机叶片。海上风力涡轮机组的安装方式主要有三种:千斤顶安装、半沉式安装和漂浮式安装,这主要取决于海水深度、起吊机的能力和驳船的载重量。

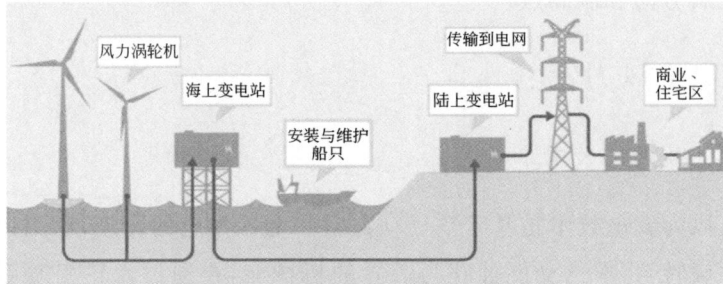

图 5-2　典型的海上风力发电厂示意图

风力涡轮机组将风能转化成电能之后,通过阵列电缆将电力从每个风力涡轮机输送到海上变电站,再利用高压输出电缆将电力从变电站输送到陆地[8]。输出电缆通常被埋在海底进行保护,如果某些部分无法埋设,可用岩石或混凝土垫覆盖。在电缆与陆地相接的地方,可以将其铺设在沟渠中,或者使用水平定向钻孔技术来避免在海岸线上挖沟带来的施工影响。之后,陆上变电站从风力发电厂接收电力并将其传输到电网,输送到商业和住宅区。

2. 海上风力发电装置的研究现状

世界上第一座拥有 11 台海上风电机的海上风电场于 1991 年在丹麦的 Vindeby 建成并实现并网运行[9],自此,全球海上风电一直以较快的速度发展,海上风电场的数量不断增加、规模不断扩大。截至 2020 年底,全世界已投运的海上风电场装机容量达到了 32.66GW,其中欧洲装机容量最大(25.15GW),其次是亚洲(7.48GW)和美洲(0.04GW)[10]。在欧洲,英国和德国在发展海上风电场方面占据主导地位,两国的总装机容量占欧洲的 72.06%。在亚洲,中国处于显著的领先地位,海上风电总装机容量占亚洲的 94.36%。美洲大陆只有美国建设有海上风电场,总装机容量为 0.04GW。2011—2020 年全球累计海上风电装机容量,以及 1995—2020 年间不同时间段投入运行的海上风电场的平均装机容量和平均风机数量[10]，如图 5-3 所示。从图中可以看到，全球累计海上风电装机容量增长迅速，10 年间增幅达到 900% 以上，此外，海上风电场中的风机数量和装机容量显著增加，逐渐朝着大型化和规模化方向发展。2020 年，在英国并网的霍恩锡一号工程风电场已包含 174 台风机，总装机容量达到了 1.218GW[10]。当前，世界上已经建成并投入运营的海上风电场有 200 多个，而我国已累计建设约 50 个海上风电场，装机容量超过 7GW。这意味着海上风电逐步进入"清洁能源"赛道。

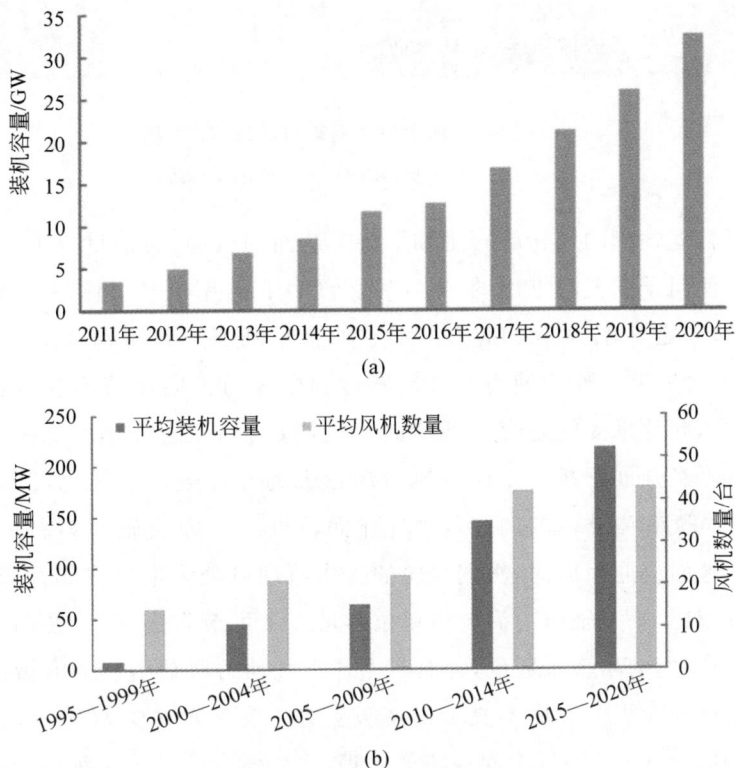

图 5-3　全球海上风电装机情况

（a）2011—2020 年全球累计海上风电装机容量；

（b）1995—2020 年间不同时间段投入运行的海上风电场的平均装机容量和平均风机数量

海上风力发电涡轮机的种类很多，分类标准也不同。按机组容量可分为小型、中型、大型和巨型风力涡轮机。按运行特性和控制方式可分为变速恒频和恒速恒频风力涡轮机。根据运行模式，可分为离网型和并网型风力发电系统。按输出功率调控方式可分为变桨距和定桨距风力涡轮机。根据结构特点,可分为水平轴风力涡轮机、垂直轴风力涡轮机、交叉轴风力涡轮机和球形风力涡轮机[11],如图 5-4 所示。

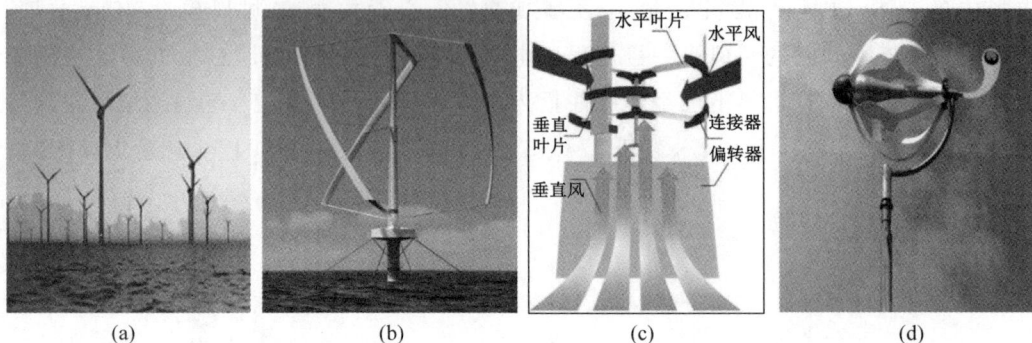

图 5-4　海上风力涡轮机的结构
(a)水平轴;(b)垂直轴;(c)交叉轴;(d)球形

　　水平轴风力涡轮机的风轮旋转主轴平行于迎面的风向,目前世界上最大的水平轴风力涡轮机是西门子歌美飒推出的 SG 14-222 DD 和通用电气提供的升级的 Haliade-X 风力涡轮机,额定功率为 14MW[9]。水平轴涡轮机由于其结构特征而存在一些缺点,重力和惯性力的共同作用使得叶片旋转过程中重力方向保持不变,但惯性力方向不断变化,因此,叶片承受的是交变载荷而不是恒定载荷,这对叶片抗疲劳性能不利。许多研究人员已经开展了相关工作对风力涡轮机的叶片进行了优化,例如,恒住纳等通过改变叶片宽度和内外端的俯仰角来优化涡轮机[12]。垂直轴风力涡轮机的旋转叶片主轴垂直于地面或迎面风向,根据风轮的工作原理可分为拖曳式和升降式。与水平轴风力涡轮机相比,垂直轴风力涡轮机单位容量成本可节省近一半,使用寿命长,操作和维护简单,但它们的功率系数低,并具有循环空气动力载荷引起的疲劳问题,因而垂直轴风力涡轮机的大规模应用不具有经济吸引力。交叉轴风力涡轮机仍处于概念和设计阶段[13],类似于交叉轴风力涡轮机的原理,一些学者开发了一种球形涡轮机,可以接受多个风向并以低速运行,尤其适合于湍流[14]。

　　根据风机的大小、杆塔尺寸、离岸距离和水深等建设条件的不同,海上风力涡轮机已发展出了不同的基础结构类型,主要有重力式基础、单桩基础、高桩承台基础、三脚桩基础、导管架基础、负压桶基础和浮式基础等类型[15],如图 5-5 所示。海上风力涡轮机的基础结构类型特点如表 5-1 所示。单桩基础是应用最为广泛的风机基础,采用单桩基础的风机占全部海上风机的 75.38%。然而,随着海上风电向深水远海发展,单桩基础不能很好地适应更深水域的要求。对于 20～50m 水深的海域,可以采用三脚桩基础和导管架式基础来提供更好的稳定性和基础强度;对于 50m 以上的深水海域,可以采用浮式基础。[10]2021 年 7 月,我国首台抗台风型漂浮式海上风电机组在广东阳江海域成功安装,单机容量达 5.5MW,为我国大规模开发深远海风能资源奠定了基础。

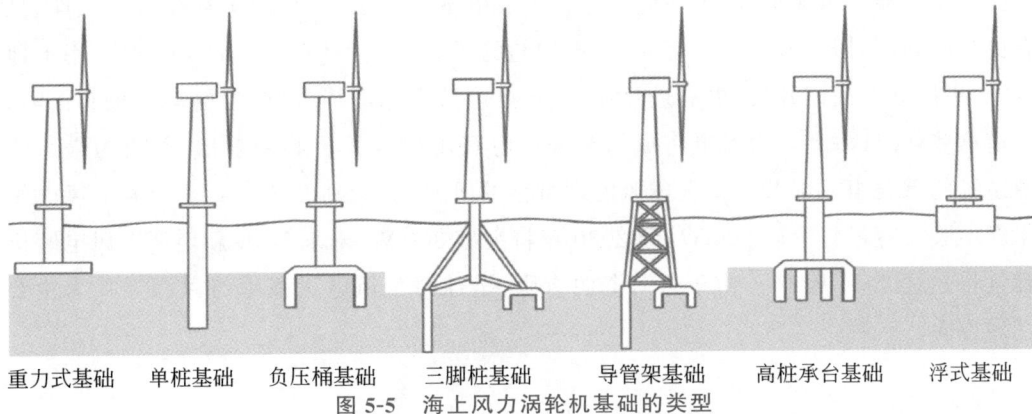

重力式基础　　单桩基础　　负压桶基础　　三脚桩基础　　导管架基础　　高桩承台基础　　浮式基础

图 5-5　海上风力涡轮机基础的类型

表 5-1　海上风力涡轮机的基础结构类型特点

基础类型	适用深度/m	平均水深/m	占比	特　　点
重力式基础	<10	9.54	4.68%	结构简单,成本较低,抗风浪性能好;施工周期长,安装不易,对地质条件要求较高
单桩基础	0～30	19.29	75.38%	结构简单,安装难度低,成本低且适应性强;海床较为坚硬时,钻孔难度大,成本较高
高桩承台基础	0～20	6.25	6.25%	造价低,施工可靠方便,适应不同地质条件;桩基相对较长,总体结构偏于厚重
三脚桩基础	10～30	37.63	3.28%	稳定性和可靠性高,对海床条件要求不高,适用范围大;总质量大,不利于制作和运输
导管架基础	25～50	22.45	9.37%	基础强度高,安装技术成熟,质量轻;需要大量的钢材,制造周期长,成本较高
负压桶基础	0～25	25.18	0.62%	节省钢材,海上施工时间短,可重复利用;沉箱放置、调平难度大
浮式基础	>50	74.89	0.43%	成本低,安装灵活,易移动拆卸;基础不稳定,只适用于风浪小的海域

3.海上风力发电的发展趋势

海上风力发电是目前最成熟、最具大规模开发条件和商业化发展前景的发电方式之一。与陆上风电相比,由于海洋环境的特殊性,海上风电的开发仍然存在一些问题,如施工难度大、运营维护困难及成本更高等[10]。但海上风电的优点也同样明显:海上风速通常较陆上风速更高,因而同等条件下发电量要高于陆上;海上很少有静风期,具有更高的利用时长;海上的环境简单,更均匀的风速对设备损坏更小;不需要占用土地资源,更适宜大规模开发;更靠近负荷中心,可以减少输电损失,电力的消纳也有保障。凭借这些优点,海上风力发电将成为未来风电技术研究的重心和前沿,并成为未来能源系统的重要组成部分。据全球风能理事会的研究统计,到 2025 年,全球海上风电每年新增装机容量将突破 20GW,到 2030 年将突破 30GW,未来 10 年新增海上风电装机容量将超过 205GW[16]。由于近海资源有限,全球海上风电大概率将以漂浮式为主要发展方向。

5.5 陆地风能

5.5.1 陆地风能资源的蕴藏量与分布

陆地风能资源的蕴藏量与分布取决于地形、气候、土壤、植被等特征。众所周知,地形是影响风能分布的重要因素,特别是山脉、河流和海岸线,它们都会影响风的流动方向和强度。气候也是影响风能资源的一个因素,湿润的气候会增加风的强度,而热带气候则会减少风的强度。土壤和植被也会影响风的流动,植物会减小风的强度,土壤则会改变风的方向。因此,要想确定陆地风能资源的蕴藏量和分布,需要根据当地的地形、气候、土壤和植被等特征进行测量和分析。

全球陆地风能资源主要集中在欧洲、美洲、亚洲、非洲北部和南部及澳大利亚沿海地区。全球陆地风能资源分布情况可以概括为:美洲东部有比较丰富的风能资源,美洲西部则相对较少;欧洲大部分地区都有较为丰富的风能资源,中东地区则较少;亚洲有较丰富的风能资源,其中中国南部地区最为丰富;非洲有较丰富的风能资源,其中南部地区最为丰富;澳大利亚有较丰富的风能资源,其中东部沿海地区最为丰富。

中国风能资源年平均风能密度在 200W/m² 以上,最大风力地区功率密度可达到 600W/m² 以上[17]。

目前,全球已有 90 多个国家建设了风电项目,主要集中在亚洲、欧洲和美洲。从各国分布来看,截至 2019 年底,中国、美国、印度、西班牙和瑞典为全球陆地风电累计装机容量排名前 5 的国家,陆地风电累计装机容量分别占全球陆地风电装机容量的 37%、17%、9%、6% 和 4%,合计占比为 73% 如图 5-6 所示[18]。

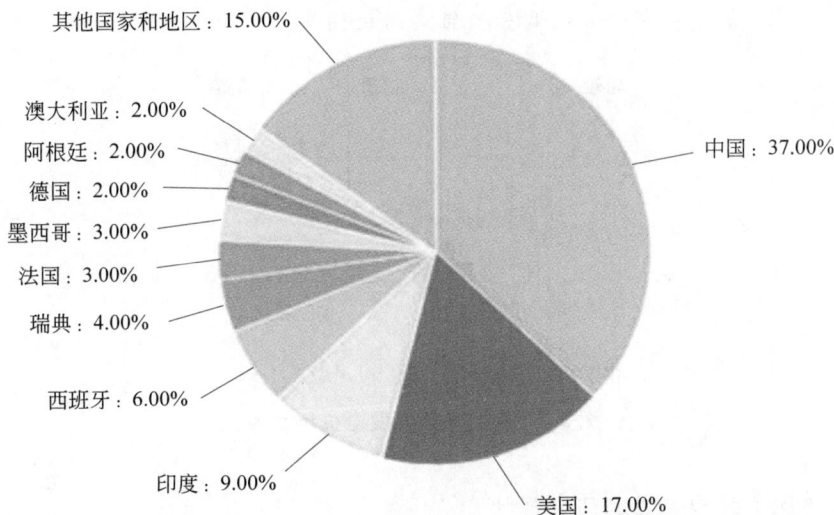

图 5-6　2019 年全球陆地风电累计装机容量分布

5.5.2　陆地风力发电

1. 陆地风力发电的技术原理

陆地风力发电技术主要是利用风力发电机将风力转换成机械能,再将机械能转换成电能。风力作用在风力发电机的叶片上,使发电机转动,就会在机身上产生电压,并供给电网或其他用户使用。

风力发电机有 4 种类型:悬臂式、叶片式、旋翼式及双馈式。

(1)悬臂式风力发电机由悬臂(短柱)和一个叶片组成,叶片上悬挂着发电机,当风吹过叶片时,叶片转动带动发电机转动产生电能。

(2)叶片式风力发电机有多个叶片,叶片是半圆形,当风吹过时,叶片在中心的轴上旋转,带动发电机转动产生电能。

(3)旋翼式风力发电机由旋转轴和叶片组成,叶片的形状像旋翼一样,当风吹过时,叶片在轴上旋转,带动发电机转动产生电能。

(4)双馈式风力发电机是一种特殊的风机,它通过集成两个电机控制风量和风速,从而满足不同工况的需求。双馈式风力发电机的特点是具有精确的控制精度、高负载能力、低能耗和低噪声。可以应用于各种环境,如家用电器、汽车、机床、空调、水泵和空气净化等,可以有效地调节空气流量,满足不同的环境需要,如图 5-7 所示[19]。

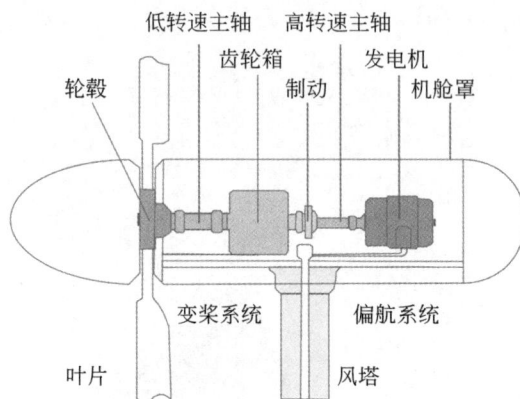

图 5-7　双馈式风力发电机示意图

2. 陆地风力发电装置的研究现状

近年来,随着陆地风力发电技术的发展,陆地风力发电装置在全球范围内得到了广泛的应用。陆地风力发电装置主要包括发电机、齿轮箱、风轮、支撑架等部分。由于陆地风力发电具有无污染、可再生利用等优势,陆地风力发电装置的研究受到了广泛的关注。

首先是风轮和发电机。研究者正在努力开发更高效、更轻便的风轮,如超流体风轮、曲面风轮和可调节桨叶风轮等,以提高风轮的效率。同时在努力开发更高效的发电机,如永磁同步发电机、转子永磁同步发电机等。

其次是齿轮箱和支撑架。研究者正在致力于开发更高效、更轻便的齿轮箱,如多级齿轮箱和无油齿轮箱等,以提高齿轮箱的效率;同时努力开发更稳定的支撑架,如碳纤维支撑架和钢结构支撑架等。

研究者正在努力开发更高效、更稳定的陆地风力发电装置,以提高发电效率,减少对环境的影响。如智能控制技术、自动跟踪技术和太阳能跟踪技术等新技术正在被广泛应用于陆地风力发电装置的研究中。

3. 陆地风力发电的发展趋势

未来五年,全球风电市场将保持年均 4% 的增速,预计将有 469GW 的新增装机。除美国市场继续依靠生产抵税减免(Production Tax Credit,PTC)政策之外,中国市场将由平价项目主导,其他市场则以风电场竞标、风光互补及可再生能源项目招标为主。

在亚洲,印度市场有望在 2023 年达到峰值。受固定上网电价退坡影响,随着越南第八个电力发展规划的发布,越南将成为亚太区域内的重要风电市场。此外,东南亚的菲律宾、印度尼西亚及中亚的哈萨克斯坦、乌兹别克斯坦都是值得关注的新兴市场。

在欧洲,西欧市场(德国、法国、西班牙等)、北欧市场(挪威、瑞典)及非欧盟国家市场(土耳其、俄罗斯)都预计有较高的装机量。欧洲风能协会期望欧洲在未来 5 年中每年保证 15GW 的新增装机,但审批许可、风机改造及新冠疫情管控等因素值得关注[20]。

5.6　风能应用

1. 风力发电

风力发电是利用风能发电的一种发电技术,可以将风能转换为电能,从而获得可再生能源,可以为家庭、工厂、农场等场景供电。

2. 风能热泵

风能热泵是一种利用风能制冷、供热的节能设备,它将风能转换成热能,可以在家庭、农庄、商业建筑等场景中用于供暖和制冷。

3. 风力涡轮机

风力涡轮机是一种利用风能转换成机械能的装置,可以用于山区、河流、海湾、湖泊等场景中的水力发电。

4. 风能制造

风能制造技术可以在风机、风力发电机等场景中利用风力产生能量,从而替代传统能源。

此外,风能应用还可以替代汽油发动机,从而改善空气质量,降低能源消耗和温室气体排放等。

5.7 风能产业链

风能产业链是指由风能开发、制造、物流、安装、维护、运营和管理构成的一条产业链,如图 5-8 所示[21]。风能开发主要包括风能资源研究、规划、审批、场地勘察、设计、

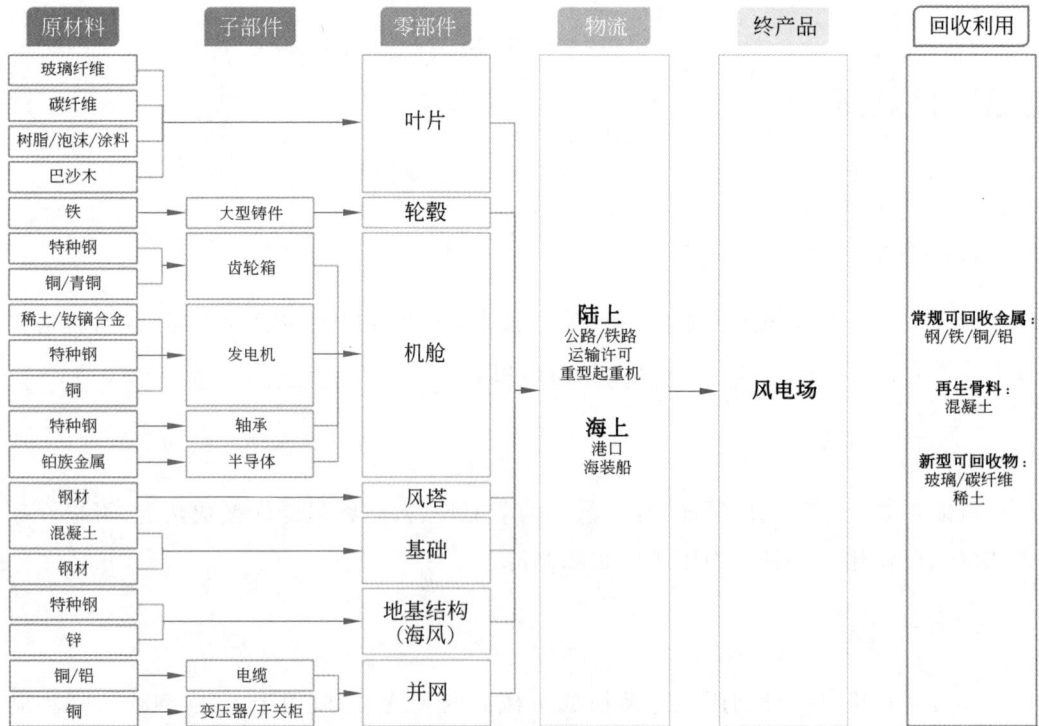

原材料	子部件	零部件	物流	终产品	回收利用
玻璃纤维 / 碳纤维 / 树脂/泡沫/涂料 / 巴沙木		叶片			
铁	大型铸件	轮毂			常规可回收金属: 钢/铁/铜/铝
特种钢 / 铜/青铜	齿轮箱	机舱	陆上 公路/铁路 运输许可 重型起重机	风电场	再生骨料: 混凝土
稀土/钕镝合金 / 特种钢 / 铜	发电机				新型可回收物: 玻璃/碳纤维 稀土
特种钢	轴承		海上 港口 海装船		
铂族金属	半导体				
钢材		风塔			
混凝土 / 钢材		基础			
特种钢 / 锌		地基结构 (海风)			
铜/铝	电缆	并网			
铜	变压器/开关柜				

图 5-8　风能产业链示意图

施工等环节。制造指原材料的采购加工，零部件的生产，包括基础、风塔、机舱、叶片、风力发电机组附件等；及子部件的生产，包括风力发电机组、风力发电机组控制系统、半导体、轴承、齿轮箱、电缆、开关等。物流及安装，指把制造好的风力发电机组运输并安装在选定的安装位置，并实施连接、调试等环节，最后组成风电场。维护指定期或不定期对风力发电机组进行保养、检查、维修和更换零部件以确保正常运行。运营指风力发电机组的日常运行与管理，包括实时监控、故障排除、发电量统计和调度等。管理指风力发电机组的综合管理，包括财务管理、安全管理、环境管理、人事管理等。产品到达使用极限后，还要进行回收利用，包括可回收金属及其他可回收物。

参 考 文 献

[1]　李晓明. 风力发电技术发展现状及趋势[J]. 水电科技，2020，3(5)：92-93.

[2]　许继风电科技有限公司. 风力发电常识手册[R]. 许昌：许继风电科技有限公司，2010.

[3]　宋军. 海上风能资源分布综述[J]. 中国科技纵横，2015(5)：1.

[4]　ZHENG C W，PAN J. Assessment of the Global Ocean Wind Energy Resource[J]. Renewable and Sustainable Energy Reviews，2014，33(May)：382-391.

[5]　王梦萱. 中国海洋新能源产业发展研究[J]. 农村经济与科技，2016，27(13)：12-14.

[6]　徐大平，柳亦兵，吕跃刚. 风力发电原理[M]. 北京：机械工业出版社，2011.

[7]　EDENHOFER O，MADRUGA R P，SOKONA Y，et al. Renewable energy sources and climate change mitigation：special report of the intergovernmental panel on climate change[M]. Cambridge：Cambridge University Press，2012.

[8]　MCKENZIE N，MAHER M，BROWN-SARACINO J，et al. Offshore wind energy strategies [R]. Washington，DC：U. S. Department of Energy，2022.

[9]　王秀丽，赵勃扬，郑伊俊，等. 海上风力发电及送出技术与就地制氢的发展概述[J]. 浙江电力，2021，40(10)：3-12.

[10]　徐彬，薛帅，高厚磊，等. 海上风电场及其关键技术发展现状与趋势[J]. 发电技术，2022，43(2)：227-235.

[11]　LI J J，WANG G D，LI Z H，et al. A review on development of offshore wind energy conversion system[J]. Int emotional Journal of Energy Research，2020，44(12)：9283-9297.

[12]　HENDRIANA D，FIRMANSYAH T，SETIAWAN J D，et al. Design and optimization of low speed horizontal-axis wind turbine using openFOAM[J]. ARPN：Journal of Engineering and

Applied Sciences，2015，10：10264-10274.

[13] CHONG W T，MUZAMMIL W K，ONG H C，et al. Performance Analysis of the Deflector Integrated Cross Axis Wind Turbine[J]. Renewable Energy，2019，138(8)：675-690.

[14] LIANG W，LIU W. Key Technologies Analysis of Small Scale Nongrid-Connected Wind Turbines：A Review[C]. Nanjing 2010 World Non-Grid-Connected Wind Power and Energy Conference，2010.

[15] DÍAZ H，SOARES C G. Review of the Current Status，Technology and Future Trends of Offshore Wind Farms[J]. Ocean Engineering，2020，209(6)：107381.

[16] Global Wind Energy Council. Global offshore wind：annual market report 2020[R]. Brussels：Global Wind Energy Council，2020.

[17] 李修赫. 海上漂浮式风力发电机系统动态特性研究[D]. 重庆：重庆大学，2020.

[18] 前瞻产业研究院. 2020 年全球及中国风电行业发展现状分析[R]. 深圳：前瞻产业研究院，2020.

[19] Center for Sustainable Systems. Wind energy factsheet[R]. Michigan：Center for Sustainable Systems，University of Michigan. 2022.

[20] 北京国际风能大会暨展览会，风电回顾与展望 2021[C]. 北京：北京国际风能大会暨展览会，2021.

[21] WISER R，BOLINGER M. Land-based wind market Report：2021 edition[R]. Berkeley：Lawrence Berkeley National Laboratory for the Wind Energy Technologies Office of the U.S. Department of Energy，2021.

第 6 章

可再生能源——生物质能

学习目标

（1）了解生物质能。
（2）认识生物质能的核心特点和优势。
（3）掌握生物质能的应用场景。
（4）初步认识科学技术的进步对人类社会的发展具有巨大的促进作用。

6.1　生物质能的概念

　　生物质能是指以生物质为载体，通过光合作用或生物化学过程转化并存储的能量，是可再生能源。它来源于太阳能，由自然界中的各种生物质通过各自不同的化学过程转化而成，以多种形式储存在各种生物质中。它的产生与转化过程与光合作用密切相关，因此生物质能也是太阳能的一种表现形式，这些能量储存在随处可见的生物载体中。每年，经由光合作用转化的太阳能相当于全球能源消费总量的 40 倍，我们竭力地开发地壳之下的化石能源，却忽略了目之所及、能源效率高、干净环保无害的生物质能。根据不同需要，生物质能又能以固态、液态或气态等不同的状态储存或使用，并且取之不尽用之不竭。对于依赖日益枯竭的化石能源的人类而言，生物质能的丰富性、可再生和持续性，是其他可再生能源无法比拟的。近年来，很多国家都陆续发现了生物质能蕴含的良好前景，并不断发展开发利用生物质能的技术。生物质能的出现给世界的能源危机带来了新的曙光。

　　生物质能一直是人类赖以生存的重要能源，是仅次于煤炭、石油和天然气居于世界能源消费总量第四位的能源,占世界总能耗的 11%,在整个能源系统中占有重要地位。专家估计,生物质能极有可能成为未来可持续能源系统的组成部分,到 22 世纪中叶,采用新技术生产的各种生物质替代燃料将占全球总能耗的 40%以上。

人类对生物质能的利用,包括:直接用作燃料,有农作物的秸秆、薪柴等;间接作为燃料,有农林废弃物、动物粪便、垃圾及藻类等,它们通过微生物作用生成沼气,或采用热解法制造液体和气体燃料,也可制造生物炭。生物质能是世界上最为广泛的可再生能源。据估计,每年地球上仅通过光合作用生成的生物质总量就达 1440~1800 亿吨(干重),其能量相当于 20 世纪 90 年代初全世界总能耗的 3~8 倍。但是目前生物质能尚未被人们合理利用,多半直接当薪柴使用,效率低,影响生态环境。现代生物质能的利用是通过生物质的厌氧发酵制取甲烷,用热解法生成燃料气、生物油和生物炭,用生物质制造乙醇和甲醇燃料,以及利用生物工程技术培育能源植物,发展能源农场。[1]

6.2　生物质能的发展概述

6.2.1　全球生物质能的发展概述

随着国际社会对保障能源安全、保护生态环境、应对气候变化等问题日益重视,加快开发利用生物质能等可再生能源已成为世界各国的普遍共识和一致行动,也是全球能源转型及实现应对气候变化目标的重大战略举措。生物基材料、生物质燃料、生物基化学品是涉及民生质量和国家能源与粮食安全的重大战略产品。2017 年,全球生物基材料与生物质能源产业规模超过 1 万亿美元,美国达到 4000 亿美元。全球经济合作与发展组织(Organization for Economic Cooperation and Development,OECD)发布的《面向 2030 生物经济施政纲领》战略报告预计,2030 年全球将有大约 35%的化学品和其他工业产品来自生物制造,生物质能源将成为位居全球第一的可再生能源。美国规划 2020 年生物基材料取代石化基材料的 25%,到 2030 年生物质能源将占运输燃料的 30%;瑞典、芬兰等国规划到 2040 年前后生物质燃料将完全替代石油基车用燃料。[2]

目前,世界各国都提出了明确的生物质能源发展目标,制定了相关发展规划、法规和政策,促进可再生的生物质能源发展,例如,美国的玉米乙醇、巴西的甘蔗乙醇、北欧的生物质发电、德国的生物燃气等产业都在快速发展。

6.2.2　中国生物质能的发展概述

目前,中国生物质能产业初具规模,积累了一些成熟经验,但不同应用领域的技术成熟度不同。少数生物质能转化利用技术已初步实现产业化应用,如农村户用沼气、农村沼气工程和秸秆发电技术,生物质发电、生物质致密成型燃料和生物质液体燃料正进入商业化的早期阶段,还有许多新兴的生物质能技术处于研究阶段。

针对能源、生态环境、生物质能利用现状及其战略地位,当前生物质能研究有四个热点:生物质能开发利用潜力、生物质能利用对生态环境的影响、生物质能开发利用技术研究、生物质能开发利用的可行性及其发展前景。在能源需求、生态环境保护和经济发展的驱动下,生物质能具有广阔的发展前景。

经过多年的努力,我国在生物质能几个研究领域中占据国际领先地位。在国家财政支持和中国科学院战略性先导科技专项的支持下,中国科学院以具有颠覆性特色的木质纤维素原料制备生物航油联产化学品技术、支撑国家燃料乙醇和生物质燃料产业发展的农业废弃物醇烷联产技术为核心,突破关键技术并进行工业示范。针对低值生物质资源的高值利用难题,建立了国际首套百吨级秸秆原料水相催化制备生物航油示范系统,如图 6-1 所示,产品质量达到 ASTM-D-7566(A2)标准,并拟于近年建成国际首套千吨级示范系统、千吨级呋喃类产品/异山梨醇的中试与工业示范、30 万吨秸秆乙醇及配套热电联产工业示范、年千万立方米生物燃气综合利用与分布式供能工业化示范工程等一批体现技术特色、区域特色和产品特色的示范工程,进一步强化我国生物质能领域技术创新的国际领先地位。

中国拥有丰富的生物质能资源。据测算,中国理论生物质能资源相当于 50 亿吨左右标准煤,是中国总能耗的 4 倍左右。在可收集的条件下,中国可利用的生物质能资源主要是传统生物质,包括农作物秸秆、薪柴、禽畜粪便、生活垃圾、工业有机废渣与废水等。

农业产出物的 51% 转化为秸秆,年产约为 6 亿吨,约 3 亿吨可作为燃料使用,折合 1.5 亿吨标准煤;林业废弃物年可获得量约为 9 亿吨,约 3 亿吨可能源化利用,折合 2 亿吨标准煤。甜高粱、小桐子、黄连木、油桐等能源作物可种植面积达 2000 多万 hm^2(1hm^2=10 000m^2),可满足年产量约 5000 万吨生物液体燃料的原料需求。畜禽养殖

图 6-1 秸秆原料水相催化制备生物航油示范系统

和工业有机废水理论上可年产沼气约 800 亿 m³。[3]

1. 能源多样化发展

生物燃料既有助于促进能源多样化，又能帮助我们摆脱对传统化石能源的严重依赖，还能减少温室气体的排放，缓解对环境的压力。因此它被视为替代燃料之一，对于加强能源安全有着积极的意义。

2. 生物质能产业加快发展

国家能源局将组织重点企业和重点资源省份加大创新力度，推进先进生物质能产业加快发展；将会同有关部门结合生物能发展重点与方向，尽快编制出台《先进生物质能源化工示范项目专项规划》，配套出台相关支持政策，明确生物质能产业的发展目标、主要任务和准入条件。依托重点资源地区和有实力的骨干企业，围绕纤维素乙醇产业化示范和醇、电、气、化多联产等生物能重点创新领域，选择落实好示范项目。

国家战略性发展的新能源开发有 4 个重点，包括核能、风能、太阳能和生物质能。核能作为清洁、高效的新能源，在近几十年间发展迅速。风能和太阳能也是比较熟悉的能源形式。风能的利用历史悠久，是一种分布广泛、清洁、丰富的能源。但是，风能的开发受地域限制比较大，而且有间歇性、转换率低、技术不成熟等缺点。太阳能是一种取之不尽、分布广泛、清洁、长久的能源形式。"十二五"规划中提出，未来 5 年的太阳能发电装机总量将扩大 10 倍,增至 1000 万千瓦。生物质能源以其可再生、低污染、分布广等特点,也被列入 2011 年的《"十二五"规划纲要》中。近年来,随着经济发展迅速,人口激增,当前中国面临经济增长和环境保护的双重压力。因此,生物质能作为一种能改变能源生产和消费方式的新型可再生清洁能源,它的开发利用对建立可持续的能源系统,促进国民经济发展和环境保护具有重大意义。

6.3　生物质能分类

依据生物质能来源不同,可以将适合于能源利用的生物质分为林业资源、农业资源、生活污水和工业有机废水、城市固体废物和畜禽粪便五大类。

1. 林业资源

林业生物质资源是指森林生长和林业生产过程提供的生物质能,包括:薪炭林、森林抚育和间伐作业中的零散木材、残留的树枝、树叶等;木材采运和加工过程中的枝丫、锯末、木屑、梢头、板皮和截头等;林业副产品的废弃物,如果壳和果核等。

2. 农业资源

农业资源包括:农业作物(包括能源作物);农业生产过程中的废弃物,如农作物收获时残留在农田内的农作物秸秆,如玉米秸、高粱秸、麦秸、稻草、豆秸和棉秆等;农业加工业的废弃物,如农业生产过程中剩余的稻壳等。能源植物泛指各种用以提供能源的植物,包括草本能源作物、油料作物、制取碳氢化合物的植物和水生植物等。

3. 生活污水和工业有机废水

生活污水主要由生活、商业和服务业的各种排水组成,如冷却水、洗浴排水、洗衣排水、厨房排水、粪便污水等。工业有机废水主要是酒精、酿酒、制糖、食品、制药、造纸及屠宰等行业生产过程中排出的废水,其中富含有机物。

4. 城市固体废物

城市固体废物主要由城镇居民生活垃圾,商业、服务业垃圾和少量建筑业垃圾等构成。其组成成分比较复杂,受当地居民的平均生活水平、能源消费结构、城镇建设、自然条件、传统习惯,及季节变化等因素影响。

5. 畜禽粪便

畜禽粪便是畜禽排泄物的总称,它是其他形态生物质(主要是粮食、农作物秸秆和牧草等)的转化形式,包括畜禽排出的粪便、尿及其与垫草的混合物。

6.4 生物质能的分布

中国生物质资源十分丰富,主要包括农作物的剩余物、畜牧场粪便污水、林业"三剩物"、城镇生活垃圾,每年可使用的生物质能源总量约为 5 亿吨标准煤,但实际生物质能源年消费量却不足 1000 万吨,开发潜力巨大。

1. 农作物的剩余物

中国是一个农业大国,2011 年全国粮食总产量达到 57 121 万吨,其中稻谷 20 078 万吨,小麦 11 792 万吨,玉米 19 175 万吨。农作物剩余物包括稻草、麦秆、玉米秆(芯)、棉秆和其他一些谷物的秸秆等。2010 年全国秸秆理论资源量为 8.4 亿吨,可收集资源量约为 7 亿吨,其中,稻草约 2.11 亿吨,麦秸约 1.54 亿吨,玉米秸约 2.73 亿吨,棉秆约 2600 万吨,油料作物秸秆(主要为油菜和花生)约 3700 万吨,豆类秸秆约 2800 万吨,薯类秸秆约 2300 万吨。

2. 畜牧场粪便污水

畜牧场粪便污水含有大量的有机物,便于收集,可以用来生产沼气。近年来,随着人民生活水平的提高,畜禽养殖业得到了迅猛发展,各种畜禽饲养量大幅上升,畜禽粪便污染物总量也呈逐年上升趋势。到 2005 年底,全国生猪、肉鸡、蛋鸡、奶牛和肉牛的养殖存栏量分别为 759 122 万头、598 505 万只、237 851 万只、3 511 267 万头和 5265 万头。通常根据不同畜禽的存栏量、品种、体重、粪便排泄量等因素,可以估算出畜禽粪便资源的实物量。由此可以推算出畜禽粪便排放量为 42.47 亿吨,可以生产沼气约 1582 亿 m^3。

3. 林业"三剩物"

第七次全国森林资源清查结果显示,中国森林面积 19 545.22 万公顷,森林覆盖率 20.36%,林业"三剩物"(采伐剩余物、造材剩余物、木材加工剩余物)资源丰富。"十二五"期间国务院批准全国每年限额采伐指标为 2.7 亿 m^3,可产生采伐、造材剩余物约为 1.2 亿吨。全国每年原木加工总量约为 9330 万 m^3,按木材加工剩余物为原木的 34.4% 计算,全国木材加工剩余物约为 3200 万 m^3,换算重量约为 2890 万吨。

4. 城镇生活垃圾

生活垃圾是指人类日常生活和生产所产生的固体废物。随着城市化进程的不断加快,中国城镇生活垃圾产生量急剧增加,且增长势头不减。目前,中国人均年产垃圾约在 450kg 以上,并以每年约 9% 的速度递增,垃圾的历年堆存量达到 60 多亿吨。中国的城镇生活垃圾主要由厨房垃圾、废纸、废织物、塑料、陶瓷、瓦片等组成。

6.5　生物质能的优缺点

生物质能优点如下。

1. 可再生

生物质能通过植物的光合作用可以再生,与风能、太阳能等同属可再生能源,资源丰富,可保证能源的永续利用。

2. 低污染

生物质的硫含量、氮含量低,燃烧过程中生成的硫化物、氮氧化物较少;由于生物质在生长时需要的二氧化碳相当于它燃烧时排放的二氧化碳的量,因而对大气的二氧化碳净排放量接近零,可有效地减轻温室效应。

3. 分布广泛

缺乏煤炭的地域,可充分利用生物质能。

4. 总量十分丰富

生物质能是世界第四大能源,仅次于煤炭、石油和天然气。根据生物学家估算,地球陆地每年生产 1000～1250 亿吨生物质;海洋每年生产 500 亿吨生物质。生物质能的年生产量远远超过全世界总能源需求量,相当于世界总能耗的 10 倍。中国可开发为能源的生物质资源到 2010 年可达 3 亿吨。随着农林业的发展,特别是炭薪林的推广,生物质资源还将越来越多。

6.6 生物质能应用

生物质能是从生物质转化而来的能量,可通过燃烧、热化学方法、生化方法、化学方法和物理化学方法转化为二次能源,包括热或电、固体燃料(木炭或成型燃料)、液体燃料(生物柴油、生物原油、甲醇、乙醇和植物油等)和气体燃料(甲烷、生物质气和氢气等)。

6.6.1 生物质能的应用技术

生物质资源巨大,其利用技术也陆续被研究开发出来,从目前来看,主要技术种类分为直接燃烧技术、热化学转化技术和生物质转换技术三类。[4]

1. 直接燃烧技术

直接燃烧采用现代化锅炉技术,适用于大规模利用生物质燃料,它的优点是效率高,可实现工业化生产。主要缺点是投资高,经济效益与环境效益不是最优,不适合于分散的小规模利用,生物质必须相对比较集中才适合采用该技术。

2. 热化学转化技术

热化学转化技术包括两个方面,一是热解气化制生物质燃气,二是热解制生物质油。生物质热解气化是生物质在气化炉中转化为可燃气体的技术。根据技术路线的不同,可以是不同热值的燃气。它的主要优点是生物质转化为可燃气后,利用效率高,而且用途广泛。既可作为生活燃料,也可作为锅炉燃料,还可利用燃气机发电。主要缺点是系统较复杂,而且生成的燃气不便于储存和运输。

热解制油是通过热化学方法把生物质转换为液体燃料的技术。它的主要优点是可以把生物质转换成油品燃料,作为石油产品的替代品,用途和附加值大大提高。主要缺点是技术复杂不成熟,目前成本较高[5]。

3. 生物质转换技术

生物质转换技术以厌氧发酵和特种酶技术为主,包括小型的农村沼气技术和大型的厌氧处理技术。主要优点是提供的能源形式为甲烷(CH_4),燃气较洁净,热值较高,具有显著的环保效益。

近年来,经过全世界大中型沼气工程的实践和探索,比较成功的技术有全混式厌氧工艺(Continuous Stirred-Tank Reactor-CSTR)、上流式厌氧污泥床(Upflow Anaerobic Sludge Blanket-UASB)、上流式污泥床(Upflow Solids Reactor-USR)、塞流式反应器(Helical Cruciform Fuel-HCF)和车库式干式厌氧发酵(Garage Dry Anaerobic Fermentation-GDAF)等工艺。另外,沼液回流干湿耦合厌氧发酵工艺集成了欧洲最新车库式干式厌氧发酵和产气脱硫贮气一体化厌氧发酵工艺,对比同类技术,具有原料适应广、发酵效率高、水力停留时间短、单位能耗低和经济效益高等优点。生物质转换技术流程图如图 6-2 所示。

6.6.2　生物质能的应用场景

生物质能除了表现为燃烧产生电能,还存在转化为液体或气体燃料等应用形式。事实上,生物质能的应用已经十分广泛,生物质能产业上下游各环节包括运营、建设、装备制造和全套方案解决服务等多个维度,仅运营企业一类而言,就包括了如图 6-3[5]所示的细分产业。

高温空气

锅炉给水

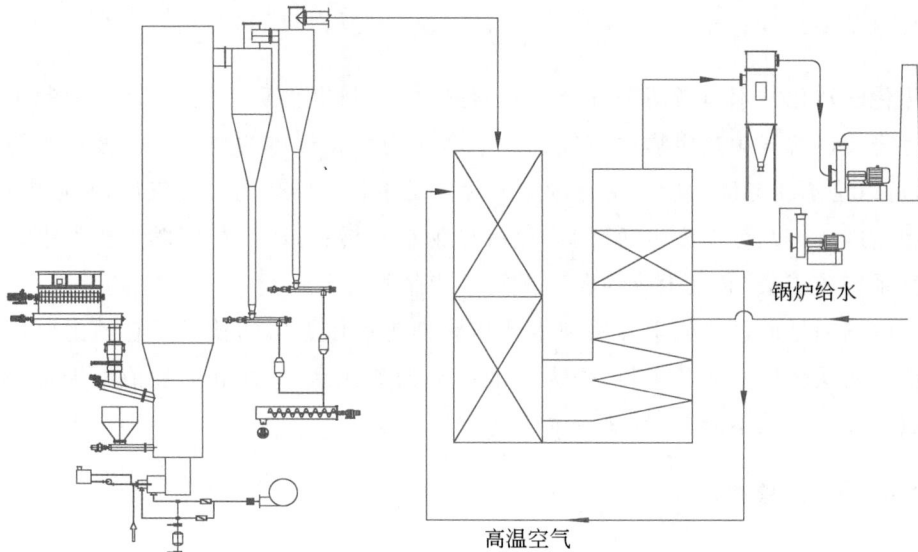

图 6-2　生物质转换技术流程图（合肥德博生物质能源有限公司提供）

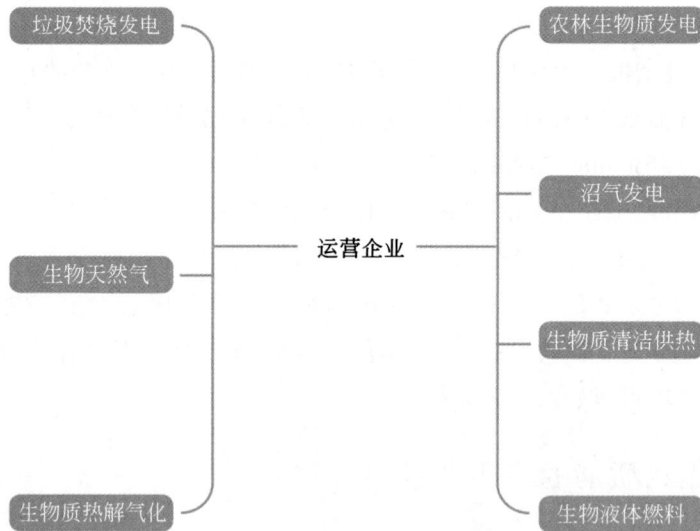

垃圾焚烧发电

农林生物质发电

生物天然气

运营企业

沼气发电

生物质清洁供热

生物质热解气化

生物液体燃料

图 6-3　生物质能的应用场景

因此,垃圾焚烧发电、生物天然气、生物质热解气化、农林生物质发电、沼气发电、生物质清洁供热及生物液体燃料等细分产业成为当下生物质能的主要应用场景。

[5]植德律师事务所.燃烧自己,照亮冬夜——探秘生物质能.植德新能源专刊(上)[R],2023 年 11 月.

6.7　海洋生物质能

6.7.1　海洋生物质能的来源

海洋生物质能是海洋植物利用光合作用将太阳能以化学能的形式储存的能量形式,海洋生物质的主要来源是海洋藻类,包括海洋微藻和大型海藻等。远古海洋藻类是石油天然气等现代化石能源的贡献者。海洋藻类可以在海洋、盐碱地等不适合粮食作物生产的地域进行规模生产,是当前生物质能研究领域的热点,已经引起全球各界的广泛关注[6]。

1. 海洋微藻

微藻是陆地、湖泊、海洋中分布广泛的微生物,能高效利用光合作用,细胞大小在 $1\sim100\mu m$。微藻有许多不同的物种,具有不同的成分,可以在盐、淡水或灰水中生长。目前作为生物质大规模培养的微藻主要是蓝藻门、绿藻门、金藻门和红藻门。

2. 大型海藻

海洋大型藻类大多是底栖生物,自然界有 10 000 种海藻,根据其光合色素不同分为三大类:红藻、绿藻、褐藻。海藻的分布取决于各种环境因素,最重要的是阳光。海藻通过营养生长进行无性繁殖[7],在这个过程中,藻类繁殖出与亲本藻类在基因上相同的新个体,如图 6-4 所示。

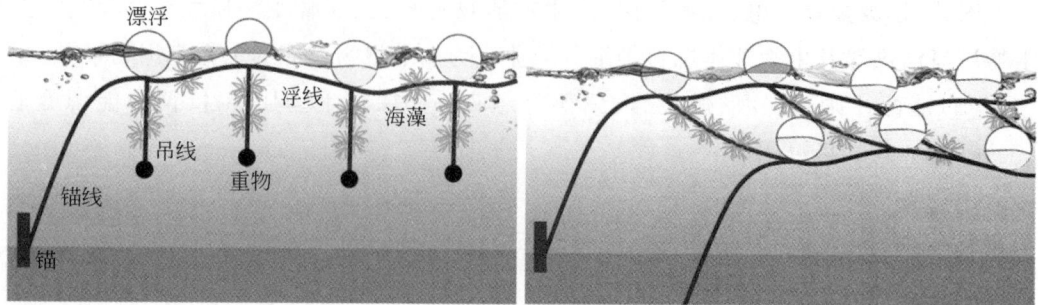

图 6-4　用于海藻养殖的垂直和水平绳索系统部分[8]

(a)垂直绳索系统；(b)水平绳索系统

6.7.2　海洋生物质能利用技术

1．海洋生物质能利用原理

由于生长速度快、适应性强、利用率高，藻类生物质可以在海水、盐碱地甚至水质较差的水环境中生存。与其他生物质类似，藻类生物质中的无定形多糖由于细胞膜的阻塞不能直接被微生物分解代谢。因此，首要的步骤是建立有效的水解过程，以有效地将多糖转化为可发酵的物质，包括单糖（如葡萄糖、半乳糖、甘露糖等）、二糖（如麦芽糖、海藻糖等）和其他有机化合物（如海藻酸钠等）。目前，常用的方法包括最直接的化学方法、辅助的物理方法及基于酶的生物方法。实际上，水解效率和水解产物的成分在很大程度上取决于所提供的条件，当设定的温度、处理时间、试剂或生物质负载不同时，差异会很大。某些藻类的水解产物含有脂质、蛋白质、肽，甚至其他复杂的大分子，可能会不可避免地抑制随后的微生物转化。水解过程中化学试剂的参与也会产生有毒化合物，从而影响微生物的生长。因此，随着藻类成分的确定，通过综合过程探索最佳水解条件将有助于实现海藻的有效利用，例如，酶与物理辅助化学法相结合的预处理可以提高可发酵单糖的产量，采用微膜过滤和吸附方法也可以明显减少对酵母菌有害影响的发生。藻类生物质能利用原理图如图 6-5 所示。

2．海洋生物质能利用发展现状

藻类含有各种被认为具有巨大应用潜力的高价值成分，例如，用于发酵过程的碳

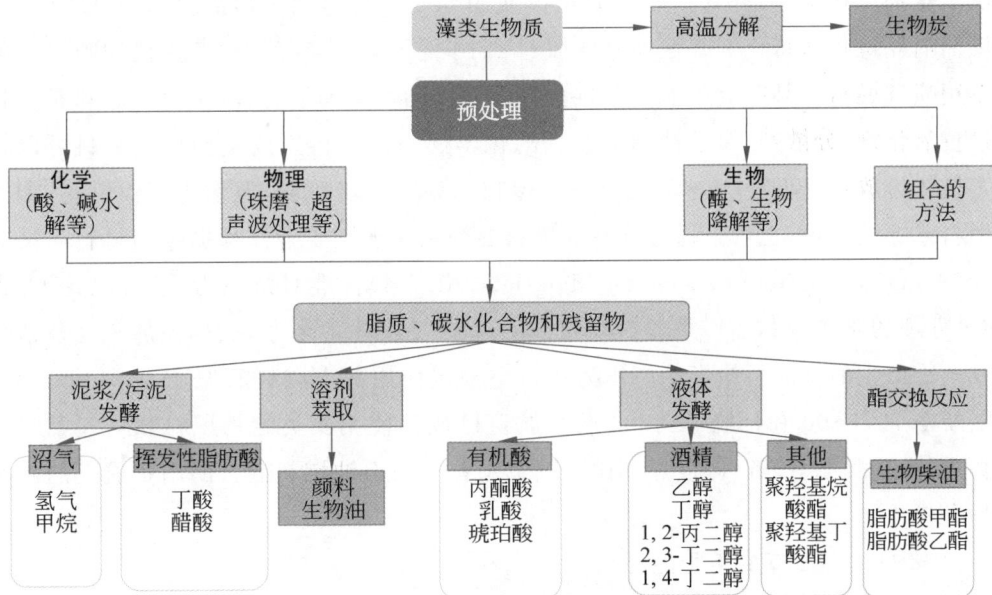

图 6-5　藻类生物质能利用原理图[9]

水化合物,用于生物柴油生产的脂质、蛋白质、脂肪酸,及用于营养保健品和药物应用的色素等[10]。

1) 来自微藻的生物能源

生物能源包括生物柴油、生物乙醇、生物甲烷和生物氢等。燃料的成分通常不会发生变化,但获得燃料的来源可以发生变化。藻类(微藻和大型藻类)作为第三代生物燃料原料之所以受到关注,是因为它具有各种环境和经济优势,同时比第一代和第二代陆生作物有更高的脂质含量[11]。微藻因其独特的特性,而被认为是最有前途的生物燃料原料之一。

世界各地的研究人员已经开展了通过酯交换过程将微藻生物质转化为生物柴油的研究工作。研究结果表明低氮环境可增加生物柴油的脂质含量和必需脂肪酸[12]。在最近的一项研究中,为了从小球藻中获得更多的生物能量和脂质,通过中心复合设计优化了用硝酸钠或尿素和过磷酸钙海水[13],通过这些优化,将脂质增加到 27.5%,相当于模拟营养素。此外,补充了低成本尿素和过磷酸钙的海水使小球藻有更好的长链饱和因子、不饱和度[14]。另一项技术可以使拟球藻生物柴油转换率提高到 90%[15]。

使用喷气燃料运行的飞机会排放温室气体,特别是二氧化碳、一氧化碳、氮氧化物和硫氧化物。在全球范围内,航空业每天使用 500 万桶石油。据推测,到 2026 年,航空燃油消耗量将从每年 950 亿加仑增加到 2210 亿加仑。喷气燃料分为民用喷气燃料和军用喷气燃料。某些民用喷气燃料含有煤油汽油和煤油混合,军用喷气燃料是一种经过抗氧化剂、分散剂、腐蚀抑制剂改进的化学燃料。可再生或生物喷气燃料可以将有害气体排放量降低 60%～80%。虽然该技术处于起步阶段,但作为替代燃料,如微藻燃料或绿色燃料,也可以通过与石油燃料混合用于航空工业。根据美国材料与试验学会(American Society of Testing Materials,ASTM)标准对微藻脂质进行加氢处理(加氢处理的脂肪酸和酯),并与 50% 的化石基喷气燃料混合[16],被称为加氢处理植物油或生物衍生的合成石蜡煤油。作为在航空领域使用藻类燃料的先导,2009 年 1 月,大陆航空 737E800 和日航 747-300 两个航班已成功使用藻类生物燃料和喷气燃料混合物进行了测试。最近,印度还测试了其本土首个与石油燃料混合的用于航空的藻类生物燃料。

2)来自大型海藻的生物能源

大型藻类(海藻)富含藻胶,如琼脂、藻酸盐、角叉菜胶、昆布多糖、绿藻硫化多糖等。这些藻胶既可食用又可在商业上用于各种工业应用。由于藻胶体的破坏很复杂,因此需要特定的预处理工艺来生产生物燃料。海藻可用作生产生物乙醇、沼气、生物丁醇、生物甲醇和生物氢的替代原料。海藻中的葡萄糖、纤维素、半乳糖等糖类可以通过需氧和厌氧发酵过程有效地用于生物燃料的生产。生物乙醇是一种无色透明液体,中性、易挥发且易燃,可与水和含氧液态烃混溶,具有刺激性气味和强烈的燃烧味。目前,将半乳糖大规模转化为乙醇仍然是一项具有挑战性的任务。与葡萄糖类似,半乳糖也含有己糖,半乳糖与葡萄糖有相同的分子式,只有一个不对称的碳原子上构型不同。目前发现大多数细菌和酵母对葡萄糖底物的发酵有效,并且对半乳糖底物的发酵氧化也有效,以发酵过程而闻名的酿酒酵母也能够进行半乳糖发酵。从文献研究来看,酿酒酵母显示出对半乳糖具有特殊发酵性能[17]。由于红海藻含有琼脂糖聚合物形式的 D-半乳糖,酵母很难将这种聚合物转化为乙醇。但通过预处理和水解过程使半乳糖底物适合酵母发酵,即可产生大量的乙醇。pH、温度和溶解氧含量的差异都会影响发酵。酵母在发酵过程的稳定阶段将单糖(如 D-半乳糖)转化为乙醇,乙醇的理论产量取决于发酵培养基中存在的糖量,根据理论计算,1g 糖通过发酵过程产生 0.5g 乙醇。

3）发展趋势

随着人类社会的发展,在不久的将来,以藻类为基础的低碳循环生物经济所展现的巨大潜力将发挥至关重要的作用,如图 6-6 所示。藻类具有生产可持续能源的巨大潜力,同时,降低种植和转化成本,增加藻类生产的规模和效率,整合其他水产养殖系统,共享其他海上企业(如风电场)的基础设施,回收和利用副产品,提高转化为生物燃料或生物能源的效率,以及进行政策调整都将影响这种新兴的生物能源。克服挑战突破障碍,才实现基于藻类的低碳循环生物经济的商业模式。随着技术创新和进步,藻类将帮助经济增长与温室气体排放脱钩,从而走向更绿色、可持续发展的未来。

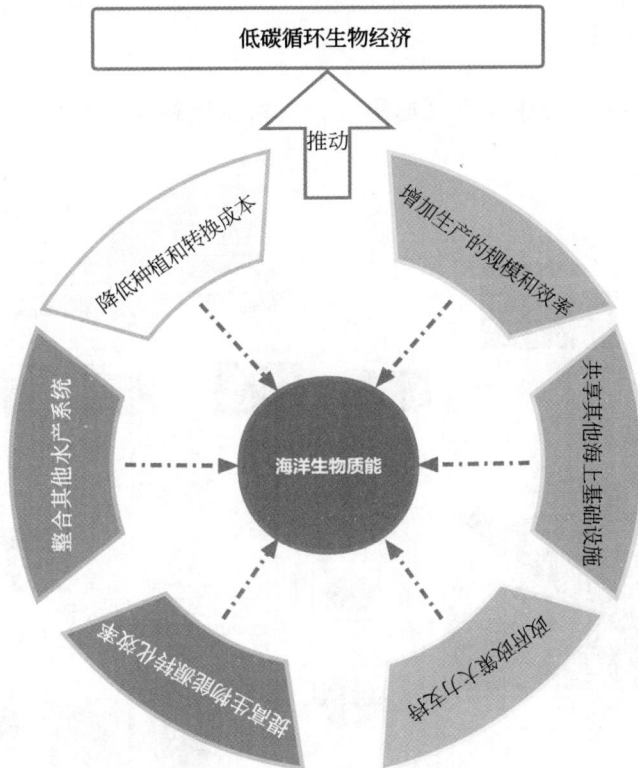

图 6-6 海洋生物质能发展趋势

6.8　生物质能产业链

6.8.1　典型生物质能产业链

生物质经气化后获得生物质炭和燃气两种基本产品,进而得到活性炭、蒸气、电力及合成天然气等多种高附加值产品。

1. 活性炭

活性炭的主要元素是碳元素可选用含碳生物质原料气化制得。生物质气化多联产碳产品图如图 6-7 所示。

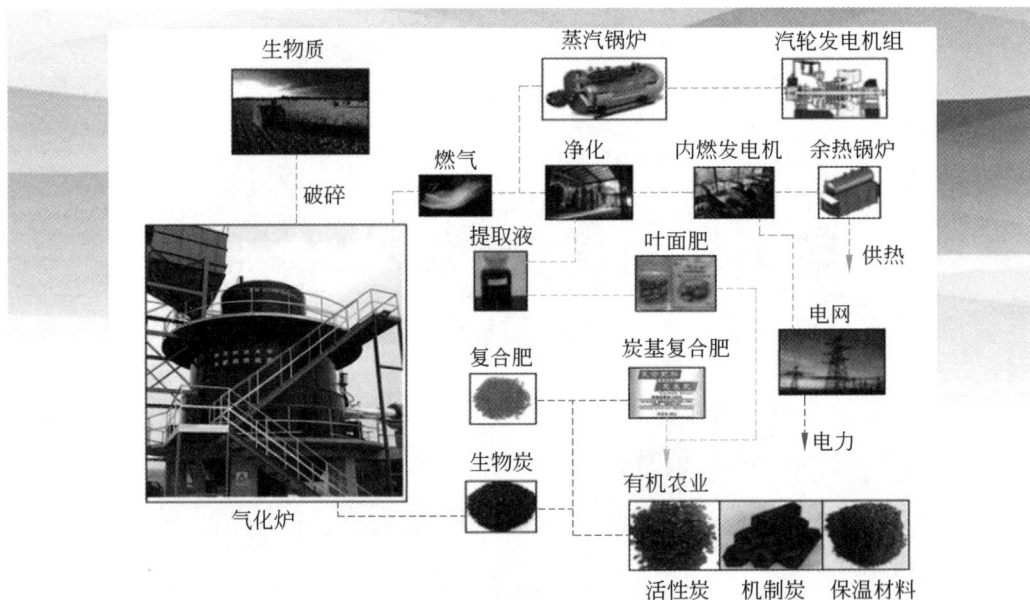

图 6-7　生物质气化多联产碳产品图

采用水蒸气物理法生成活性炭,工艺简单、清洁,生物质固体始终在管道、气化炉等设备中运转,加热、冷却、搜集、搜集率接近 100%,相比其他活化工艺,不产生化学试剂污染,不存在有害三废排放。活性炭生产过程为清洁生产,产品为清洁产品。生物质椰壳炭,主要元素是碳元素,不但不存在污染环境的成分,而且有很好的固碳作用。生物质原料中的大部分碳、硫和氮元素保留在生物质炭中,相对于传统气化技术减少了有害气体的排放,从而提高了生物质气化技术的环境效益。

　　活性炭发展到如今,已经被广泛应用在工业、环保产品中,如图 6-8 所示。椰壳活性炭相比其他种类的活性炭,具有更好的吸附和净化能力,是一种比较优良的吸附剂,利用椰壳做炭粉和活性炭,原料充足,市场需求远远大于供应,因此投资环保椰壳炭化、活化生产出椰壳活性炭是可行的。

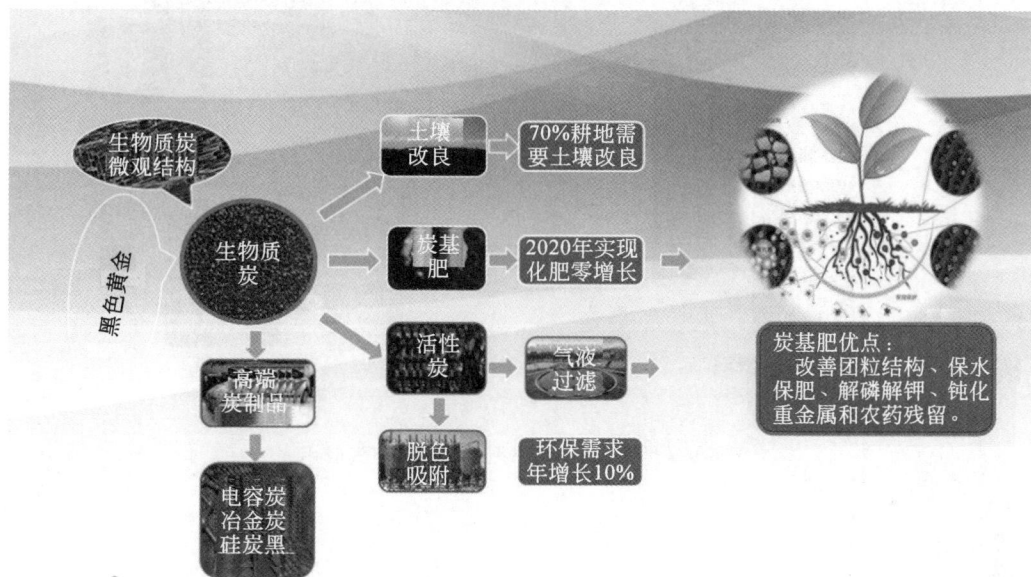

图 6-8　生物质气化多联产碳产品应用

2. 蒸气

　　生物质由加料系统连续送入气化炉中与气化剂反应生成可燃气,与炉底加入的少量空气发生氧化还原反应,产生的能量保持系统运行在稳定的低温反应状态(600℃～700℃),促进生物质中挥发分的热解生成可燃气,气化炉产生的生物质可燃气直接送至燃气锅炉燃烧用以生产蒸气,如图 6-9 所示。生物质在气化炉内高温物料加热作用下,与底部通入的空气进行热解和气化反应,转换为生物质可燃气体,这些可燃气主要成分为一氧化碳(CO)、氢气(H_2)、甲烷(CH_4)等。在满足燃气热值及产量稳定的情况下,尽量将生物质气化温度控制在较低水平,同时通过合理设计气化炉,调节生物质在炉内的停留时间。

热燃气体直接经燃气锅炉产生饱和蒸气,在原料水分小于15%的情况下,气化炉产生的燃气进入燃气锅炉燃烧以产生热量。同时在燃烧炉内设置高温空气预热器,利用高温空气辅助生物质生物燃气燃烧,实现燃气完全燃烧。燃气炉后面接锅炉受热面,通过合理设计锅炉受热面,获得参数为(1.5MPa,193℃)的饱和蒸气。

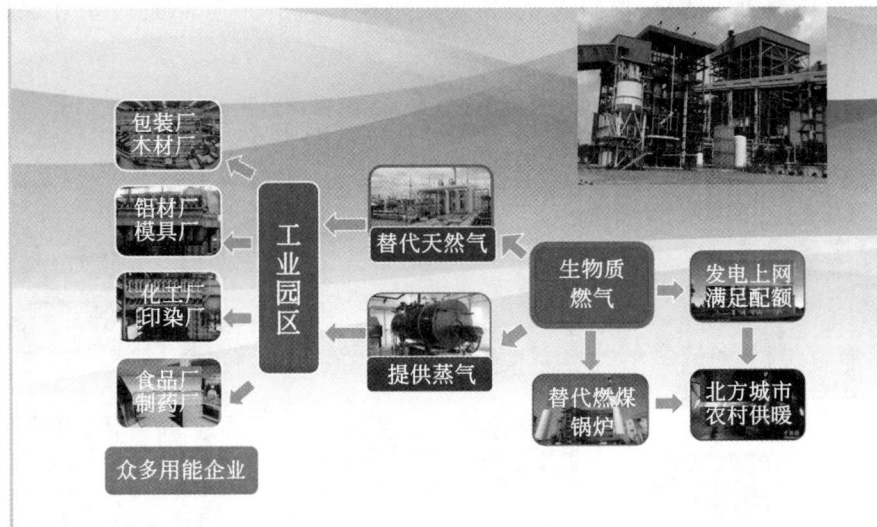

图 6-9　生物质气化多联产生物质燃气应用

3. 电力

根据生物质能原料情况及其气化特性,选用不同类型的生物质气化炉,与热风炉、蒸汽锅炉、蒸汽锅炉＋汽轮发电机或净化系统＋内燃发电机组配合,使生物质能够被转化为电力。生物质原料由给料系统送入气化炉内,与进入的空气发生热解气化反应生成生物质燃气,在生物质发电厂,通过汽轮发电机或净化系统和内燃发电机组配合,生物质燃气转化为电力。其中生物质(如木材、农作物残渣、动植物废弃物等)被燃烧以产生热能,然后利用蒸气驱动涡轮发电机来产生电力。此外,生物质还可以通过生物气化或发酵过程来产生可燃气体(如生物天然气或生物甲烷),然后用于发电。生物质发电是一种可再生能源形式,因为生物质是从可再生资源中获得的,因此相对于化石燃料而言,其碳排放较低,对环境的影响也相对较小。生物质气化多联产工艺如

图 6-10 所示。

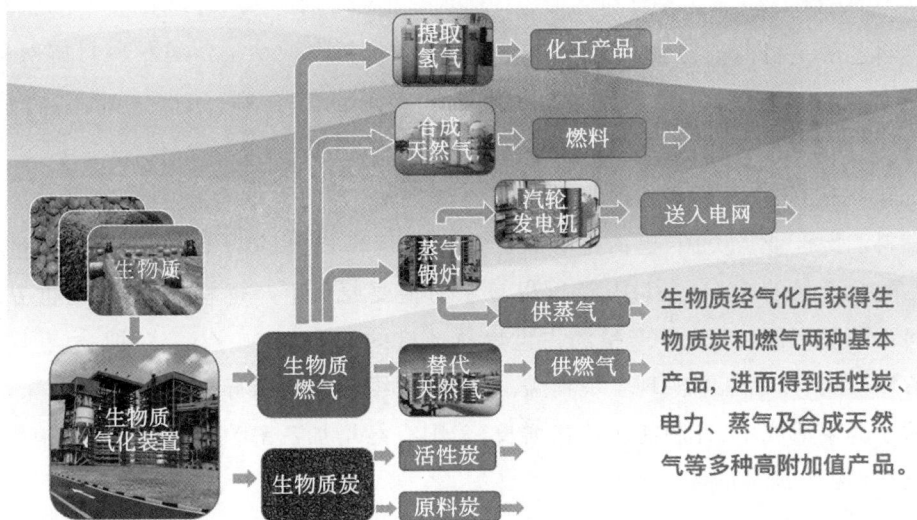

图 6-10　生物质气化多联产工艺

6.8.2　未来生物质能产业新模式

近年来,随着能源转型进程进一步加快,作为世界公认的继煤、油、气后第四大能源库,生物质能的应用呈持续增长趋势。我国也提出在"十四五"期间稳步发展生物质发电,积极发展生物质清洁供暖,加快发展生物天然气,大力发展非粮生物液体燃料。

生物质能直接或间接地来源于绿色植物光合作用,以化学能形式储存太阳能,是重要的能源载体,也是唯一的可再生碳资源。它具有可再生、环境友好、清洁低碳等独特优势,以固、液、气等多种形态将能源、材料和化学品紧密联系在一起,被广泛应用于工业、农业、交通、生活等多个领域。

在现代能源体系中发展生物质能,不仅有利于促进农业规模化发展,还能对应对气候变化、能源短缺和环境污染等难题起到积极作用。

在交通运输领域内发展的生物质能主要是燃料乙醇、生物柴油和生物航煤等生物质液体燃料。未来,随着生物质能产业发展的政策环境进一步完善,技术水平进一步提高,生物质能多元化开发利用或将迎来蓬勃发展的新机遇。

1. 燃料乙醇是绿色交通重要支撑

燃料乙醇是目前消费量最大的生物质液体燃料。根据美国可再生燃料协会数据，2015年以来，燃料乙醇产量持续增加，2019年达到8672万吨，混配乙醇汽油约6亿吨，超过同期车用汽油消费总量的60%。

全球共有66个国家和地区推广使用乙醇汽油，各国根据自身的资源禀赋等条件发展燃料乙醇产业。美国、巴西是燃料乙醇产业规模最大的两个国家，合计产量约占燃料乙醇总产量的83%。其中，美国以玉米为主要原料生产燃料乙醇，成为世界第一大燃料乙醇生产国，2020年产量约占世界总产量的53%，E10乙醇汽油（含有10%的燃料乙醇）在美国已基本实现全境覆盖。近期，地缘政治紧张导致能源价格上涨，为降低工薪家庭生活成本、抑制能源价格增长，美国有意增加乙醇汽油的使用量，销售E15乙醇汽油（含有15%的燃料乙醇）。

2. 生物柴油市场前景供需两旺

生物柴油几乎不含硫和芳烃，十六烷值高，是被广泛认可的清洁低碳燃料。2021年以来，受到原油价格上涨、欧洲油脂产量下滑、需求增高等因素影响，生物柴油价格持续上涨，同比上涨35%，最高时超过1.1万元/吨。

与化石燃料相比，生物柴油的二氧化碳排放量减少50%～90%。市场上销售的生物柴油包括传统的酯型生物柴油（主要是脂肪酸甲酯，Fatty Acid Methyl Ester，FAME）和加氢脱氧型生物柴油（Hydrotreated Vegetable Oil，HVO）。

2020年全球生物柴油产量约为4290万吨，同比增长2.8%。生产生物柴油的关键原料是动植物油脂，主要包括大豆油、棕榈油、菜籽油、废弃食用油等。其中，棕榈油是生物柴油最主要的原料，占比约39%；大豆油和菜籽油占比分别为25%和15%；废弃油脂原料约10%。

美国、巴西、印度尼西亚以及欧盟等基于丰富的油脂资源成为生物柴油的主要产地。其中，印度尼西亚主要以棕榈油为原料生产生物柴油，产量约占全球总产量的19%，是最大的生物柴油生产国。

欧盟把生物燃料作为主要替代能源开发和使用。在一系列相关政策法规鼓励和要求下，欧盟已经成为全球最大的生物柴油生产区和消费区，生物柴油产量约占全球总产量的30%。在政策和市场需求的驱动下，欧盟生物柴油产量和消费量逐年增加，但总体仍处于"供小于求"的状态,需要进口生物柴油以满足消费市场。

数据显示,自 2015 年以来,欧盟生物柴油的进口量迅速攀升,2018 年之后,生物柴油年进口量超过 260 万吨。受疫情影响,2020 年欧洲生物柴油进口量约 273 万吨,同比降低 14%。其中从阿根廷进口量约 90 万吨,占比 33%,主要为大豆油基生物柴油;从中国进口约 85 万吨,占比 31%,主要为废弃油脂基生物柴油,较 2019 年提高 15%;从印度尼西亚与马来西亚合计进口约 63 万吨,占比 23%,主要为棕榈油基生物柴油,较 2019 年降低 25%。根据 2021 年 7 月欧盟修订后的可再生能源指令(RED II),到 2030 年,可再生能源在欧盟能源消费总量中的份额将上升到 40%,其中可再生燃料在运输部门的占比达到 26%。由此可见,包括生物柴油在内的可再生能源又将迎来新的发展机遇。

中国油脂资源相对匮乏,主要用废油脂为原料制备生物柴油,并从 2010 年开始商业化供应 B5 生物柴油(柴油中添加 5% 的生物柴油)。到目前为止,上海已有 231 座加油站供应由地沟油制备的 B5 生物柴油。2021 年,中国生物柴油产量约 150 万吨,同比增长 16.8%,出口量约 130 万吨,同比增长 45%,几乎全部出口到欧洲。

3. 生物航煤是航空业减碳关键

根据国际清洁交通委员会(The International Council on Clean Transportation,ICCT)的统计数据,2019 年全球客运和货运航班共排放二氧化碳 9.2 亿吨,约占全球温室气体排放量的 3.5%。虽然占比较低,但是航空业产生的温室气体主要排放在平流层,对气候变化影响更大。早在 2016 年 10 月,国际民航组织(International Civil Aviation Organization,ICAO)第 39 届大会就通过了有关建立国际航空碳抵消及减排机制(Carbon Offsetting and Reduction Scheme for International Aviation,CORSIA)的决议,成为全球第一个行业性减排市场机制,强力推行航空业减排计划。CORSIA 提出,2025 年国际航班生物航煤使用量将达 500 万吨,2050 年国际航班生物航煤使用比例将达到 50% 的目标。

受疫情影响,2020 年国际航班骤减,因此 ICAO 要求以 2019 年航空碳排放量为基准(原基准是 2019—2020 年的平均值),2021—2035 年保持零增长。航煤燃烧排放的二氧化碳约占航空业排放总量的 96% 以上,是最大的排放源。以生物质为原料生产的生物航煤,具有与化石航煤组成相似、性能接近、减排贡献大、与发动机和燃油系统兼容性好等优点,因此使用生物航煤被认为是实现航空业二氧化碳减排最有效的手段。

　　自 2009 年以来,生物航煤制备技术持续进步,相关产业快速发展。欧美发达国家在技术研发、标准认证等方面走在前列。美国、加拿大、挪威、芬兰等国已经建立了从原料到应用的完整产业链,初步形成了生物航煤规模化消费市场。尽管 2020 年航空燃料使用量急剧下降,但生物航煤市场仍然保持发展。国际航空运输协会(International Air Transport Association,IATA)批准使用的生物航煤种类已扩大到了 7 种,截至 2020 年,已有 45 家航空公司使用了生物航煤,有 7 家航空公司积极参与投资生物航煤的生产。

参 考 文 献

[1]　马隆龙,唐志华,汪丛伟,等. 生物质能研究现状及未来发展策略[J].中国科学院院刊,2019,34(4): 434-442.

[2]　丛璐,徐有宁,韩作斌. 生物质能及应用技术[J]. 沈阳工程学院学报(自然科学版),2009,5(1): 9-13+23.

[3]　杨帅,王昊毅,张杰. 生物质能开发利用的概况及展望[J]. 科技风,2020(22): 193-194.

[4]　肖洋,刘海峰,李娜. 生物质能的开发与利用[J]. 湖北农机化,2020,(9): 44-45.

[5]　ATIKU H, MOHAMED R M S R, AL-GHEETHI A A, et al. Harvesting of microalgae biomass from the phycoremediation process of greywater[J]. Environmental Science and Pollution Research, 2016, 23(24): 24624-24641.

[6]　CHISTI Y. Biodiesel from microalgae[J]. Biotechnology Advances, 2007, 25(3): 294-306.

[7]　CHUNG Y S, LEE J W, CHUNG C H. Molecular challenges in microalgae towards cost-effective production of quality biodiesel[J]. Renewable and Sustainable Energy Reviews, 2017, 74: 139-144.

[8]　GHADIRYANFAR M, ROSENTRATER K A, KEYHANI A, et al. A review of macroalgae production, with potential applications in biofuels and bioenergy[J]. Renewable and Sustainable Energy Reviews, 2016, 54: 473-481.

[9]　ZHANG K, ZHANG F, WU Y-R. Emerging technologies for conversion of sustainable algal biomass into value-added products: a state-of-the-Art review [J]. Science of the Total Environment, 2021, 784(8): 147024.

[10]　JARDA G, MARFAING H, CARRÈREA H, et al. French brittany macroalgae screening: composition and methane potential for potential alternative sources of energy and products[J]. Bioresource Technology, 2013, 144: 492-498.

［11］ SKJERMO J，AASEN I M，ARFF G，et al. A new Norwegian Bioeconomy based on cultivation and processing of seaweeds：opportunities and R&D needs［R］. SINTEF Fish and Aquaculture，2014.

［12］ SUUTARI M，LESKINEN E，FAGERSTEDT K，et al. Macroalgae in biofuel production［J］. Phycological Research，2015，63(1)：1-18.

［13］ RA C H，NGUYEN T H，JEONG G T，et al. Evaluation of hyper thermal acid hydrolysis of kappaphycus alvarezii for enhanced bioethanol production［J］. Bioresource Technology，2016，209(6)：66-72.

［14］ RÜHL C，GILJUM J. BP energy outlook 2030［R］. London：International Association for Energy Economics，2012.

［15］ LANGLOIS J，SASSI J F，JARD G，et al. Life cycle assessment of biomethane from offshore-cultivated seaweed［J］. Biofuels，Bioproducts and Biorefining，2012，6(4)：387-404.

［16］ HURTADO A Q. Social and economic dimensions of carrageenan seaweed farming in the philippines［R］. Rome：Social and Economic Dimensions of Carrageenan Seaweed Farming. FAO Fisheries Aquaculture Technical Paper 580，Food and Agriculture Organization of the United Nations：91-113.

［17］ VALDERRAMA D. Social and economic dimensions of seaweed farming：a global review［R］. Tanzania：Tanzania Proceeding，2012.

第 7 章

高熵能源——微纳能源

学习目标

（1）了解微纳能源。

（2）熟悉人体动能、振动能、微风能、雨滴能、温差能、湿度势能、射频能。

（3）认识应用展望。

7.1 微纳能源的概况

能源是人类文明进步的根本动力，也是全球技术变革的决定性因素。当今，人类社会开始迈入人工智能、大数据和物联网时代，电子器件正在向微小集成化、无线移动化、功能智能化方向发展。除了传统的电能、化石能源等"大"能源，人类也开始探索微纳能源等"小"能源，以解决物联网时代低功率密度为主的微纳电子器件的自供能问题[1]。

作为一个全新的研究领域，微纳能源收集技术，是指利用微米、纳米技术和新材料高效收集、转换和存储周围环境中分散、微弱的能量，为微纳器件提供持久、免维护、自驱动的能源。自然界中存在着多种多样的微纳能量，例如，人体行走或慢跑的机械能，工业机器的振动能，自然环境下的低频风能，特定场景下的雨滴能，热管、热炉等附近因明显温度差存在的温差能，射频发射器附近的射频能[2]。均可作为能量采集的目标，环境能量经过微纳能源收集技术转化为电能，可以直接为微纳器件供电，也可以被存储到能量存储单元中供以后使用。如果获得的能量足够高，并且具有周期性或连续性，便能一直为微纳器件供电。同时，基于可收集能量的周期性和幅度,可以调整微纳器件的系统参数来提高性能。与传统的电池供电相比,微纳能源收集技术为微纳电子器件提供了潜在的无限能源,从而实现自驱动微纳能源系统的运转[3]。

微纳能源为物联网、大数据和人工智能的发展提供了新的能源技术,微纳能源收集技术与微纳电子器件的深度融合,可使微纳器件摆脱必须依赖外部供能的桎梏,展现全自驱动化的前景与趋势,这将极大推动先进传感器、智能制造、工业互联网等领域的发展,为人类探索和利用能源开辟了新的路径和方式。本章将围绕微纳环境能源收集技术,介绍几种常见的环境能量,阐述其收集方式;基于微纳环境能源收集技术的研究现状;以及微纳能源收集技术面临的机遇与挑战和其发展趋势的展望。

7.2　人体动能

随着可穿戴和植入式电子设备的飞速发展,带来了对于独立、分布式、便携式和高性能电源的巨大需求。虽然单个电子设备的能量消耗是微小的,但是广泛分布的可穿戴和植入式电子设备对于能量的总需求量是巨大的。如果采用常规的化学电池对如此多的设备进行供能,则需要对电池进行定期充电和更换,将造成巨大的人力和物力成本浪费,且难以满足重量轻、小型化、舒适,及可持续的供电需求,因此目前依赖电池供能不是理想的解决方案。此外,个人智慧医疗和个人健康管理的全面、深入研究极大地推进了基于人体运动信号监测的主动式传感器的设计与开发,摆脱电源束缚的主动式传感器是实现信息收集与传输的关键。

人体本身蕴含着巨大的能量,如人体行走、手臂摆动、关节旋转、心脏跳动、呼吸等都会产生能量,如果能够将人体日常运动及身体内部器官与肌肉等微小生物力学运动的能量收集起来并转化成电能,有望实现可穿戴电子器件的持续、稳定供能,以及人体相关信息的监测、传感。构建以人体动能为源头,以能量收集技术为纽带,以电子设备为基础的可穿戴能源系统是推动智能可穿戴设备、智能人机交互和智慧医疗等领域健康快速发展非常有潜力的方案之一。

人体各部位能够产生的动能大小及运动特性(如运动频率、速度、振幅、轨迹等)具

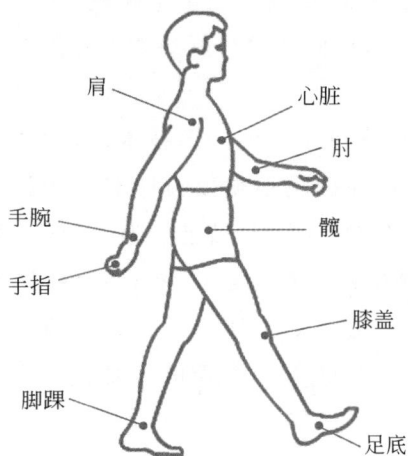

图 7-1 人体动能示意图

有显著的差异性，人体动能示意图如图 7-1 所示，如人体行走和跑步时宏观的肢体运动幅度可以达到厘米到米级，而手指按压和血压缓慢变化引起的微观形变位移只有微米到毫米级，因此产生的动能大小也显著不同。根据人体不同部位能量来源的不同及其典型的特征，人体动能大致可以分为三类：大幅度的肢体运动；小幅度肢体运动、关节旋转和心肺器官运动；缓慢变化的压力或微小位移的运动。

第一类人体运动主要涉及人体行走和跑步引起的质心运动、摆动运动和大幅度的关节旋转等，以及人体有益的关节运动，如弯曲手指或手臂、手臂或手的颤抖等。人体行走过程中伴随着质心的上下起伏，已经有研究表明一个成年男子正常行走时可以产生高达 67W 的功率输出，而手臂摆动的最大输出功率可以达到 60W。这些能量可以通过安装在背包、腰部及身体其他部位的能量收集器进行有效收集。手臂的摆动，手腕、大腿、小腿和脚的运动均可以作为外部激励驱动能量收集器的工作。由于人体具有较低的运动频率，且频率大小不固定，因此应当根据不同部位的运动特点，设计宽频能量收集技术，并结合变频技术、频率调节技术及非共振技术等，实现高效的人体动能收集。

第二类人体运动主要涉及压缩、拉伸、扭转激励；手指、手腕、手臂、肘部、膝盖的弯曲运动等；人体呼吸引起的腹部往复运动和心脏跳动等。已有研究表明，一个成年人正常呼吸时产生的输出功率可以高达 1W。由于肘部、踝关节、膝关节、肩部和其他部位的关节旋转通常是随机性和间歇性的，而且往往会引起形变，因此在设计相应的能量收集器时应当考虑上述运动的特点，采用柔性、可拉伸的材料，如聚乙烯、织物和介电弹性体等，便于产生与运动状态相一致的形变和运动形态。

第三类人体运动主要涉及手指接触、脚站立和血压缓慢变化的压力等。在大多数情况下，缓慢变化的压力会导致小的运动位移（微米到毫米级），因此该类运动总是微观的，具有更小的运动频率如触摸、敲击、按压、滑动或锤击手指、手、脚趾、脚后跟等，通常用于微纳器件供能和主动式传感。人类各部位可获取的能量见表 7-1。

表 7-1　人体各部位可获取的能量[4]

能 量 来 源	功　　率	注　　释
行走	67W	一个 68kg 成年人脚后跟下降 5cm，每秒两步
手臂运动	60W	一个体重为 58.7kg 成年人的手臂重量为 3.2kg。一个完整的二头肌弯曲运动中小臂的质心运动为 0.335m。根据经验，二头肌弯曲运动的最大速率为 2 次/s，举过头顶的最大速率为 1.3 次/s。举起手臂的最大功率为 60W
手臂运动	3W	小提琴演奏和家务整理
手指运动	6.9mW	假设打字速度为中等（每分钟 40 个单词），考虑到击键组合
手指运动	19mW	假设打字速度为快速（每分钟 90 个单词），每秒 5~7 个键
踝关节	≤33.4W	假设 20kg 负载下仍旧遵循质心运动轨迹，平均走路速度为 1m/s，腿长 0.98m，单腿运动范围为 30°
膝关节	≤36.4W	
髋关节	≤38W	
肘关节	2.1W	
肩	2.2W	
呼吸	1W	以体重为 68kg，进气率为 30L/min 的成人为例
血压	0.93W	假设平均血压是 100mmHg，静息心率是 60 次/min，心脏每跳动一次通过主动脉的每搏量为 70mL

　　针对人体不同部位机械运动的特点，已经研发了多种人体动能收集技术，主要包括电磁发电机、压电纳米发电机和摩擦电纳米发电机等。电磁发电机通常是由磁铁和线圈组成，其基本工作原理是基于法拉第电磁感应，利用人体运动驱动导体在磁场中运动切割磁感线，从而将人体动能转换成电能。由于电磁发电机通常具有体积大、质量重、需要较大的驱动力、高频下高效等特点，一般用于可以产生较大输出能量的人体部位，例如，收集人体行走或跑步的能量、膝盖弯曲的能量。目前电磁发电机已成功放置于背包，用于收集人体行走时质心上下运动的动能，负重 20~38kg 的情况下可产生 4~7W 的输出功率。将电磁发电机制作成旋转结构安装在膝盖，合理利用肌肉被动工作的能量发电，可以产生高达 5W 的输出，而且仅需额外多消耗 1W 的基础代谢能量。

　　压电纳米发电机是电极加压电材料加电极组成的三明治结构，其工作原理是利用人体运动驱动压电材料产生形变，在压电材料内部产生极化电势，然后在两个电极上产生感应的电势差，在周期性外力的作用下对外输出交流电。压电纳米发电机通常需要采用压电材料,且需要发生形变才能对外输出,因此主要用于收集较大冲击力和有形变条件下的动能,如脚部行走、心脏跳动、手指弯曲等形式的能量。目前压电纳米发电机已经成功用于收集肌肉运动和心脏跳动的能量[5]。

摩擦纳米发电机通常由两个性能不同可摩擦起电的材料组成,其背面均有电极用于输出,基本工作原理是基于摩擦起电和静电感应。由于其材料选择广泛、工作模式多样、适用于多种应用场景,且具有仅需要轻微的接触分离、低频下高效率的特点,因此可以广泛用于人体各部位能量的采集,展现出了巨大的应用前景。通过将能量收集技术与柔性能量管理电路和能量存储单元相结合构建完全自驱动系统的设计,摩擦纳米发电机已成功用于可穿戴电子器件的供能、自驱动心脏起搏器和自驱动传感[6]。最近的研究表明,利用单次心脏跳动产生的能量即可驱动心脏起搏器工作一次,实现完全自驱动的心脏起搏器。不同能量收集技术的特点对比见表7-2。

表 7-2　不同能量收集技术的特点对比

能量收集方式	摩　擦　电	压　电	电　磁
收集机理	接触起电与静电感应	压电效应	法拉第电磁感应
阻抗类型	电容式	电容式	电阻式
工作频率	低频	中频	高频
优点	高输出电压; 重量轻; 制作简单; 低频下效率高; 低成本; 多工作模式	结构简单; 较高输出电压; 微米到纳米级别制造; 不需控制间隙; 高电容; 高耦合系数	高输出电流及功率; 高效率; 低输出阻抗; 易于在中高频工作; 易于大规模制造; 使用寿命长
缺点	低输出电流 高阻抗	低输出电流 材料昂贵	低输出电压 体积大

综上可知,电磁发电机适用于收集大幅度、大驱动力下的人体动能,而压电纳米发电机和摩擦纳米发电机几乎可以收集人体所有部位的动能。考虑到不同部位运动特性的不同,以及不同能量收集技术工作原理的不同,通过将不同的能量收集技术进行有效的耦合,可以实现人体动能的高效收集。例如,将摩擦纳米发电机和电磁发电机结合安装在足部,可以实现人体行走或跑步能量的收集[7];将摩擦纳米发电机和压电纳米发电机结合安装在腰部和膝盖,可以实现2.4W的输出功率,可用于人体康复、人机接口和运动监测[8]。此外,将人体动能和其他形式的环境能量(如太阳能、热能、生

物能等）耦合收集可进一步提高最终的能量输出，提升能源供应的可靠性[9]。

目前，关于人体动能收集的研究还处于早期的研发阶段，大多数的工作只是介绍了人体动能收集技术的潜在应用，还没有实现实际应用。关于不同能量收集技术的输出功率计算方法并不统一，很难将不同的技术进行对比；由于计算人体产生的动能大小比较困难，而且从动能到电能之间的转换途径和模式不固定、不明确，很少有工作计算总的转换效率，因此，仍然需要投入更多的努力推动人体动能收集相关技术的研究。

7.3　振动能

振动能是一种常见的能量形式，自然界中，振动随时发生、无处不在，如机械设备振动、声音振动及水纹波动等，因此，振动能是理想的微型能量源。将环境中广泛存在的振动能进行有效地采集并转换为电能，对未来电子器件的自供电及无线传感系统的自驱动化具有十分重要的意义。然而，这些振动能大多具有随机、偶发、无序、宽频带及低频等特点，从而使得振动能量收集器的设计需要具备很好的俘能特性。目前，将振动能量转换为电能的技术主要有电磁、压电、摩擦电等。

电磁振动能量收集器的基本工作原理是法拉第电磁感应定律，通过磁通量的变化产生感应电动势，从而产生电能。经过几十年的发展，电磁振动能量收集器形成了三类：动线圈式、动磁铁式及谐振式（线圈及磁铁相对运动）。第一个电磁振动能量收集器于 1998 年发明[10]，其几何模型如图 7-2（a）所示。它可以在 94Hz 振动频率及 10Ω 匹配电阻下，产生 $400\mu W$ 的峰值功率。但是，这种电磁振动能量收集器的收集效率较低，设计不完善。为了克服这一困难，国内外的研究人员又相继设计出动磁铁式及谐振式电磁振动能量收集器。利用微机电系统（microelectromechanical system，MEMS）工艺设计的电磁能量收集器[11]，其工作原理如图 7-2（b）所示。它可以在 64Hz 振动频率及 1.9Ω 匹配电阻下，达到 $0.03\mu W \cdot cm^{-3}$ 的输出功率密度。该收集器可以通过微机电系统工艺进行批量制造，可用于驱动微电子设备，如微型植入式和便携式设备。此外，借助 MEMS 工艺和柔性电路技术，设计出如图 7-2（c）所示的电磁振动能量收集器[12]。它可以在 143Hz 谐振频率下产生 208.3mV 峰值电压，$10.5\mu W$ 输出功率。目前，电磁振动能量收集器大多是收集中高频率的振动能量，并且阻抗低，输出功率高,但也有输出电压较低、选材困难及制作困难等缺点。

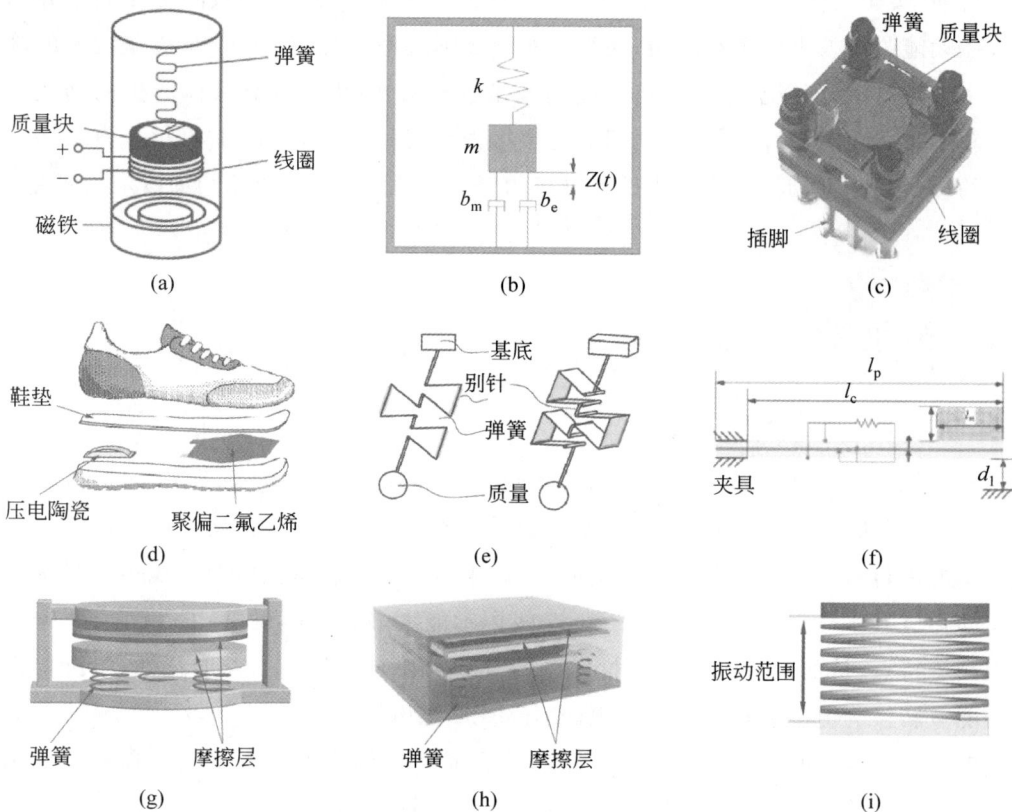

图 7-2 振动能量收集器[10-12]

(a)动线圈式电磁振动收集器几何模型;(b)动磁铁式电磁振动收集器工作原理;(c)电磁振动能量收集器模型;(d)鞋底压电振动能量收集器;(e)装订夹结构压电振动能量收集器;(f)悬臂梁结构压电振动能量收集器;(g)宽频摩擦振动能量收集器;(h)单层摩擦振动能量收集器;(i)多层摩擦振动能量收集器

压电振动能量收集器的基本工作原理是压电效应,是指当某些电介质受到沿一定方向上的外力作用而发生变形时,其内部就会产生极化效应,在它的两个相对表面上分别产生正电荷和负电荷,从而产生电能。如图 7-2(d)所示,第一个压电振动能量收集器可以在 250kΩ 负载电阻下,产生 150V 的输出电压,但其频率收集范围窄。为了收集宽频率范围的振动能量,一种普通装订夹结构的压电振动能量收集器应运而生[13],如图 7-2(e)所示。它可以在负载为 54.16kΩ 及外界激励为 0.26g 时,产生 13.29mW 的峰值功率。通过引入大质量块以降低谐振频率的方式,可以设计出一种基于压电振动能量收集系统的无线传感器节点[14]，其中的压电能量收集器如图 7-2(f)所示。它可以在 22.3Hz 振动频率及 34.1kΩ 负载电阻下，产生 30V 电压及 3.8mW 的功率。目前，压电振动能量收集器具有输出电压较高、易于微纳制造、高电容等特性，在物联网传感节点的实际应用中具有很大的潜力。但其收集的振动能量频率一般较高，不适合低频振动能量收集。

摩擦电振动能量收集器于 2012 年发明，其工作原理是基于接触起电与静电感应效应的耦合，可以通过两种材料表面的相互摩擦或接触来产生电能输出。作为一种新的能量收集技术，它的出现引起了许多科研工作者的关注。摩擦振动能量收集器具有宽频特性，可以被设计成在 3～45Hz 范围内收集振动能量的超宽频振动能量收集器，如图 7-2(g)所示。基于此类型的摩擦电振动能量收集器，可设计一种自主式无线频率监测系统[15]，如图 7-2(h)所示。该系统结合了摩擦电振动能量收集器作为动力源和传感器的特性，为自供电和自主振动监测提供了有效的解决方案。除此之外，也可以设计出基于摩擦电振动能量收集器的输电线路风振监测系统，其中摩擦振动能量收集器的结构如图 7-2(i)所示。它在匹配阻抗为 5MΩ 时，可以输出 2.5mW 的功率。因此，摩擦振动能量收集器具有易于大规模制造、易于收集低频环境振动能量的优势，但也具有输出电流低、阻抗高的缺点。

三种振动能量收集器的详细对比分析见表 7-2。电磁振动能量收集器具有输出电压小及电流大的特性，可以作为一个内阻很小的电压源，更适用于收集高频率的振动能量。摩擦振动能量收集器具有输出电压大及电流小的特性，可以作为一个内阻很大的电流源，更适用于收集低频率的振动能量。压电振动能量收集器的电压及电流输出介于上述两种收集器之间，更适用于收集中高频率的振动能量。

综上所述，三种振动能量收集器都有各自的优缺点。在当前复杂的振动环境下，它们也面临一些共同的挑战，例如，能量转化效率还不够高，结构设计还不够完善，高耐久性及高输出性能的材料选择困难等。因此，要根据三种振动能量收集器的电输出特性、频率响应范围，设计相应的振动能量收集器。当环境振动频率单一时，应该选择对此频率响应最具优势的收集方式。当面临复杂振动环境如宽频率、宽幅度及多方向性等，应该根据三种振动能量收集器的输出及频率响应特性，设计制作出结合电磁、压电、摩擦电的复合型振动能量收集器来收集振动能量。并且随着微纳米技术的不断发展，振动能量收集器将趋向于小型化、集成化，这也将使振动能量收集器在未来有更好的发展。

7.4 微风能

地球上的风能资源十分丰富,是一种易于直接利用、取之不竭的可再生清洁能源。因其在全球范围内蕴藏量巨大、可再生、分布广、无污染的特性,风力发电成为世界能源发展的重要方向。现有的风能收集技术主要针对大型兆瓦级别的大能源,而自然环境中的微风能源随处可见,因此发展高效收集微风能源的能源收集方式刻不容缓。目前,国内外研究学者提出了不同的微风能采集技术,主要有压电、摩擦电及它们与电磁发电的耦合等。

压电是通过对一些材料施加机械应力而产生的电,如晶体(应时)、陶瓷(锆钛酸铅),甚至一些生物材料,如骨骼和脱氧核糖核酸。压电发电机的工作原理如图 7-3 所示,当对压电材料施加力时,晶格结构的微小变化会导致电偶极子的形成,从而在晶体表面产生电压。该电压可提供少量电荷,并可用于为外部电路供电。

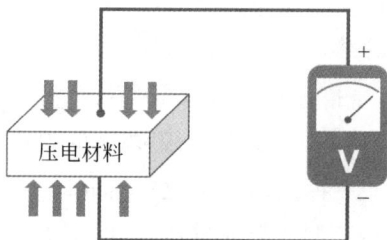

图 7-3　压电发电机的工作原理

摩擦电是摩擦起电效应与静电感应效应的耦合而产生的电。其中,摩擦起电效应是一种由接触引发的带电效应,即在一种材料与另外一种材料发生摩擦的过程中,它们会互相带上相反的电荷。静电感应效应是带电物体与不带电导体相互靠近时产生的电荷相互作用,使得不带电导体内部进行电荷重排。摩擦发电机的工作原理如图 7-4 所示,基于摩擦起电效应与静电感应效应的耦合,可以通过不同模式进行机电转换。当有外部机械力驱动时,可以在外电路产生摩擦电荷,用于为外部电路供电。

基于电磁感应原理的电磁发电机在收集大功率风能时拥有得天独厚的优势,但其重量较大,启动风速较高,在低风速条件下发电效率低。近年来,基于压电效应的压电发电机和基于摩擦电效应的摩擦电发电机可以高效收集微风能源,弥补了电磁风力发电机微风能源收集效率低的缺点。

将压电效应设计在微风能收集系统中,可以提高微风能收集效率。例如,在自

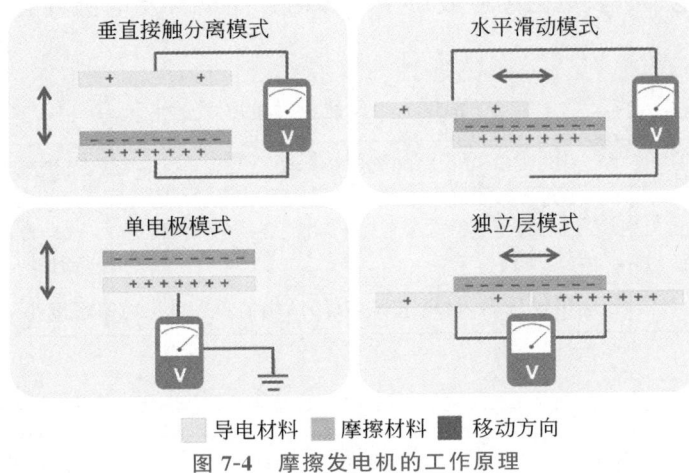

图 7-4　摩擦发电机的工作原理

持振荡/震颤微风能收集装置中引入柔性压电膜,通过调整柔性压电膜的几何参数,可以在所需风速范围内诱发空气弹性颤动的能力,从而对产生的电能进行收集。如果同时引入自对准机制补偿风向的变化,输出能力可提升 20 倍以上。这为低速状态下的风能收集和自供电系统打开了新的机遇[16]。在利用压电效应收集微风能的基础上,引入电磁感应效应可以全方位高效收集风能。例如,可以在地铁隧道中引入基于压电效应和电磁感应原理耦合的微风能收集装置将风能转换为电能,用作特殊环境下无线传感网络的节点自供能。压电模块利用压电效应全方位收集隧道微风能,电磁模块利用电磁感应原理收集风能,能量存储模块用于将获得的电能存储在储能器件中,并对无线传感网络进行供电,实现隧道无线传感网络的节点自供电功能。

除了电磁、压电风能转换模式,基于摩擦电效应的机电转换器件作为一种新型的能量转换方式在微风能收集方面优势显著[17]。例如,通过设计基于自适应界面接触的面面旋转型摩擦纳米发电机的风能采集装置,可以采集高速列车产生的风能并为相关信号和传感装置供电。考虑到更低风速下的收集效率,可以引入薄膜型摩擦纳米发电机收集风道风能,借助超拉伸和穿孔电极的倍频振动,可以高效收集微风的能量($0.7 \sim 6\mathrm{m} \cdot \mathrm{s}^{-1}$)。[18]

常见的微风能量收集技术分析见表 7-3。由于传统的电磁风力发电机体积较大,因此无法应用于分布式的无线传感系统。环境中充满着丰富的微风能量,收集这些能量为无线传感器节点供电,实现自驱动无线传感系统具有广阔的发展前景。

因此耦合摩擦电、压电、电磁感应效应于一体的智能风力发电机将会更有效的全方位收集风能。

表 7-3　常见的微风能量收集技术分析

能量收集原理	优　　点	缺　　点
电磁效应	功率密度高	重量较大,低风速效率低
压电效应	随处可见	材料选择少,功率密度小
摩擦电效应	应用场景多,材料选择多样,结构简单	功率密度小

7.5　雨滴能

雨滴能是自然界中普遍存在的一种可再生能源,由于其具有清洁、分布范围广、可源源不断获取等特点,一直以来引起了全世界广泛的研究。尤其是随着物联网、大数据和人工智能等新兴技术的发展,极大地推动了分布式能源供给的发展。雨滴能获取技术将与风能和太阳能等发电技术形成互补,为广泛分布于室外,甚至偏远地区的大量传感器提供可靠能源供给,为传感器的可靠、稳定、持续工作"保驾护航"。

雨滴能广泛分布于世界各地,并呈现出明显的地域、气候和环境依赖性,而且不同的降雨等级对应的雨滴的直径和雨滴所携带的能量也有显著的差异,见表 7-4。降雨强度为 0.25mm/h 时,雨滴的平均直径为 1.00mm,雨滴的终端速度约为 4.76m/s,所携带的能量约为 5.66μJ;降雨强度为 152.4mm/h 时,雨滴的平均直径为 3.25mm,雨滴的终端速度约为 8.58m/s,所携带的能量约为 662.55μJ。太阳光充裕的晴天,太阳能发电技术具有很好的输出性能和能量转换效率;在阴雨天太阳光强有限,雨滴能收集技术可以很好地收集雨滴的能量,并将其转换成电能,为全天候、可持续的能源供应系统提供有力支撑。分析了 2021 年全球降水分布后,可以发现在赤道和南北回归线附近,呈现出比较充足的降雨分布,这为雨滴能的收集提供了充分的能量输入来源[19]。

表 7-4　不同降雨等级对应雨滴的参数

降雨强度/ （mm/h）	雨滴平均直径/mm	雨滴平均质量/g	终端速度[20]/ （m/s）	雨滴携带的平均能量/μJ
0.25	1.00	0.0005	4.76	5.66
1.27	1.25	0.0010	5.32	14.15
2.54	1.50	0.0018	5.83	30.59
12.70	2.00	0.0042	6.73	95.12
25.40	2.25	0.0060	7.14	152.94
50.80	2.75	0.0109	7.89	339.27
101.60	3.00	0.0141	8.24	478.68
152.40	3.25	0.0180	8.58	662.55

注：假设雨滴为球形，雨滴所携带的能量近似为雨滴的动能。

众所周知，单个雨滴所携带的能量是非常有限的，传统的做法是将雨滴能收集起来，利用大量水滴聚集的水流的重力势能驱动涡轮机进行发电。由于雨滴降落下来的动能在很大程度上被浪费掉了，因此该方法具有转换效率低、体积庞大、结构笨重和需要较大部署空间的缺点。最新的雨滴能收集技术采用压电效应或摩擦电效应，直接实现雨滴能到电能的转化。与传统依靠电磁发电机的方式相比，可极大地简化结构设计，提升发电效率。

压电纳米发电机利用压电效应，将雨滴降落产生的机械能作为外部驱动力，使压电材料内部发生形变并产生极化电势，在两端电极上产生感应电势差从而驱动电子在外电路往复流动，对外输出交流电。压电纳米发电机结构和工作原理图如图 7-5 所示。考虑到压电纳米发电机独特的工作原理，通常收集雨滴能的压电纳米发电机被设计成悬臂梁的结构，方便雨滴触发悬臂梁的自由端，从而最大化实现雨滴能到电能的转化[21]。压电纳米发电机需要采用压电材料，而压电材料一般价格昂贵，不适合制备大面积的雨滴能量收集器件；此外，由于压电材料需要发生形变，适合于收集小范围、冲击力较大的雨滴能，因此也可以先利用集水器将小雨滴收集起来聚集成大雨滴，实现更好的驱动性能。

另外一种非常有潜力的技术是采用摩擦纳米发电机对雨滴能进行收集。考虑到摩擦纳米发电机既可以利用固体和固体接触起电进行发电，也可以利用固体和液体接触起电进行发电，因此可以利用雨滴两种形式的能量来发电：雨滴机械能和雨滴与表

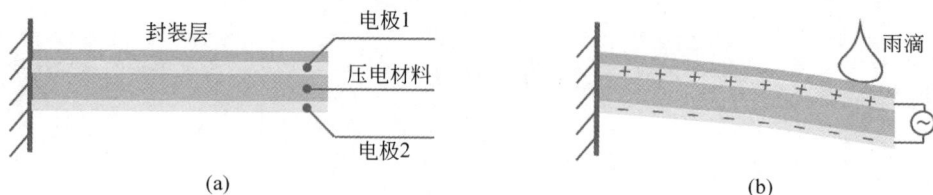

图 7-5 压电纳米发电机结构和工作原理图

(a)结构图;(b)工作原理

面摩擦的静电能。利用雨滴机械能发电方面,能量收集装置可以设计为接触—分离模式的摩擦纳米发电机,主要包括两个摩擦表面和两个背面电极,且两个摩擦层之间存在一定间隙,可以通过引入弹簧或者设计拱形结构[22],实现接触表面的自动分离以及进一步提高其输出性能。在雨滴动能驱动下两个摩擦表面进行接触,由于摩擦起电效应两个摩擦表面分别带有等量的正电荷和负电荷,在周期性的接触和分离过程中将会通过静电感应的方式输出交流电。雨滴能收集系统架构图如图 7-6 所示。

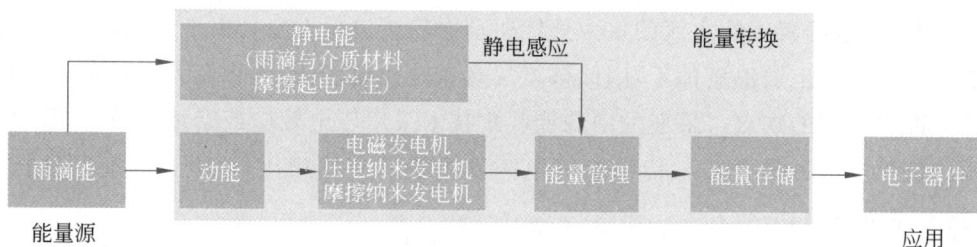

图 7-6 雨滴能收集系统架构图

在雨滴静电能发电方面,雨滴本身可视作一种摩擦材料,与另外一种介质材料组成固液摩擦材料组。早期的雨滴能收集摩擦纳米发电机通常设计为单电极或者独立摩擦层模式,如图 7-7(a)和图 7-7(b)所示。以最简单的单电极模式为例,当雨滴滴落至聚合物表面,雨滴和聚合物表面摩擦起电;当雨滴滑离聚合物表面时,由于静电感应效应在聚合物背面电极上感应出相反的电荷,引起电子在外电路流动从而产生电流[23]。采用插指电极结构的独立摩擦层模式的摩擦纳米发电机可以增加电荷在外电路的转移次数,从而提高总的能量输出[24]。考虑到上述雨滴发电结构没有将雨滴与输出电路连接起来,造成输出电荷有限的缺点,近年来,研究者们已研制出具有高功率密度的雨滴摩擦纳米发电机,将先前的界面效应转化为体积效用,一滴雨可实现 $50W/m^2$ 的电输出性能,如图 7-7(c)所示[25]。目前,越来越多的研究人员致力于进一步提高雨滴摩擦纳米发电机的性能,揭示其工作机制,实现了在不同场景中的应用。与传统的单一模式相比,设计雨滴机械能和静电能同时收集的双模式摩擦纳米发电机系统可以实现对单个雨滴能的充分利用,提高总的雨滴能发电效率[26]。此外,通过将摩擦纳米发电机和压电纳米发电机进行耦合,可以实现更高的输出性能[22]。

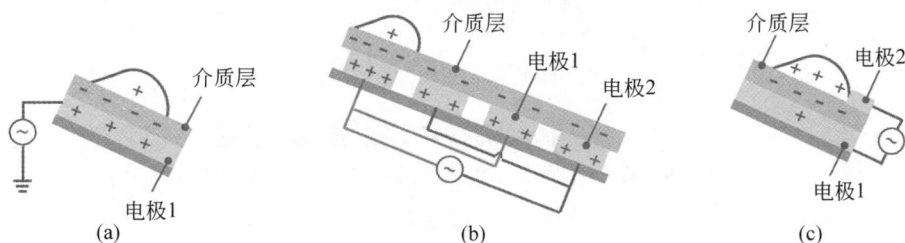

图 7-7　雨滴能收集的摩擦纳米发电机结构
(a)单电极;(b)插指电极;(c)三极管结构

综上可知,压电纳米发电机和摩擦纳米发电机都具有体积小、质量轻、响应频率低等特点,是收集低频和广泛分布的雨滴能最有效的技术。但由于压电纳米发电机必须采用价格昂贵的压电材料,大规模应用成本高昂,而摩擦纳米发电机可选择的材料范围广、价格低、绿色环保,因此雨滴能收集的研究方向主要在摩擦纳米发电机。目前大多数的工作都集中在提高单个发电机的电输出性能方面,还未涉及大面积集成组装。面对自然降雨的不规则分布性(不恒定的体积、数量、频率和位置),实现大规模、简单、低成本且高效的雨滴发电仍然面临一定的挑战。因此,还需要投入更多的精力来推动雨滴发电机向实际应用的方向发展。

雨滴能和太阳能作为两种广泛分布的清洁能源,都具有较高的能量密度,但同时都具有气候依赖性。因此,将雨滴能和太阳能复合收集是实现互补式、全天候和可持续的能量供应最有效的策略之一。通过选择高透光率的材料制作的摩擦纳米发电机可以安置于太阳能电池板的表面,在几乎不降低太阳能收集效率的基础上实现全天候能量收集,如图 7-8 所示[27]。而且,介质层表面的微纳结构可以实现超疏水性能,实现太阳能电池板的自清洁作用,减少太阳能电池板的维护成本。已有研究表明雨滴摩擦纳米发电机的输出也可用于提高太阳能电池的能量转换效率。通过多层堆叠的方式,可以同时收集雨滴静电能和机械能及太阳能。采用刻蚀的方法可提高表面电荷密度,结合雨滴势能到最终电能的转换路径分析,目前已经可以实现 24.89% 能量转换效率。

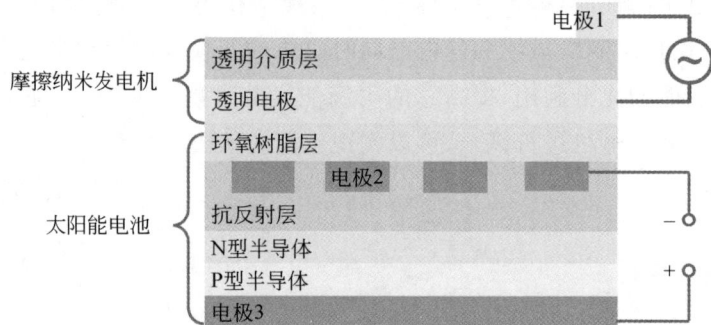

图 7-8　摩擦纳米发电机与太阳能复合实现全天候能量收集

7.6　温差能

　　热电效应又称温差发电效应,主要包含塞贝克效应、珀尔帖效应和汤姆逊效应。1821 年,德国科学家塞贝克发现,在两种不同导体构成的回路中,当两个导体的交界处温度不同时,在回路中会产生电动势,将这种现象称为塞贝克效应,回路产生的电动势称为温差电动势。1834 年,法国科学家珀尔帖发现,当直流电流通过两种不同导体时,导体的两个接口会发生吸热和放热现象,导致接口温度不同。这种新的热电现象被称为珀尔帖效应,也可将其看为塞贝克效应的逆效应。汤姆逊效应是英国科学家汤姆逊于 1856 年发现的,指的是当电流通过存在温度梯度的导体时,导体除了产生焦耳热之外,还会在导体的两端发生吸热或放热反应。

　　自从温差发电效应被发现后,对于热电器件的研究也逐渐深入。热电器件主要基于塞贝克效应,将热量转换为电能输出,是一种稳定绿色的能源利用方式。基于热电效应可实现对废弃热能的再利用,同时热电器件还具有无噪声、无污染、无机械振动等优势,因此可以在可穿戴健康监测、航空航天领域、汽车尾气收集及无线传感系统等领域中广泛应用。图 7-9 展示了热电器件(温差发电)典型的应用领域。目前,温差发电在可穿戴健康监测上的应用主要是利用人体皮肤表面和空气之间的温度差实现对可穿戴电子设备的驱动。如图 7-9(a)所示,通过利用可穿戴的热电发电机和柔性聚合物散热器实现了对可穿戴心电图系统的自供电[28]。相较于普通的金属散热器,柔性聚合

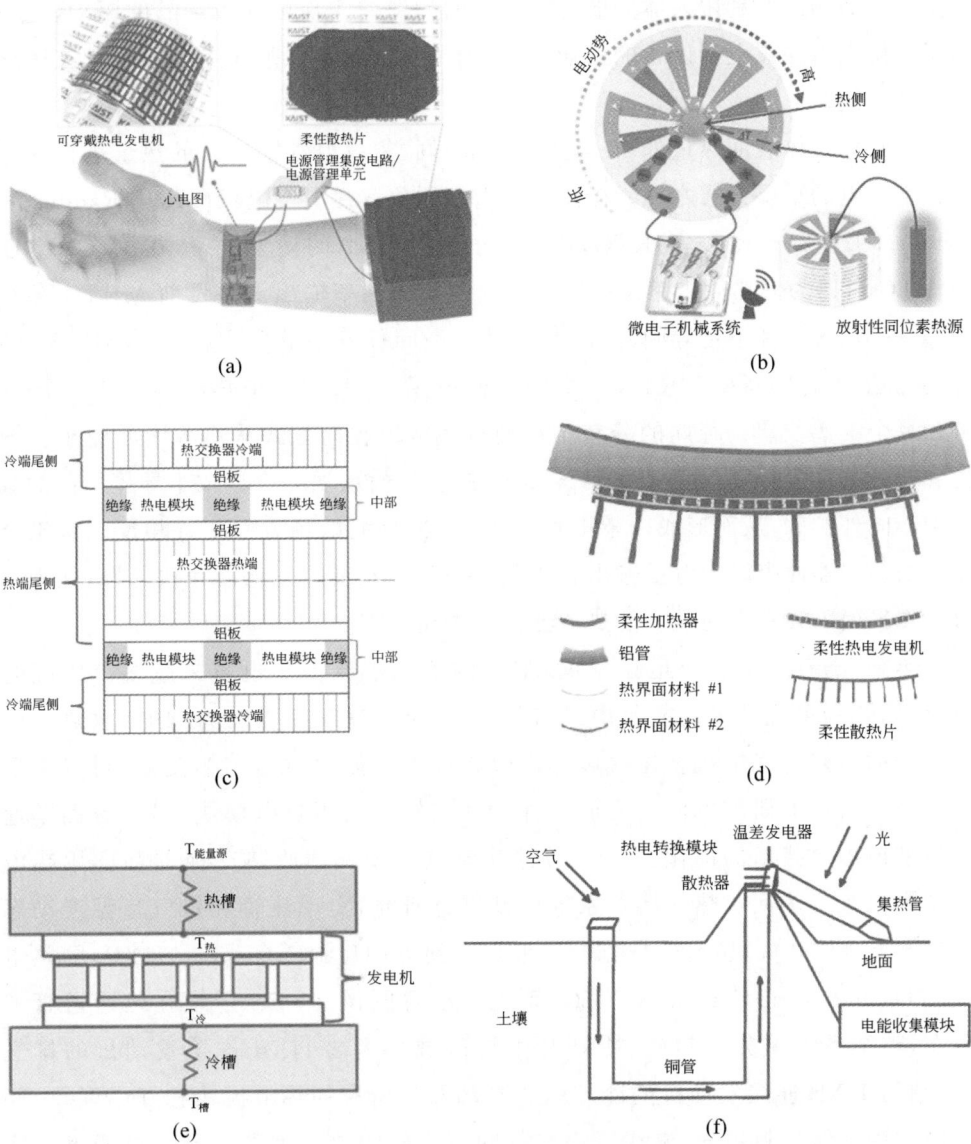

(a)

(b)

(c)

(d)

(e)

(f)

图 7-9　温差发电的应用[28]

（a）基于可穿戴热电发电机的自供电可穿戴心电图机；（b）微型放射性同位素热电发电机；（c）用于汽车废热回收的热电发电机模型；（d）柔性热电发电机驱动的高性能自供电无线传感器系统；（e）基于温差能量收集的热网监测无线传感系统；（f）面向森林监测的热电能量收集系统

物散热器采用高吸水性的聚合物可以通过蒸发水分带走热量,使温差增加,从而提高热电发电机的输出。利用人体表面与空气之间的温差实现可穿戴产品的驱动,进一步推动了自供电可穿戴电子设备的商业化,特别是自供电可穿戴式热电发电机在医疗监测领域的应用。

除了收集人体表面热量外,在航天领域通过收集放射性同位素的热量进行热电转换是太空发电的重要方式之一。微型的放射性同位素热电发电机(Micro Radioisotope Thermoelectric Generator,MRTG)适用于小型、长寿命的动力设备,在执行深空任务时,MRTG 可以为低功耗传感设备提供稳定的长期功率输出。但目前 MRTG 存在温差小、效率低、可靠性不足等问题,限制了其在空间任务中的应用。针对 MRTG 的输出性能问题,设计的新型 MRTG[29]如图 7-9(b)所示,其中一个热电偶包括一个 N 型支脚和一个 P 型支脚。径向的分布结构使得热能以径向方式从热源中心流出。图中红色和蓝色的部分分别代表 P 型和 N 型的热电半导体,温差会导致半导体内部的载流子从中心向外扩散,从而形成内建电场,P 型和 N 型的电场方向正好相反。基于全印刷技术的多层器件串联的电量输出有望驱动一些微安级的传感器和执行器,在未来可通过制作平面阵列和空间堆叠的热电器件来提高效率。

近年来,随着汽车工业迅猛发展,带来的能源消耗占比也越来越多。传统的内燃机汽车,燃料燃烧产生的能量中只有约 25% 会为汽车提供动力,40% 以热量的形式损失。通过热电发电机将尾气废热回收转换为电能再供给车辆使用,可以实现能源再利用。目前的研究方向一方面是开发性能好的商用热电模块,另一方面是通过汽车模型模拟寻找新的优化方向。通过针对汽车废热回收热交换器和商用热电模块组成的汽车废热回收热交换器系统模型进行研究,实现热管和排气口温度动态信息采集[30]。图 7-9(c)显示了带有逆流型热交换器(Heat Exchanger,HXR)的热电发电机(Thermoelectric Generator,TEG)系统的配置图像。TEG 系统在热通道管上对称分布,整个系统被分为热端、冷端和中央区域。热端 HXR 连接发动机的排气管道,冷端的 HXR 连接发动机的冷却液或冷却器。所有的热电模块相互串联,中间的空气间隙用绝缘材料填充,减少了因空气间隙产生的热量浪费。基于此模型可实现温度控制,为热电模块的优化设计提供了指导,也为未来的优化方向提供了新的思路。

此外,也可以利用热电效应收集工业热管上的废热驱动无线传感器网络,使用柔性材料设计的热电发电机[31]可以更好地缠绕在热管上提高热电发电机的能量转换效率,如图 7-9(d)所示。在此基础上完成的自供电无线传感器系统可以实现对热管温度、环境温度、湿度、二氧化碳等物质的监测。同理,利用无线传感器网络也可以实现对地下供热管路的全面温度监测,通过温差供电模块实现对地下热管温差能量的收集[32],如图 7-9(e)所示,对供暖热管废热的二次利用可用于整个无线传感器网络的自供电。利用成熟的网站架构,根据热网监测系统的需求分析,开发实用的热网监测网站,实现对于海量传感器节点的统一管理和监测。另外,通过热电发电机收集土壤与空气之间的温差实现对于土壤温度的自供电监测[33],利用散热器使冷端的热量更多地散去从而提高热电转换效率,在降低成本、微型化的基础上实现对于林区热电能量的收集,为自供电无线传感系统提供新的方法,如图 7-9(f)所示。

7.7 湿度势能

19 世纪初,人们就发现在压力梯度下,通过驱动离子液体穿过管道或孔洞,可以产生电势。目前,碳纳米管在浸入流动液体时可以产生电压,但这些观察结果的确切来源尚不清楚,并且在没有压力梯度的情况下发电仍然是一个挑战。如图 7-10(a)所示,有研究人员发现在单层石墨烯条上移动一滴海水或离子溶液,可以产生几毫伏的电压[34]。通过实验和密度泛函理论计算,发现在液滴和石墨烯界面上形成了一个伪电容器,由运动的液滴驱动,在液滴的前后充放电,产生与液滴速度和数量成比例的电势,这种电势被定义为吸引势(drawing potential),研究人员认为未来可以利用这种吸引势原理设计手写传感器和能量采集装置。

此外,水蒸发是一种普遍存在的自然过程,可从生活环境中收集热能。它之前已被用于许多应用,包括纳米结构的合成和能量收集装置的制造。如图 7-10(b)所示,纳米结构碳材料表面的水分蒸发可以用来直接发电[35]。在室温下,大小为几平方厘米、厚度为几微米的炭黑板的蒸发可以产生高达 1V 的稳定电压,与标准 AA 电池相当,水分子与碳层之间的相互作用及多孔碳板内蒸发诱导的水流被认为是产生电压的关键。由于纳米结构碳材料表面的水分蒸发发电是利用自然蒸发过程并且使用的是廉价的炭黑,因此在实际应用方面具有很大优势。这种方法在地球温暖地区的大规模应用中可能具有特殊价值,如可以应用于杀菌、水净化和脱盐等工作。

(a)

(b)

炭黑片

(c)

(d)

1 cm

(e)

(f)

高湿度　　低湿度

水分子　电能产生层　金电极

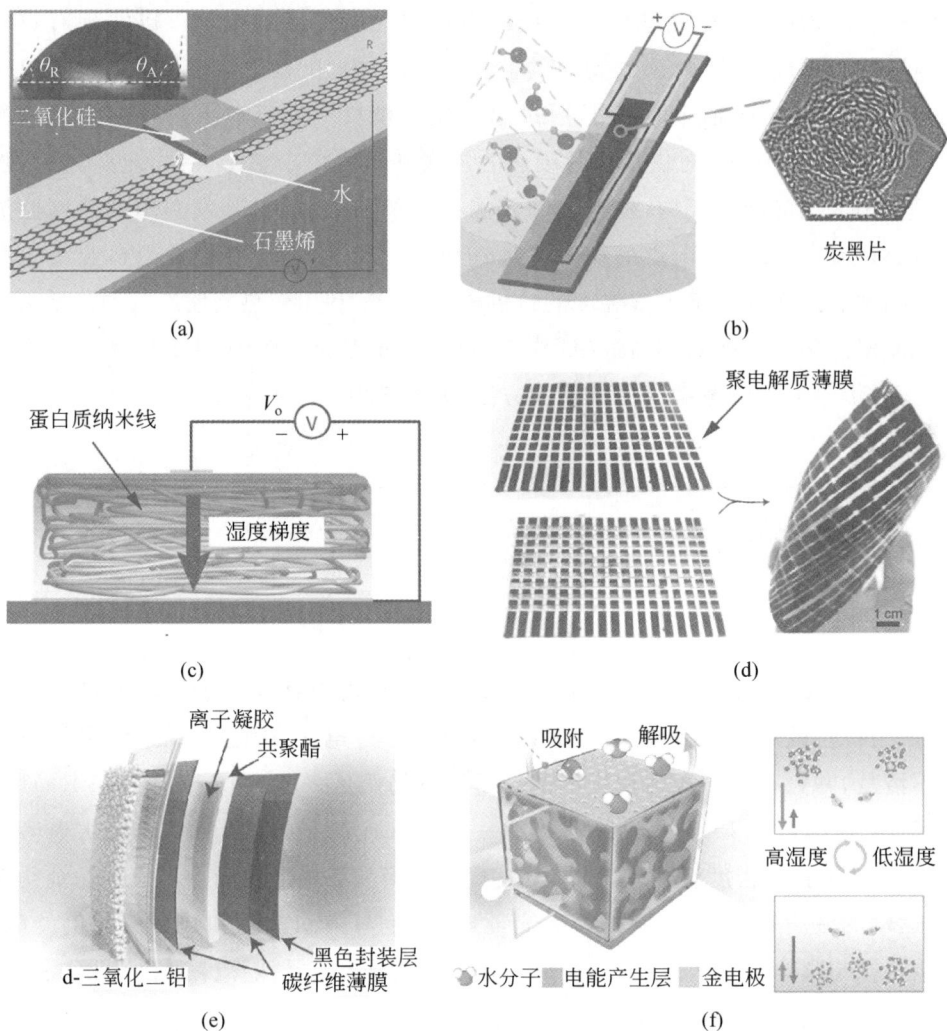

图 7-10　湿度势能发电[35]

(a)石墨烯-离子液滴发电；(b)炭黑片水伏发电；(c)蛋白质纳米线湿度发电；(d)聚电解质薄膜湿
度发电；(e)热传导效应增强型水伏发电；(f)吸附—解吸全循环湿度发电

　　如果可以从环境中收集能量实现自驱动与自循环，将极大地推动清洁能源的发展。
由于缺乏持续的转换机制，现有的基于水分的能量收集技术只能在生活环境中产生间歇
性、短暂(小于 50s)的能量收集。针对此问题，研究者们发现，由微生物硫土杆菌中采集
的纳米级蛋白质丝制成的薄膜设备，可以在生活环境中连续发电[36]，如图 7-10(c)所示。
在一定条件下，空气中的水分子可以发生电离，即水分子中的氢原子和氧原子会失去或

获得一个或多个电子,形成带电的离子。当水分子与表面接触时,特别是纳米尺度的表面时,它们可能与表面相互作用并发生电离。这种情况下,表面的特性(比如纳米线的形状、表面电荷等)可能会影响水分子的电离行为。吸附在纳米线表面的水分子的电离状态可能与在空气中自由存在的电离水分子有所不同。电离的团簇会向纳米线提供由湿度梯度产生的电压驱动的闭环电流:当发生水分子的电离时,会产生带电的团簇,比如 $H(H_2O)n+$ 和 $HO(H_2O)n-$。这些带电团簇可能会在纳米线表面附近聚集,并在纳米线表面和周围环境之间形成电荷梯度。当存在湿度梯度时(即在不同位置的湿度不同),这些带电团簇可能会受到驱动,形成闭环电流,从而在纳米线周围产生电压。连接多个设备可以线性增加电离电子设备的电压和电流,利用这种器件与传感器结合即可实现无需外部电源的逻辑控制和信号放大,从而最终获得低成本、自我维持和环境驱动的传感系统。

尽管湿度发电机的结构已经发展出很多样式,但单设备单元的湿度发电机大规模集成、小型化及高压输出仍然存在许多挑战,主要是因为湿度发电机的异步响应、依赖于相对湿度高的环境及设备制造的烦琐过程。如图 7-10(d)所示,目前,一种基于双层聚电解质膜的非均质湿度发电机[37]则可以很好地解决这些问题。通过水分子在空气中的自发吸附和反向带电离子的诱导扩散,一个湿度发电机单元可以在较低(25%)相对湿度(relative humidity,RH)环境下产生约 0.95V 的高压,甚至在 85% 相对湿度环境下跳跃到 1.38V。为了实现湿度发电机单元的大规模集成,创建了顺序对齐堆叠策略,从而能够在环境条件(25%RH,25℃)下提供 1000V 以上的电压。一小段折叠的湿度发电机可以产生高达 43V 的输出,所提供的功率足以点亮 10W 的灯泡,以及驱动动态电子墨水屏幕,并可以控制自供电场效应晶体管的栅极电压。这极大地提高了水伏发电技术的应用场景与适用范围。

受限的环境温度和水分子相变过程中缓慢的热量补充,严重限制了蒸发诱导的水伏发电机性能,如图 7-10(e)所示,研究者通过在多孔三氧化二铝(Al_2O_3)构建的发电机背面合理组装柔性离子热电明胶来制造热传导效应增强的水伏发电机,以突破水伏发电机现有的这些限制[38]。离子热电明胶材料可以有效改善水伏发电装置与周围环境之间的热传导,使水的蒸发率提高,从而提高输出电压。在 294.6K 和 30% 相对湿度条件下,水的蒸发率可将水伏发电机的性能从 3.4V 提高到 4.0V。此外,该发电量不仅可以存储在商用超级电容器中,还可以直接驱动电子设备,如数字计算器,或者用作可穿戴设备的能源供应平台,为环境能源(如热能、太阳能等)的协同集成发电提供了一种很有前景的途径。

针对环境进行动态适应性发电将在下一代能源转换中发挥重要作用,然而,当单个水吸附过程趋于平衡状态时,湿度发电机将无法输出。由于湿度发电性能高度依赖高的相对湿度,根据动态环境中相对湿度的变化发电仍然是一个挑战。图 7-10(f) 是一种基于多孔可电离组件的水分吸附—解吸发电装置,它在高湿度下自发吸附水分,在低湿度下解吸水分,从而产生循环电输出[39]。该水分吸附—解吸发电装置可在 100%相对湿度下产生约 0.5V 的高压和 100μA 的电流,在 15%±5%相对湿度下产生约 0.5V 电压和约 50μA 电流,并提供接近 120mW·m^{-2} 的最大输出功率密度。基于定向水分输送和离子扩散,水分吸附—解吸发电装置集成了离子浓度驱动的吸附发电和离子水合能主导的解吸发电,具有循环电输出和环境适应的能力。因此,水分吸附—解吸发电装置为可持续的能源收集和转换提供了强有力的途径。

海洋占地球面积的 71%,水中携带巨大的能量,相较于利用水的动能进行常规发电的局限性,利用水的蒸发和环境湿度进行发电的水伏发电技术提供了更加广阔的应用空间。此外,水伏发电相对于其他发电方式所表现出的零污染排放、环境友好等优势,使其有望为全球双碳能源战略目标做出重要的贡献。

7.8 射频能

21 世纪电子信息技术高速发展,周围环境中的射频信号无处不在,且带有少量的能量,因此,射频能成为新型的能量来源。射频能量相比传统能量有着明显的优势:来源广泛,环境中的射频信号无处不在,包括无线局域网络设备(wireless fidelity,WiFi)、卫星信号和手机信号等;能量稳定,环境地理位置的变化不会引起能量的中断或消失。因此,射频能量收集器可持续不断地为电子产品供电。目前,射频能已经成为新型能源的一个研究重点。

目前的生活环境中存在大量的射频波,如无线电信号、移动网络、卫星网络等。收集环境射频能量的主要优点是它本质上是"自由"能量,广泛存在于环境中。射频能量收集系统能够广泛收集 3kHz~300GHz 频段的射频能,电视、调频广播、移动通信终端、WiFi 等射频信号的发射端都可以作为射频能量收集系统的信号源。其工作原理是由发射端发射出的射频波被射频能量收集系统的天线捕获,经过阻抗匹配与整流电路转换为直流电,获得最大传输功率。收集的能量可以驱动传感器或储存在储能模块中,如超级电容器或可充电电池等,如图 7-11(a)所示[40]。

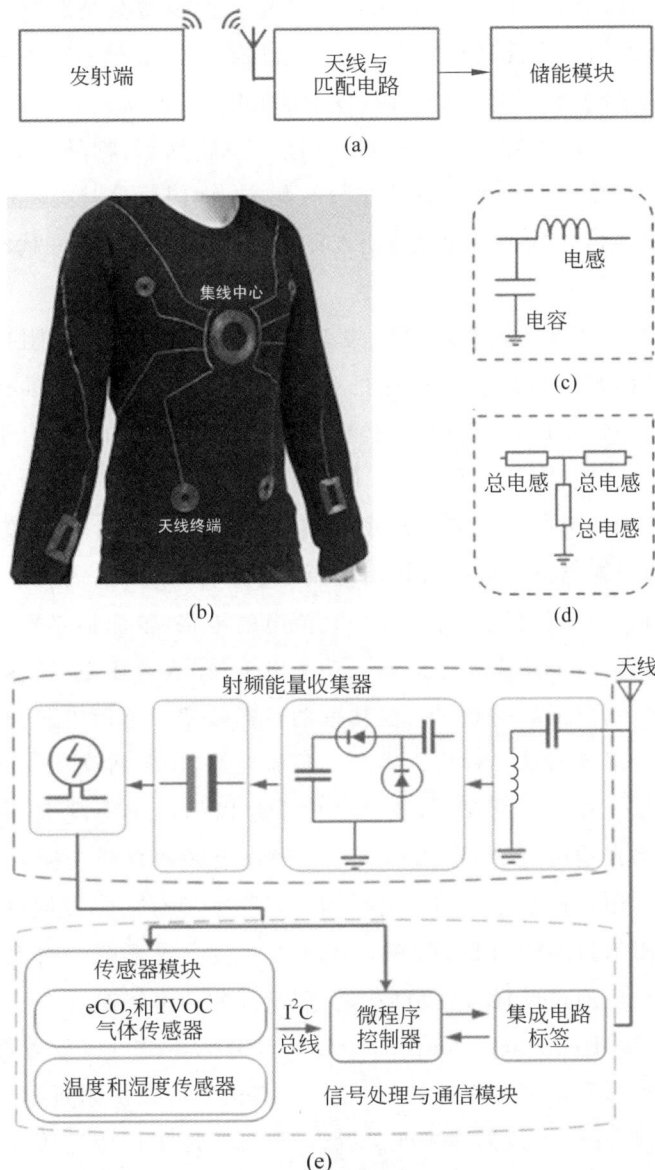

图 7-11　射频能量收集技术[40]

(a)射频能量收集系统框架;(b)可穿戴柔性天线;(c)L 型阻抗匹配电路;
(d)T 型阻抗匹配电路;(e)基于射频能量收集的食物腐败监测系统

天线是射频能量收集系统的重要组成部分,可根据频段、天线增益、辐射方向、应用领域等进行分类。用于特定的频段天线可以接收固定频段内的射频信号,例如,一些天线接收来自 30~300MHz 的甚高频(very high frequency)信号,一些天线接收 300~3000MHz 的特高频(ultra high frequency)信号等。天线增益是对特定方向的收发信号能力,高增益天线可以提高转换效率并直接增加收集的能量。天线辐射可以是各向同性的,也可以是定向的,当射频信号源(发射端)的位置已知时,可以使用定向天线来增加收集的能量。各种类型的天线被用于卫星、飞机、汽车、物品监测、生物医学等不同领域。另外,可穿戴柔性天线在射频能量收集方面引起了广泛关注,这些天线可以嵌入衣服中,如图 7-11(b)所示,通过含有纺织品和导电材料的新一代智能服装监控健康和体育活动。

阻抗匹配电路对于优化射频能量收集系统的性能至关重要。阻抗匹配电路普遍应用于通信电路等领域,可以保证电路的最大功率传输。简单的匹配电路可以是电阻、电感或电容的组合设计,常用在射频能量收集电路设计中的 L 型、T 型等阻抗匹配电路,如图 7-11(c)和图 7-11(d)所示[41],图中 C、L 分别表示电容和电感,TL 表示包含电阻、电容或电感的任何电路元件。L 型阻抗匹配电路通常由电感和电容组成,收集效率比较高;T 型匹配电路能够改善输出电压水平。

整流电路是将射频或交流电源转换为直流电的电路,整流器是射频能量收集系统的重要组成部分。整流电路需要考虑输入功率电平、输入电压电平、输入阻抗、输出阻抗、寄生效应等参数,以提高射频—直流功率的转换效率。整流电路包括半波、全波和电桥整流等方法。倍压器是一种特殊类型的整流电路,用于将交流输入转换为直流输出并对其进行升压。在某些情况下,整流功率不足以满足应用需求,需要将单个整流器堆叠成串联来增强输出直流,形成倍压器。经过射频—直流变换之后,电能就可以被储存起来以便利用。每个输入功率电平和工作频率都有一个最佳负载阻抗,如果这些特定的负载电阻值过高或过低,射频—直流功率转换效率就会大大降低。因此,能量收集电路的设计应通过选择最佳负载来实现最高的功率转换效率。

射频识别(radio frequency identification,RFID)标签是可以放置在产品上或动物及人类身上以进行远程识别和跟踪的电子设备,其信号可以由附近称为"读取器"的检测器设备提取,然后在中央数据库中匹配以进行识别,用于供应链管理、物品监测等方面。图 7-11(e)是基于无线电能传输技术收集射频能量为智能传感器标签供电的食品腐败监测系统[42],该系统包含射频能量收集部分、传感模块和信号传输模块。传感器标签包含多个传感器、微处理器及用于数据传输的收发器,能够对温度、湿度、二氧化碳浓度等因素进行监控,实现了食品腐败监测,为食品安全、医药安全等方面的应用提供了可行性方案。

射频能量收集技术有望成为延长物联网网络电池寿命和提高能源效率的方法之一。天线在接收到环境中的射频信号后,通过射频—直流电路转换为直流电,然后储存在超级电容器中,有望为传感器节点的能量供给问题提供新的解决方案。

7.9　微纳能源总结与应用展望

由上述内容可知,人体动能、振动能、微风能、雨滴能、温差能、湿度势能及射频能作为微纳能源均可通过相应的能量收集技术实现向电能的转换。目前,这 7 种微纳能源及其对应的能量收集技术都具有各自的优势及现阶段存在的一定局限性,其技术特点见表 7-5。

表 7-5　微纳能源收集技术特点

微 纳 能 源	能量收集原理	优 　 点	缺 　 点
人体动能	电磁/压电/摩擦电效应	丰富、清洁	间歇性、对器件要求高
振动能	电磁/压电/摩擦电效应	随处可见	振动幅度、频率不稳定
微风能	电磁/压电/摩擦电效应	丰富、清洁	不可控
雨滴能	摩擦电效应	丰富、清洁	不可控、功率密度小
温差能	热电效应	可靠性高	不可预测
湿度势能	水伏效应	覆盖范围广、可靠性高	功率密度小
射频能	RF-DC 电路	覆盖范围广	功率密度小

人体动能具有丰富、清洁的特点,目前基于人体动能收集技术的无线传感系统在人体域网、智能穿戴、医疗健康领域得到了极大的发展,图 7-12(a)展示了可通过收集人体动能实现人体生理信号的实时监测,并进行个性化诊断[43]。但由于人体动能会受到人体活动的影响,使其存在不规律的间歇性。此外,对于人体动能的收集需要制备

可穿戴的电子器件,工艺难度大于传统的能量收集器件。在保证人体穿戴舒适的同时也需要实现高效的人体动能收集,这对材料制备、结构设计、加工制造都提出了较高的要求,需要进一步的研究探索。

振动能无处不在,图7-12(b)展示了基于振动能收集技术的无线传感系统,可用于故障检测、环境监测等场景[14]。但是振动的幅度和频率不稳定,振动能收集主要基于电磁转换器、压电转换器及摩擦电转换器:电磁转换器在高频范围内具有较高的输出功率,但其体积较大,需要对其机械结构进行改进,实现较小的空间内能量转换,并排除电磁波等因素的干扰;压电转换器结构简单、易于制造,适合在中频下工作,但制作材料较为昂贵,性价比更优的压电材料的开发及压电薄膜材料加工技术的进步将会促进压电转换器的发展;摩擦电转换器对收集低频、微幅的振动能具有独特优势,但其输出电流较小,为提高输出功率,可利用微纳制造技术对材料表面进行微加工,提高表面电荷密度。另外,为满足不同振动频率下的工作需求,可设计宽频振动能采集器,例如,设计共振频率可调的摩擦、压电或电磁发电机。

微风能具有普遍存在、清洁、丰富等优点,但传统的风力发电机由于体积较大,无法应用于分布式的微风能收集。基于摩擦纳米发电机的风能采集器不仅体积小、重量轻,而且成本低、结构简单、易于制作,适用于微风能的收集。图7-12(c)展示了基于微风能收集技术的无线传感系统用于环境监测领域,实现了风速和风级的实时测量与预警[44]。由于风速不稳定,为保证系统的工作效率,可以提高摩擦纳米发电机摩擦层的表面电荷密度,使其在低风速下也能获得较大的输出。合适的耐磨材料也能够提升风能采集器的可靠性和持久性。除此之外,还可对发电机结构进行优化来降低启动风速,提高风能采集性能。

雨滴能同样具有丰富、清洁的优势,其缺点在于下雨天不可控。可采用摩擦纳米发电机对雨滴能进行收集,其制备工艺简单,且成本较低。如图7-12(d)所示,基于摩擦纳米发电机收集雨滴能的微系统可为无线发射模块供电,用于雨量的实时监测[45]。但是,摩擦层表面在野外环境的风吹雨淋下会受到污染,使得摩擦纳米发电机收集雨滴能的效率降低甚至失效,如何提高其野外工作寿命是目前面临的一大问题。制备具有自清洁功能的摩擦层有望为雨滴能收集技术的发展提供解决方案。另外,雨滴能可与太阳能实现互补式能量收集,为广泛分布的传感网络和小型电子器件提供可持续的能量供应。这些传感网络和小型电子器件包括户外照明系统、气候传感器、野外求生系统、智能灌溉和温控系统等,在未来的无线气候监测、雨量监测、智能农场等方面具有巨大的应用前景。然而,面对广泛分布、不规则的降雨,实现简单、低成本、高效率收集的阵列化结构设计仍需持续探究。进一步提高单个雨滴发电机的电输出,设计与之相匹配的电源管理电路,实现大规模阵列是未来雨滴能收集技术需要重点研究的方向。

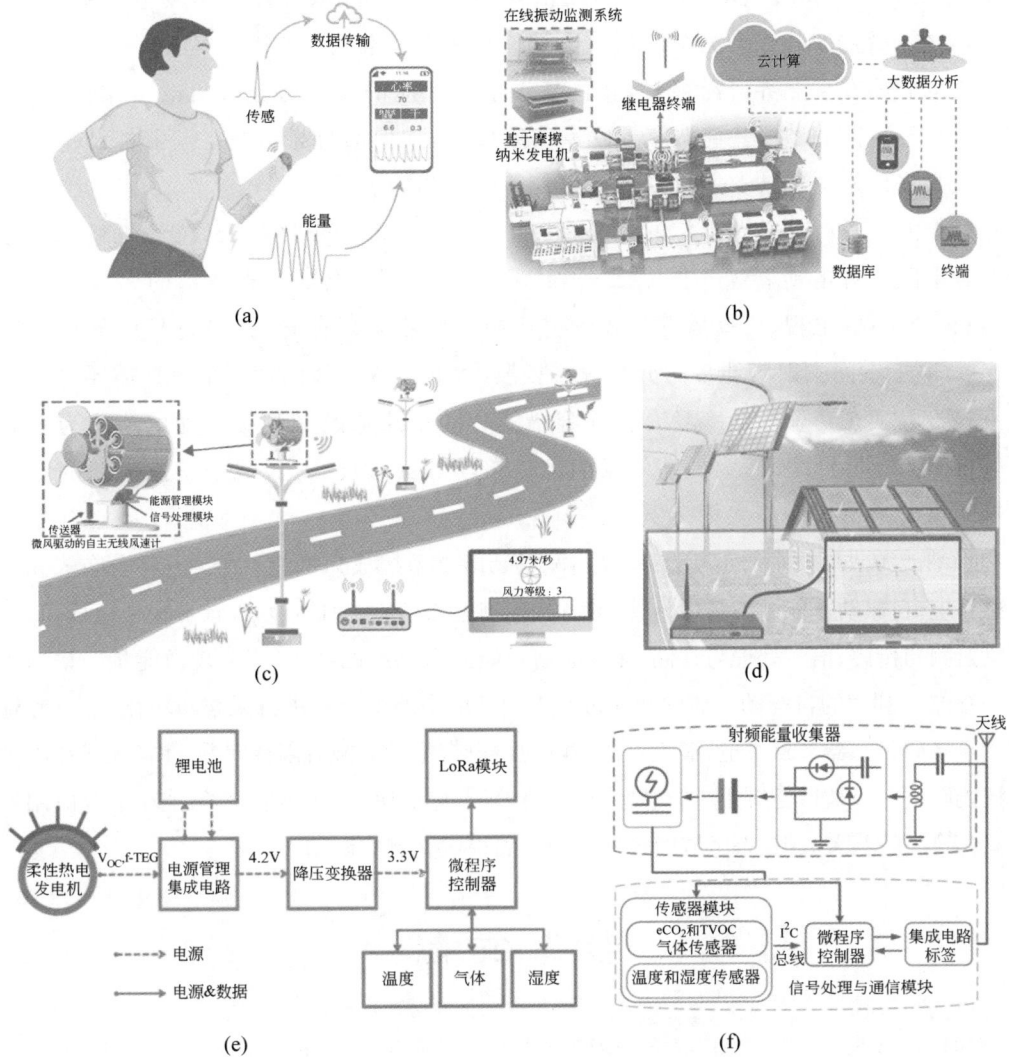

图 7-12　基于微纳能源的自驱动智能微系统

(a)基于人体动能收集技术的无线传感系统[43];(b)基于振动能收集技术的无线传感系统[14];(c)基于微风能收集技术的无线传感系统[44];(d)基于雨滴能收集技术的无线传感系统[45];(e)基于温差能收集技术的无线传感系统[31];(f)基于射频能量收集技术的无线传感系统[46]

温差能收集技术可靠性高,只需满足温度差便能实现能量转换,图 7-12(e)展示了基于温差能收集技术的无线传感系统在应用于热管、土壤表面等具有温度差的场景时具有独特优势,进而实现该场景下的温度监测[31]。但热电发电机的低热阻限制了其输出功率,可采用有机复合材料代替传统的热电材料,以此来提高热电发电机的热阻。另外,降低材料成本、提升材料的品质也是提高热电发电机性能的关键。

湿度势能在自然界广泛存在,并且基于水伏效应的湿度势能收集的可靠性较高,其缺点在于目前的湿度势能收集器功率密度较小,如何通过材料制备与器件结构设计优化提高水伏发电的功率密度是目前亟待解决的问题。

射频能量具有覆盖范围广的优势,其能量收集技术基于接收天线、倍压整流电路和匹配电路实现电能转换。图 7-12(f)展示了基于射频能量收集技术的无线传感系统,在移动基站、电视、广播塔等射频发射源附近收集射频能量,并进行相应的环境监测[46]。由于空间中射频能量的分布频带较散,因此接收天线的宽频带特性需要进一步提升。设计实现对输入功率具有较强容错能力的整流器及宽频带匹配电路均为今后研究的重点。除此之外,为提高射频能量收集器的灵敏度,对天线与整流电路的匹配情况也需要进行进一步优化。

微纳能源收集技术的不断发展,使自驱动智能微系统成为可能。作为一种分布式无线传感系统,自驱动智能微系统由传感器模块、控制电路模块、通信模块及能源模块组成,具有环境监测与传感、信号处理与存储、无线通信及能源自供给的特点,可实现微能量采集—管理—存储—利用的自驱动一体化。通过对周围环境中的微能量进行采集与转化,经电源管理后直接向传感器节点供电,解决了传统电池供电带来的能源有限性问题,使得无线传感微系统能够进一步被广泛应用于智慧家庭、环境监测、健康医疗、无人值守、智能交通等应用场景,将为物联网、大数据、人体域网等领域的发展提供充足的源动力。

参 考 文 献

[1] SHAIKH F K, ZEADALLY S, EXPOSITO E. Enabling technologies for green Internet of things[J]. IEEE Systems Journal, 2015, 11(2): 983-994.

[2] CHU B, BURNETT W, CHUNG J W, et al. Bring on the bodyNET[J]. Nature, 2017, 549 (7672): 328-330.

[3] GAWALI S K, DESHMUKH M K. Energy autonomy in IoT technologies [J]. Energy

Procedia，2019，156(9)：222-226.

[4]　STARNER T. Human-powered wearable computing[J]. Ibm Systems Journal，1996，35(3)：618-629.

[5]　YANG R，QIN Y，LI C，et al. Converting biomechanical energy into electricity by a muscle-movement-driven nanogenerator[J]. Nano Letters，2009，9(3)：1201-1205.

[6]　BAI P，ZHU G，LIN Z-H，et al. Integrated multilayered triboelectric nanogenerator for harvesting biomechanical energy from human motions[J]. ACS Nano，2013，7(4)：3713-3719.

[7]　JIANG D，OUYANG H，SHI B，et al. A wearable noncontact free-rotating hybrid nanogenerator for self-powered electronics[J]. InfoMat，2020，2(6)：1191-1200.

[8]　GAO S，HE T Y Y，ZHANG Z X，et al. A motion capturing and energy harvesting hybridized lower-limb system for rehabilitation and sports applications[J]. Advanced Science，2021，8(20)：2101834.

[9]　CHEN J，HUANG Y，ZHANG N，et al. Micro-cable structured textile for simultaneously harvesting solar and mechanical energy[J]. Nature Energy，2016，1(10)：16138.

[10]　AMIRTHARAJAH R，CHANDRAKASAN A P. Self-powered signal processing using vibration-based power generation[J]. IEEE Journal of Solid-State Circuits，1998，33(5)：687-695.

[11]　HAN M，YUAN Q，SUN X，et al. Design and Fabrication of Integrated Magnetic MEMS Energy Harvester for Low Frequency Applications[J]. Journal of Microelectromechanical Systems，2014，23(1)：204-212.

[12]　LI Y，LI J，YANG A，et al. Electromagnetic Vibrational Energy Harvester With Microfabricated Springs and Flexible Coils[J]. IEEE Transactions on Industrial Electronics，2021，68(3)：2684-2693.

[13]　WU Y，QIU J H，ZHOU S，et al. A piezoelectric spring pendulum oscillator used for multi-directional and ultra-low frequency vibration energy harvesting[J]. Applied Energy，2018，231：600-614.

[14]　WANG L，ZHAO L B，LUO G X，et al. System level design of wireless sensor node powered by piezoelectric vibration energy harvesting[J]. Sensors and Actuators A：Physical，2020，310：112039.

[15]　ZHANG X H，ZHAO J Q，FU X P，et al. Broadband vibration energy powered autonomous wireless frequency monitoring system based on triboelectric nanogenerators[J]. Nano Energy，2022，98：107209.

[16]　ORREGO S，SHOELE K，RUAS A，et al. Harvesting ambient wind energy with an inverted

piezoelectric flag[J]. Applied Energy，2017，194：212-222.

[17]　CHEN B，YANG Y，WANG Z L. Scavenging wind energy by triboelectric nanogenerators[J]. Advanced Energy Materials，2018，8(10)：1702649.

[18]　REN Z，WANG Z，LIU Z，et al. Energy harvesting from breeze Wind（0.7-6 m s^{-1}）using ultra-stretchable triboelectric nanogenerator［J］. Advanced Energy Materials，2020，10(36)：2001770.

[19]　刘晓冉，李国平，范广洲，等. 我国西南地区1960—2000年降水资源变化的时空特征[J]. 自然资源学报，2007，22(5)：783-792.

[20]　Beard K V. Terminal Velocity Adjustment for Cloud and Precipitation Drops Aloft[J]. Journal of Atmospheric Sciences，1977，34(8)：1293-1298.

[21]　XU X T，WANG Y L，LI P Y，et al. A leaf-mimic rain energy harvester by liquid-solid contact electrification and piezoelectricity[J]. Nano Energy，2021，90：106573.

[22]　XIONG J Q，LIN M-F，WANG J X，et al. Wearable all-fabric-based triboelectric generator for water energy harvesting[J]. Advanced Energy Materials，2017，7(21)：1701243.

[23]　LIN Z-H，CHENG G，LEE S M，et al. Harvesting water drop energy by a sequential contact-electrification and electrostatic-induction process［J］. Advanced Materials，2014，26（27）：4690-4696.

[24]　YUN B，KIM H，KO Y，et al. Interdigital electrode based triboelectric nanogenerator for effective energy harvesting from water[J]. Nano Energy，2017，36：233-240.

[25]　XU W，ZHENG H，LIU Y，et al. A droplet-based electricity generator with high instantaneous power density[J]. Nature，2020，578(7795)：392-396.

[26]　LIU X，YU A，QIN A，et al. Highly integrated triboelectric nanogenerator for efficiently harvesting raindrop energy[J]. Advanced Materials Technologies，2019，4(11)：1900608.

[27]　ZHENG L，CHENG G，CHEN J，et al. A hybridized power panel to simultaneously generate electricity from sunlight，raindrops，and wind around the clock［J］. Advanced Energy Materials，2015，5(21)：1501152.

[28]　KIM C S，YANG H M，LEE J，et al. Self-powered wearable electrocardiography using a wearable thermoelectric power generator[J]. ACS Energy Letters，2018，3(3)：501-507.

[29]　YUAN Z C，TANG X B，XU Z H，et al. Screen-printed radial structure micro radioisotope thermoelectric generator[J]. Applied Energy，2018，225(9)：746-754.

[30]　LAN S，YANG Z J，CHEN R，et al. A dynamic model for thermoelectric generator applied to vehicle waste heat recovery[J]. Applied Energy，2018，210(1)：327-338.

[31]　KIM Y J，GU H M，KIM C S，et al. High-performance self-powered wireless sensor node

driven by a flexible thermoelectric generator[J]. Energy, 2018, 162(11): 526-533.

[32] 闫琼予. 基于温差能量收集的热网监测 WSN 的设计与实现 [D]. 哈尔滨: 哈尔滨工业大学, 2017.

[33] 陈明阔. 面向森林监测的热电能量收集技术研究 [D]. 北京: 北京林业大学, 2014.

[34] YIN J, LI X M, YU J, et al. Generating electricity by moving a droplet of ionic liquid along graphene[J]. Nature Nanotechnology, 2014, 9(5): 378-383.

[35] XUE G B, XU Y, DING T P, et al. Water-evaporation-induced electricity with nanostructured carbon materials[J]. Nature Nanotechnology, 2017, 12(4): 317-321.

[36] LIU X, GAO H, WARD J E, et al. Power generation from ambient humidity using protein nanowires[J]. Nature, 2020, 578(7796): 550-554.

[37] WANG H, SUN Y, HE T, et al. Bilayer of polyelectrolyte films for spontaneous power generation in air up to an integrated 1,000 V output[J]. Nature Nanotechnology, 2021, 16(7): 811-819.

[38] LI L, FENG S, BAI Y, et al. Enhancing hydrovoltaic power generation through heat conduction effects[J]. Nature Communications, 2022, 13(1): 1043.

[39] WANG H, HE T, HAO X, et al. Moisture adsorption-desorption full cycle power generation [J]. Nature Communications, 2022, 13(1): 2524.

[40] CANSIZ M, ALTINEL D, KURT G K. Efficiency in RF energy harvesting systems: A comprehensive review[J]. Energy, 2019, 174(5): 292-309.

[41] IBANEZ-LABIANO I, ERGOKTAS M S, KOCABAS C, et al. Graphene-based soft wearable antennas[J]. Applied Materials Today, 2020, 20(9): 100727.

[42] HAMEED Z, MOEZ K. Design of impedance matching circuits for RF energy harvesting systems[J]. Microelectronics Journal, 2017, 62(4): 49-56.

[43] NIU S, MATSUHISA N, BEKER L, et al. A wireless body area sensor network based on stretchable passive tags[J]. Nature Electronics, 2019, 2(8): 361-368.

[44] YANG C H, SONG Y, JHUN J, et al. A high efficient piezoelectric windmill using magnetic force for low wind speed in wireless sensor networks[J]. Journal of the Korean Physical Society, 2018, 73(12): 1889-1894.

[45] XU C, FU X, LI C, et al. Raindrop energy-powered autonomous wireless hyetometer based on liquid-solid contact electrification[J]. Microsystems & Nanoengineering, 2022, 8(1): 30.

[46] CAO X-T, CHUNG W-Y. Range-extended wireless food spoilage monitoring with a high energy efficient battery-free sensor tag[J]. Sensors and Actuators A: Physical, 2019, 299(11): 111632.

第 8 章

海洋蓝色能源

学习目标

(1) 了解海洋能源的特点与主要形式。

(2) 熟悉海洋波浪能、潮汐能、海流能、温差能、盐差能等。

(3) 认识海洋能源利用的国内外现状。

8.1　海洋能源概况

在全球生态环境不断恶化和传统化石能源日益紧缺的双重压力下,开发利用可再生能源成为世界各国能源战略的重要途径和实现社会可持续发展的重要方向。海洋覆盖了地球表面 70% 以上,其中蕴藏着丰富、清洁可再生的能源,这些依附于海水的自然能源被称为海洋能源。海洋能源主要以波浪、潮汐、海流、温度差、盐度梯度等形式存在于海洋之中,广义的海洋能源还包括海上风能、太阳能和海洋生物质能。海洋能源由于其可再生性和对环境危害较小而受到各国的广泛关注。据估计,世界范围内的海洋能可再生总量高达 766 亿千瓦(不含海上风能、太阳能和生物质能),远远超过人类现今的能源需求。若海洋能源实现大规模商业化应用,将极大缓解世界能源供需紧张形势,降低二氧化碳排放,使能源格局发生巨大变化。海洋能的有效利用将为双碳目标下的新时代能源提供有力支撑。

8.1.1　海洋能源的特点与主要形式

海洋能源在海洋总水体中的蕴藏量巨大,但单位体积、单位面积、单位长度所拥有的能量较小,利用效率不高。世界上海洋能总量在技术上允许利用的功率约为 64 亿千瓦[1]。中国拥有 18 000km 的海岸线和总面积达 6700km² 的 6960 座岛屿,海洋能资源也十分丰富,仅近海海域的海洋能资源(不含海上风能)储量约为 7 亿千瓦,技术可开发量为 0.7 亿千瓦,深远海海域的海洋能资源远远超过近岸海域[2]。海洋能源具有可再生性的特点,通常海洋能来源于太阳辐射和天体间的万有引力,只要太阳、月球等天体与地球共存,这种能源就会产生,就会取之不尽、用之不竭。除了可再生性,海洋能还属于一种清洁能源,其开发利用对环境污染影响很小。此外,海洋能源中存在较为稳定和不稳定的能源,较稳定的能源有温差能、盐差能和海流能(不含潮流能);不稳定但变化有规律的能源有潮汐能与潮流能,人们可以根据潮汐与潮流的变化规律,编制出各地逐日逐时的潮汐与潮流预报,预测未来各个时间的潮汐大小与潮流强弱;既不稳定又无规律的能源是波浪能。

海洋能源具有五种主要的能量形式,即波浪能、潮汐能、海流能、温差能和盐差能[3]。海洋波浪能是指海洋表面波浪所具有的动能和势能,波浪的能量与波高的平方和波动水域的面积成正比;波浪能具有能量密度高、分布面广等优点,世界范围内冲击海岸线的波浪能总量达到 30 亿千瓦,技术上可利用量约为 10 亿千瓦,开放海洋区总量可超过一个数量级,是海洋能开发利用的重点方向。海洋潮汐能是指受月球和太阳对地球产生的引潮力的作用,海水周期性涨落所产生的势能,潮汐能量强度与潮头数量和落差有关;全球潮汐能理论蕴藏量为 30 亿千瓦,技术上可利用量约为 1 亿千瓦,主要用于发电[4]。海流能是指海底水道和海峡中较为稳定的流动,以及由于潮汐导致的有规律的海水流动所产生的能量,是一种动能;全球海流能总量达到 6 亿千瓦,技术上可利用量约为 3 亿千瓦,其主要利用方式为发电。海洋温差能是指海洋表层海水和深层海水之间温度差的热能,在全球海洋能中储量最大,达到 400 亿千瓦,技术上可利用量为 20 亿千瓦,具有能量输出波动小的优点,但由于温差太小、能量密度低,其开发利用难度较大。海洋盐差能是指海水和淡水之间或两种含盐浓度不同的海水之间的化学电位差能,以化学能形态出现,其总储量为 300 亿千瓦,技术上可利用量为 30 亿千瓦。此外,对于广义的海洋能,海洋风能是地球表面大量空气流动所产生的动能,在海洋上,风力比陆地上更加强劲,方向也更加单一;海洋生物质能是海洋微藻和大型海藻等海洋植物利用光合作用将太阳能以化学能的形式储存的能量。

8.1.2 海洋能源利用的国内外现状

海洋可再生能源的开发利用对促进节能减排、应对气候变化具有重要的潜在作用和战略意义。世界上主要的海洋国家都在大力发展海洋能,近年来英、美等国更是加大投入力度。中国的海洋能资源也具有极大的开发潜力,海洋能开发利用技术上也取得了快速发展,装机规模已进入世界前列。加快海洋能技术的研发,推动海洋能规模化利用,发展海洋能产业,将有力支撑中国双碳目标的实现。

2020 年底波浪能、潮汐能、海流能、温差能和盐差能的全球累计装机容量超过 515MW,其中 501.5MW 来自两个大型潮汐能项目[5]。其他海洋技术处于研究阶段,技术趋势正在从潮汐能转向潮汐流和潮汐波。据估计,到 2030 年海洋能源累计装机容量将超过 70GW,到 2050 年海洋能源累计装机容量将超过 350GW[5]。对于广义的海洋能,至 2020 年底,海上风电全球装机容量超过 34GW,70% 以上的海上风电装机容量位于欧洲(北海或大西洋),在过去 20 年中,比利时、丹麦、中国、德国和英国在全球风电市场的海上能源部署中处于领先地位。至 2020 年 8 月底,全球累计安装海上浮动太阳能光伏发电能力约为 2.6GW,中国、日本和韩国拥有全球 10 个最大的项目,最大的海上浮动太阳能发电厂位于中国,容量为 150MW[5]。

当前,除了海洋风能,其他海洋能还未实现大规模开发利用。海上风能发电起步晚,但发展迅速,技术日趋成熟,规模也急剧扩大;潮汐能开发利用处于商业化运行阶段,全球运行、在建、设计及研究的潮汐电站多达 100 余座;海流能发电技术研究基本处于试验和大规模商业化运行早期阶段;波浪能开发利用技术起步较早,但波浪能技术种类比较分散,尚未进入技术收敛期,处于示范应用阶段;温差能开发利用处于示范验证阶段,而盐差能处于中试规模研究阶段。整体上,从技术成熟度和经济效益上讲,海洋风能最具有开发的价值,其次是潮汐能、波浪能和海流能,而温差能和盐差能距实际应用还有一段距离。

中国海洋能的开发利用整体尚处于初步阶段,但海洋能的技术水平提升较快。海上风电发展最迅速,在设备制造、自主创新能力等技术方面不断提升,江苏、山东等沿海海上风力发电已初具规模;潮汐能利用技术相对成熟,但发展缓慢,具有总装机容量位居世界第四的江厦潮汐试验电站,已经实现并网发电和商业化运营;海流能利用技术基本成熟,达到世界先进水平,但处于示范试验阶段;波浪能利用技术也基本成熟,多项技术开展了示范试验;温差能利用上已研制成功了低装机容量的发电试验装置;

盐差能技术起步较晚,处于原理探索和实验室研究阶段。虽然中国的海洋能技术开发已取得较大进展,但总体技术水平与国际先进水平还存在一定的差距,技术发展主要存在以下问题:海洋能基础研究比较薄弱,原创性技术较少;海洋能公共平台能力建设进展缓慢;发电装置转换效率、可靠性和稳定性普遍不高,示范应用效果不佳,装机规模偏低等。未来,中国将在研发近海潮流能规模化利用技术、偏远海岛波浪能利用技术、温差能综合开发利用技术、深远海装备海洋能长期稳定供电技术、新型自主创新海洋能发电技术等方面做出重要努力。

8.2 海洋波浪能

8.2.1 海洋波浪能的蕴藏量与分布

全球海洋波浪能的蕴藏量巨大,冲击海岸线的波浪能总量即达到 30 亿千瓦,在技术上可供开发利用的总量约为 10 亿千瓦,在各种形式的海洋可再生能源中占据很大的比例,具有巨大的开发潜力。全球近海年平均海浪功率分布显示,最大功率出现在温带纬度的西海岸,那里有最强的风和最大的取水区域。按海岸线长度计算,在太平洋、大西洋东海岸纬度 40°~60°区域,波浪能平均密度可达到 30~70kW/m,某些地方甚至高达 100kW/m[6]。据调查统计,中国沿岸波浪能资源理论平均功率约为 1285.22万 kW,这些资源在沿岸的分布很不均匀[6]。台湾地区沿岸最多,约为 429 万 kW,占全国总量的 1/3;其次是浙江、广东、福建和山东沿岸,约为 706 万 kW,约占全国总量的 55%;其他省市沿岸则很少,仅 143~156 万 kW,其中广西沿岸最少,仅为 8.1 万kW。全国沿岸波浪能源密度分布,以浙江中部、台湾、福建海坛岛以北、渤海海峡为最高,达 5.11~7.73kW/m。

海洋波浪能主要的开发利用方式是发电,产生的电能可应用于各种海洋开发探测活动,满足其电能需求,也可将电能作为一种清洁能源输送至陆地或海岛。具体而言,海洋波浪能产生的电能还可应用于包括海上物联网、国防探测、海水养殖、防腐防污、海水制氢、海水淡化、海岛供电、电网供电、海洋资源开采平台供电等领域。

8.2.2　海洋波浪能的开发利用

1. 波浪能发电技术的比较

当前海洋波浪能的发电技术主要基于电磁发电和摩擦纳米发电等物理原理。传统的波浪能发电技术是由磁铁和线圈组成的电磁发电机（Electromagnetic Generator, EMG），主要技术路径是将波浪能量捕获为发电装置的机械能，经过传动模块的调理后传递给电磁发电模块发电。通常，水波运动能量是一种具有随机波动方向、低波动频率（<2Hz）的无规能量，而 EMG 不太适于直接收集这种无规的能量。2012 年，王中林院士发明的基于接触起电和静电感应的摩擦纳米发电机（TENG）[7]，恰恰在低频、高熵能量收集上具有显著优势。图 8-1 显示了两种技术的对比情况，可见，EMG 电压低、电流高，其电压电流都与频率成正比，所以功率跟频率平方成正比；而 TENG 的电

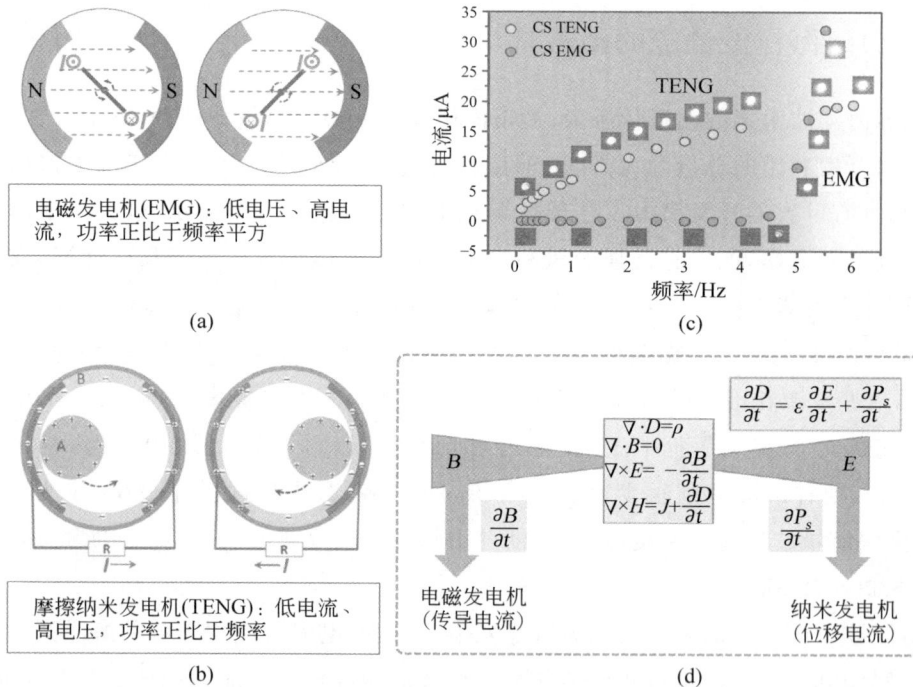

图 8-1　电磁发电机和摩擦纳米发电机的技术比较[8]

（a）电磁发电机的结构示意图与输出特征；（b）摩擦纳米发电机的结构示意图与输出特征；

（c）EMG 与 TENG 在低频下的输出电流比较；（d）EMG 与 TENG 的根本物理机理比较

压高、电流低,其电压与频率无关,电流与频率成正比,所以功率与频率成正比。这就导致存在一个阈值频率(通常为 5Hz)使得相同尺寸的 TENG 输出要高于 EMG。另外,通常二极管具有约 0.5V 的开启电压,使得另一阈值频率存在,在这个频率之上EMG 才能产生有用的输出功率,造成较大的功率损失,而 TENG 的高电压使输出功率几乎没有损失。因此在低于 5Hz 的频率下,TENG 是唯一的选择,它提供了波浪能高效开发利用的一种颠覆性技术路径[8]。究其根本的物理机理,EMG 采用的是传导电流的机理,而 TENG 采用的是麦克斯韦位移电流的机理[9]。电磁发电机和摩擦纳米发电机的机理与优缺点的详细对比见表 8-1。

表 8-1　电磁发电机和摩擦纳米发电机的机理与优缺点对比[9]

项目	电磁发电机	摩擦纳米发电机
机理	电磁感应效应; 洛伦兹力驱动的电阻型自由电子传导	接触起电与静电感应效应; 由电场随时间变化,以及介质极化引起的静电荷微小位移所产生的电容型位移电流
优点	在高频时效率高; 高耐久性、使用寿命长	在低频时效率高; 低成本、低密度、质轻; 多种工作模式; 多样化的材料选择; 多种应用场合; 广泛用作传感器
缺点	低阻抗; 笨重、高密度; 成本高、安装维护困难; 易被海水腐蚀	高阻抗; 低耐久性

　　利用摩擦纳米发电机及其网络收集波浪能等海洋蓝色能源的思想于 2014 年由王院士提出[10]。蓝色能源技术的基本原理是利用密闭封装的摩擦纳米发电机单元组成发电机网络,布置于海面及水下一定深度,吸收海洋能量并由摩擦纳米发电机转化为电能,再将各单元的电能汇聚起来,形成巨大的能量,原理示意图如图 8-2 所示[11]。发电原理的显著区别使摩擦纳米发电机具有成本低、结构简单、材料和形式多样等优点,尤其能更好地匹配波浪能等海洋能的低频无规的特点。基于摩擦纳米发电机网络的分布式能量采集思想,使不同尺度的海洋能的采集和应用成为可能,有利于促进海洋清洁能源的大规模商业化应用。

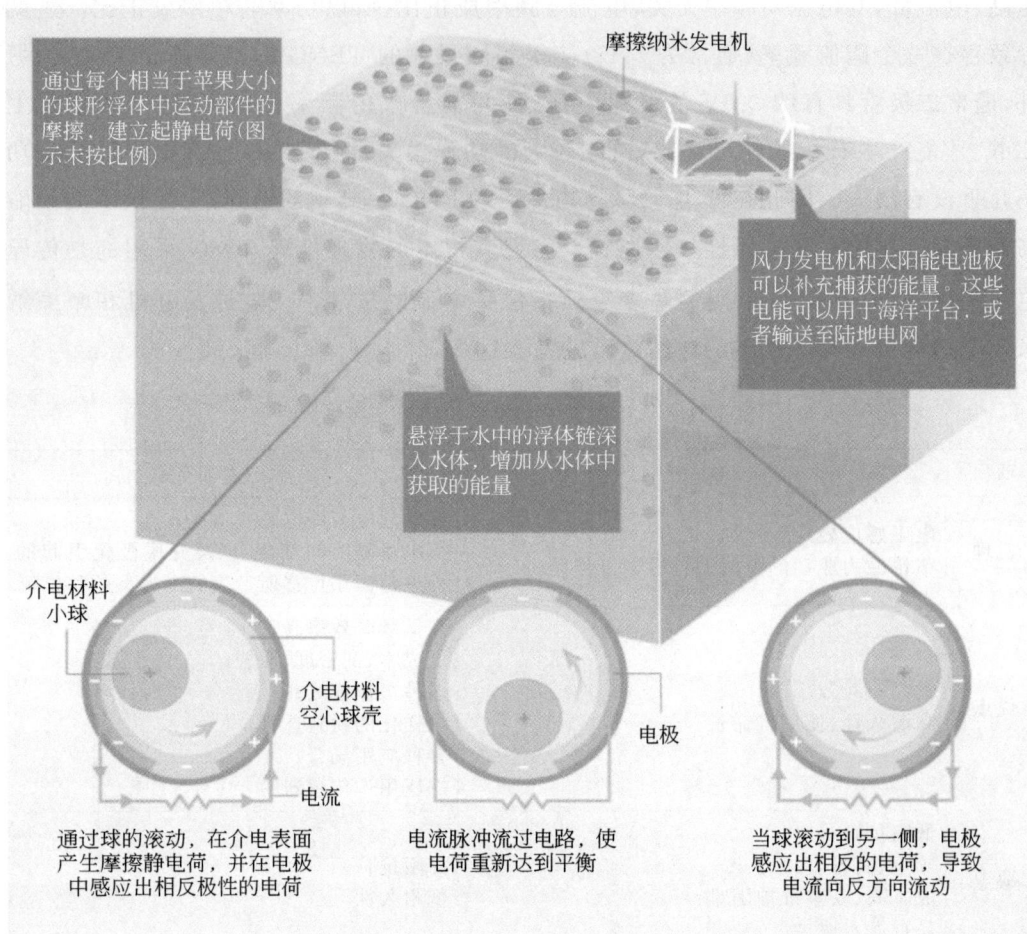

通过每个相当于苹果大小的球形浮体中运动部件的摩擦，建立起静电荷(图示未按比例)

摩擦纳米发电机

风力发电机和太阳能电池板可以补充捕获的能量。这些电能可以用于海洋平台，或者输送至陆地电网

悬浮于水中的浮体链深入水体，增加从水体中获取的能量

介电材料小球

介电材料空心球壳

电极

电流

通过球的滚动，在介电表面产生摩擦静电荷，并在电极中感应出相反极性的电荷

电流脉冲流过电路，使电荷重新达到平衡

当球滚动到另一侧，电极感应出相反的电荷，导致电流向反方向流动

图 8-2　基于摩擦纳米发电机网络的蓝色能源收集的技术原理[11]

2. 传统的电磁式波浪能发电装置的原理和发展现状

传统的电磁式波浪能发电装置分为能量采集系统和能量转换系统两部分。能量采集系统的作用是捕获波浪能,而能量转换系统的作用是把获得的波浪能转换为某种形式的机械能或电能。传统的能量转换系统主要由空气叶轮、低水头水轮机、液压系统、机械系统、发电机等组成,其中发电机主要为电磁发电机。

目前,电磁式波浪能转换技术主要分为三种,即振荡浮子技术、越浪技术、振荡水柱技术[12],基于这三种技术的波浪能转换装置的操作原理示意图如图 8-3 所示[13]。

振荡浮子技术包括鸭式、筏式、浮子式、摆式、鹰式等诸多技术。振荡浮子技术是利用波浪的运动推动装置的活动部分(如鸭体、筏体、浮子等)往复运动,驱动机械系统或油、水等中间介质的液压系统,再推动发电装置发电。越浪技术是利用水道将波浪引入高位水库形成水位差,再利用水位差直接驱动水轮发电机组发电,如漫溢式、收缩坡道式等。振荡水柱技术是利用一个水下开口的气室吸收波能的技术,波浪驱动气室内水柱往复运动,再通过水柱驱动气室内的空气驱动叶轮,得到旋转机械能,或进一步驱动发电装置得到电能。各种电磁式的波浪能转换技术在原理、优缺点和应用场景等方面的对比情况见表 8-2。

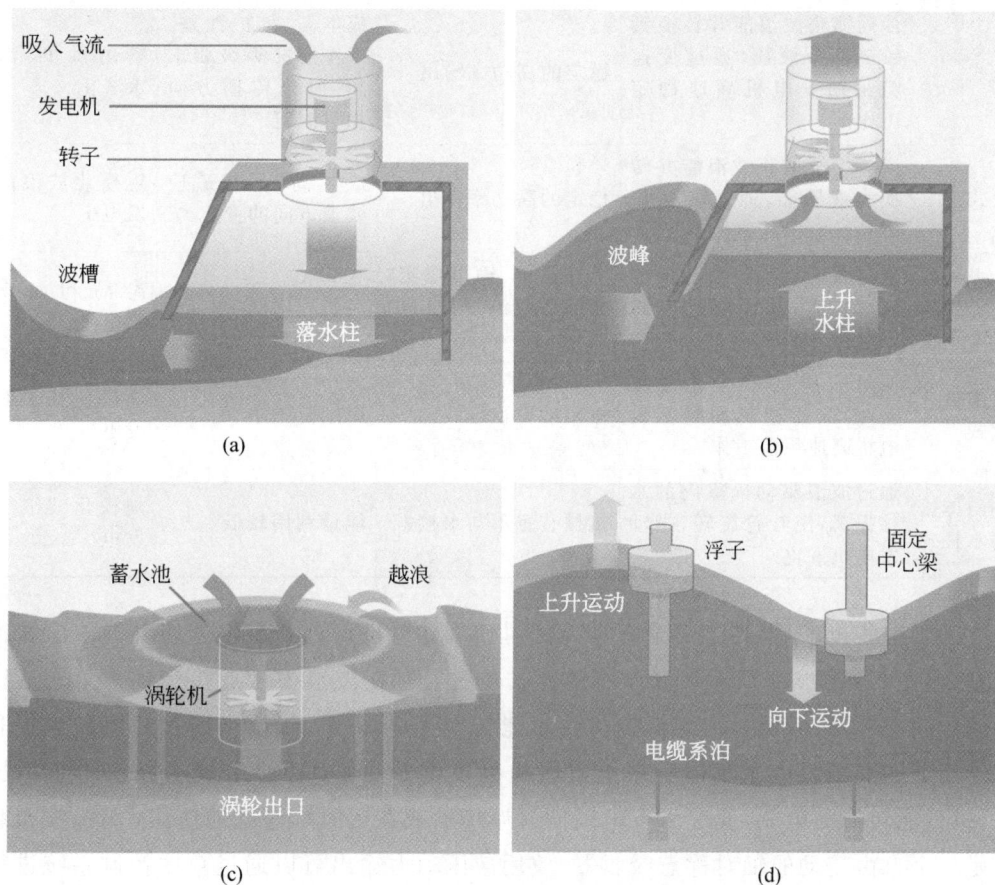

图 8-3　基于不同技术的波浪能转换装置的操作原理示意图[13]

(a)、(b)振荡水柱装置;(c)越浪装置;(d)振荡浮子装置

表 8-2　各种电磁式的波浪能转换技术的原理、优缺点和应用场景对比

类型	原理	优点	缺点	应用场景
鸭式	波浪驱动鸭嘴式浮子产生旋转,带动电磁发电机工作	浮子的俘能效率高、结构较简单	能量输出低且不稳定、集成困难	离岛供电
浮子式	通过动力输出装置振荡驱动直线发电机工作	成本相对较低,适应波浪传播方向的变化	输出低且不稳定,只能利用波浪的部分能量	海上气象监测
摆式	波浪驱动摆产生往复式摆动驱动电磁发电机转动	波浪能捕获效率高	安装复杂、维护困难、应用范围小	近岸陆地供电
筏式	浮筒捕获波浪能并转换到铰链部分液压,通过变速箱驱动发电机高速稳定工作	稳定的高功率输出	成本高、维护性差、工作海况等级要求高、海浪传播方向相对固定	离岛供电、海水淡化
鹰式	鹰头浮子捕获波浪能并转换为液压能,通过变速箱驱动发电机高速稳定工作	稳定的高功率输出	成本高、不能适应波浪方向的变化	规模化波浪能发电
漫溢式	通过坡道收集较高波浪构建液位差,从而驱动电磁发电机工作	结构简单、输出稳定、能够适应波浪方向的变化	能量利用低	离岛和海岸供电
收缩坡道式	通过收缩坡道构建液位差,经变速箱驱动电磁发电机高速稳定工作	输出功率稳定	应用范围小	规模化波浪能发电
倾斜体振荡水柱式	通过波浪驱动气室内的水柱振荡,使叶轮旋转,带动发电机发电	机械装置不与水接触	能量利用较低	规模化波浪能发电

　　基于这些技术,世界上多个海洋能公司和研究单位设计和制造了多种波浪能转换装置,典型的如图 8-4 所示。萨尔特的鸭式装置通过在波浪中做点头运动来泵送液压油或压缩空气,然后通过内部涡轮机将动能转换为电能[14];佩拉米斯筏式海蛇装置利用连接处的液压泵传递流体至岸上发电机处发电[15];动力浮标装置在波浪中上下振荡,机械能转换为电能,通过水下电缆向海岸传输或在远海岸区就地使用[18];波波布装置是一个自由流动的轴对称点吸收器,使用液压动力输出可以通过自主控制系统进行瞬时控制,以获得最大功率[16];鹰式装置利用鹰头浮子捕获波浪能并转换为液压能,通过变速箱平稳驱动电磁发电机高速稳定工作,例如,万山岛建设的 100kW 鹰式装置长 36m,宽 24m,高 16m[17];阿基米德浮子式装置由一个系在海床上的大型浮筒构成,它

保持在海面以下至少 6m 处,上部圆柱体提供漂浮作用,底层圆柱体通过与海浪一致的反复上下运动来发电[14];收缩坡道式(Wave Dragon)装置从高于平均水位的水库中捕获越过的海浪,当水被释放回大海时,低水头涡轮机产生电能[14];丹麦倾斜体(LeanCon)振荡水柱装置包含 8 个透平和发电机组,装机容量为 4.6MW,预计在北海海域年发电量可达 8.8MW·h[18]。

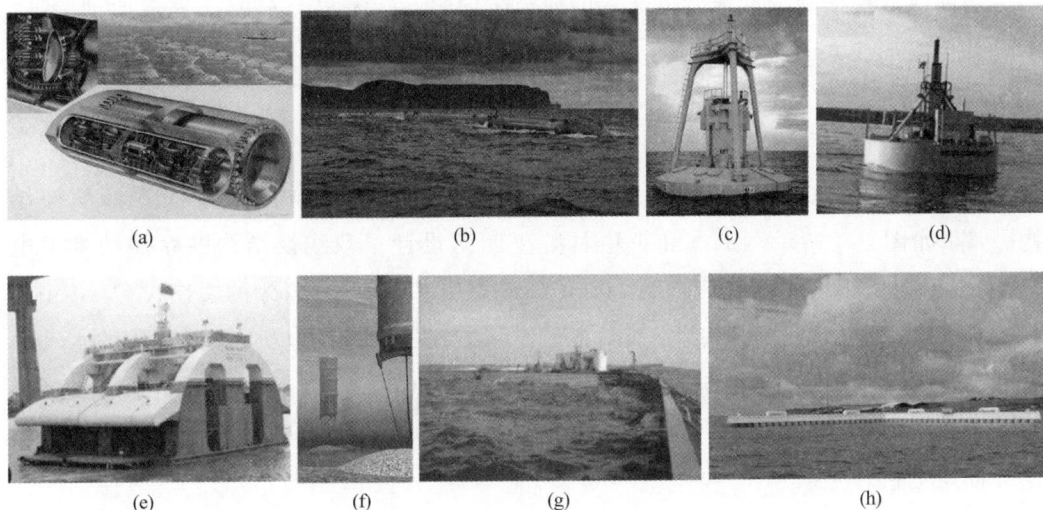

图 8-4　典型的波浪能转换装置

(a)鸭式装置[14];(b)佩拉米斯(Pelamis)筏式装置[15];(c)漫溢式(PowerBuoy)装置[14];(d)摆式(Wavebob)装置[16];(e)鹰式装置[17];(f)阿基米德浮子式装置[14];(g)收缩坡道式(Wave Dragon)装置[14];(h)倾斜体(LeanCon)振荡水柱装置[18]

当前,英国、丹麦等欧洲国家及日本、美国在波浪能发电装置研发上起步较早,投入较大,较为领先,已经建立了多个大型示范电站,其中已有一些商业化的装置,如英国的佩拉米斯筏式装置、美国的动力浮标装置、苏格兰的牡蛎(Oyster)摆式装置、澳大利亚的能源科技(Energetech)振荡水柱装置、丹麦的波星(Wave Star)振荡浮子式装置[12]。在中国,波浪能装置研究起步于 20 世纪 60 年代,整体技术研发水平已显著提升,许多研究机构,如中国科学院广州能源研究所、国家海洋技术中心、清华大学、中国海洋大学、浙江大学、华南理工大学、710 所等都对波浪能进行了深入的研究。已商业化生产的波浪能装置是由广州能源所研发的航标灯用波浪能发电装置,累计销售约 1000 台,其中部分出口到新加坡、英国。国内已并网发电的波浪能装置是由广州能源所研发的 100kW"万山号"和 260kW"先导一号"两种鹰式转换装置[12]。虽然波浪能发电技术发展较快,且波浪能装置的应用价值也日益突出,但是依赖于传统电磁发电技术的发电装置存在成本高、安装维护困难、易被海水腐蚀、装置效率不高、稳定性较差等问题,因此仍处于样机开发与示范运行的初级阶段。

3. 波浪能摩擦纳米发电装置的研究现状

当前在波浪能摩擦纳米发电装置的研究方向,取得了一定进展,已完成原理验证。主要分为以下 5 方面。

1) 波浪能摩擦纳米发电机的结构设计与性能优化

目前已设计了多种收集波浪能的发电机结构,如壳球结构[19]、波纹电极结构[20]、弹簧辅助结构[21]、双线摆结构[22]、浮标结构[23]、三维电极结构[24]、液固界面摩擦结构[25]等,如图 8-5 所示。王杰和王中林院士团队设计了双线摆结构的摩擦纳米发电机,实现了在低频水波驱动下产生 $34.7W/m^3$ 的功率密度;葡萄牙的文图拉(Ventura)教授和韩国的荣格(Jung)教授分别制备了浮标结构的集成发电机,根据浮体的水动力特性获得最优的器件结构;新加坡的李晟国(Chengkuo Lee)教授团队提出了三维球形水基发电机,可收集随机方向的能量;王钻开教授团队设计了基于体效应的波浪能液固界面发电机[26]。

王院士团队采用了以下方法对水波能发电机的输出性能进行优化:弹簧结构设计[27],利用真空环境和引入铁电材料[28],电荷泵浦技术[29],软接触球形结构设计[30],钟摆及柔性毛刷结构设计[31],电荷穿梭原理[32]等。例如,使用钟摆及柔性毛刷结构提高了发电机的输出频率、效率和耐久性,能量转换效率达到 29.7%[33]。

2) 波浪能摩擦纳米发电机单元的网络连接与系统集成

已构建了几种摩擦纳米发电机网络,并展开水波驱动下的输出性能优化研究,如图 8-6 所示。王院士团队基于格子状单元建立了小型的发电网络,实验测试和理论计算表明基于此网络,在每平方千米的水域可以产生兆瓦级的输出功率;基于壳球结构发电单元的网络设计取得重要进展,厘清了网络连接方式在水波能收集中的功能及作用,为大范围收集波浪能提供了初步的方案。构建了内置弹簧、钟摆结构、圆环结构及三维电极球形结构的纳米发电机网络,成功地利用波浪能为小型电子设备供电[24,33-34]。

3) 复合式发电机及复合能源采集技术

为最大限度地综合利用各种能源形式或能源技术,提高能量转化效率,设计了摩

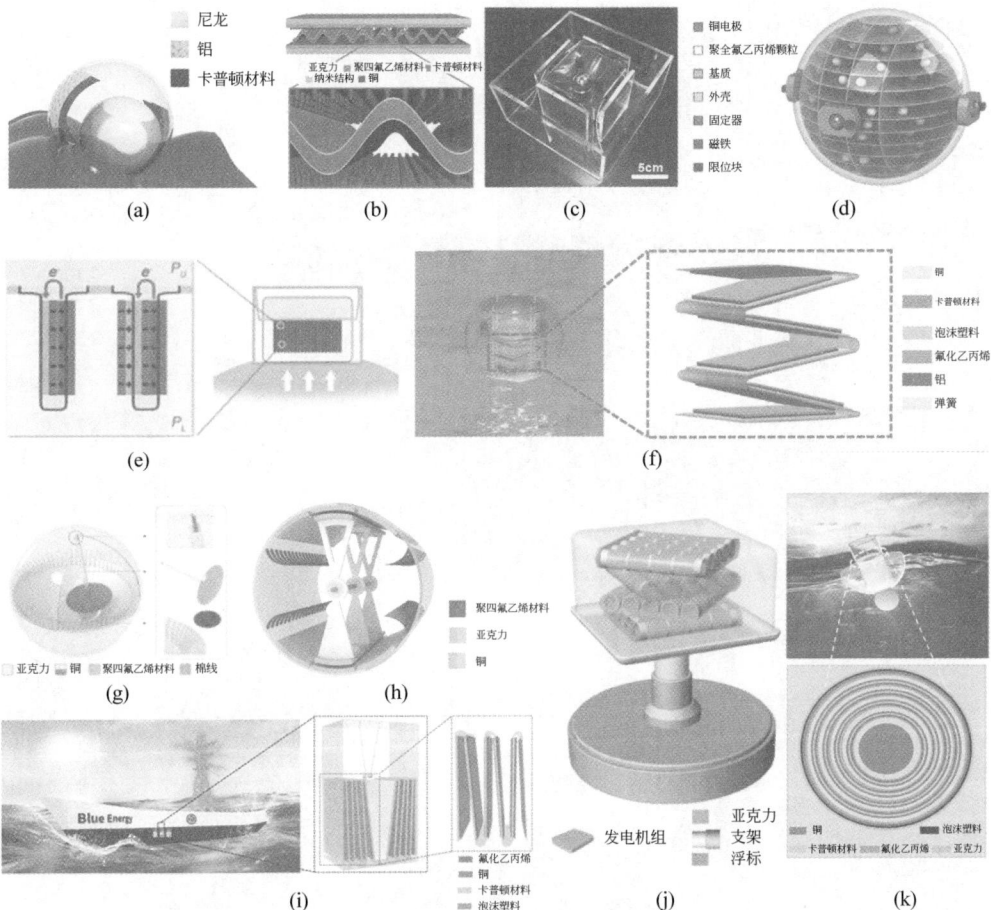

图 8-5　波浪能收集的摩擦纳米发电机器件结构[19-24,27,31]

(a)壳球结构；(b)(c)波纹电极结构；(d)三维电极球形结构；(e)气压驱动薄膜结构；(f)球形弹簧
辅助结构；(g)球形钟摆结构；(h)柱形钟摆结构；(i)双线摆结构；(j)浮标结构；(k)单摆和不倒翁耦合
结构

擦纳米发电机和其他的能源收集方式结合的复合发电机，例如，将摩擦纳米发电机与
太阳能电池、风力涡轮结合收集复合能源，在面向复杂场景的应用时，可充分发挥各技
术的优势和特点；将摩擦与电磁发电机结合形成复合发电机用于收集波浪能。

　　4）波浪能纳米发电网络的能量管理

　　张弛和王院士团队提出了一种针对摩擦纳米发电机的通用型电源管理策略，并研
制了电源管理模块。基于该模块，85%的摩擦纳米发电机能量可实现自主释放，降压

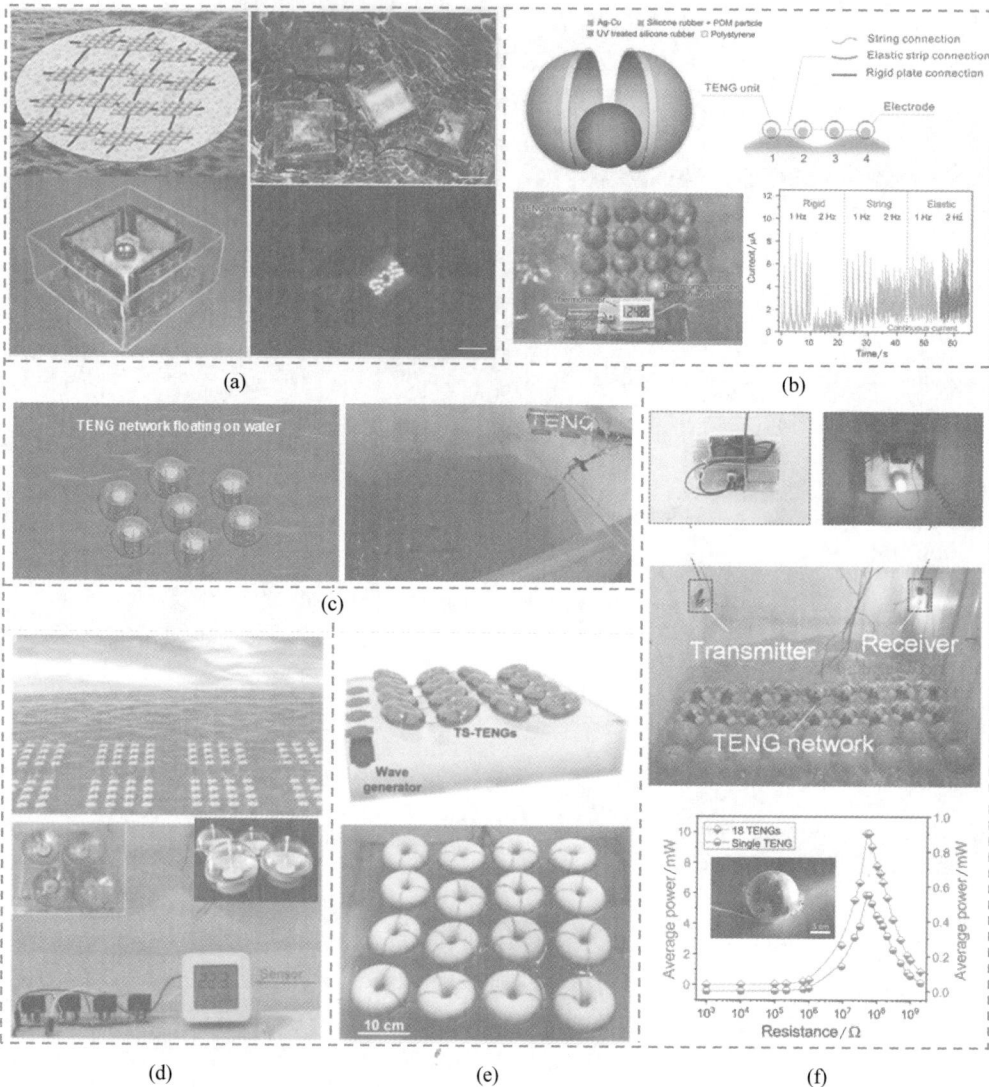

图 8-6 纳米发电机网络的构建与性能测试[24-33]

　　(a)基于格子状单元的 TENG 网络；(b)基于壳球结构发电单元的 TENG 网络；(c)球形弹簧结构的 TENG 网络；(d)钟摆结构的球形 TENG 网络；(e)圆环结构的 TENG 网络；(f)基于三维电极球形结构单元的宏观自组装网络

　　后可在负载电阻上得到平稳持续的电压输出。利用该模块,实现了波浪能纳米发电网络输出能量的有效管理,给电容器充电时储存能量可提高 96 倍,如图 8-7(a)所示[34]。

针对摩擦纳米发电机设计的电荷激励电路,集成后在水波激励下单球输出电流可提高 208 倍,电流达到 25.1mA,功率达到 25.8mW,如图 8-7(b)所示。通过对电荷激励球形发电机网络进行能量管理,实现了网络与手机的无线通信[35]。

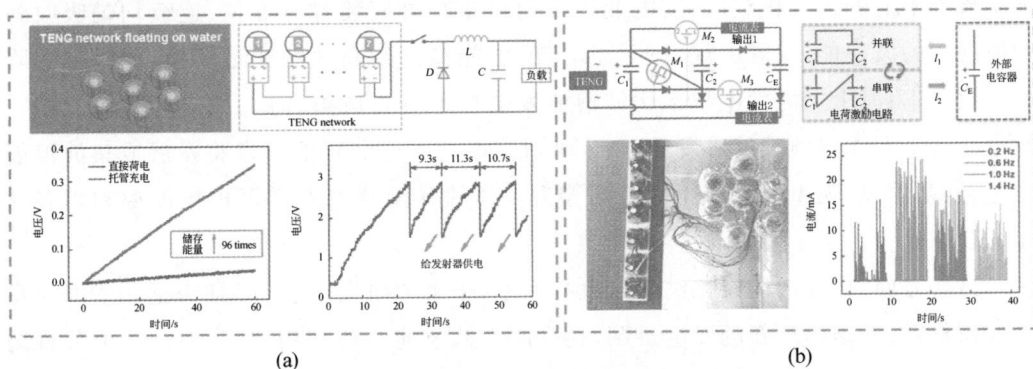

图 8-7　波浪能纳米发电网络的能量管理的相关结果[34,35]

(a)球形弹簧结构 TENG 网络的输出能量管理;(b)电荷激励球形 TENG 网络的能量管理。

5)波浪环境的自驱动系统应用

曹霞和王院士团队利用摩擦纳米发电技术,基于波浪能构筑了新型的自驱动海水淡化、海水制氢、污水处理、杀菌灭藻系统的原型,实现了波浪能的就地应用展示。何志浩教授团队基于摩擦纳米发电机阵列,设计了一种低成本且高效的波浪能驱动的电化学二氧化碳还原系统,用于产生液态燃料。

基于摩擦纳米发电机的波浪能发电装置研究已取得较大的进展,但是相关技术的发展还处于前期的基础研究阶段,亟待进一步的技术开发和提升,部分核心科学问题和关键技术问题急需解决,例如,在摩擦起电机理、海洋动力性能理论研究、模型试验、纳米发电组网设计与性能优化、能量管理等方面还需要进行持续和深入的探索,并积累实践经验。需要研究提高纳米发电材料的电性能、耐久性和抗腐蚀性;研究布线结构和传输方式以抵御风暴及恶劣环境,同时要考虑规划发电网位置和大小,尽量减少对航运、水中生物与生态的影响。

4. 海洋波浪能发电的发展趋势

经过近百年的发展,基于传统的波浪能发电技术已研究出种类繁多的波浪能装置,但由于技术成熟度不一致,距离实现波浪能发电商业化仍有很长一段路要走。针对以往装置发电效率低、适应性差、生存时间短等不足,研究者们一直致力于装置技术与开发手段的创新研究。未来波浪能发电技术发展趋势不再仅限于单一的装置发电研究，而是逐步转向多自由度、阵列化发电、多能互补耦合发电、多功能综合平台利用等方面。装置多个自由度的耦合适用于能源密度低的海域环境，可以在不同海况条件下实现波浪能的最大化获取；发电装置阵列化布置可使装置全方位、连续均匀吸收各种海况下的波浪能，实现大规模连续稳定的电能输出和高效的能量转换，同时极大降低发电成本；海上风能发电技术比波浪能发电技术更为成熟，海上风能和波浪能耦合发电是未来海洋能领域的研发重点；未来对波浪能发电装置的研发将发展成集波浪能发电、网箱养殖、观光旅游和环境监测等为一体的新型智慧海洋可再生能源利用多功能综合平台。

　　另一方面，在波浪能摩擦纳米发电技术上，未来的研发重点为：研究适用于海洋环境的新材料、新结构及新的发电机制，提升海洋蓝色能源的利用效率；厘清发电装置与水流体间相互作用机制，建立流体力学与电学间的关联，构建液固耦合多物理场理论体系，为发电性能优化提供理论指导；探讨适用于不同类别发电装置的能量管理和存储方案，优化管理和存储效率，实现发电—管理—储能的耦合；通过多种能量转化机制的互补应用，优化配置，实现海洋能源收集能力的提升；研究发电装置的耐久性与抗腐蚀性，提升装置的可靠性及寿命，为海上不同的应用需求提供系统的解决方案。未来若波浪能发电技术取得实质突破，一方面可为小型海上设备和导航定位系统等提供原位电源解决方案；另一方面，面向不同的应用需求，可构建海上可移动能源自供给系统和新型海上物联网，并在海洋装备供电、海洋就地开发、海岛供电、海上导航定位，以及水下水面监测等领域展现广阔的应用前景。

8.3　海洋潮汐能

8.3.1　海洋潮汐能的蕴藏量与分布

　　潮汐是海洋高度有规律和可预测的变化，由地球、月球和太阳之间的引力和旋转力，以及离心力和惯性力共同驱动[36]。许多沿海地区每天大约经历两次高潮和两次低潮，在某些地方，每天只有一次潮汐。一年中，潮汐的幅度根据地球、月球和太阳各自位置的变化而变化。大潮(最大潮差)发生在太阳、月亮和地球处于一条直线时(满月和新月),当地球—月球的轴与地球—太阳的轴成 90°时,就会出现小潮(最小潮差),潮高会出现较长周期的波动。潮汐的时间和幅度取决于地球位置及海床的形状、海岸线几何形状和科里奥利加速度。

全球潮汐能的理论蕴藏量为 30 亿千瓦,位于相对较浅的水域,技术上可利用量约为 1 亿千瓦,主要用于发电,具有很大的开发潜力。从全球海域平均潮汐幅度的分布中可以看出,一些区域潮差几乎为零,称为双向点,然而,在这些点潮汐流通常也会以高速流动。潮汐周期可以与河口和海湾的自然振荡频率产生共振,从而大大增加潮差[36],因此,潮差最大的地点位于共振河口,如加拿大芬迪湾(17m 潮差)、英国塞文河口(15m)和法国圣米歇尔湾(13.5m),而在其他地方,如地中海,潮差小于 1m。中国近海潮汐能资源的理论装机容量约为 1.93 亿千瓦,技术上可利用量为 0.23 亿千瓦,潮汐能资源主要集中在东海沿岸,浙江省潮汐能资源最多,福建省潮汐能年平均功率密度最大。福建省和浙江省大部分海域潮差不低于 4m,具有很好的潮汐电站建设条件。潮汐能资源最优港湾包括浙江省钱塘江口、三门湾,福建省兴化湾、三都澳、湄洲湾等。

8.3.2　海洋潮汐能的开发利用

1. 潮汐能发电技术的原理

海洋潮汐能发电原理与水力发电类似,是利用海水涨潮、落潮产生的水位差所具有的势能来发电,先把涨、落潮的势能量转换为机械能,再把机械能转换为电能。通常在潮差大的海湾或有潮汐的河口建拦水堤坝,将海湾或河口与海洋隔开构成水库,以便大量蓄积海水,并在坝中或坝旁安装水轮发电机组,利用潮汐涨落时海水位的升降,推动水轮机旋转,进而带动发电机组发电。

潮汐能发电有多种方式,如退潮发电、涨潮发电和双向发电等,这几种典型的发电方式的原理示意图如图 8-8 所示[37]。在退潮发电方式中,只有在水流方向与退潮方向相同时(通常从水库流向大海),涡轮机的运行才能产生电能。整个操作流程如下:首先通过水闸给坝的上游水库注水直到涨潮,关闭水闸门涡轮机关闭;涡轮机和水闸门都保持关闭,海平面下降使拦水坝形成足够的水头时,打开涡轮机闸门,水轮机发电直到水头再次变低;最后,水闸和涡轮机闸门都再次关闭,直到海平面高于库内水位。涨潮发电方式是当通过涡轮机的泄流方向与涨潮时的水流方向相同时发电,即从大海流向封闭水库,与退潮发电正好相反,涨潮发电通常比退潮发电效率低很多,涨潮坝的水库侧和向海侧之间的可用水位差比退潮发电模式降低得更快。双向发电是指在退潮和涨潮时都能发电,首先涡轮机经过一段时间的等待后以退潮模式运行,在发电周期即将结束时,打开水闸让足够的水从水库流入大海来降低库内水位。当海平面和库内水位齐平时,闸门关闭,库内水位保持恒定,直到达到下一阶段的最佳水位差。之后,经过一段时间,关闭所有的水闸和涡轮机,涡轮机将以涨潮发电模式运行。除了这几种单库的方式,还有双库发电的方式,主水库作为通常的退潮发电的水库,当水流向大海时产生电能,在此过程中,海水被抽取并储存在第二个水库中[38]。使用多个水库可以错开或延迟部分的潮汐运动,推迟发电时间,以便在用电高峰期使用。

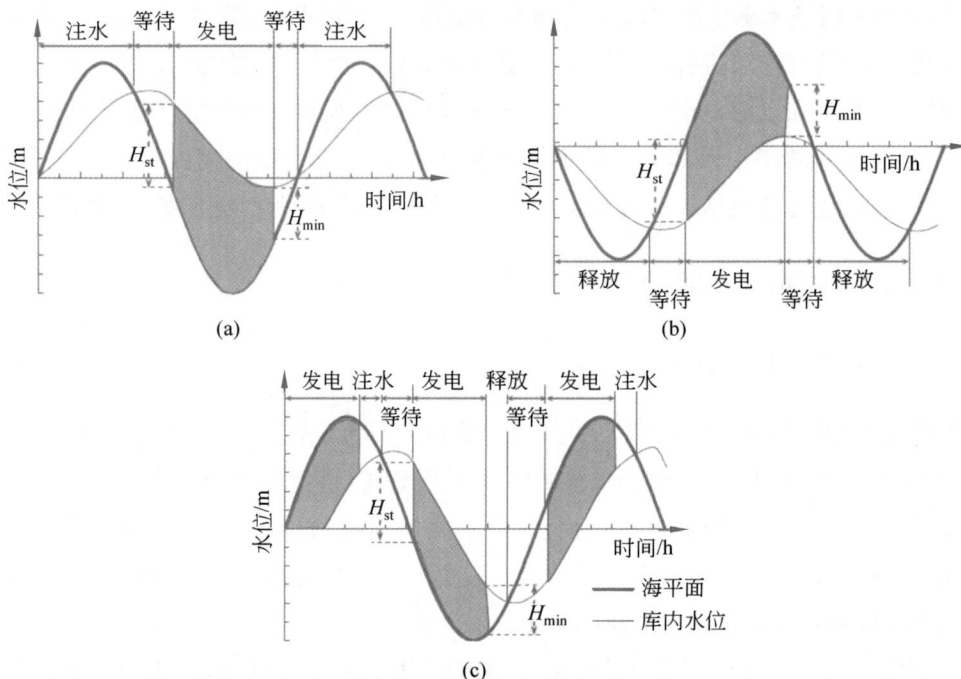

图 8-8 典型的潮汐能发电方式的原理示意图[37]

(a)退潮发电;(b)涨潮发电;(c)双向发电

2. 潮汐能发电站的发展现状

目前一些海洋能的公司和科研机构设计了一些用来收集海洋潮汐能的装置,大多基于涡轮机的结构。目前已经存在或未来可能实现的潮汐能涡轮机结构的示意图或照片如图 8-9 所示[38-42]。灯泡状涡轮机于 1913 年首次创建,已由笨重的垂直装置发展为更紧凑的灯泡形状,是目前低头潮差条件下最常见的涡轮机[38];创建于 1919 年的斯特拉弗洛涡轮机是一种轴流式涡轮机,独特之处在于发电机在流道外转轮的边缘,包含很多电磁体[59];改装的灯泡状涡轮机,引入了额外的导向叶片,通过优化利于双向潮汐发电,有望提高工作效率,但比普通的灯泡状涡轮机成本要高[38];阿基米德螺旋涡轮机作为斜轴流涡轮机和完全淹没在海水中的潮汐流装置都取得了成功,未来有望应用到潮差发电场所;将反向旋转涡轮机的两个串联转轮连接到反向旋转的永磁交流发电机,能够从流动中提取两次能量。

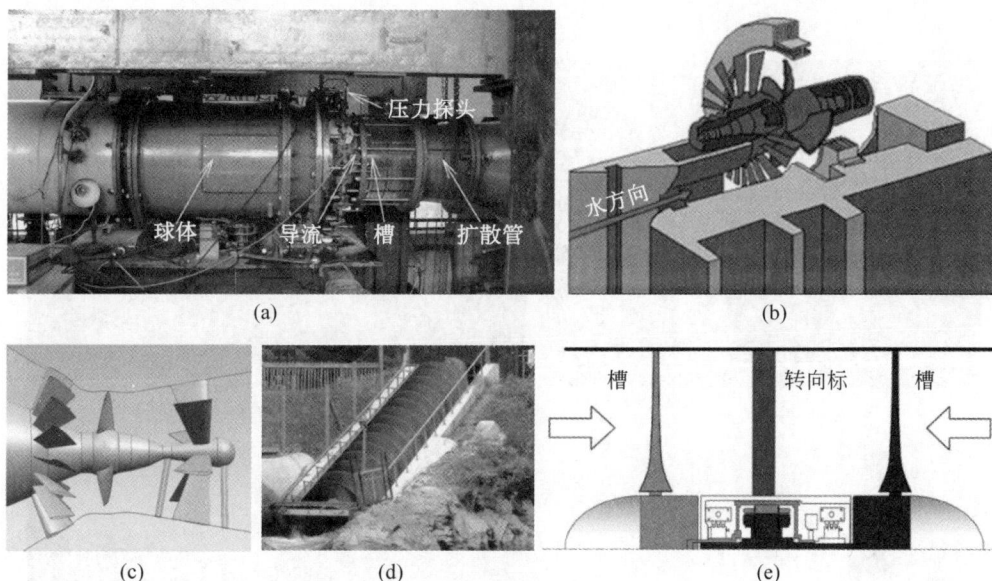

图 8-9　已有或可能的潮汐能涡轮机结构

(a)灯泡状涡轮机[39];(b)反作用(Straflo)涡轮机[40];(c)改装的灯泡状涡轮机[38];
(d)阿基米德螺旋涡轮机[41];(e)反向旋转涡轮机[42]

　　早在 20 世纪初,欧美等一些发达国家就已经开始研究潮汐发电技术。法国朗斯电站是世界上第一座商业化潮汐电站,建成于 1966 年,装机容量可达 240MW,年发电量能够达到 5.4 亿 kW·h;加拿大安纳波利斯电站于 1984 年建成,装机容量为 20MW。除了这两个潮汐发电站,目前世界上已建成并运行发电的前三大潮汐发电站,还有韩国的始华湖电站(254MW)。美国、英国、挪威等国家的潮汐发电站开发与运行技术成熟而完备,初步实现了生态效益与经济效益的双丰收。

  中国潮汐能发电始于 20 世纪 50 年代后期,先后建成 40 余座潮汐电站,但目前只有浙江省江厦潮汐试验电站(4.1MW)和海山潮汐电站(0.15MW)仍正常运行。江厦潮汐试验电站是中国目前最大的潮汐能发电站,位居世界第四,平均潮差 5.08m,最大潮差 8.39m,设计发电量为 1070 万 kW·h,年实际发电量约为 720 万 kW·h。中国潮汐能技术水平虽位居世界前列,但尚未实现万千瓦级潮汐电站建设实践。中国大多采用的是筑坝式、单双库等形式,不仅会对生态环境造成一定的不利影响,而且发电成本也比较高。世界上几座代表性的潮汐电站的照片如图 8-10 所示[38],各个潮汐电站的具体情况,包括所在国家、投运时间、总装机容量、年发电量、平均潮差大小等信息见表8-3。

图 8-10 世界上几座代表性的潮汐电站[38]

(a)法国朗斯潮汐电站;(b)韩国始华湖潮汐电站;

(c)加拿大安纳波利斯潮汐电站;(d)中国浙江江厦潮汐电站

表 8-3　世界上几座代表性的潮汐电站的具体信息表

站名	国家	投运时间	总装机容量/MW	年发电量/GW·h	平均潮差/m
朗斯	法国	1966 年	240	540	8.5
始华湖	韩国	2011 年	254	552	5.6
安纳波利斯	加拿大	1984 年	20	30	6.4
浙江江厦	中国	1980 年	4.1	10.7	5.1
基斯洛	俄罗斯	1968 年	1.7	1.8	2.3
浙江海山	中国	1975 年	0.15	0.31	4.9
浙江岳普	中国	1971 年	0.15	0.00031	3.6
江苏浏河	中国	1976 年	0.15	0.00025	2.1
山东白沙口	中国	1978 年	0.64	0.1	2.4
福建幸福洋	中国	1989 年	1.28	3.15	4.5

3. 海洋潮汐能发电的发展前景

全世界的海洋潮汐能资源丰富,开发前景广阔,根据国际可再生能源署(International Renewable Energy Agency,IRENA)的数据,潮汐能技术的发电潜力为 1200TW·h。许多沿海的国家和地区(如日本、中国、菲律宾等)都具备建设潮汐电站的条件,其中欧洲适合建设潮汐电站的海岸、港湾有 106 处。据报道,俄罗斯、韩国、印度和英国正在创建潮汐拦河坝项目,装机总量近 115GW。预计到 2030 年,世界潮汐电站的年发电总量将达到 60TW·h。虽然现在建成投产的商业化潮汐电站并不是很多,但是由于潮汐能的种种优点,潮汐发电有望成为最具经济价值的清洁能源之一。随着潮汐发电技术逐步受到重视,诸多专家学者正在进行这方面的课题研究,预计未来潮汐电站的建设成本会进一步降低,而电站提供的电能质量也会越来越高,潮汐发电技术大规模商业化应用也会逐步得到实现,并在缓解能源短缺和环境污染问题上做出重要的贡献。

8.4　海流能

8.4.1　海流能的分布与开发潜能

1. 海洋中可利用的海流能的分布情况

海流是海水的一种连续定向流动现象,主要表现为海水的水平运动[42],是海洋中多种力共同作用的结果,温度的差异、盐度的差异、风、碎波、水深、海岸线形态和海流间的相互作用等因素都会影响海流的强度和方向。北半球的海流运动一般沿顺时针方向,南半球沿逆时针方向,这是由科里奥利效应决定的。这种趋势的唯一例外发生在印度洋北部,那里的海流运动会随着季风而发生季节性的改变。暖流向温度较低的海域流动,寒流向温度较高的海域流动。低纬度地区,东海岸主要表现为暖流,西海岸表现为寒流;高纬度地区情况正好相反,暖流沿西海岸流动,冷流沿东海岸流动。在地表,风驱动环流,使其中心向西移动,形成强大的西部边界流,对抗大陆东海岸,例如,墨西哥湾流,大西洋中的北大西洋—挪威洋流和太平洋中的黑潮—北太平洋洋流。在南半球,环流的逆时针流动在大陆西海岸形成强大的东部边界洋流,例如,南美洲的秘鲁(洪堡)洋流、西非的本格拉洋流和西澳大利亚洋流。南半球洋流也受到强大的向东流动的南极环流的影响,它将南大洋与大西洋、太平洋和印度洋分开。这是一股深度较深、温度较低且流速较慢的海流,但它携带着大量的海水,大约是墨西哥湾流体积的2倍。秘鲁洋流和本格拉洋流从南极洋流中汲取水分,因此其温度很低。北半球缺乏与北极接壤的连续开阔水域,因此没有相应的强大极地环流,但有少量冷流向南流经白令海峡,在俄罗斯东部形成阿纳德尔洋流,在北美西部形成加利福尼亚洋流;其他的则围绕格陵兰向南流动,形成寒冷的拉布拉多和东格陵兰洋流。黑潮—北太平洋和墨西哥湾流—北大西洋—挪威洋流通过白令洋流、开普洋流和西斯匹次卑尔根洋流将较暖的海水带入北冰洋。

2. 海流能的开发潜能

据估计,全球海流能理论总功率约为 600GW,功率密度约为 $15kW/m^2$,但大部分海流的能量是难以被利用的。在实际流速超过 1m/s 的某些海域,将海流能转换为电能理论上认为是可行的。近年来,英国沿海海流、大西洋佛罗里达海流和博斯普鲁斯海峡的海流能的开发引起了广泛的关注。例如,佛罗里达海峡表面的海流流速稳定,具备较高的开发潜能,其能量密度约为 $1kW/m^2$。流经佛罗里达海峡的墨西哥湾流的流量是世界上所有淡水总流量的 50 倍,能量为尼亚加拉大瀑布的 21 000 倍,只要能够利用其千分之一的能量,即可解决美国佛罗里达州 35% 的电力需求。2020 年欧洲新增海流能发电装置装机功率 260kW,累计装机功率 27.9MW。同年全球新增海流能发电装置装机功率 865kW,累计装机功率 36.3MW,由此可见海流能发电具有巨大的发展潜力。与其他可再生能源相比,海流能具有以下优势。

(1)资源的可预测性。与太阳能和风能相比,海流能规律性强,能量可预测,不同时期的发电量较稳定。

(2)不占用陆地面积。海流能发电设备置于海平面之下,不影响海面景观,对海洋生态影响有限。

8.4.2　海流能的发电技术

1.海流能的发电原理

海流能的利用方式主要是发电。如图 8-11 所示,目前常见的海流能发电装置都是通过叶轮或叶片等一级能量捕获装置将海流流动动能转化为发电装置的机械能,进而将发电机机械能转化为电能,并将其存储起来或直接接入电网。根据发电机的种类,可以将海流能发电装置大致分为电磁式、压电式和摩擦电式三种形式。其中电磁式海流能发电装置普遍体型较大,主要用于电网供电或大功率用电器;压电式和摩擦电式海流能发电装置通常具有体积小、重量轻的优点,适用于各种远海探测器、水下机器人等分布式系统的供电。这三种海流能发电技术的优缺点对比见表 8-4。

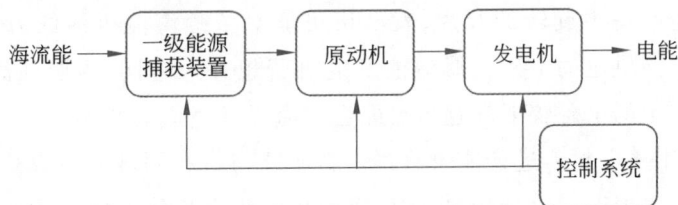

图 8-11　典型的海流能转换过程[43]

表 8-4 三种海流能发电技术的优缺点对比

海流能发电技术	优　点	缺　点
电磁发电	输出功率大,主要面向电网供电,功率可达兆瓦级别; 技术较为成熟,已有规模性应用实例	造价高昂,后期维护成本也较高,维护保养难度较大; 启动速度较大,通常需在 2m/s 以上流速下产生稳定输出; 安装及运行过程中对周围生态环境会造成不利影响
压电发电	体积较小,可以根据环境流速灵活设定尺寸; 采用仿生柔性结构,运动过程中对周围生态环境几乎没有影响	压电材料耐用性相对较差,弯折部分容易产生疲劳损坏; 选材面较窄,发电量较小,输出性能仍有待提高
摩擦纳米发电	造价低廉,选材面较大; 启动速度较低,可用于低速海流能收集; 适宜与小型低功耗用电器匹配,实现其自供能	发电性能会受到水环境的影响,导致输出较低

2. 海流能发电装置的发展现状

目前,世界各地都致力于海流能发电的研发和设备制造。然而,大多数海流能发电装置的研发还处于早期阶段,仅有少数设备投入商业测试。由于海流能与风能类似,都是在流体中蕴含着大量的能量,因此现阶段最常见的海流能发电装置与风力发电机相似,大多采用基于叶片涡轮转子结构的电磁发电原理,发电机在海流的带动下可以保持较为稳定的输出。电磁式海流能发电装置可分为水平轴叶片发电机、水平轴涡轮发电机、可变掠翼发电机、仿生柔性发电机等,如图 8-12 所示。以水平轴涡轮发电机为例,通过叶片将海流能转化为适合输入电磁发电机的转动能量,这种传动系统包括齿轮箱、杠杆臂和驱动液压油的活塞和定速或变速发电机。在大多数情况下,产生的电能经过调节子系统传输到电网,这个子系统包括电力电子设备、变压器、断路器和电缆。然而发电设备中旋转的叶片、发电机可能对依赖海流生活的海洋生物造成影响;另外,面向电网供电的电磁式海流能发电机若想并入电网,需要在海底敷设电缆,长距离的电缆产生的电磁辐射问题也可能会对海洋环境造成影响。

近年来,采用压电材料进行能量收集是新能源与材料领域的研究热点之一。由于压电材料依靠材料形变发电,因此采用压电原理收集海流能的研究主要与流体力学中常见的流致振动现象相结合,通过将流动能量转换为材料的应变能量,进而转换为电

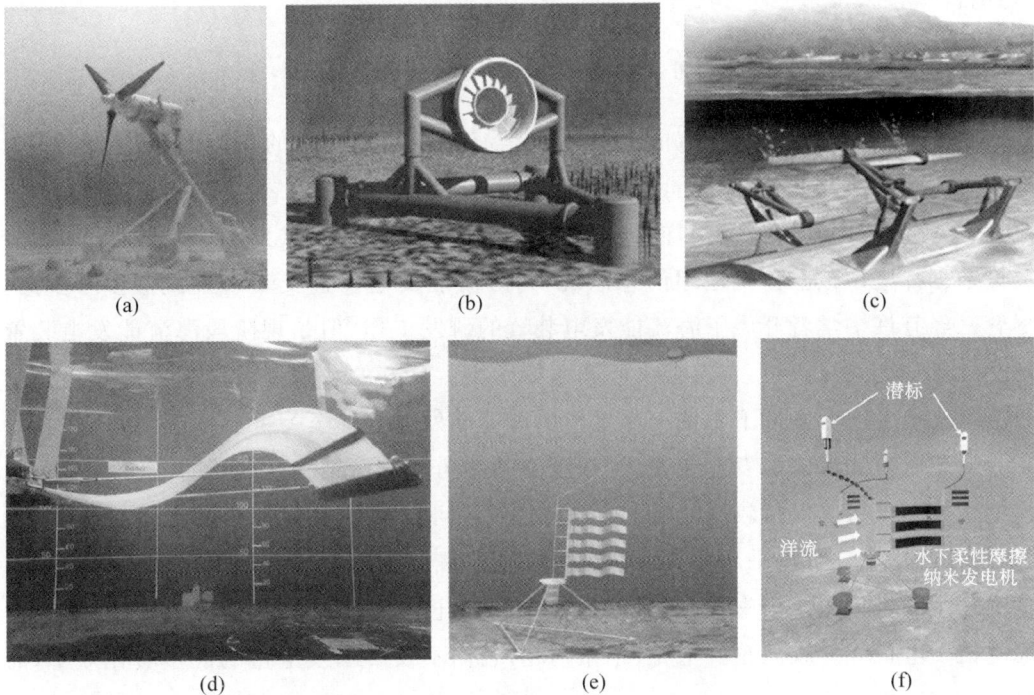

图 8-12　不同发电原理的海流能发电装置

(a)水平轴叶片式海流发电装置[44]；(b)水平轴涡轮式海流发电装置[45]；(c)可变掠翼式海流发电装置[46]；(d)仿生"电鳗"电磁式海流发电装置[47]；(e)仿生"鳗鱼"压电薄膜式海流发电装置[48]；(f)水下旗式摩擦纳米发电机海流发电装置[49]

能。2001 年,美国普林斯顿大学的艾伦[48]和斯密茨[50]以及 2021 年王等人[49]提出了一种仿生"电鳗"柔性海流能收集装置,这种海流能收集装置采用压电聚合物将海流能转换为电能,由于受海流激励时产生的运动类似于鳗鱼的游动,因此而得名。这种海流能发电装置具有很强的环境适应性,结构简单,造价较低,因此非常适合用于为水下分布式机器人集群或传感器阵列的电池充电,从而延长其使用寿命和续航能力。

摩擦纳米发电机由于其对低频低速机械能具有较高的收集效率,因此被认为是利用低速海流能的有效方式之一。2021 年王等人[49]提出了一种收集海流能的水下柔性摩擦纳米发电机,受到海流的激励时,这种柔性摩擦纳米发电机表现出了类似旗帜在风中飘扬的运动状态,其启动流速可低至 0.133m/s,良好的低速启动性能保证了这种摩擦纳米发电机可以在流速非常缓慢的海流中收集能量。通过组网驱动低功耗传感器工作的演示实验,证明了柔性摩擦纳米发电机可以收集低速海流能实现海洋物联网节点自驱动。

3. 海流能发电的发展趋势

对环境影响的评估和海流能发电技术是海流能开发面临的关键问题。由于缺少准确可用的海流数据，海流能量利用的定量评估和细化布置仍然面临挑战。除了海流流速，海流的方向和湍流度同样对发电装置的发电性能有着重大的影响。未来，这些关键数据都应该被上传至地理信息系统，为海流能发电装置安装布置提供参考依据。尽管已经有许多学者开展了海流能发电装置的研发工作，但是现阶段海流能发电装置仍然处于早期发展阶段，仍有很多问题亟待解决。良好的水密性和低阻力对于构建适于极低流速的海流条件下长期可靠运行的海流能发电装置至关重要。

对于电磁式海流能发电装置，从水动力学的角度进行结构优化设计十分必要。结构的优化不仅可以保持较高的能量转化效率，还可以减小发电装置的振动，保证其气密性。同时，设计可以采用非接触式磁力联轴器来解决传统动态密封中由于较大的摩擦力产生的机械扭矩损失，这有助于改善电磁发电机的低速启动性能。另外，需要考虑电磁发电机叶片或涡轮的空化、结垢问题，它们不仅影响发电机的能量转化效率，而且会增加维护的频率。

由于大部分海域的海流速度较慢，所以基于压电或摩擦电原理的柔性海流能收集装置在收集海底极低流速海流能量方面具有显著的优势。柔性海流能收集装置在海流的激励下产生规律性的摆动，材料发生应变或内部两种材料发生接触分离，都会产生一定量的电荷转移。现有的研究成果表明，压电和摩擦电式海流能收集装置有别于大型电磁式海流能发电装置，普遍具有体积小、启动速度低、结构简单的特点，其产生的电能可用于为外部低功耗用电器供电，是利用极低流速海流能、驱动水下低功耗用电器的有效方式。但柔性结构在海洋复杂环境中易受外部环境、海洋生物的干扰，因此不能保证其输出的稳定性。

基于各种海流能发电装置的原理及特点，可以看出电磁式海流能发电装置技术相对成熟，且易与电网进行并网，比较适合用于电网供电；压电和摩擦电式海流能收集装置主要以柔性结构为主，易于受海流激励摆动，因此在收集低流速海流能量方面具有显著优势。

8.5　海洋温差能

8.5.1　海洋温差能的分布

海洋温差能是指海洋表层(0～50m)温海水与深层(500～1000m)冷海水之间温差中储存的可利用热能,其能量的主要来源是蕴藏在海洋中的太阳辐射能,这种热能可以通过热力循环系统实现发电。

全球范围内的海洋温差能储量巨大,占地球表面积 71% 的海洋是地球上最大的太阳能存储装置,据估计,全球海洋温差能储量的理论值约为 40TW,其中距离海岸线100km 以内的温差能储量相当于 7.2～9.3TW。

从全球海域来看,500m 以下海水的温度基本稳定在 5℃ 左右,因此温差能的资源分布主要取决于表层海水的温度,受太阳辐射的影响。太阳辐射随着纬度的增加逐渐减弱,低纬度地区太阳辐射强,水温高;高纬度地区太阳辐射弱,水温低。以赤道附近为例,表层海水的温度常年稳定在 25～28℃,表层海水与深层海水间的最大温差可达24℃。因此,南北回归线之间且最大水深达到 1000m 的热带海域是海水温差能资源蕴藏最为丰富的地区,面积为 1.14 亿 km²,约占全球海洋表面的 30%。

具体来看,大西洋和太平洋盆地沿低纬度西部边界的热能资源最为丰富,东部边界沿线的热能资源却非常有限,这是因为受到南美洲和非洲西部海岸强烈上升流的影响。赤道的上升流也对大西洋和太平洋赤道沿线的热能资源造成不利影响,这一影响在这两个大洋东部 2/3 面积的区域都非常明显,但随着经度向西推移,这种影响逐渐减弱,在印度洋并没有发现赤道附近的热能资源枯竭。南美洲西部赤道水域的热能资源较为匮乏,从海面到 1000m 深度的温差仅为 16～17℃,使得该位置不适合用于海洋热能转换(ocean thermal energy conversion,OTEC)发电,是 OTEC 潜力较差的赤道位置。OTEC 潜力较强的地区包括加勒比海、墨西哥湾、夏威夷、巴西的整个海岸、印度的大部分沿海地区、非洲的几内亚湾、东非的大部分地区,以及位于热带和亚热带混合浅表区的日本和中国南海地区。

8.5.2 海洋温差能的发电技术

1. 海洋温差能的发电原理

海洋温差能发电基于热力学中的朗肯循环原理,利用温海水将低沸点工质汽化后推动汽轮机工作,输出机械能,排出的乏汽被深层冷海水冷凝为液态,从而进行下一次热力学循环[51]。海洋温差能系统循环过程如图 8-13 所示。海洋温差能发电的循环方式包括开式循环、闭式循环、混合式循环、卡琳娜循环、上原循环等。不同种类海洋温差能发电循环方式的优缺点对比见表 8-5。

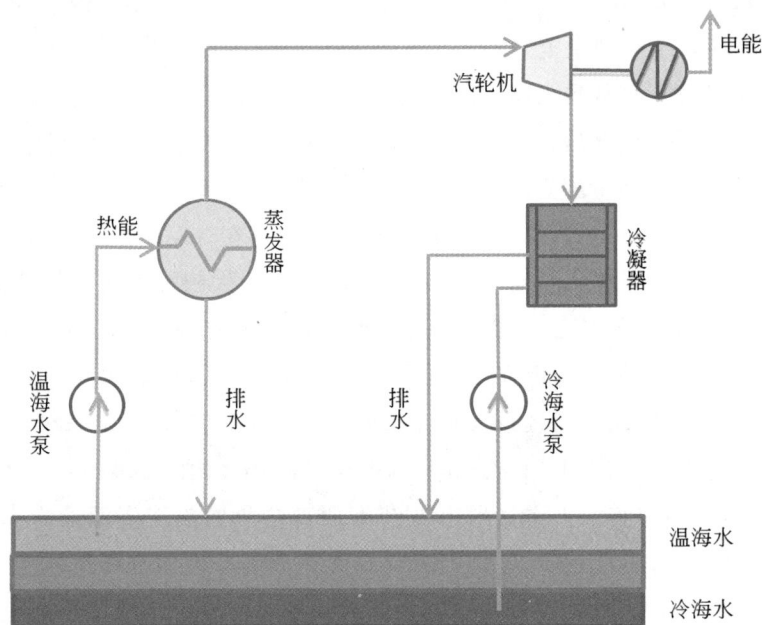

图 8-13 海洋温差能系统循环过程[51]

表 8-5 不同种类海洋温差能发电循环方式的优缺点对比

循环方式	优　点	缺　点
开式循环	温海水直接作为工作介质,减少了由于热交换产生的热量损失; 冷凝器采用表面式换热器,系统除发电外还可生产淡水; 清洁无污染; 由于没有蒸发换热面,受生物附着的影响小; 结构相对简单,容易操作	增加抽真空设备去除海水中含有的氧、氮、二氧化碳等溶解性气体; 机组体积相对比较庞大; 机组需要泵送大量的温海水和冷海水,系统自用能耗较大

续表

循环方式	优　点	缺　点
闭式循环	系统处于正压,气体在涡轮内压降较大; 采用闭式循环系统可以缩小涡轮的体积,减小温海水流量,实现装置的小型化; 由于工质在闭路中循环,海水中不凝性气体对系统的影响较小,不需要预先脱气处理	海水与工质之间需要换热,减小了海水的可利用温差; 蒸发器和冷凝器体积较大,金属耗量大,投资成本高,维护也相对困难; 由于温差较小,必须有性能优良的热交换器才能降低建设费用; 系统只可以发电,不能生产淡水; 工质的泄漏可能对环境造成影响
混合式循环	蒸发器内一侧以水蒸气加热工质,换热系数相对比较大,可减小换热器换热面积,降低系统成本; 混合式循环有较高的淡水产量	系统存在二次换热,同时闪蒸系统需要脱气
卡琳娜循环	采用的工质是氨水混合物,通过分馏系统使汽化过程和换热过程更匹配,提高了系统的循环效率	回热蒸馏的效果并不明显,不宜应用于实际海洋温差发电系统
上原循环	采用抽气回热循环,提高了循环热效率; 蒸发器面积变小,抽气回热循环的运用使得蒸发器的热负荷减小; 冷凝器体积较小	系统较复杂,设备占地面积大,耗费也比较大

2. 海洋温差能发电装置的发展现状

1) 传统海洋温差发电装置

国际上最早开展温差能利用技术研究的国家是美国和日本,20 世纪 70 年代起美国洛克希德·马丁公司和日本佐贺大学先后在夏威夷岛和太平洋沿岸建立小型海洋温差能试验装置。目前,中国自然资源部第一海洋研究所已利用研制的 10kW 海洋温差能实验室模拟系统(图 8-14)对构建的循环模型进行了循环性能和效率的试验验证。但也要注意到,当前已建成的 OTEC 项目,装机规模普遍较小(最大为 1MW 透平发电机组),都处于示范运行阶段,要实现商业化开发,仍需解决效率偏低的瓶颈问题。[52]

2) 温差能水下滑翔机

温差能水下滑翔机是利用海洋温差能作为驱动能量的水下滑翔机方案。相比传统的电能驱动水下滑翔机,温差能水下滑翔机理论航程可达 4×10^4 km,理论在位工作时间可达 4 年。在海洋冷热水层间周期性运动过程中,装有相变材料的换热器可俘获

图 8-14　10kW 海洋温差能试验装置[52]

海洋温差能,并利用蓄能器存储滑翔机浮力驱动所需的机械能。温差能滑翔机受季节和昼夜变化的影响较小,能源供给持续稳定。温差能驱动水下滑翔机原理样机如图 8-15 所示。但能源不足仍是限制其航行能力的主要因素,受工作介质物理性质的限制,温差能航行器对航行水域的温差有要求,洋流或不稳定的恶劣天气因素会降低水下航行器的可靠性,影响其正常作业[53]。

图 8-15　温差能驱动水下滑翔机原理样机[53]

3)液化天然气(liquefied natural gas,LNG)冷能回收—温差能实验电站

由于液化天然气在输送给用户使用前通常以表层海水作为热源进行汽化;汽化后

的海水相较于海洋表层海水温差较大,可利用汽化器排出的冷海水作为温差能发电的冷水源。相较于深层冷海水,LNG 冷能具有更为稳定的全天候供应能力,易于控制调节;相比利用海水温差,基于 LNG 冷能的海洋温差能电站冷量调控更加灵活,发电稳定性更优[54]。LNG 冷能回收—温差能电站实验基地构想方案如图 8-16 所示。

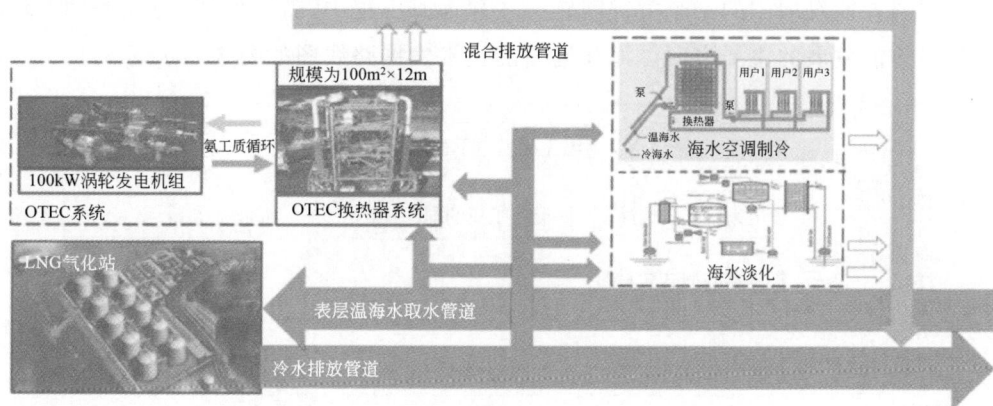

图 8-16　LNG 冷能回收—温差能电站实验基地构想方案[54]

3. 海洋温差能发电的发展趋势

温差能是未来海洋能的重点发展方向。海洋温差能资源储量十分可观,尽管目前此类项目装机容量不高,但在“双碳”目标推动下,未来 10 年,装机容量或快速增长成为增量主力。中国的海洋温差能资源主要分布在东海、南海海域,储量巨大,可开发装机容量达 3.73 亿千瓦。

虽然海洋温差能开发利用技术不断突破,但其投资成本高仍是制约其发展的重要原因。现有的热交换器换热效率及其在海洋环境中运行可靠性较低,是海洋温差发电发展的主要技术难题。

海洋温差能技术目前还存在如下技术挑战。

1）发电装置的安全稳定

海洋温差能发电装置主要分为岸基式和平台式两种。海上平台式发电装置,通常面临复杂多变的海况的考验。在海洋温差能平台的运营过程中,深海冷水管道对装置稳定性及可靠性要求最高。在海流作用下,管道极易发生涡激振动,而且海流作用的水深范围广、时间长,管道作业的水深越大,涡激振动效应也越严重,从而导致管道结构的疲劳破坏,会大幅度增加海洋温差能平台的维护成本。因此,如何采取有效措施抑制涡激振动效应是海洋温差能平台未来发展要解决的重要问题之一。

2）深层冷海水的利用

海洋温差能发电过程中的能耗大部分用于深层冷海水的提取，如何有效地管控和利用这些与表层海水在温度、盐度及矿物质浓度等方面均相差巨大的深层海水，已经成为海洋温差能发展中的一个关键问题。在深远海工程中"就地取能、海能海用"是未来海洋温差能发展的主要方向。海洋温差能技术发展路线图如图 8-17 所示。

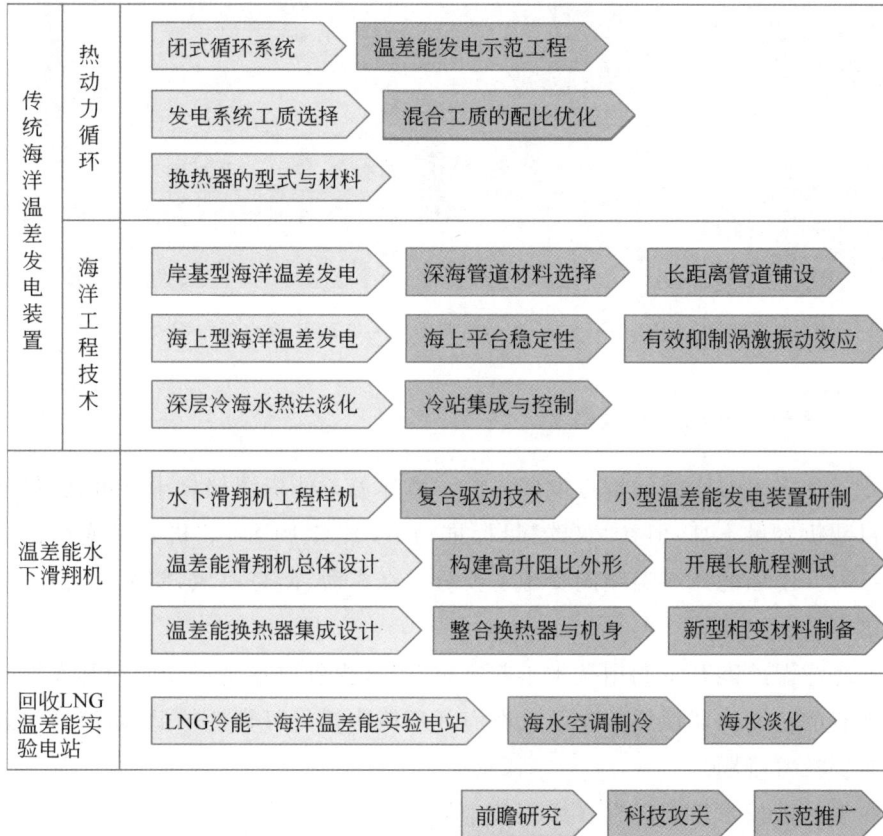

图 8-17 海洋温差能技术发展路线图

3）转换效率与多能互补

随着循环形式、涡轮设计等不断改进，海洋温差能发电装置效率得到了一定提升，但是目前系统转换效率仅为 5%～10%。低效、低装机容量和相对较高的成本使得海洋温差能在近海浅水地区缺乏与传统的火电和水电竞争的能力。海洋温差能发电系统的耗能模块主要是温水泵和冷水泵,可以通过结合小型太阳能,以及风能、波浪能、海流能等其他形式的海洋能发电装置,成为温、冷海水泵供电的形式,弥补系统耗能模块的能量损失。通过多能互补的方式取长补短,可加快海洋温差能等海洋新能源示范工程的发展进程,提高海洋温差能发电系统的可行性。

4)海洋温差能利用的环境效应

虽然海洋温差能资源是一种无污染、无碳排放的绿色清洁能源,但其带来的环境效应仍需引起重视。如果在发电过程中将低温富营养的深层冷海水引入到日照丰富的温暖表层海水,会直接改变浅层水体溶解的气体和矿物质浓度,造成海洋浮游生物的大量生长,从而破坏浅层生态平衡。同时工质泄漏问题也需要引起重视。

8.6　海洋盐差能

8.6.1　海洋盐差能的分布与开发潜能

盐度梯度能又称盐差能,作为蓝色能源的一种,也是非常有前景的绿色能源。与太阳能和风能相比,盐差能的收集不受气候等条件限制,未来有望成为替代能源之一。盐差能主要存在于河流和海洋的交界处,在淡水丰富地区的盐湖和地下盐矿也存在着盐差能。全球范围内海面盐度的分布显示,盐差能产生的重要物理条件就是盐度梯度的差异性和稳定性。

盐差能储量巨大且分布较为广泛,世界各地均能找到适合收集盐差能的河口,全球范围内可提取的盐度梯度能源主要分布在巴西、美国、墨西哥、日本和马来西亚等河口较多的国家,以及地中海、加勒比海和墨西哥湾等平均流量、盐分浓度较高的水域。中国的盐差能主要分布在长江口及其以南的大江河口。据统计,世界范围内盐差能的理论蕴藏量约 300 亿千瓦,中国沿岸盐差能蕴藏量理论功率约为 1.25 亿千瓦。但在实际应用中受到物理和环境条件的限制,可提取的盐差能仍需进一步的评估和探索。

8.6.2 海洋盐差能的发电技术

1. 海洋盐差能的发电原理

当混合两种浓度不同的盐溶液时,浓溶液中的盐类离子就会自发地向稀溶液中扩散,直到两者浓度相等为止,在这一过程中会释放出混合的吉布斯自由能,盐差能发电就是将混合释放出的吉布斯自由能转化为电能。基于此原理,发展出了众多用于收集盐差能的技术,其中反向电渗析技术(reverse electrodialysis,RED)、压力延迟渗透技术(pressure retarded osmosis,PRO)、电容混合技术(capacitive Mixing,CapMix)是获取盐差能的重要技术。这三种盐差能收集技术的特点对比见表 8-6。

表 8-6 三种盐差能收集技术的特点对比

盐差能收集技术	优　　点	缺　　点
反向电渗析技术	• 能够将自由能直接转化为电能 • 无污染 • 可持续 • 能量密度高	• 膜成本较高 • 膜污染(结垢等)影响发电性能
压力延迟渗透技术	• 能够将机械能直接转化为电能 • 可 24h 不间断运转 • 不受风和太阳辐射影响	• 膜压力稳定性有限 • 膜成本较高 • 膜污染(结垢等)影响发电性能
电容混合技术	• 不需要额外的转换器来发电 • 环境友好 • 可持续	• 发电性能较差 • 易产生电荷泄漏

图 8-18(a)是 RED 技术中一个重复结构的最小单元示意图[54]。高浓度溶液被置于阴离子交换膜和阳离子交换膜之间,低浓度溶液被置于紧邻高浓度溶液膜的另一侧。带电的离子交换膜使离子可以选择性渗透,即带正电的阴离子交换膜选择渗透阴离子、带负电的阳离子交换膜选择渗透阳离子。离子交换膜两侧产生的电化学势使离子定向流动,再通过溶液两侧末端电极的可逆的氧化还原反应将净离子流转化为电流,经外部负载产生有用功。

图 8-18(b)是 PRO 结构的最小单元示意图[54]。PRO 是利用渗透压差获取盐度梯度能量,从而获取有用功的一种基于膜的技术。低浓度溶液和高浓度溶液被置于半透膜两侧。由于化学势的差异,在膜上形成的渗透压力梯度驱使水从低浓度溶液渗透到

高浓度溶液中。在高浓度溶液产生的加压水流，可以驱动机械涡轮发电。可见 PRO 可通过盐度梯度的受控混合将化学能转化为机械能，再转化为电能。

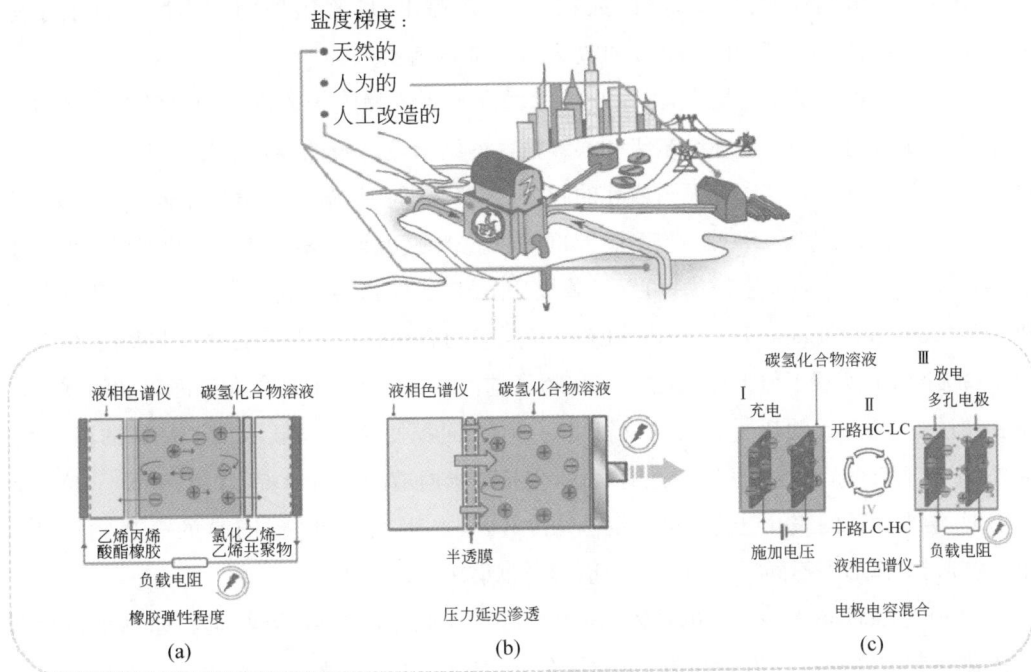

图 8-18　盐差能收集技术工作原理图[54]

(a)反向电渗析技术；(b)压力延迟渗透技术；(c)电容混合技术

　　与主要基于薄膜的 PRO 和 RED 不同，CapMix 采用多孔电极对作为双电层(electric double layer，EDL)电容器实现对盐差能的利用。图 8-18(c)是 CapMix 循环四个阶段的最小单元的示意图[55]。在阶段 I，通过施加外部电压给高浓度溶液中的电极充电到一定的电势；在这个过程中，电解质中带相反电荷的离子聚集在电极周围，以保持局部电中性。充电过程中消耗的能量用来增加电极—溶液界面处双电层的离子浓度。在阶段 II，电路断开，在恒定充电条件下，将高浓度溶液转换成低浓度溶液；电解质中离子强度的降低会使 EDL 中扩散层厚度增加，从而降低 EDL 电容；因此，即使电容电极上的电荷量基本保持不变，但由于电容的减小，电池的电势也会增加。在阶段 III，当电路闭合增加负载时，电极上的电荷通过外部负载电阻放电，从而产生有用功。在阶段 IV，在开路条件下，将电池中的低浓度溶液与高浓度溶液进行替换，EDL 电容增加，电池电势降到最低。至此完成一个全部的循环发电过程。

2. 海洋盐差能发电装置现状

盐差能发电的设想最早由美国人在 1939 年提出，后来国外的许多学者证实了盐差发电的可行性，并开发出了相应的收集盐差能的各类技术。

RED 是一种基于膜的技术，能量收集的提高主要依赖膜的改进。随着纳米技术的发展，基于膜的改进大多集中在纳米级和埃级精度的纳米流体膜的设计和制造上。根据不同多孔膜的类型，在具有高密度通道或孔的膜中，按照离子在传输中通道的不同，分为多通道膜（1D 膜）、二维层状膜（2D 膜）和三维膜（3D 膜）。3D 膜由具有相互连接的孔的微米网络组成，离子能够在各个方向上流动，可以显著提高 RED 的能量转换效率。杨等人利用共价有机框架（Covalent Organic Framework，COF）单层膜的有序孔排列和高孔密度制备的 ZnTPP-COF 单层结构，实现了极低的膜电阻率和超高的离子电导率，在混合人工海水和河水时产生了超过 $200W/m^2$ 的超高输出功率密度，且在大面积使用时也显示出了良好的稳定性。此外，影响 RED 输出性能的因素还有很多，包括纳米通道的几何形貌（直径、形状、长度）、孔隙密度、纳米通道的表面电荷密度和溶液浓度等参数。因此，为提高 RED 的输出性能，开发出了锥形、子弹形等不同形态的纳米通道用来收集盐度梯度能。

PRO 是一种同样基于膜的技术，使用半透膜提取盐度梯度能量，通过水从低浓度溶液传输到高浓度提取溶液。与 RED 不同的是，PRO 中的半透膜用来渗透溶液中的水分子，而 RED 中的膜用来渗透溶液中的离子。显然，膜的开发与利用对于提高 PRO 的收集效率也至关重要。最近报道了一种具有大厚度和高透水性的膜，使用多孔聚乙烯（Porous Polyethylene，PAPE）隔膜开发了一种多孔聚乙烯支撑的薄膜复合材料（Thin Film Composite，TFC）膜。该膜采用甲苯辅助的（Interfacial Polymerization，IP）工艺形成高渗透的聚酰胺（Polyamide，PA）层，采用聚乙烯醇（Polyvinyl Alcohol，PVA）涂层来均匀亲水化的 PE 载体。在 2MPa 条件下，使用去离子水和 1.0M 氯化钠时，实现了最高功率密度 $35.7W/m^2$，相较于其他商业报道的 PRO 膜有了巨大的提升。

CapMix 于 2009 年首次提出，是三种技术中相对较新的一种。CapMix 技术能够以环保和可持续的方式有效地获取盐度梯度能，是一项很有前途的技术。目前为止，CapMix 技术包括电容双层膨胀（Capacitive Double Layer Expansion，CDLE），电容唐南电位（Capacitive Donnan Potential，CDP）和混合熵电池（Mixed Entropy Battery，MEB）。电容双层膨胀通过外部电源给电极充电来实现离子选择性；电容唐南电位通过使用选择性渗透膜实现离子选择；混合熵电池有两个不同的电极，离子电荷储存发生在电极内部。所有这些方式都需要通过四步循环实现发电,并且需要在低浓度溶液和高浓度溶液之间交替交换。李等人提出了一种由电池和电容电极组成的混合系统(Hybrid Battery-Capacitor System),被称作 hybrid Capmix。通过使用氧化锰钠(Sodium Manganese Oxide,NMO)和带阴离子交换膜(Anion Exchange Membrane,AEM)的多孔活性炭(Activated Carbon,AC)作为电极。捕获/释放溶解在水中的钠离子和阴离子,实现了超高的能量收集性能和功率输出。结果显示该混合式 CapMix 性能显著优于膜式 CapMix,可收集的能量约为膜式 CapMix 的 3 倍,并在一定条件下可产生 $97MW/m^2$ 的平均功率密度。三种盐差能收集技术在溶液浓度、功率密度和发电结构等方面的对比情况见表 8-7。

近年来,随着蓝色能源重新受到许多学者的关注,也出现了很多开发盐差能的新技术,如由蒸汽压力差驱动的涡轮机、正向渗透—电动发电等,但这些新兴的技术仍需要进一步的探索和完善。随着众多盐差能收集技术的发展,21 世纪,对于盐差能的研究进入实际应用领域。2014 年 11 月底,荷兰首家盐差能试验电厂试验发电,该发电厂每小时可处理 22 万 L 海水和 22 万 L 淡水,电厂装有 $400m^2$ 的半渗透膜,每平方米半渗透膜的发电功率为 1.3W,其发电潜力可满足 50 万户家庭的用电需求。

表 8-7　不同盐差能收集技术的溶液浓度、功率密度和发电结构对比[56]

盐差能收集技术	溶液浓度	功率密度	发电结构
RED	0.5M NaCl/0.01M NaCl (0.5MΩ 外部负载)	$135.8W/m^2$	
	人造海水/0.01M NaCl 人造河水	$203.8W/m^2$	
PRO	1.0M NaCl/去离子水(20bar)	$35.7W/m^2$	
CapMix	0.6M NaCl/0.01M NaCl	$97MW/m^2$	

3. 海洋盐差能的发展趋势

目前,以更具成本效益的方式收集盐差能仍然具有挑战性。膜污染仍然是目前盐差能收集的主要问题,因此有必要对天然河水与海水中污物进行预处理,但预处理的成本对盐差能大规模商业化的可行性有很大影响。尽管较大的盐度梯度可以通过高盐水源和人为实现,但对更大盐度梯度能量收集的技术仍需要更多的研究,例如,开发能承受更大的液压压力的 PRO 膜,以及在高盐浓度下仍能保持高选择渗透性的 RED 离子交换膜[56]。同时,在盐差能发电商业化方面,目前的膜也存在着很大的阻碍,如膜的力学条件、原料来源、合成工艺等均需要进一步的探索。此外,能量提取效率和功率密度之间的平衡也限制了盐差能发电的发展,为了在保持高功率的同时实现高效率,仍需要根本性的技术进步。虽然迄今为止的研究主要集中在膜功率密度和电极比功率的提高上,但是未来对更大浓度梯度盐差能的利用,不同材料制造技术的开发并以更低的成本实现对膜和电极材料的利用、减少水中污染物的含量等,对于实现盐差能的商业化也至关重要。未来通过更多技术的发展及其他驱动力或能源与盐差能结合,对盐差能的收集有望实现以更低的成本产生更高的功率密度,进而实现大规模的商业化,为我们带来源源不断的电力。海洋盐差能的发展趋势图如图 8-19 所示。

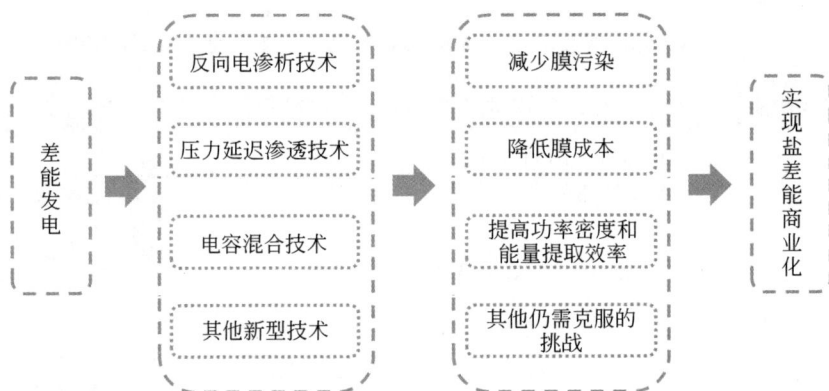

图 8-19　海洋盐差能的发展趋势图

参 考 文 献

[1]　韩治,史宏达,曹飞飞.弄潮搏浪向海谋能:我国潮汐能、潮流能和波浪能利用研究新进展[J].科技纵览,2022(2):70-73.

［2］ 王项南，麻常雷."双碳"目标下海洋可再生能源资源开发利用［J］.华电技术，2021，43(11)：91-96.

［3］ KHALIGH A，ONAR O C. Energy harvesting：solar，wind，and ocean energy conversion systems［M］. Boca Roton：CRC Press，2010.

［4］ ESTEBAN M，LEARY D. Current developments and future prospects of offshore wind and ocean energy［J］. Applied Energy，2012，90(1)：128-136.

［5］ 王永超."碳中和"不可缺少水上可再生能源［J］.新能源科技，2021(9)：24-25.

［6］ 王灏，王广大，赵尚.我国波浪能发电现状及未来发展探究［J］.现代商贸工业，2018，39(7)：188-189.

［7］ FAN F R，TIAN Z Q，WANG Z L. Flexible triboelectric generator! ［J］. Nano Energy，2012，1(2)：328-334.

［8］ WANG Z L，JIANG T，XU L. Toward the blue energy dream by triboelectric Nanogenerator networks［J］. Nano Energy，2017，39(9)：9-23.

［9］ WANG Z L. On Maxwell's displacement current for energy and sensors：The origin of Nanogenerators［J］. Materials. Today，2017，20(2)：74-82.

［10］ WANG Z L. Triboelectric nanogenerators as new energy technology and self-powered sensors-principles，problems and perspectives［J］. Faraday Discussion，2014，176(9)：447-458.

［11］ WANG Z L. Catch wave power in floating nets［J］. Nature，2017，542(7640)：159-160.

［12］ 张亚群，盛松伟，游亚戈.波浪能发电技术应用发展现状及方向［J］.新能源进展，2019，7(4)：374-378.

［13］ EDENHOFER O，PICHS-MADRUGA R P，SOKONA Y，et al. Renewable energy sources and climate change mitigation，special report of the intergovernmental panel on climate change ［R］. Cambridge：Cambridge University Press，2012.

［14］ BORTHWICK A G L. Marine renewable energy seascape［J］. Engineering，2016，2(1)：69-78.

［15］ CURTO D，FRANZITTA V，GUERCIO A. Sea wave energy：a review of the current technologies and perspectives［J］. Energies，2021，14(20)：6604.

［16］ WILBERFORCE T，HASSAN Z E，DURRANT A，et al. Overview of ocean power technology［J］. Energy，2019，175：165-181.

［17］ 刘延俊，武爽，王登帅，等.海洋波浪能发电装置研究进展［J］.山东大学学报(工学版)，2021，51(5)：63-75.

［18］ The LeanCon wave energy device［EB/OL］.［2022-07-22］https://leancon.com/status.html.

［19］ WANG X F，NIU S M，YIN Y J，et al. Triboelectric nanogenerator based on fully enclosed rolling spherical structure for harvesting low-frequency water wave energy［J］. Advanced

Energy Materials，2015，5(24)：1501467.

[20] WEN X N，YANG W Q，JING Q S，et al. Harvesting broadband kinetic impact energy from mechanical triggering/vibration and water waves[J]. ACS Nano，2014，8(7)：7405-7412.

[21] JIANG T，YAO Y Y，XU L，et al. Spring-assisted triboelectric nanogenerator for efficiently harvesting water wave energy[J]. Nano Energy，2017，31(1)：560-567.

[22] ZHANG C G，ZHOU L L，CHENG P，et al. Bifilar-pendulum-assisted multilayer-structured Triboelectric Nanogenerators for wave energy harvesting[J]. Advanced Energy Materials，2021，11(12)：2003616.

[23] RODRIGUES C，RAMOS M，ESTEVES R，et al. Integrated study of triboelectric nanogenerator for ocean wave energy harvesting：performance assessment in realistic sea conditions[J]. Nano Energy，2021，84(6)：105890.

[24] YANG X D，XU L，LIN P，et al. Macroscopic self-assembly network of encapsulated high-performance triboelectric nanogenerators for water wave energy harvesting[J]. Nano Energy，2019，60(3)：404-412.

[25] SHI Q F，WANG H，WU H，et al. Self-powered triboelectric nanogenerator buoy ball for applications ranging from environment monitoring to water wave energy farm[J]. Nano Energy，2017，40(10)：203-213.

[26] GU H J，ZHANG N，ZHOU Z Y，et al. A bulk effect liquid-solid generator with 3D electrodes for wave energy harvesting[J]. Nano Energy，2021，87(10)：106218.

[27] XIAO T X，LIANG X，JIANG T，et al. Spherical triboelectric nanogenerators based on spring-assisted multilayered structure for efficient water wave energy harvesting[J]. Advanced Functional Materials，2018，28(35)：1802634.

[28] WANG J，WU C S，DAI Y J，et al. Achieving ultrahigh triboelectric charge density for efficient energy harvesting[J]. Nature Communications，2017，8(1)：88.

[29] XU L，BU T Z，YANG X D，et al. Ultrahigh charge density realized by charge pumping at ambient conditions for triboelectric nanogenerators[J]. Nano Energy，2018，49(7)：625-633.

[30] CHENG P，GUO H Y，WEN Z，et al. Largely enhanced triboelectric nanogenerator for efficient harvesting of water wave energy by soft contacted structure[J]. Nano Energy，2019，57(3)：432-439.

[31] JIANG T，PANG H，AN J，et al. Robust swing-structured triboelectric nanogenerator for efficient blue energy harvesting[J]. Advanced Energy Materials，2020，10(23)：2000046.

[32] WANG H M，XU L，BAI Y，et al. Pumping up the charge density of a triboelectric nanogenerator by charge-shuttling[J]. Nature Communications，2020，11(1)：4203.

［33］ LIN Z M，ZHANG B B，XIE Y Y，et al. Elastic-connection and soft-contact triboelectric nanogenerator with superior durability and efficiency［J］. Advanced Functional Materials，2021，31(40)：2105237.

［34］ LIANG X，JIANG T，LIU G X，et al. Triboelectric nanogenerator networks integrated with power management module for water wave energy harvesting［J］. Advanced Functional Materials，2019，29(41)：1807241.

［35］ LIANG X，JIANG T，FENG Y W，et al. Triboelectric nanogenerator network integrated with charge excitation circuit for effective water wave energy harvesting［J］. Nano Energy，2021，83(5)：105836.

［36］ OTTMAR EDENHOFER，et al. Renewable Energy Sources and Climate Change Mitigation［M］. Cambridge：Cambridge University Press，2012.

［37］ XIA J，FALCONER R A，LIN B. Impact of Different Operating Modes for a Severn Barrage on the Tidal Power and Flood Inundation in the Severn Estuary，UK［J］. Applied Energy，2010，87(7)：2374-2391.

［38］ WATERS S，AGGIDIS G. Tidal Range Technologies and State of the Art in Review［J］. Renewable and Sustainable Energy Reviews，2016，59(6)：514-529.

［39］ LUO Y，WANG Z，LIU X，et al. Numerical Prediction of Pressure Pulsation for a Low Head Bidirectional Tidal Bulb Turbine［J］. Energy，2015，89(7)·730-738

［40］ U.S. Energy Information Administration. Hydropower explained Tidal power［EB/OL］.

［41］ Renewables First. Case Study － River Dart Country Park［EB/OL］.

［42］ Tide turns towards undersea energy［EB/OL］.［2022-07-16］.

［43］ D. O'Sullivan，D. Mollaghan，A. Blavette，et al. Dynamic Characteristics of Wave and Tidal Energy Converters & a Recommended Structure for Development of a Generic Model for Grid Connection. International Energy Agency，2010.

［44］ Tide Turns towards Undersea Energy［EB/OL］.

［45］ TPE-2013 Hydroliennes Lycée Naval［EB/OL］.

［46］ Pulse Tidal Plans Commercial Demo of Full-Scale Tidal Energy Converter［EB/OL］.

［47］ Blue-GIFT Backs three more Marine Renewable Energy Technologies［EB/OL］.

［48］ TAYLOR G W，BURNS J R，KAMMANN S M，et al. A Small Subsurface Ocean/River Power Generator［J］. IEEE Journal Oceanic Engineering，2001，26(4)：539-547.

［49］ WANG Y，LIU X，CHEN T. An Underwater Flag-like Triboelectric Nanogenerator for Harvesting Ocean Current Energy under Extremely Low Velocity Condition［J］. Nano Energy，2021，90：106503.

［50］ ALLEN J J，SMITS A J. Energy Harvesting Eel. Journal of Fluids Structures，2001，15(3-4)：629-640.

［51］ 陈凤云.海洋温差能发电装置热力性能与综合利用研究［R］.哈尔滨：哈尔滨工程大学，2016.

［52］ 位巍，刘成名.海洋温差能发电技术要点［J］.中国船检，2021，12：74-80.

［53］ 杨亚楠.温差能—电能复合动力水下滑翔机系统设计与性能分析［R］.天津：天津大学，2017.

［54］ 付强，王国荣，周守为，等.温差能与低温海水资源综合利用研究［J］.中国工程科学，2021，23(06)：55-58.

［55］ YIP N Y，BROGIOLI D，HAMELERS H V，et al. Salinity Gradients for Sustainable Energy：Primer，Progress，and Prospects［J］. Environ. Sci. Technol.，2016，50(22)：12072-12094.

［56］ YANG J，TU B，ZHANG G，et al. Advancing Osmotic Power Generation by Covalent Organic Framework Monolayer［J］. Nature Nanotechnology，2022，17：622-628.

第 9 章

综合能源系统与能源互联网

学习目标

(1) 了解综合能源系统与能源互联网的概念、研究概览、产业发展。

(2) 熟悉综合能源系统与能源互联网的发展阶段。

(3) 掌握综合能源系统与能源互联网的关键技术。

9.1 综合能源系统与能源互联网的概念

9.1.1 综合能源系统与能源互联网的概念及关系

在能源低碳变革新时代发展的背景下,能源企业从生产型向服务型转型已经成为全球趋势[1]。综合能源系统及服务在技术与模式深度融合下,冷、热、电、气,以及信息、管理、经济等多专业交叉下孕育而生的新产业、新模式与新业态,已成为落实"四个革命,一个合作"能源安全新战略、支撑新型电力系统建设、支撑双碳目标的重要路径。理论和实践证明,综合能源服务已经渗透于"碳替代、碳减排、碳循环、碳交易"的各个方面,已成为多尺度提升清洁能源消费、优化能源系统效率、降低能源排放强度、提升能源服务水平,以及促进能源与生态协调融合的必然选择[2]。

综合能源系统是指一定区域内利用先进的物理信息技术和创新管理模式,整合区域内煤炭、石油、天然气、电能、热能等多种能源,实现多种异质能源子系统之间的协调规划、优化运行、协同管理、交互响应和互补互济[3]。

相对于传统能源系统分块独立的体系架构,综合能源服务的体系架构示意图如

图 9-1 所示。一方面,综合能源服务可以分为狭义的综合能源服务和广义的能源综合服务;另一方面,综合能源服务的体系架构可按能量层、信息层以及价值层进行解读,即狭义综合能源服务以综合能源供应为抓手,在物理层强调能量流的梯级综合利用、多能互补;在信息层强调信息流改造能量流,实现按需供应、动态协调。同时,能量流与信息流在价值层实现高度融合,驱动广义综合能源服务开放共享与协同流动,最终从能源服务系统全生命周期视角,实现能源系统能量—经济—环境多维度最大效益[4-5]。凡是涉及能源多能互补综合能源系统"基本能源服务",以及"多元增值服务"任一环节或"源、网、荷、储"任两个环节,都属于广义综合智慧能源(服务)的范畴。

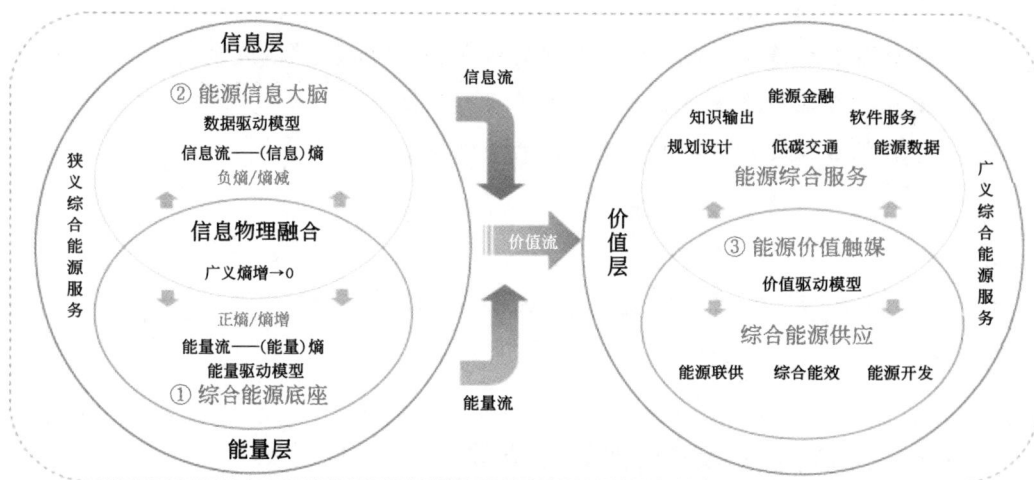

图 9-1　综合能源服务的体系架构示意图

能源互联网是基于互联网理念和技术构建的新型能源、市场、信息和服务高度融合的开放系统,将改造甚至颠覆现有的能源行业,打破行业垄断,实现去中心化,使能源这一庞大的传统行业成为创新与创业的沃土。能源互联网的发展主要得益于能源产业数字化、低碳化、去中心化的动向发展,注重信息与能源的结合,要求充分运用先进的电子通信技术和信息技术,深度利用可再生能源,提高能源利用效率[6],结合电力流向与数字信息流向,以电力为枢纽,实现多能互补、源网荷储协同。能源互联网的目标是形成清洁低碳、安全高效的能源生态系统。

能源互联网的主要目标之一是促进可再生能源的大规模集成和利用。通过建立智能电网,能源互联网可以更好地管理和协调可再生能源的发电、存储和分配,有助于解决可再生能源的间歇性和不稳定性的问题,提高能源系统的可靠性和可持续性。智能电网是一种通过数字化控制、监控和通信能力增强的发电、输电和配电网络[7]。

　　综合能源系统是能源互联网的基础架构,旨在实现能源资源的可持续管理和可靠供应。通过能源互联网和各种能源资源的分布式发电、储能、分配和传输,以及能源市场的交易和竞争,可以实现综合能源系统的管理目标。能源互联网可以将能源系统的数据和信息,以及不同的参与者(如发电厂、用电者和电网维护公司等)连接起来,使能源系统更加安全、可靠、可持续和高效;可以改善电力系统的可靠性、可持续性和经济性,使能源系统能够更好地服务社会和经济发展,从而实现可持续发展;通过电网、热网、气网,以及信息网和交通网的链接,形成有机协调互动、能源互联的星链时空网络,最终实现"满足支付能力""维持安全可靠""达到低碳清洁"的目标。综合能源服务的业态将因此渗透到能源生产、输配、消费的各个环节,将与生产者、输配者、消费者紧密关联。截至目前,综合能源服务的参与者包括两大电网、电力行业"六大四小",以及交通、油气、物联网等相关企业,也不乏新能源、新服务的科技型企业。

9.1.2　中国综合能源的总体市场特征

　　中国综合能源服务发轫于传统的能源服务与节能服务,随着能源互联网的发展而推进,始终与国家的低碳能源战略紧密耦合。近30年中国碳排放强度及综合能源服务企业数量的变化如图9-2所示,碳强度的减少与节能服务和综合能源服务的发展不无关系。如图9-2所示,近10年中国综合能源服务企业数量呈现出指数级的增长态势,企业数量从2012年的96家,快速增加到2022年的2146家;同时,在能耗双控、能源革命等低碳转型战略下,中国碳排放强度实现了历史性的降幅,从2000年的2.6kg/美元快速下降到2020年的0.7kg/美元。

　　2022年中国综合能源服务行业的市值已逾越万亿元大关,同时,"双碳"目标将激发更大的综合能源服务市场。在"双碳"愿景下,中国碳排放将从2022年的约115亿吨/年增加到2030年的135亿吨/年,并将在2060年前实现净零排放。但是,中国综合能源服务的发展仍处于初级阶段,"十四五"伊始,中国综合能源服务也将面临"碳排放强度减速下降"的新挑战。从图9-2中可以看出,不同于"十四五"前期"粗放型、集中式的碳排放强度快速下降"的情景,"十四五"后"双碳"发展格局下综合能源服务将面临"精细化、分散化"转型的新约束,中国单位碳排放强度的下降空间将不及2000年的30%,碳排放强度将在"双碳"愿景下逐渐触底。因此,如何助力碳排放与经济发展的脱钩,将成为新阶段的综合能源服务的新挑战和新机遇[8-10]。

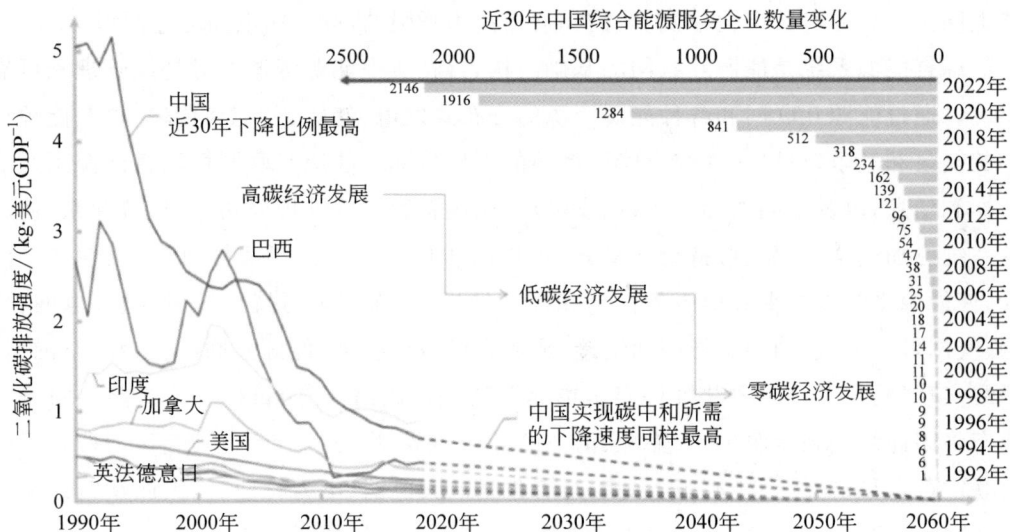

图 9-2　中国碳排放强度与综合能源服务企业数量

（来源于全球能源互联网）

9.2　综合能源系统的发展阶段

从"能源利用"角度,综合能源系统可理解为通过电源侧、电网侧和用户侧(荷—储)能的梯级利用、能的因地制宜、能的多能互补和能的互联互济,实现能量高效、清洁、经济、可靠供应,尽可能地追求能源供应过程的多目标全局优化。如图 9-3 所示,综合能源系统并不是一个全新的概念,其发展可大致分为四个阶段:孕育阶段、概念阶段、起航阶段、升华阶段。

9.2.1　孕育阶段

19 世纪 70 年代的能源危机和能源安全问题,促使美国在 1978 年通过了《公用事业监管政策法案》。此时,综合能源系统早期雏形——天然气冷热电联供系统(combined cool; heat and power system,CCHP)开始推广。同时,伴随着第二次能源革命对油气资源的重视,天然气冷热电联供系统的重要性逐渐凸显。在国内的热能工

1978—1997年		1998—2006年		2007—2015年		2016年至今	
1978年 美国	通过《公用事业监管政策法案》，冷热电联供系统(CCHP)开始推广	1998年 欧盟	第五框架(FP5)，提出综合能源系统的概念；倡导能源的协同优化。如DGTREN项目、ENERGIE项目	2007年 美国	颁布**能源独立和安全法**，明确要求社会主要用能环节必须开展**综合能源规划**	2016年 中国	首批23个**多能互补集成优化示范工程**(国能综规划〔2016〕480号)
1980年 中国	《中国的能源问题及其依靠科学技术解决的途径》——吴仲华：**总能系统**	2001年 美国	综合能源系统发展计划，目标是提高清洁能源(CCHP)供应与利用比重	"十一五""十二五" 中国	风光等清洁电力的快速发展，弃风弃光问题天然气分布式能源的规模化，气荒问题。风电(1250MW/2005年—145GW/2015年)光伏(500MW/2005年—43W/2015年)CCHP(50GW，2020年)	2016年 中国	首批55个"互联网+"智慧能源(能源互联网)示范项目(国能科技〔2016〕200号)
1985年 中国	现代电力系统的概念(计算机、通信、控制与电力系统的深度融合)——高景德	2004年 中国	《国家发展改革委关于分布式能源系统有关问题的报告》，支持**分布式能源**发展	2011年 美国	《第三次工业革命》中提出**能源互联网**是第三次工业革命的核心之一	2017年 中国	首批28个**新能源微电网**示范项目获批(发改能源〔2016〕870号)
孕育阶段 能的梯级利用		**概念阶段** 能的因地制宜		**起航阶段** 能的多能互补		**升华阶段** 能的互联互济	

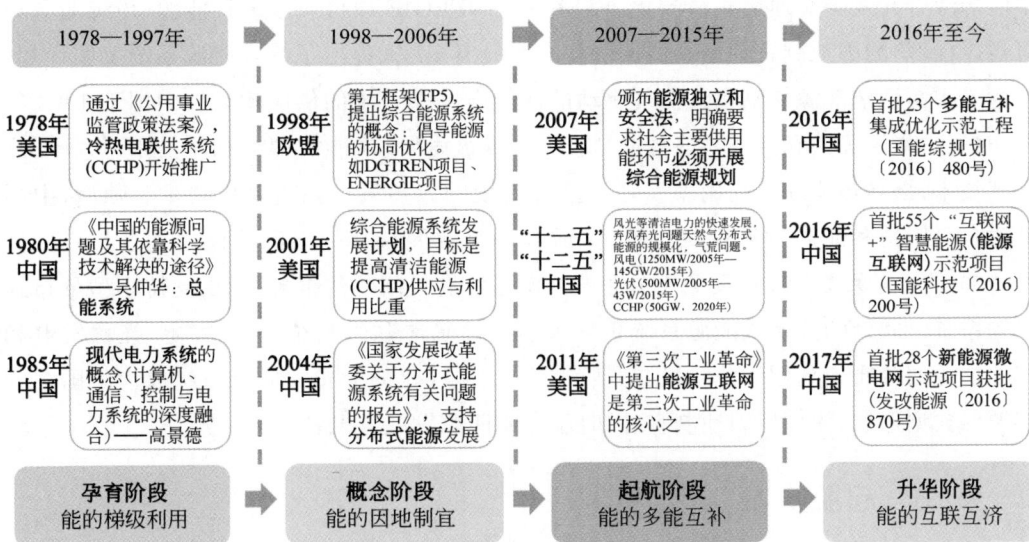

图 9-3　综合能源系统的发展阶段示意图

程领域，1980 年吴仲华阐述了以天然气冷热电联供系统为雏形的总能系统概念，提出了"分配得当，各得其所，温度对口，梯级利用"的能源高效利用原则。可见，冷热电的联供已经在能源供给侧得到重视，基于能源梯级利用的综合能源系统概念开始孕育。另外，在电气领域，巴克敏斯特·富勒(Buckminster Fuller)早在 20 世纪 70 年代就提出"世界电能网络是能源最高优选"的理念。清华大学的高景德教授在 20 世纪 80 年代提出了"现代电力系统"的概念，指出现代电力系统是计算机、通信、控制与电力系统及电力电子技术的结合，并阐明了电力系统与通信技术高度融合的重要性。近年来提出的能源互联网、"三型两网"中的"泛在电力物联网"更是"互联网＋"和能源行业高度融合的产物，在基于监控、自动化理念的基础上更加体现出能源广泛、深度流动的商品化趋势及数据驱动优化的理念。因此虽然孕育阶段，电力和热能工程领域相对独立发展和运营，但能源的梯级利用及电力与计算机、通信融合的概念的提出，为综合能源系统的诞生和发展提供了广阔的思考空间。

9.2.2　概念阶段

工业化及城市化成熟的欧盟于 1998 年在第五框架中初步提出了"综合能源系统"的构想，进行了能源在多行业的协同优化研究，标志着综合能源系统概念的诞生[11]。如分布式发电、运输和能源(distributed generation transport and energy，DGTREN)项目将可再生能源综合开发与交通运输清洁化协调考虑，ENERGIE 项目寻求多种能源（传统能源和可再生能源）的因地制宜利用和协同优化。2001 年，美国提出了综合能源系统发展计划，目标是提高清洁能源特别是天然气驱动的冷热电联供系统的供应比重。中国于 1998 年颁布的《中华人民共和国节约能源法》指出，国家鼓励"发展能源梯级利用技术，热、电、冷联产技术，提高热能综合利用率"，强调孕育阶段的天然气冷热电联供技术。随后，中国针对自身国情和能源发展现状，提出了适合自身发展特征的能源建设规划及目标。例如，2004 年《国家发展改革委关于分布式能源系统有关问题的报告》指出支持小型分布式能源系统。此处的分布式能源系统包含天然气冷热电联供系统、风力发电、光伏发电和其他能源的分布式利用。此阶段，小型、模块化、多样化的分布式能源系统成为中国综合能源的典型形态，体现出因地制宜、因时制宜的能源发展意识。

9.2.3　起航阶段

2007 年，美国颁布《2007 能源独立和安全法案》，明确要求社会主要供用能环节必须开展综合能源规划，综合能源系统及服务在美国逐渐步入稳定发展阶段。中国制定的 2020 年天然气分布式能源系统装机规模目标是 50GW。但是，天然气冷热电联供系统发展过程中暴露出热电比双向灵活性调整困难、气源紧张和气价昂贵等问题，传统天然气冷热电系统的经济性受到了考验。而可再生能源发电异军突起，例如，中国风力发电由 2005 年的 1250MW 爆发式地发展到 2017 年的 160GW，光伏发电由 2005 年的 500MW 爆发式地发展到 2017 年的 130GW。可是，在此类间歇性和波动性较强的可再生能源大力发展的同时，由于资源禀赋和用能需求在空间和时间上的不匹配，加之中国电力网络特性及体制的约束，导致了严重的弃风、弃光问题。因此，思考风、光、水等能源开发利用与传统煤电和供热技术的深度融合互补，以挖掘不同异质能源的时空耦合和互补特性，提高多能互补综合能源系统的设备利用率及系统综合效益，成为本阶段综合能源系统建模、规划、运行、评估和优化的重点。此时，基于多能互补的综合能源系统已进入起航阶段。同时，电力和热能工程两个能源领域得以交叉，信息通信技术快速发展，能源行业并行发展的意识已经凸显。例如，美国未来学家杰里米·里夫金在《第三次工业革命》中提出了能源互联网概念的构想。

9.2.4　升华阶段

专门针对不同能源系统耦合互补及互联互济的思考始于 2008 年。例如，美国能源部提出的综合能源系统发展计划,开展了用户侧冷、热、电负荷的需求侧响应和管理;德国政府启动的 E-Energy 计划,通过利用需求响应、智能调度、储能等技术,依托电力市场互动激励,消纳高比例可再生能源;日本建立的智能工业园区示范工程,将电力、燃气、供热/供冷等多种能源系统有机结合,通过多能源协调调度,提升企业能效、满足用户多种能源的高效利用;美国也提出了能源互联网的类似概念;"十三五"期间,中国政府陆续批准了首批 23 个多能互补集成优化示范工程、55 个"互联网＋"智慧能源(能源互联网)示范项目等。此时,综合能源的多种形态得以进入先行先试的升华阶段,在满足局部能源系统得到一定的优化和自治时,借助"互联网＋"技术实现能源像"商品"一样在不同能源生产者和消费者之间的流通与交换,以打破不同行业和环节能源交换和转换的壁垒。综合能源系统的高级形态——能源互联网,成为本阶段能源革命的标志性技术。一方面,它以互联网思维与理念构建新型信息—能源融合"广域网",以大电网为"主干网",以微网、分布式能源等能量自治单元为"局域网",以最大限度适应新能源的接入[12];另一方面,能源互联网在分布式能源、电动汽车等"产消者"越来越普遍的形势下,借鉴互联网理念提供新型能源组网方式,提倡大众参与、能源泛在。可见,构筑全球能源互联网是能源互联网发展的终极形态,微能源网是能源互联网的典型组成元素[13-14]。

9.3　综合能源及能源互联网的关键技术

根据综合能源系统不同的发展阶段,虽然不同能源利用技术交叉并存,但又有所侧重,大致可分为孕育阶段能的梯级利用、概念阶段能的因地制宜、起航阶段能的多能互补和升华阶段能的互联互济。

9.3.1　能的梯级利用及其代表形态

能的梯级利用就是在满足用户用能需求特征的情况下,按照能的品位合理供能,提高能源供应系统的综合利用率和系统完善度。1980 年吴仲华提出不同品质的能源要合理分配、对口供应,做到各得其所,倡导发展各种联合循环与热电并供、余能利用的总能系统。在资源分配上,应实现能量的"分配得当、各得所需":根据不同用户,在不同时段,对于不同种类能源的需求差异,进行合理的资源配置,实现利用效率的最优化;在能源利用上,应实现能量的"温度匹配、梯级利用":按照热力学第二定律,使"高品位"能源满足"高端"需求,"低品位"能源满足"低端"需求,减少能量利用过程不匹配带来的㶲损失,天然气驱动的分布式冷热电联供系统是能的梯级利用综合能源系统的典型形态,系统的综合能源利用率可超过 70%。一般将装机容量在 50MW 以内,且靠近用户布置的天然气冷热电联产系统,称为分布式冷热电联产系统。

分布式冷热电能源系统(distributed energy system of combined cooling, heating and power):临近用户设置,发电同时利用余热制冷或制热,且就地向用户输出电、冷或热的能源系统。典型天然气冷热电联供系统的组成及能源流动、系统性能数据如图 9-4 所示。当供应相同的冷热电负荷时(35 单位电能、60 单位冷能和 10 单位热能),相较于传统的冷、热、电独立供应系统,天然气冷热电联供系统可节能约 22.5%。

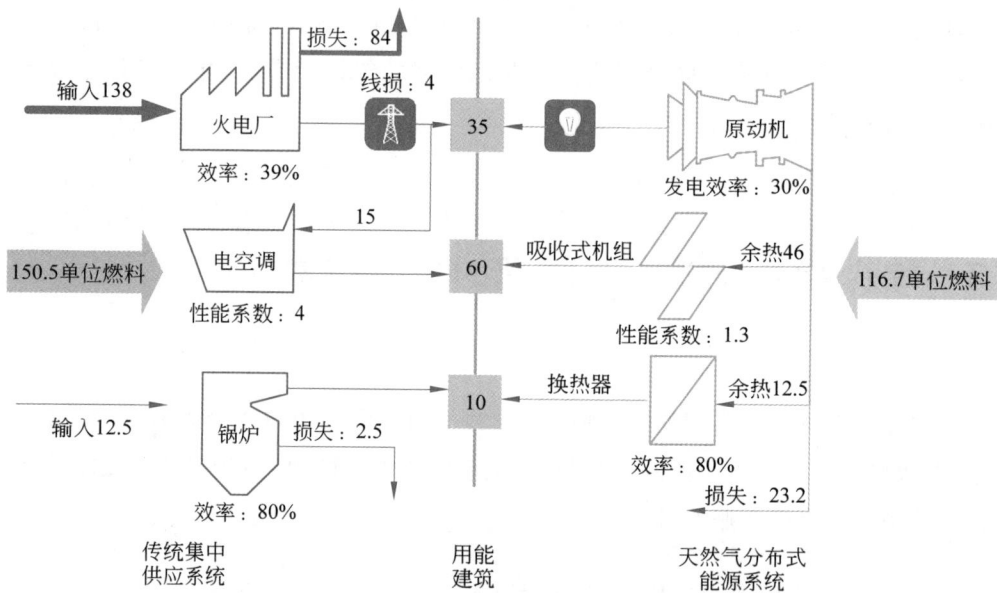

图 9-4　天然气冷热电联供系统示意图[15]

9.3.2　能的因地制宜及其代表形态

能的因地制宜可以体现在不同国家和不同地区的资源供应—能源需求禀赋及

特征上。从国家尺度来看,例如,北欧风能和生物质的大规模利用源自其丰富的风能资源和生物质资源;冰岛有丰富的中高温地热资源及较大的供暖需求,因此开发了形式多样的地热直接利用技术和地热发电技术,地热能占其全国能源消费的56%;中国是一个多煤少油的国家,尽管目前在能源转型、环境问题等因素的制约下,煤炭在一次能源结构中的比例仍大于50%。从区域来看,例如,中国在风、光资源丰富的三北地区大力开发集中式风电和光伏电站,在水资源丰富的西南地区大力开发水电站,在中低温地热资源较好的华北平原和粤港澳地区发展地热直接利用,在中高温地热丰富的滇藏地区开发地热发电等。同时,能的因地制宜,也受到当地负荷特征及技术、经济等条件的约束,例如,当前清洁供暖提出"宜电则电、宜气则气、宜热则热、宜煤则煤"的指导原则。因地制宜是一个受能量、经济、环境、社会等多方面指标约束的综合性、系统性理念,应在能的科学转化的技术条件下,具体情况具体分析。例如,空气源热泵的冷凝温度越低,其性能系数(coefficient of performance,COP)越低,且伴随结霜等问题。因此,在冬季环境温度较低的地区推广空气源热泵技术应进行项目的综合评价。

与孕育阶段能的梯级利用的分布式天然气冷热电系统不同,概念阶段能的因地制宜的分布式综合能源系统主要集中在可再生能源的分布式就近利用。如图 9-5 所示,具备能源产消者特征的系统 B 优于能源消费系统 A,而微能源网 C 优于系统 B,分布式＋集中式的系统 D 优于系统 C。可见,分布式能源系统是以资源、环境效益为约束,系统经济性能为目标的方式确定能量系统配置及运行策略,是集能源消费和生产于一体,采用需求应对式设计和模块化配置的新型能源系统(如图 9-5 的系统 B 所示)。

9.3.3　能的多能互补及其代表形态

能的多能互补是本址单一资源难以满足用户冷热电负荷需求或单一供能技术经济性差时(如弃风、弃光、弃水问题),采用本址以外的其他能源进行互补的理念。能量利用角度上,多能互补体现在利用不同能源的物理、化学等方面的异质特性和时域、空域的差异互补性,借助网络耦合技术和能量拓扑重构方法,通过不同的能源转换技术与设备实现不同能源转换和传输之间的耦合,以解决能源系统源荷间的不匹配性,提高系统的能源综合利用率,提高可再生能源的渗透率。如图 9-6 所示,多能互补综合能源系统是建立在能的梯级利用和能的因地制宜基础上,实现能源系统

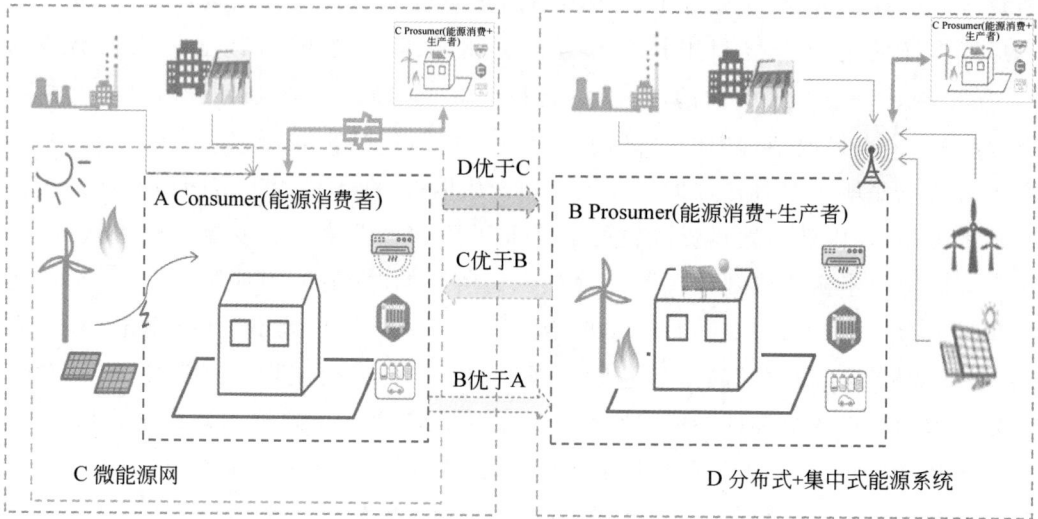

图 9-5　分布式能源系统概念示意图

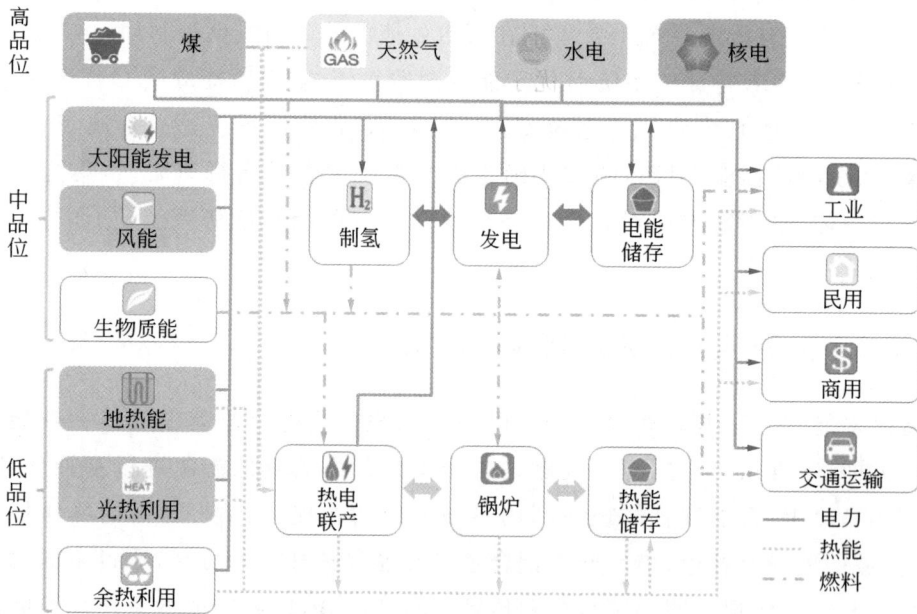

图 9-6　多能互补的综合能源系统

供应侧(包括风能、太阳能、水能、生物质能、地热能、海洋能等可再生能源和燃气等清洁能源,燃煤、石油等一次能源,以及余热、余压、煤气等可回收利用的能源)与需求侧(包括燃气、电力、蒸汽、冷水、热水、压缩空气、动力、氢能、氧氮氩等可供用户直接使用的能源或载能介质)的实时动态匹配。从图中可以看出,多能互补系统是包含两种及两种以上一次能源的能源供应系统,同时也可以看出可再生能源固有的中低品位属性,而"源—网—荷—储"各环节的多目标集成优化技术是多能互补系统的关键。

9.3.4　能的互联互济及其代表形态

能的互联互济,即构建能源互联网,是当局部或区域能源系统在实现局部自洽或难以实现既定技术经济目标时,为进一步挖掘系统的能量、经济和环境效益,通过电力和热力技术的硬连接、信息技术和商业模式的软连接等技术及大众参与的市场管理理念,实现局域能源系统之间的相互连接,依靠大量能源产消者的灵活调度,突破资源禀赋和负荷特征的限制,实现综合能源系统的共建、共享、共治及全局优化。能源互联网,是信息互联网发展中产生的开源创造和分布架构两种重要思想融入传统能源系统的产物。技术方面主要体现在信息化的需求侧响应和管理、高速可靠的能量传输技术、灵活快速的能量转换及储能技术,以及多方共赢的能源交易商业模式等。同时,能源互联网在综合能源系统能的梯级利用、能的因地制宜、能的多能互补及能的互联互济的基础上,也强调 3 个方面:一是多级能源区块内部的智能调控与综合优化结合;二是能源与交通深度融合,通过智慧能源互联系统助力万物智联;三是以用户最切实的能源需求为出发点,打造差异化、个性化的能源服务。

能源互联网作为能的互联互济的典型形态,其尺度和边界决定了冷、热、电、气等异质能源在"源—网—荷—储"等环节的非线性耦合程度。能源互联网协调多能源的生产、传输、分配、存储、转换、消费及交易,是具有高效、清洁、低碳、安全特征的开放式的能源互联网络。未来的能源互联网将不是"一张网",而是去中心化、以多个能源企业为核心的"星系"型生态系统:每个核心企业都可能形成一个小生态,由核心企业主导的能源平台连接水、电、气、热等各分散主体,提供中介增值服务,共同构成一个多中心而有序的生态。能源互联网概念示意图如图 9-7 所示[16]。

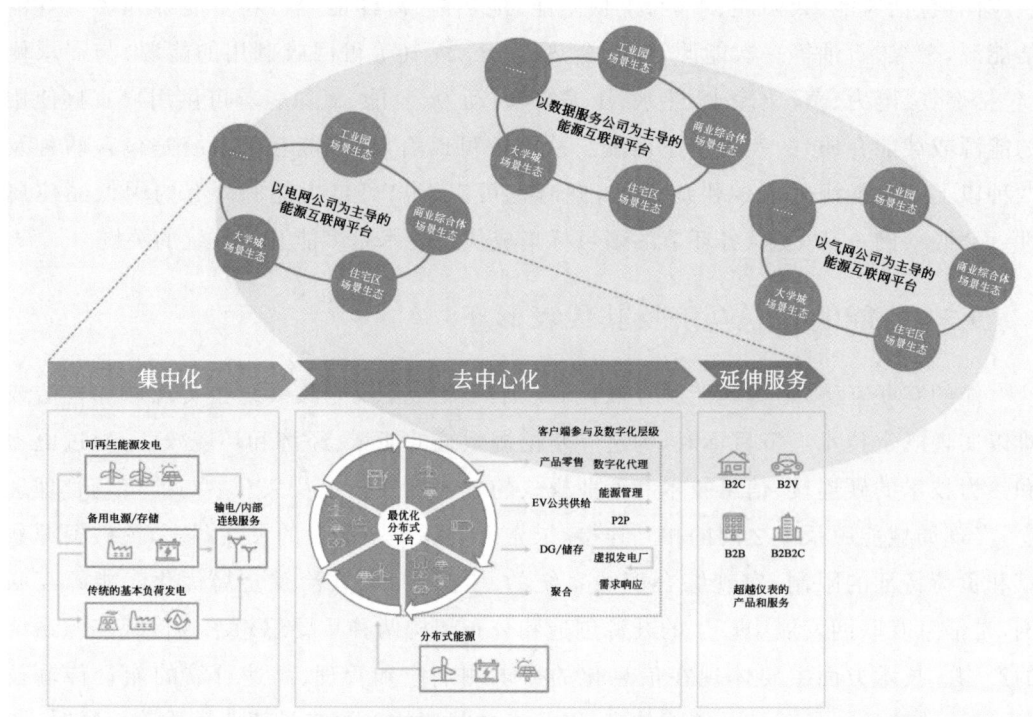

图 9-7　能源互联网概念示意图[16]

9.4　综合能源系统与能源互联网的科学研究概览

综合能源系统与智能电网、多能互补、冷热电联供、智慧能源等要素有着密切的关系。国家自然科学基金作为自选命题的基金项目，可充分反映中国科研学者对上述领域的自由研究探索，能够体现本领域专家学者对中国能源转型的深刻思考、能源发展方向的辨识，以及关键理论和技术的预判。本节以国家科学基金共享服务网为数据来源，并以 LetPub、MedSci 最新科学基金查询系统为辅助，对国家自然科学基金重点项目、面上基金、青年科学基金、地区科学基金、联合基金等所有类别的国家自然科学基金项目进行数据整理及分析。

重点科学研究的方向如下。

（1）智能电网的发展：智能电网技术不断升级，推动了电力系统的智能化和高效化。研究重点包括电网的自愈能力、智能调度和分布式能源管理。

（2）多能互补技术：通过集成和优化多种能源形式（如风能、太阳能、生物质能等），提高能源系统的整体效率和稳定性。

（3）能源互联网技术：利用物联网、大数据和区块链技术，实现能源系统的智能化管理和优化调度。研究包括能源数据的采集与分析、能源交易平台的构建等。

（4）冷热电联供系统：针对工业和民用建筑的综合能源需求，研究如何通过冷热电联供系统实现能源的高效利用和节能减排。

（5）智慧能源管理：通过智能控制和优化算法，实现对能源系统的实时监控和优化管理，提高能源利用效率和经济性。

9.4.1　研究对象的设置

1. 能源互联网及其相关基金的逐年数量分布

能源互联网相关领域国家自然科学基金项目逐年的数量变化如图9-8所示。可以发现，2010—2021年，广义综合能源基金项目共获批306项，涵盖了源网、能量路由器、虚拟电厂、多能流、多能互补、消纳、能量管理系统、冷热电、微能源网、能源互联网、综合能源系统等子领域。同时，能源互联网基金资助数量整体上呈现逐年递增趋势。例如，广义综合能源基金项目获批数从2010年的6项逐渐增加到2021年的45项；狭义能源互联网基金项目2014年获批2项，2017年和2021年达到峰值（7项），2018—2020年略微下降。可见，在能源革命和"互联网＋"创新驱动等国家战略的背景下，中国学术界逐渐掀起能源互联网的研究浪潮。在此期间，清华大学能源互联网创新研究院于2015年4月成立，是国内首家从事能源互联网研究的机构；同年，华北电力大学能源互联网研究中心成立；2016年，全球能源互联网研究院成立；中国能源研究会能源互联网专业委员会于2016年5月成立[17]；2019年，国家电网有限公司能源互联网技术研究院成立；2020年，能源互联网协调委员会（Energy Internet Coordinating Committee，EICC)由国际电气与电子工程师协会电力与能源学会技术理事会正式批准成立；2021年，北京能源工业互联网研究院揭牌成立；2022年，山西省能源互联网产学研联盟正式成立。

虽然2018年能源互联网的国家自然科学基金数量有所下降，但2019—2020年又

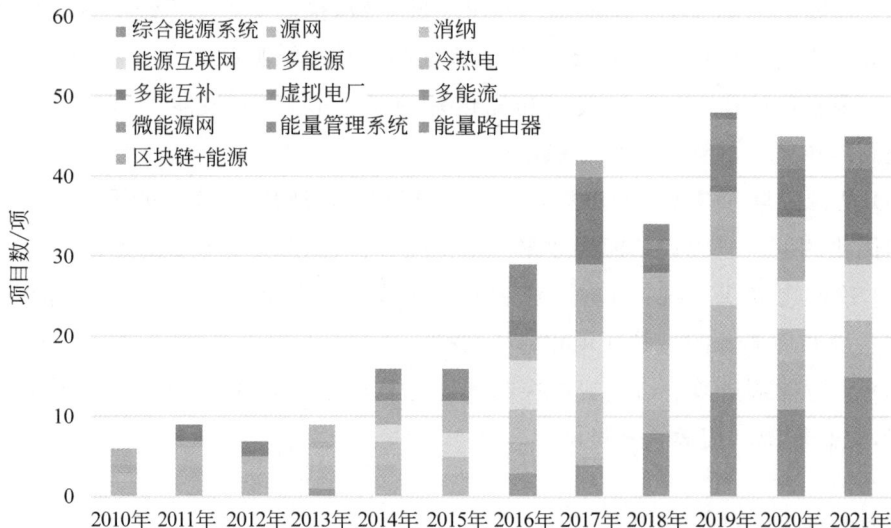

图 9-8　能源互联网相关领域国家自然科学基金项目总分布

有所上升。此外,国家科技部重点研发计划在近年来出现了相关能源互联网的研究项目,例如,2018 年的"智能电网技术与装备"重点专项中包含"面向新型城镇的能源互联网关键技术及应用"项目;"可再生能源与氢能技术"重点专项公布了"大规模风/光互补制氢关键技术研究及示范"等能源互联网相关项目;2022 年的"基于时变神经动力学算法的能源互联网系统能量管理建模与优化研究"等基金项目。可见"智能电网"的选题已经体现出"能源互联网"特征,两者已呈现高度相互交融的态势。另外,2017 年 7 月国家能源局公布的首批 55 个"互联网＋"智慧能源(能源互联网)示范项目的部分项目也已基本通过验收,如"支持能源消费革命的城市-园区双级'互联网＋'智慧能源示范项目""面向特大城市电网能源互联网示范项目""'互联网＋'在智能供热系统中的应用研究及工程示范""基于电力大数据的能源公共服务建设与应用工程""江苏大规模源网荷友好互动系统示范工程"等已通过了国家能源局验收,意味着能源互联网或已进入以推广示范为导向的先行先试阶段。

2.能源互联网及其相关基金批准的分类统计

2010—2021 年各类能源互联网不同关键词获批自然科学基金的分布情况如图 9-9 所示。从图中可以看出,以"综合能源系统""源网""消纳"和"能源互联网"为题获批的基金总数多达 178 项,是近年"能源互联网"获批基金研究的热门领域。其中,"综合能源系统"55 项、"源网"43 项、"消纳"43 项、"能源互联网"37 项。可以发现这一领域的研究由以"电"为主逐渐向"冷、热、电、气"交叉学科方向发展。不同于上述基金项目,以"冷热电"为题的获批基金项目有 25 项,大多集中在"工程热物理与能源利用"学科,且以天然气冷热电联供系统的研究为代表。

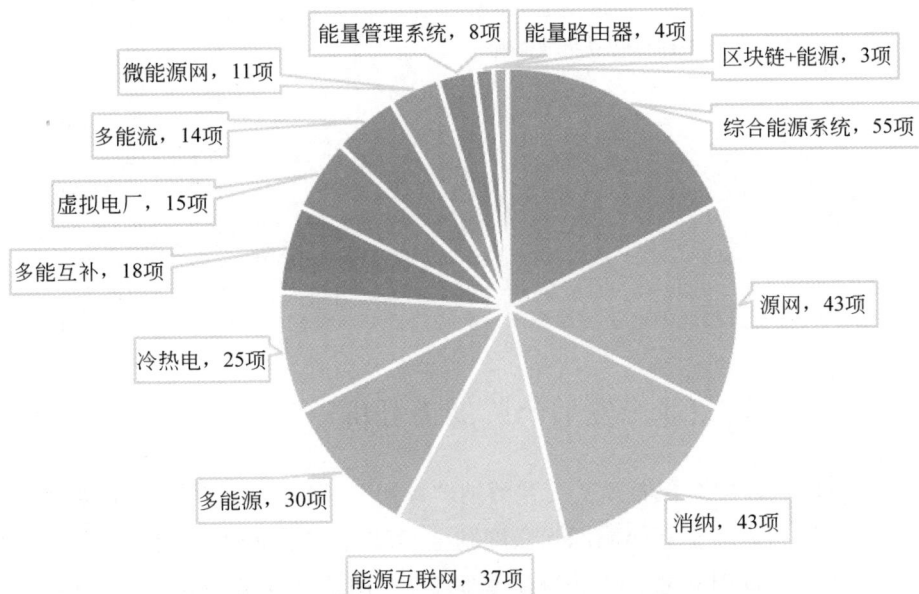

图 9-9　2010—2021 年各类能源互联网领域获批自然基金的关键词分布

以"能源互联网""综合能源系统"和"多能互补"为题的自然基金项目逐年获批资助数及其资助金额如图 9-10 所示。从图中可以看出,题目中包含"多能互补"的项目早在 2011 年获批基金,"综合能源系统"2013 年获批基金,"能源互联网"的基金在 2014年获批,其中,"综合能源系统"基金项目从 2013 年的 1 项增长到 2021 年的 15 项,"多能互补"基金项目从 2011 年的 1 项增长到 2017 年的 9 项,2018—2021 年有所回落。可见,"能源互联网""综合能源系统"和"多能互补"的关系也相当密切,与"智能电网"一样,交融在一起。从物理层看,三者均涉及"源—网—荷"等环节,均以提高能源综合利用率、降低能源使用成本,以及提高系统供能清洁性为目标。不同的是,"能源互联网"强调能量流、信息流和价值流的高度融合与协调优化,"综合能源系统"和"多能互补"则是能源互联网的物理基础,"多能互补"更强调源侧两种以上一次能源的集成互补,"综合能源系统"则更强调荷侧冷、热、电、气多能源的耦合供应。

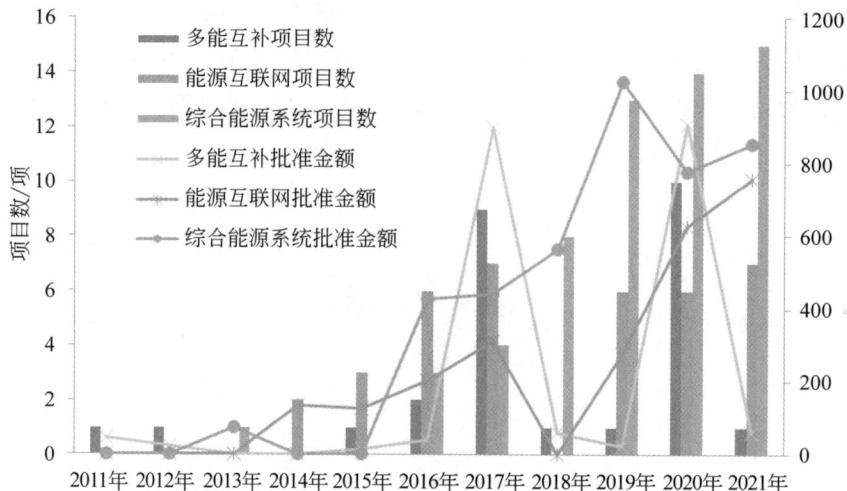

图 9-10　能源互联网领域获批基金项目数和项目资助金额的整体增长趋势示意图

9.4.2　综合智慧能源发展的驱动力分析

如图 9-9 所示,以"综合能源系统""消纳""源网"为题的能源互联网基金分别有 55 项、43 项、43 项,明显高于其他能源互联网基金,可以初步推断上述内容是能源互联网推动发展的主要驱动因素之一。从资源总量看,中国清洁能源资源丰富,水电、风电、太阳能发电技术可开发电量分别超过 6.6 亿千瓦、35 亿千瓦、55 亿千瓦;然而,中国清洁能源资源与电力需求分布不均衡,风电、太阳能发电具有随机性、波动性;同时,受当地用电市场有限、跨区电网建设滞后、省间壁垒严重、市场交易机制不完善等诸多因素影响,"十一五""十二五"期间中国可再生能源大规模发展的同时,引起了严重的"三弃问题"。基于此,较多可再生能源"消纳"的基金获批,相关技术也得以推广应用,加之配套的市场化措施,到"十三五"期间,中国"三弃问题"有了一定改善。例如,2018 年,全国弃风率同比下降 5 个百分点,全国弃光率同比下降 2.8 个百分点,全国平均水能利用率达到 95%。但是,2018 年全国"三弃电量"仍超过 1000 亿 kW·h,可再生能源消纳问题依然严峻。某种程度上,缺乏统筹规划和统一的电力市场,清洁能源发展与电网建设仍不够协调,是目前中国"三弃问题"不能彻底解决的重要原因。因此,由智能电网出发,构建能源互联网,实现清洁能源跨区、跨国、跨洲,甚至全球优化配置仍是未来的热点问题[19-20]。

9.4.3　能源互联网基金的获批高校分布

在本节关键词设置及搜索方式下,2010—2021 年能源互联网相关领域获批项目最多的前 20 家高校(需要说明,本书所采用的国家自然科学基金搜索引擎数据库在部分基金指标上存在缺项无法统计的情况)如图 9-11 所示。分析内容可以看出,获批能源互联网基金数量前 6 位的高校分别是华北电力大学、清华大学、天津大学、上海交通大学、西安交通大学和山东大学;获批基金金额前 6 位的高校是天津大学、山东大学、清华大学、上海交通大学和华北电力大学。不难发现,上述高校都是拥有"电气科学与工程"和"工程热物理与能源利用"学科点的强校。以上述高校为代表的在能源互联网领域的研究工作,反映了高校科研工作者对学术前沿的自由思考与敏锐观察、对能源变革必然趋向的充分理解,也体现出能源互联网正是以电为核心,热、冷、气等多种能源互补耦合的能源网络。

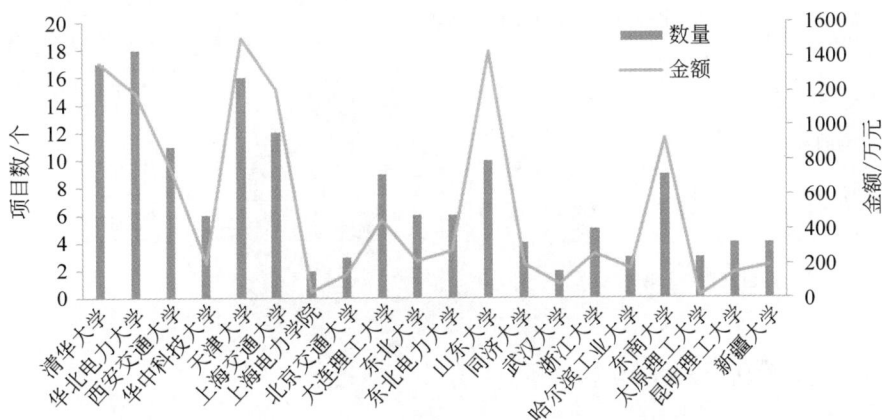

图 9-11　2010—2021 年能源互联网基金获批高校的分布

2010—2020 年能源互联网相关基金获批的一级学科分布(由于部分 2021 年基金未公布对应的所属学科类别,因此本部分的统计范围缩减到 2020 年)如图 9-12 所示。其中"电气科学与工程"学科高居榜首,高达 103 项;"工程热物理与能源利用"学科,31 项;"自动化"学科,22 项。可以看出,能源互联网"分层、分节"概念架构包含的"物理层、信息层、价值层"及"源—网—荷"等环节,也是各学科百花齐放的态势反映。因此,以能源互联网为代表的能源转型,将有力推动能源产业从以化石能源为中心的产业集群,向以清洁能源和电力为中心的产业集群转变;届时,以能源互联网带动的能源上下游产业转型将不断升级,也必然会引起不同学科的深度交叉[18]。作为能源领域的科研工作者,需要跳出本专业的传统思维,勇于自我革命、创新突破,站在能源转型大格局中思考问题,推动能源互联网相关技术的发展与应用。

　　总体来看,全国获批能源互联网基金项目的高校和研究院所共有82家。其中,数量排名前7位的高校获批基金数量之和达到93项,占全国批准基金项目的37%。其中,清华大学获批项目的学科集中在"电气科学与工程"和"工程热物理与能源利用","计算机科学"主要体现在能源互联网的信息层和物理层架构;西安交通大学、上海交通大学、山东大学获批项目的学科有"工程热物理与能源利用""电气科学与工程""自动化""化学工程与工业化学"等,反映出涉足能源互联网研究的学科多元化;天津大学以"电气科学与工程"为主,"工程热物理与能源利用学科"获批一个重点项目;华北电力大学的"水利科学与海洋工程""管理科学与工程""电气科学与工程""宏观管理与政策"等学科都有基金项目获批,在能源互联网物理层、信息层以及价值层的研究较为活跃;大连理工大学以"水利科学与海洋工程"为主,聚焦多能互补能源系统及清洁能源的消纳的研究。

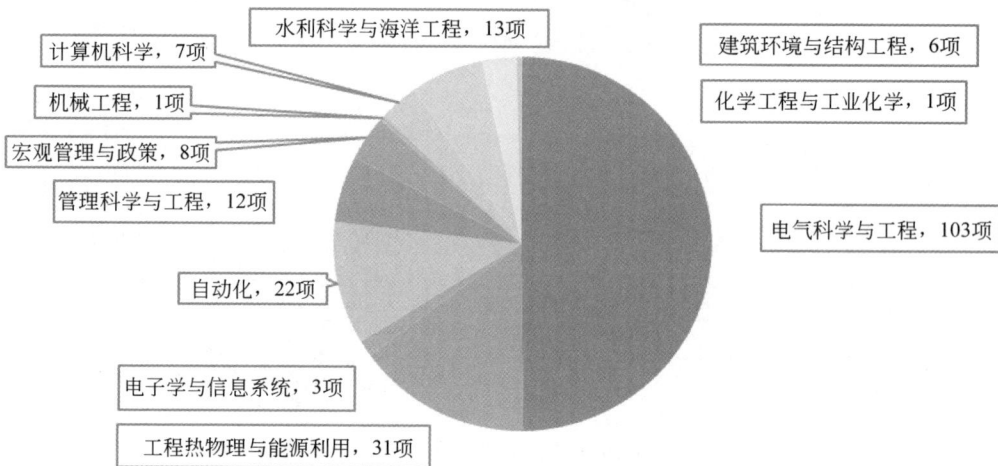

图 9-12　2010—2020 年获批能源互联网基金的一级学科分布

9.5　综合能源的产业发展

　　政策作为国家规范产业发展路线而制定的行动准则,具备较强的引导与支持作用,是推动能源互联网产业发展的最主要因素[21]。近年来,国家发布多项政策扶持能源互联网产业发展。2014—2021 年国家部委共计发布 1317 项能源互联网相关政策法规,目前政策体系已涵盖国际条约、宏观战略、法律法规、标准导则、部门规章及中央规范性文件多层级,且相关内容还在进一步完善。2021 年,全国人大及其常委会、国务院、中央各部委等共发布 320 项国家政策(含标准导则 25 项,宏观战略 6 条,法律法规 4 条),部门规章及中央规范性文件最多,共 285 条,是能源管理最重要的抓手。2014—2021 年中国能源互联网政策文件的颁布情况如图 9-13 所示。

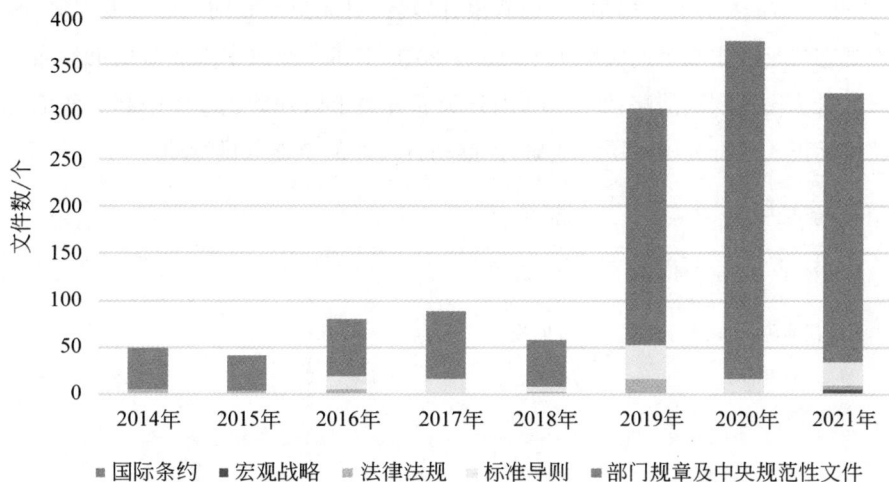

彩图

图 9-13　2014—2021 年中国能源互联网政策文件数量

　　分析图 9-13 内容可知,国家能源针对能源互联网所颁布的政策整体呈现出"先增后减再增"的态势,同时政策颁布数量于 2019 年出现爆发式增长,由 2018 年的 58 项增长到 2019 年的 304 项。2016 年国家发改委、能源局、工信部联合发布《关于推进"互联网+"智慧能源发展的指导意见》,将能源互联网的发展阶段分为 2016—2018 年和 2019—2025 年两个阶段。该意见明确指出:第一阶段以推进能源互联网试点示范工作为重点,在能源互联网技术上力争达到国际先进水平,初步建成能源互联网技术标准体系;第二阶段重点推进能源互联网多元化、规模化发展,初步建成能源互联网产业体系,成为经济增长的重要驱动力。在国家政策法规的大力推动下,中国能源互联网产业正持续推动,相关产业已于 2019 年进入规模化发展阶段。伴随着能源互联网市场在全国各地"全面开花",政府部委也持续颁布了多项政策更进一步推动能源互联网产业及企业的发展,使 2019 年的政策数量出现了井喷式爆发。能源互联网产业的发展已由概念孕育阶段逐步转到高速发展阶段,在随后的 2019—2021 年内,能源互联网的政策颁布数量也持续处于高位。

如图 9-14 所示,中国 2014—2021 年政策文件的内容涵盖了新能源汽车、能源安全、天然气、节能减排、价格政策、光伏发电、风力发电、农村能源等内容,几乎涵盖能源行业的所有领域。同时,对国家政策文件热点词汇的统计数据进行分析,可侧面反映出国家针对能源互联网行业的发展倾向(2014 年—光伏发电,2015 年—指导意见,2016 年—价格政策,2017年—指导意见,2018 年—新能源汽车,2019 年—新能源汽车 & 能源安全,2020 年—新能源汽车,2021 年—节能减排)。从图中可以看出,国家针对能源互联网行业的发展倾向与能源行业的宏观态势呈现出高度的关联关系,例如,2018 年新能源汽车产业蓝皮书发布,发展新能源汽车上升为国家层面战略;2021 年,国务院部署关于做好碳达峰碳中和工作的意见,实现"双碳"目标正式上升为国家层级战略,正推动各行业的节能减排行动。

彩图

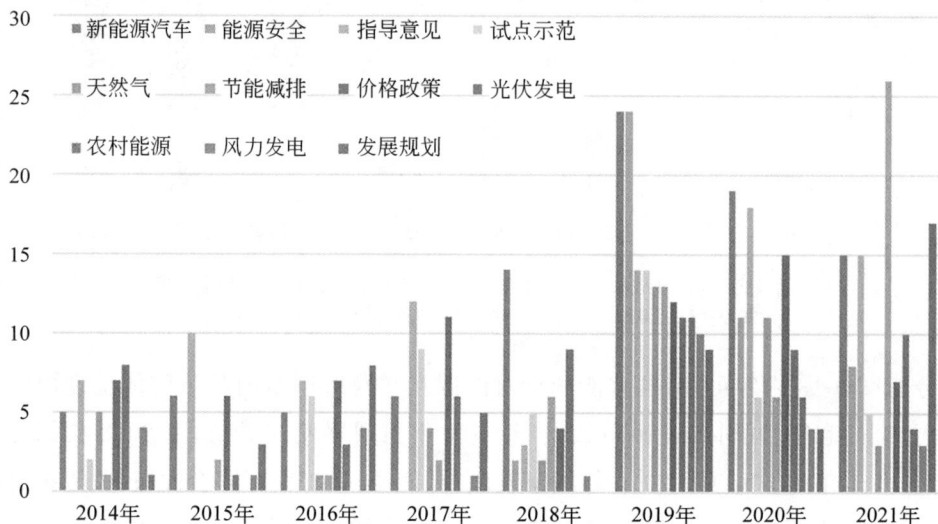

图 9-14　2014—2021 年能源互联网政策热词

狭义能源互联网概念下,包含"能源互联网"和"智慧能源"的政策,2020 年共计 6 项,2021 年共计 8 项,具体政策及其内容见表 9-1 和表 9-2。

表 9-1　狭义概念下的能源互联网及智慧能源政策(2020 年)

颁布时间	文件名称	相关内容
2020-1-17	《储能技术专业学科发展行动计划(2020—2024 年)》	推动储能技术关键环节研究达到国际领先水平,形成一批重点技术规范和标准,有效推动能源革命和能源互联网发展

续表

颁布时间	文件名称	相关内容
2020-6-22	《2020 年能源工作指导意见》	继续做好"互联网＋"智慧能源试点验收工作,加强国家能源研发中心日常管理和考核评价
2020-11-2	《新能源汽车产业发展规划(2021—2035 年)》	依托"互联网＋"智慧能源,提升智能化水平,积极推广智能有序慢充为主、应急快充为辅的居民区充电服务模式
2020-11-3	《中共中央关于制定国民经济和社会发展第十四个五年规划和二○三五年远景目标的建议》	完善能源产供储销体系,加强国内油气勘探开发,加快油气储备设施建设,加快全国干线油气管道建设,建设智慧能源系统

表 9-2　狭义概念下的能源互联网及智慧能源政策(2021 年)

颁布时间	文件名称	相关内容
2021-2-2	《国家高新区绿色发展专项行动实施方案》	国家高新区加快推进智能交通基础设施、智慧能源基础设施建设
2021-3-13	《中华人民共和国国民经济和社会发展第十四个五年规划和 2035 年远景目标纲要》	构建基于 5G 的应用场景和产业生态,在智能交通、智慧物流、智慧能源、智慧医疗等重点领域开展试点示范
2021-4-19	《2021 年能源工作指导意见》	推动分布式能源、微电网、多能互补等智慧能源与智慧城市、园区协同发展
2021-5-25	《关于加强县城绿色低碳建设的意见》	推广综合智慧能源服务,加强配电网、储能、电动汽车充电桩等能源基础设施建设
2021-6-7	《工业互联网专项工作组 2021 年工作计划》	高质量建设能源工业互联网与能源大数据专网,建成能源工业互联网专网,统一在线监控平台,实现能源工业互联网平台连接 3 个部委、22 家能源央企和 46 家地方国有企业
2021-7-15	《关于加快推动新型储能发展的指导意见》	依托大数据、云计算、人工智能、区块链等技术,结合体制机制综合创新,探索智慧能源、虚拟电厂等多种商业模式
2021-12-22	《能源领域深化"放管服"改革优化营商环境实施意见》	对综合能源服务、智慧能源、储能等新产业新业态,探索"监管沙盒"机制,在严守安全、环保规范标准的基础上,鼓励开展政策和机制创新
2021-12-29	《加快农村能源转型发展助力乡村振兴的实施意见》	在经济发达的县域,加快建设智慧能源大数据平台,采用数字化方式采集农村能源数据

　　从表 9-1 及表 9-2 可以看出,在国家政策层面,明确提及能源互联网相关政策的数量较少,提及智慧能源的政策相对较多。直接提及能源互联网的相关政策多结合能源

革命等宏观概念提出,面向对象为广义的能源互联网;而提及智慧能源的政策多结合基建、系统、平台等概念提出,面向对象为狭义的能源互联网。相关产业及企业准确感知到了国家能源互联网产业的发展趋势,一系列能源互联网、智慧能源相关研究机构相继成立,一系列面向能源互联网、智慧能源相关的科研工作逐步开展。

参 考 文 献

[1] 冶兆年,赵长禄,王永真,等.基于纳什议价的共享储能能源互联网络双目标优化[J].综合智慧能源,2022,44(7):40-48.

[2] 王永真,康利改,张靖,等.综合能源系统的发展历程、典型形态及未来趋势[J].太阳能学报,2021,42(8):84-95.

[3] 王永真,张靖,潘崇超,等.综合智慧能源多维绩效评价指标研究综述[J].全球能源互联网,2021,4(3):207-225.

[4] 王永真,张宁,关永刚,等.当前能源互联网与智能电网研究选题的继承与拓展[J].电力系统自动化,2020,44(4):1-7.

[5] 王永真,张靖,赵伟.能源互联网的"热响应"与"冷思考"[J].能源,2019(9):61-65.

[6] 孙宏斌,郭庆来,潘昭光,等.能源互联网:驱动力、评述与展望[J].电网技术,2015,39(11):3005-3013.

[7] DONITZKY C, ROOS O, SAUTY S. 数字能源网络:物联网和智能电网[R],圣克拉拉:英特尔,2014.

[8] 关永刚,罗安.国家自然科学基金电气科学与工程学科研究方向与关键词修订[J].中国电机工程学报,2019,39(1):126-129.

[9] PAZOUKI S, HAGHIFAM M, MOSER A. Uncertainty modeling in optimal operation of energy hub in presence of wind, storage and demand response[J]. International Journal of Electrical Power & Energy Systems, 2014, 61(10):335-345.

[10] 孙秋野,胡旌伟,张化光.能源互联网中自能源的建模与应用[J].中国科学(信息科学),2018,48(10):1409-1429.

[11] 金红光,张国强,高林,等.总能系统理论研究进展与展望[J].机械工程学报,2009,45(3):39-48.

[12] 刘晓东,王璇.能源互联网技术产业链融合创新机制与对策研究[J].电力电容器与无功补偿,2021,42(6):260-267.

[13] 张博,孙旭东,刘颖,等.能源新技术新兴产业发展动态与2035战略对策[J].中国工程科

学，2020，22(2)：38-46.

[14]　刘斌，陈爽. 中国能源互联网产业机会与商业模式[J]. 商业文化，2018(30)：59-65.

[15]　喻小宝，谭忠富，屈高强. 基于能源互联网的电力商业模式及关键技术研究[J]. 智慧电力，2019，47(2)：9-14＋36.

[16]　陈继东、陈珊、李姝. 能源互联网 4.0：以变御变，数创未来[R]，都柏林：埃森哲，2019.

[17]　清华大学能源互联网研究院. 国家能源互联网发展白皮书 2018[R]. 北京：清华大学能源互联网研究院，2019.

[18]　张艳. 新时代中国特色绿色发展的经济机理、效率评价与路径选择研究[R]. 西安：西北大学，2018.

[19]　潘尔生，李晖，肖晋宇，等. 考虑大范围多种类能源互补的中国西部清洁能源开发外送研究[J]. 中国电力，2018，51(9)：158-164.

[20]　郭丰慧，胡林献，周升彧. 基于二级热网储热式电锅炉调峰的弃风消纳调度模型[J]. 电力系统自动化，2018，42(19)：50-56.

[21]　杨锦成，骆建波，康丽惠等. 区域能源互联网构架下的综合能源服务[J]. 上海节能，2017(3)：137-146.

第 4 篇　第四次能源革命——
全面科技融合走向碳中和

第 10 章

能源革命——挑战传输极限：特高压

学习目标

（1）了解特高压的特点及发展环境。

（2）熟悉特高压市场现状。

（3）掌握特高压交流、直流输电技术。

10.1 特高压概述

特高压输电是电压等级不小于 1000kV 的交流输电和 ±800kV 及以上的直流输电技术。特高压输电技术研究是目前世界输电技术的前沿工程学科，突出特点是电压等级高、输送容量大、输送距离远、线路损耗低，可以有效解决大规模远距离电力输送问题，在保障全国能源供给平衡、实现能源合理利用方面，具有巨大的经济效益和社会效益。建设以特高压电网为骨干、各级电网协调发展的国家级电网，符合中国能源资源与经济发展逆向分布的基本国情，符合国家节能减排的总体部署，是实现电网与电源协调发展的有效途径，是建设资源节约型、环境友好型社会的迫切需要。相比于俄罗斯、日本，中国特高压输电技术研究起步较晚，但发展较为迅猛。

从中国能源资源分布情况来看，虽然蕴藏总量丰富，但资源分布与生产力分布不均衡，煤炭资源主要在北部和西北部，水能资源主要在西南部，陆地风能与太阳能资源主要在西北部，而能源需求主要集中在中部与东部沿海地区，能源基地与负荷中心相隔上千千米。发电能源以煤、水为主，能源资源和生产力发展呈逆向分布，是中国的基本国情。改革开放以来，中国电力需求持续快速增长，新建电源规模容量越来越大,中国必然要发展远距离、大容量输电技术,以提高资源的开发和利用效率,缓解能源输送压力并满足环境保护要求。特高压输电技术是目前世界上最高电压等级的输电技术,1000kV 特高压交流输电能力大约是 500kV 超高压交流输电能力的 4～5 倍。发展交直流特高压输电可以有效解决大规模电力输送问题,且与超高压输电线路相比,特高压线路在相同输电容量下占用的土地资源更少,经济效益和社会效益十分显著。

国际上苏联、日本、美国、意大利和加拿大等少数国家对特高压交流输电技术进行过试验研究,苏联在 1981—1994 年间共建成 1150kV 输电线路 2364km,其中埃基巴斯图兹—科克切塔夫线(长 495km)于 1985 年以 1150kV 投入运行,是世界上第一条投入实际运行的特高压输电线路。日本于 20 世纪 90 年代建设了 1000kV 特高压交流双回输电线路,但一直处于 500kV 降压运行状态。国外直流输电已建成投运的最高电压等级工程为巴西伊泰普输电工程,包括两回±600 千伏电压等级、360 万千瓦额定输送功率的直流线路;苏联曾计划建设一条从埃基巴斯图兹到唐波夫的±750kV 特高压直流输电工程,该工程是世界上特高压直流输电技术的第一次工程实践,于 1980 年开始建设,并已建成 1090km 线路,但最终因政治、经济等原因停建[1]。

特高压输电研究在中国起步比较晚。从 1986 年起,特高压输电研究先后被列入中国"七五""八五"和"十五"科技攻关计划;1990—1999 年,国家科委组织"特高压输电前期论证"和"采用交流百万伏特高压输电的可行性"等专题研究。国家电网公司于 2004 年首次提出"建设以特高压电网为核心的坚强国家电网"的战略构想,重点建设以特高压电网为骨干、各级电网协调发展的网架体系;南方电网公司从 2003 年开始研究建设±800kV 直流输电工程的可行性。2006 年,国家发展改革委员会正式核准晋东南—南阳—荆门 1000kV 特高压交流试验示范工程,连接华北、华中电网,并于 2009 年建成投运;2010 年建成投运±800kV 云南—广东和向家坝—上海特高压直流输电示范工程;此后,特高压输电在中国得到迅速发展。截至 2021 年,特高压工程累计线路长度增加至 42 156 千米,与 2020 年相比提高了 17.52%,2022 年特高压工程累计线路长度增长至 44 613 千米。

世界输电技术前沿的特高压输电技术在中国的迅速成功发展充分证明了中国在电力系统技术方面所取得的巨大成就。

10.2　特高压的特点

10.2.1　特高压交流输电技术的主要特点

（1）特高压交流输电中间可以有落点，具有网络功能，可以根据电源分布、负荷布点、输送电力、电力交换等实际需要构成国家特高压骨干网架。特高压交流电网的优点包括：输电能力大、覆盖范围广、网损小、输电走廊明显减少，能灵活适应电力市场运营的要求。

（2）采用特高压实现联网，坚强的特高压交流同步电网中线路两端的功角差一般可控制在 20°及以下。因此，交流同步电网越坚强，同步能力越大、电网的功角稳定性越好。

（3）特高压交流线路产生的充电无功功率约为 500kV 线路的 5 倍，为了抑制工频过电压，线路需要装设并联电抗器。

（4）当线路输送功率变化时，送端和受端的无功功率将发生较大变化。如果受端电网的无功功率分层分区平衡不合适，特别是动态无功功率备用容量不足，在严重工况或严重故障时，如何保持电压稳定可能成为主要问题。引入 1000kV 特高压交流输电，可为直流多馈入的受端电网提供坚强的电压和无功支撑，有利于从根本上解决500kV 短路电流超标和输电能力低的问题。

10.2.2　特高压直流输电技术的主要特点

（1）特高压直流输电系统中间不落点，可点对点、大功率、远距离直接将电力送往负荷中心。在送受关系明确的情况下，采用特高压直流输电，实现交直流并联输电或异步联网，电网结构比较松散、清晰。

（2）特高压直流输电可以减少或避免大量过网潮流，系统的潮流方向和大小均能方便地进行控制，可按照送受两端运行方式变化改变潮流。

（3）特高压直流输电的电压高、输送容量大、线路走廊窄，适合大功率、远距离输电。

（4）在交直流并联输电的情况下，利用直流有功功率调制，可以有效抑制与其并列的交流线路的功率振荡，如区域性低频振荡，明显提高交流的瞬时和动态稳定性能。

（5）大功率直流输电，当发生直流系统闭锁时，两端交流系统将承受较大的功率冲击。

10.3　特高压行业的发展环境

特高压行业的发展，有利于优化中国电网和电源布局，促进电力工业整体和区域经济协调发展，建设特高压电网也是满足未来持续增长的电力需求的根本保证。加快建设以特高压电网为核心的坚强的国家电网，对于实现更大范围的资源优化配置、推动中国能源的高效开发利用、促进经济社会可持续发展具有重大的意义。

10.4　特高压交流输电的技术问题

1. 潜供电弧及其熄灭

工频电弧的熄灭取决于弧道恢复场强和电弧电流的抑制能力。对于中性点非有效接地系统的配电线路，弧道恢复场强能力取决于绝缘子串的泄漏比距，单相工频电弧电流是其他两相对地电容产生电流之和，称为电网电容电流。如果配电网中线路总长度短，这一电容电流较小，接地电弧一般能够自熄；如电容电流较大，电弧不能自熄，就要采用中性点经消弧线圈接地的方式。

中性点有效接地系统的高压和超、特高压输电线路则不同，雷击闪络之后出现的单相故障电流（一次工频短路电流）很大，电弧一般不能自熄。对此目前普遍采用单相自动重合闸使线路恢复正常运行，但是实际情况往往不同，因为一次短路电流被切除后,由于两个健全相导线与被开断相导线之间的静电耦合和电磁耦合,接地弧道中还会通过一定大小的工频电弧电流,称为二次电流,中国称为潜供电流。试验证明,随着线路额定电压的提高,潜供电流增大,又由于超、特高压线路一般很长,使得线路的潜供电流更大,需要加以抑制。

2. 特高压交流线路的防雷保护

随着输电电压等级和绝缘水平的提高,线路的雷击跳闸率和总跳闸率的绝对值越来越小,但是,雷击跳闸的次数占总跳闸次数的比重越来越大。这是由于塔杆与避雷针对地高度都很高,线路落雷次数显著增多、感应雷击过电压分量也增大;塔杆高、导线上的工作电压也很高,导致绕击率增大。在特高压线路上,档中导地线间的气隙长度并没有随电压增高成比例增大,因而雷电击中档距中央避雷针而导致导地线间气隙被击穿的可能性增大。这些问题,都需要在高空架线时加以考虑,有些技术问题亟待解决。

3. 特高压交流输电系统中的操作过电压

操作过电压是确定特高压交流输电系统绝缘水平的决定性因素。无论减小特高压线路和输变电设备的绝缘难度,还是缩减整个系统的建设费用,降低操作过电压水平(减小其倍数)的意义都十分重大。在不采取降压、限压措施的情况下,合闸过电压的倍数为 2.0 或 3.0,可见,将特高压输电系统的最大操作过电压倍数控制到 1.6～1.7倍,是非常困难的。

4. 特高压交流输电的环境影响问题

随着输电电压的提高,特高压输电工程对环境的影响越来越受到重视。特高压输电对环境的影响主要体现在两方面:一是工频电场和磁场对人类和植物所产生的生态生理影响;二是电晕放电及其派生效应对环境的影响。目前,环境影响的限值选择是一个很重要的问题。

10.5　特高压直流输电的技术问题

10.5.1　特高压直流输电的缺点

（1）换流装置较昂贵，是限制直流输电应用的最主要原因。在输送相同容量时，直流线路单位长度的造价比交流线路低；而直流输电两端换流设备造价比交流变电站贵很多。这就导致"等价距离"的问题。

（2）消耗无功功率多。一般情况下，每端换流站消耗无功功率约为输送功率的$40\%\sim60\%$，需要无功补偿。

（3）产生谐波影响。换流器在交流和直流侧都产生谐波电压和谐波电流，使电容器和发电机过热、换流器的控制不稳定，对通信系统产生干扰。

（4）运行维护时，直流线路积污速度快、污闪电压低，污秽问题比交流线路更为严重，防污闪压力较大。

10.5.2　直流偏磁问题

变压器绕组通过直流电流时，在铁芯中产生直流磁势，导致铁芯磁密工作点发生偏移，这种现象称为直流偏磁。

引起变压器直流偏磁的主要原因有两个：一个是太阳等离子风的动态变化与地磁场相互作用产生的地磁风暴，另一个是直流输电系统采用单极大地回线运行方式或双极不对称运行方式。最近也有轨道交通的杂散电流引发城市电网变压器直流偏磁的报道。

直流输电系统的运行方式有单极和双极两类，在双极不对称或单极运行时，会有一定的直流电流通过直流系统的接地极流入大地，同时在大地表面形成不等电位，使附近的交直流系统接地极的电位相对于无穷远处升高。这时直流地中电流可能通过变压器中性点接地进入变压器绕组，在变压器绕组形成直流电流。入侵到交流系统的直流电流的大小除了与换流站与变电所的距离、交流电网的构成及参数因素有关外，还与电流流经的土壤电阻率密切相关，电阻率越高的地方越容易形成高的电位差，相应地入侵到交流系统的直流电流越大。

1. 特高压直流输电直流偏磁影响

变压器励磁电流中的谐波电流一般不大于额定电流的 2%，大型电力变压器励磁电流的谐波电流可能小于 0.1% 的额定电流。当直流或低频电流进入变压器时，与变压器绕组电流混合在一起，变压器磁密工作点发生偏移，使变压器直流偏磁。直流偏磁变压器的励磁电流将产生大量谐波，从而引起一系列问题。

（1）谐波使电抗增加，产生更多的无功功率，从而影响电压的稳定，大量的谐波注入电网，使电网的电能质量下降。

（2）严重的变压器直流偏磁将使变压器工作在半周高度饱和状态下，饱和铁芯成为更高磁阻路径，铁芯要求更多安培匝数产生相同数量的磁通，为了维持系统正常的正弦电压水平，会产生大量的漏磁通，使变压器绕组所受的洛伦兹力增加，加剧变压器绕组的振动，使绕组易变形。

（3）谐波中的高频成分在铁芯中产生更多的涡流损耗，铁耗增加；由于直流的入侵和谐波的集肤效应增加了铜损耗，直流电流越大、谐波频率越高，铜耗越大。

（4）系统的热损耗增加，设备产生温升，使设备绝缘条件恶化，缩短设备的寿命。

（5）畸变的励磁电流导致变压器铁芯的磁致伸缩力增加，加剧铁芯的振动，辐射更强的空载噪声对周围环境造成更大影响。

（6）直流偏磁间接地会影响继电器、自动控制装置的正常工作，影响仪表的测量精度，电网中的无功补偿电容器组还可能引起谐波电流的放大，甚至造成谐振，发生谐振时会危及变压器的安全。

2. 直流电流对中性点接地变压器的影响原理

变压器绕组中流过的直流电流将产生一个直流磁通，如图 10-1(a) 所示，虚线为含有直流分量的磁通曲线，图 10-1(b) 为变压器铁芯的磁化曲线。如图 10-1(c) 所示，虚线有直流分量的磁化电流曲线。当直流分量使变压器磁化强度增加到磁化曲线拐点以上时，变压器铁芯处于饱和状态。由于直流偏磁存在，励磁电流增大，波形发生严重畸变，因此出现半波尖峰。若绕组中直流电流超过允许值，产生的主要影响及原理如下。

（1）噪声增大。当变压器线圈中有直流电流流过时，励磁电流会明显增大。变压

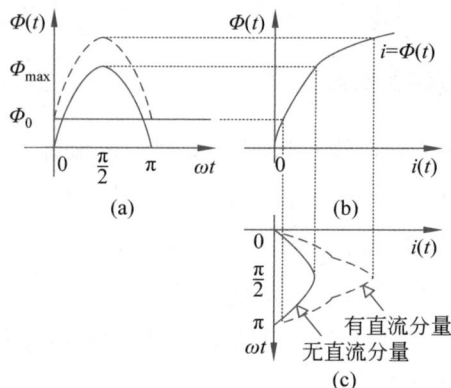

图 10-1　直流电流对变压器的影响

(a)虚线为含有直流分量的磁通曲线；

(b)为变压器铁芯的磁化曲线；(c)虚线表示含有直流分量的磁化电流曲线

注：$\Phi(t) = \Phi_0 + \Phi_{max}\sin\omega t$

器中增加的谐波使变压器噪声频率发生变化,可能会因某一频率与变压器结构部件发生共振使噪声增大。

（2）对电压波形的影响。国内 110kV 及以上变压器一般采用 Y_0/D 连接,超高压、大容量变压器,特别是自耦变压器一般采用 $Y_0/D/Y_0$ 连接。对于 Y_0/D 和 $Y_0/D/Y_0$ 连接的三相变压器,虽然当直流接地极电流流过 Y_0 绕组时,会增加励磁谐波电流,但原边和副边绕组都可以为 3 次谐波电流提供通道,使主磁通接近正弦波,从而使电动势波形也接近于正弦波。然而事实上,当铁芯工作在严重饱和区时,会增加漏磁通,从而在一定的程度上使电压波峰变平。

（3）变压器铜耗增加。变压器铜耗包括基本铜耗和附加铜耗。在直流电流的作用下,变压器励磁电流可能会大幅度增加,导致变压器基本铜耗急剧增加,但由于主磁通仍为正弦波,且磁密变化相对不大,因此直流偏磁电流对附加铜耗产生的影响相对较小,铜耗主要是基本铜耗。

（4）变压器铁耗增大。变压器铁耗包括基本铁耗（磁滞和涡流损耗）和附加铁耗（漏磁损耗）,基本铁耗与通过铁芯磁密的平方和频率成正比,对于采用 Y_0/D 和 $Y_0/D/Y_0$ 接线的变压器,尽管励磁电流包含着谐波分量,但主磁通仍然维持着正弦波,因此变压器绕组中的直流电流不会对基本铁耗产生太大的影响。然而励磁电流进入了磁化曲线的饱和区,使得铁芯和空气的磁导率接近,从而导致变压器的漏磁增加。变压器漏磁通会穿过压板、夹件、油箱等构件，并在其中产生涡流损耗，即附加铁耗。附加铁耗会随着铁芯磁密的增加而显著增加。应重视附加铁耗，即使在无直流情况下，大型变压器的附加铁耗与基本铁耗相当，甚至更大，这意味着随着变压器绕组中直流分量的增加，变压器的附加铁耗会增加。

3. 变压器直流电流允许值

迄今为止，变压器允许的最大直流电流世界上还没有一个明确的标准。但是，允许直流电流的大小与以下因素有关。

（1）磁密取值。对于冷轧硅钢片，当磁密在 1.65～1.70T 时，变压器绕组允许通过的直流电流为额定电流的 0.45%～0.55%。在三峡—常州±500kV 直流输电工程中，ABB 生产的换流变压器可承受 5A/相（噪声和损耗按 1.1A/相设计）。国际大电网会议（CIGRE）导则显示，现代（高导磁率铁芯）单相变压器励磁电流大约只有额定电流的 0.1%（在三峡—常州±500kV 直流输电工程技术文件中，ABB 对他们生产的换流变压器承诺：在额定电压下，励磁电流为额定的 0.15%；在 1.1 倍的额定电压下，励磁电流为额定电流的0.45%），CIGRE 导则同时认为，当直流电流达到励磁电流时，可听噪声将增加 10dB，当直流电流达到 4 倍励磁电流时，可听噪声将增加 20dB。

（2）变压器硅钢片导磁特性。导磁率越高（优质冷轧硅钢片），允许通过的直流电流越小。对于热轧硅钢片，变压器绕组允许通过的直流电流较大，可达额定电流的 1%。

（3）变压器的结构。不同结构的变压器，直流偏磁电流产生的影响也有明显区别。三相三柱式变压器，直流磁通在铁芯中无通道，直流磁通很小，中性点允许通过的直流电流较大；三相五柱式变压器，磁通返回通道的截面减小，在较低的磁通密度下就可能出现铁芯饱和，直流电流的影响较为明显，允许的直流电流较低。

4. 直流偏磁的抑制措施分析

如何抑制变压器绕组上的直流电流，对于确保电力系统及其他电力设备的安全运行将起到非常重要的作用。目前，抑制交流电网直流电流分布的措施主要有变压器中性点串联电阻法、变压器中性点串联电容法、反向直流电流注入法。

1）中性点串联电阻/电容方法

直流电流从变压器接地的中性点进入交流电网，故增大中性点支路直流电阻或者隔断直流通路是抑制直流电流进入电网的最有效手段。变压器中性点串联电阻法和变压器中性点串联电容法就是基于这一思想提出的。实际上,两者应用已经不存在技术问题。最近,国内科研人员提出了阻容抑直法,在中性点串入并联的电阻和电容,从直流参数上来看它是一个 16Ω 电阻,从工频参数上看它是一个工频阻抗 $<0.2\Omega$ 的大电容。由于大电容的存在,就可以省去旁路装置或者并联气隙,省去旁路装置可以节约成本,省去气隙可以在短路电流经过中性点时提高设备动作的可靠性。电容隔直的原理图如图 10-2 所示。

系统正常运行时,旁路电路处于非工作状态,中性点串联电容器有效地阻止了直流电流的侵入。当系统发生一相金属接地短路时,中性线上会产生很大的零序短路电流,经计算其瞬态电压可达 1500V,使全桥整流电路非常迅速地导通工作。此时电容器短路,电流互感器传递信号给门极关断晶闸管(gate turn-off thyristor,GTO)的控制装置,控制系统向 GTO 发送开通控制信号,具有强大通流能力的 GTO 导通。当接地故障排除,系统恢复正常运行的电流互感器动作,同时通过控制系统发送关闭信号使 GTO 闭合。

电容法是现今应用最广泛,技术最成熟且效果最好的抑直方法。但是中性点串联电容的方法有一定的适用范围,例如,中性点安装有限流电抗器的变压器就不适宜采用本法;中性点串接电容法作为 500kV 自耦变的直流抑制措施时,尽管变压器的中性点不流过直流电流,但变压器绕组还是有可能流过直流电流从而令变压器产生直流偏磁。以图 10-3 的三站系统为例说明中性点串联电容法的局限性。

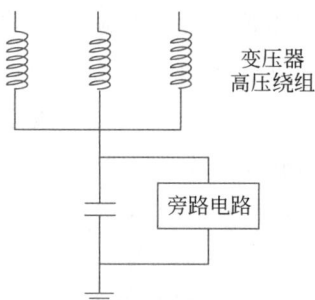

图 10-2　电容隔直的原理图

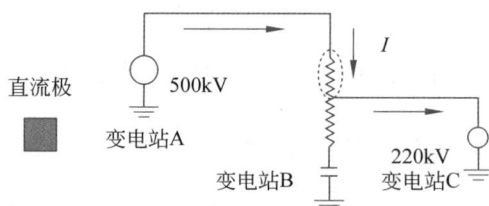

图 10-3　三站系统的示意图

如图 10-3 所示,A 和 B 是 500kV 变电站,C 是 220kV 变电站,变电站 A 与直流极最近,变电站 B 次之,变电站 C 最远。现对变电站 B 的自耦变进行中性点串联电容,由于中性点串联电容的关系,变电站 A 到变电站 B 的线路与变电站 B 到变电站 C 的线路可通过变电站 B 的变压器的部分绕组连通起来，于是中性点串联的电容就失去了作用。此时，如果在变电站 A 的变压器中性点也串联电容，如果变电站 A 没有与其他220kV 变电站相连，则可行；若相连了其他 220kV 变电站，则效果由与直流极的距离、线路等效直流电阻的大小决定，问题就复杂了，需要就具体问题展开分析。对于普通的 220kV 变电站来说，电容法可以有效地抑制直流电的进入。总体来说，变压器中性点串联电容法是一项简单可行的抑制直流电流的方法。

在变压器的中性点串联一个 1~8Ω 的小电阻，为抵抗短路电流的冲击，还需要为电阻器并联一个石墨间隙。图 10-3 中变电站 A 和变电站 B 为电网众多变电站中的两个特征站，其中变电站 A 为抑制变压器偏磁的目标站。图 10-3 中变电站 A 和变电站 B 所有的直流电流通道均用集中参数表示。在单极大地回线运行方式下，变电站 A 和变电站 B 存在电位差。假设变电站 A 较变电站 B 处于直流高电位状态，串联的电阻加大了变电站 A 和变电站 B 之间直流线路的电阻，从而减小流过变压器中性点的直流电流。

图 10-4 是中性点串联电阻器抑制变压器中性点直流电流的原理图，尚不能定量地说明在变压器的中性点串联电阻的大小与可以抑制流经变压器的直流电流大小的关系。更重要的一点是，在变电站 A 的变压器中性点串联电阻器后，虽然可以抑制变电站 A 和变电站 B 之间的直流电流，但对电力网络中其他变电站的影响无法准确估算。需要强调的是，两站间的直流电位差不仅与两站间的地理位置相关，而且受整个电力网的电气参数和运行方式影响，这时候就不能用图 10-5 作为分析的依据。

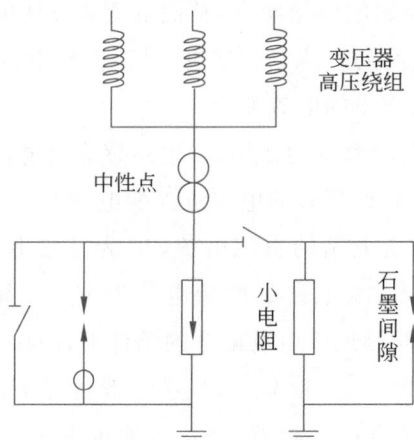

图 10-4　中性点串联电阻器抑制变压器中性点直流电流的原理图

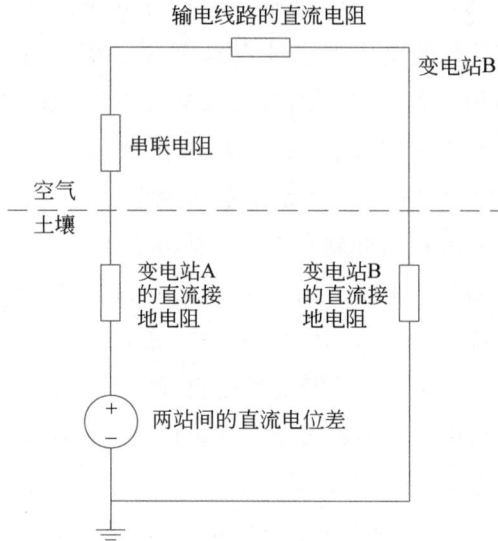

输电线路的直流电阻

变电站B

串联电阻

空气
土壤

变电站A
的直流接
地电阻

变电站B
的直流接
地电阻

两站间的直流电位差

图 10-5　原理分析示意图

目前,变压器中性点串联电阻法在国内外已经有广泛的应用案例,如果阻值控制得当,不仅可以起到抑制直流偏磁的作用,而且不会由于短路电流流过电阻器而影响变压器中性点绝缘,也不会对变压器中性点串联电抗器造成影响。

2)反向直流电流注入法

以补偿处于低电位的变电站为例,反向直流电流注入法的原理图如图 10-6 所示。以低原始电位站为例说明反向直流电流注入法的工作原理。

(1)正面作用。对低原始电位站而言,补偿电流流过变电站的接地电阻,抬高了母线的直流电位,使流入变电站的直流电流变少,对于原始电位较高的变电站,注入电流使母线电位下降,从变电站流出的电流变少。

(2)负面作用。由于大地散流的作用,变电站感应出电位 $V_{c-s}=-I_c\times R_{c-s}$,$V_{c-s}$ 令变电站的母线电位下降,导致更多的电流流入变电站。

在图 10-6(a)中,I_s 为变电站的直流电流,I_c 为补偿电流,变电站的接地电阻为 R_s,补偿站的接地电阻为 R_c,变电站的原始电位为 V_{dc-s},补偿接地极的原始电位为 V_{dc-c}。在考虑变电站和补偿接地极电场耦合的条件下,两接地极会流过不同的入地电流,两者间的感应电势分别为 V_{c-s} 和 V_{s-c},且在一般情况下两者大小不同。电流补偿法的仿真模型与直流极的仿真模型相近,补偿接地极由于有补偿电流进出,故其他变电站会感应出一定的电位。与直流极不同的是,补偿接地极除了和直流极一样与交流

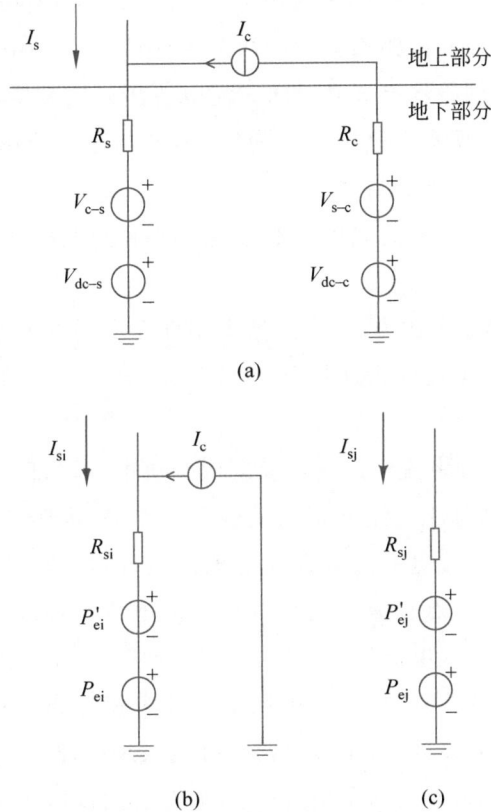

图 10-6　反向电流注入法的原理图

（a）反向电流注入法原理图，I_s 为变电站的直流电流，I_c 为补偿电流，补偿站的接地电
阻为 R_s，补偿站的接地电阻为 R_c，变电站的原始电位为 V_{dc-s}，补偿接地极的原始电位为
V_{dc-c}；（b）与（c）变电站实际的模型

电网有场的耦合外，还与交流电网之间有直接的电路联系，补偿电流会进入交流电网的直流电网络。

　　在计算模型中，电网中变电站实际的模型为图 10-6(b) 和图 10-6(c)。图 10-6(b) 是电网中非补偿站的模型。图 10-6(b) 和图 10-6(c) 的差别在于图 10-6(b) 有一直流电流从中性点处入地。P_{ei} 和 P_{ej} 不仅是变电站的原始电位，也是变电站的补偿电流感应电位。P_{ej} 的求解方法与 P_{ei} 的求解方法一致，唯一不同的是选用的大地结构参数与直流极的不一样。其原因是补偿电流在大地中的通过路径在众多变电站的接地极和补偿接地极之间，不像单极大地运行时电流在大地内长距离的流通，通常较短流通路径的等效电阻率会小于长回流路径的等效电阻率。在补偿接地极的入地电流较小或变电站接地网和补偿接地极间的距离较大的情况下,图 10-6(b)中 P_{ej} 可以忽略。

广东电网和江苏电网曾经有 3 套反向直流电流注入法装置成功应用的案例,目前电流注入法成本过高,在现实中已经不再使用,不过其在特殊场合仍然有一定的应用前景,如自耦变直流偏磁危害的治理。

为了更好地理解变压器直流偏磁抑制措施,现将电阻法、电容法和电流注入法进行对比分析。

(1) 电阻/电容法属于无源方法,通过增大中性点支路直流电阻或者隔断直流通路抑制直流电流进入电网;电流注入法属于有源方法,通过变压器中性点注入电流补偿线路压降。

(2) 电阻法、电容法和电流注入法均会造成交流电网局部(中性点和串联绕组)直流电流增大,但交流电网总体直流分布仍呈现下降趋势;电阻法对目标变电站中性点直流电流和电网中性点直流电流总量存在饱和效应,阻值取无穷大时,电网电流分布和电容法相同;补偿站中性点直流电流总量与注入电流呈现线性变化关系,交流电网中性点直流电流总量与注入电流呈现两段式线性变化关系,拐点就是补偿站中性点直流电流总量过零点对应的注入电流;从电网的直流电流分布的角度来看,全补偿的电流注入法和电容法没有明显区别,工程上两者抑制效果一样。

(3) 电流注入法在实际运行时采用欠补偿的方式运行(即注入的直流电流增加至中性点直流电流小于某一限值就不再增加),故在实际情况下,电容法优于电流注入法。

电阻法、电容法和电流注入法在性能、可靠性、经济性、缺点方面的对比见表 10-1。

表 10-1　3 种方法抑制效果的对比

方法	性能	可靠性	经济性	缺点
电阻法	优	高	并联气隙最优但可靠性差,并联旁路装置较优	需要并联旁路装置或气隙,阻值需要整定,不能完全抑制自耦变压器串联绕组的直流电流
电容法（含阻容法）	最优	最高	阻容法较优,并联旁路装置优	电容与变压器等效电感串联,可能出现谐振过电压,不能完全抑制自耦变压器串联绕组的直流电流
电流注入法	一般	需要按中性点电流测量值整定注入电流,可靠性最差	最差	需要架设线路,建设补偿接地极,还需要建立可靠的测量系统,但可能完全抑制自耦变压器的直流偏磁危害

（4）其他方法

A. 线路串容。线路串联电容的方法是结合电网串联电容器的一种抑制直流分布的手段，但由于电网中线路众多，不容易采用此法来抑制直流电流的传播。

线路串联电容法的示例图如图 10-7 所示。受直流电流影响较严重的变电站 D 站只有一回线路与变电站 B 相连，变电站 B 到变电站 D 间线路中加装串联电容器后，变电站 D 的变压器就不会承受任何直流电流。

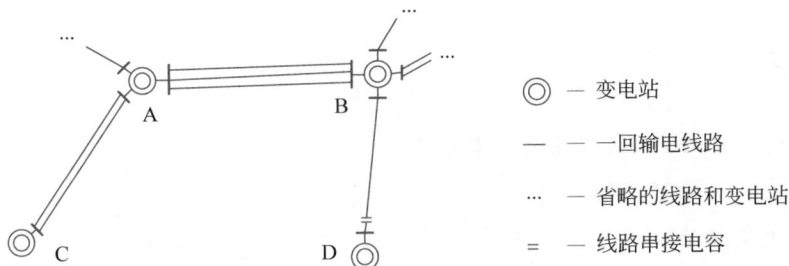

图 10-7　线路串联电容法示意图

B. 增大接地电阻法。本末倒置，违反了变电站接地的安全规定，会给变电站的安全运行带来更大的危险。

C. 中性点电位补偿法。在变压器中性点串入小电阻，再并联一个可控电源以补偿线路压降。方法造价昂贵，需要旁路设备，可控电源成本高且需要经受短路电流冲击，可靠性不高。

D. 取消接地点。取消接地点即打开变压器接地刀闸，使变压器与大地断开，也是为了隔直。取消接地点的方式通常作为短时间的直流电流过大的应急措施。

参 考 文 献

[1]　周浩.特高压交直流输电[M].杭州：浙江大学出版社，2017.

第 11 章

能源革命——挑战新工艺极限：氢能

学习目标

（1）了解氢能的发展、特点及基本性质。

（2）熟悉氢能的产业链。

（3）认识氢能的应用。

11.1　氢能的发展概述

能源是人类社会赖以发展的基础。煤炭、石油和天然气的发现和使用，使人类对化石能源的依赖日益严重，化石能源的使用呈爆发式增长。与此同时，化石能源的不可再生性和大量使用导致的温室气体排放和环境污染等问题，日益影响人类的生存环境，造成全球气候变暖和次生灾害的发生。大力开发可再生能源，并使之逐步并最终替代化石能源成为主体能源，已成为全球共识。目前，世界主要工业国家都在发展清洁能源（包括核能、氢能、可再生能源、生物质能等）及其利用技术，能源格局开始呈现多样化状态。

氢能被广泛视为 21 世纪最具发展潜力的清洁能源，氢也是地球上分布最广的元素。相较于传统化石能源，氢能来源广泛、能量密度高、使用时清洁环保，是理想的二次能源。氢能已被许多国家，特别是主要发达国家纳入能源战略版图。氢能的制备、储存、运输、应用技术及相应的基础设施建设也成为人们日益关注的焦点。

20 世纪末至 21 世纪初，氢能技术出现了突破，20 世纪 90 年代各大汽车制造商开始研发氢燃料电池汽车（FCEV），如丰田、本田和通用汽车等。燃料电池技术逐步成熟，氢能车展现出良好的市场潜力。

　　21世纪初欧美及日本等国家纷纷制定氢能发展战略，投入大量资金用于氢能基础设施建设和技术研发。美国在2002年即制订了相关发展计划，美国能源部（DOE）启动了氢能计划，推动氢能技术的研究和商业化。2020年美国发布了《氢能发展规划》和《氢能发展路线图》，提出了氢能研究、开发和示范的总体战略框架。根据该计划，到2030年，美国氢能产业将创造1400亿美元的收入和70万个就业岗位；到2050年，氢能产业将贡献16％的工业二氧化碳减排量，实现氢能在美国能源需求占比14％的目标，从而进入氢能经济的初级阶段[1]。

　　日本高度重视氢能产业发展，2017年，日本发布《氢能基本战略》，明确提出要在2050年前建立一个以氢能为基础的社会，将氢能社会纳入国家发展战略。日本制定的氢能发展路径主要包括：第一，从海外进口用化石燃料经碳捕获和封存技术（CCS）处理后制备的氢气或用可再生能源电解水产生的氢气，或以实现低成本零排放氢的制取；第二，加强海外和国内氢储运的基础设施建设；第三，促进氢能在汽车、家庭热电联供和发电等领域的规模化应用。日本公布了"基本氢能战略"，意在创造一个"氢能社会"。该战略的主要目的是实现氢能与其他燃料的成本平价，建设加氢站，替代燃油汽车以及天然气及煤炭发电，发展家庭热电联供燃料电池系统。鉴于日本的资源状况，日本政府还重点推进可大规模储运氢的全球性供应链建设[2]。

　　欧盟委员会于2020年7月推出《欧洲氢能战略》，将绿氢作为未来氢能发展重点。作为氢能战略的一部分，欧盟委员会宣布成立清洁氢能联盟。成员国中德国已率先推出《国家氢能战略》，明确绿氢的优先地位，并计划到2030年将其国内绿氢产能提高至5GW，到2040年进一步提高至10GW。为摆脱对俄罗斯天然气的依赖，欧盟委员会于2022年5月又发布了"REPowerEU"能源转型行动方案，规定氢能制取所需电力不能来自现有电力，需要自己"额外"生产。欧盟计划到2030年基于可再生能源的绿氢产量将达到1000万吨，进口绿氢产量也将达到1000万吨。[3]

　　2020年是中国能源革命的转折点。2021年《中国应对气候变化的政策与行动》白皮书显示，中国将用30年左右时间完成全球最高碳排放强度降幅，力争2030年前实现碳达峰，2060年前实现碳中和，由此吹响了中国新能源革命的号角，各种新能源技术的开发和应用迅速展开。尤其在氢能方面，2022年，国家发改委、国家能源局联合颁布的《氢能产业发展中长期规划（2021—2035年）》，明确了氢能发展的阶段性目标。根据彭博新能源财经（BNEF）的分析，2050年中国的氢能市场将大幅增长，年产值可能达到 1.5 万亿美元。这一增长将由氢能在交通、工业原料和电力储存等领域的广泛应用所驱动，氢能产业发展将迎来重要机遇。

然而，氢能产业的发展并非一帆风顺。早在 2009 年，美国的氢能研究项目就经历了一系列的挫折，人们意识到，如果氢能产业要实现可持续发展，必须同时应对以下四大挑战。

第一，氢的低成本、低能耗和低排放的规模化制备。

第二，氢的安全、高效、低成本的储存和运输。

第三，氢的高效率、低成本和长寿命的使用方式，特别是燃料电池。

第四，氢能技术应用的基础设施建设。

这些重大挑战在全球很多国家，的确难以应对。但是，有理由认为，经过近 10 年的发展，解决这些重大难题的条件已逐步成熟。

氢的规模化制备技术已十分成熟，目前可以通过多种方式来生产高质量的氢气，主要有三条路线：一是以煤炭、天然气等化石能源制氢，由于国内天然气紧缺，依赖进口，而煤炭资源丰富，因此国内氢气来源以煤炭为主；二是以焦炉煤气、氯碱尾气、炼厂干气和丙烷脱氢等工业副产气制氢；三是电解水制氢。2021 年，中国氢气产量约 3300 万吨，其中化石能源制氢占比为 80%[4]。由于化石能源制氢会导致二氧化碳排放量快速增加，因此在双碳背景下，利用可再生能源发电后电解水制绿氢，是未来低碳经济的主流方向。总之，不论是通过可再生能源电解水制氢，还是通过化石能源或者工业副产气制氢，中国氢气的生产潜力巨大，完全能够为大规模氢能应用如燃料电池汽车提供充足、廉价的氢气。

氢的使用方式，如燃料电池，近年来能量利用效率、成本控制及寿命延长都有了长足的进步，特别是丰田汽车公司相继推出了第一代和第二代氢燃料电池车型 Mirai，这说明，通过量产氢燃料电池的成本可以逐步降低至人们可以承受的范围内，许多燃料电池汽车的商业示范项目也表明，燃料电池可以高效、稳定运行。尽管降低燃料电池成本和提高其使用寿命仍有大量优化工作需要完成，但我们已经开始看到燃料电池规模化应用的曙光，在我们看来，当今氢能产业发展中燃料电池的效率、成本及寿命等问题也许不再是重大挑战了。

氢能技术与现有能源的基础设施建设取决于氢的储运方式。目前，高压储氢是交通领域的主流选择，几乎被各大汽车制造商采用。高压储氢的优点是技术相对成熟，缺点是存在安全隐患，使用成本高昂。不仅如此，高压储氢技术的普及需要构建一套全新的能源基础设施，成本是巨大的。深冷液化储氢虽然具有储氢密度高、易运输等优点，但同样存在成本高，有安全隐患等缺陷，在很大程度上限制了其大规模应用。目前全球仅有少数几个实现了低温液态储氢及液氢加氢站的商业化示范，国内液氢主要应用于航天领域，民用液氢领域尚处于建设阶段。因此氢气的安全、高效、低成本储存和运输是制约氢能经济大规模发展的瓶颈。

开发储氢载体，通过变压吸附或变温吸附，可以解决氢的安全高效储存问题。目前，尚未发现真正具有商业应用价值的变压吸附技术；变温吸附一般通过化学吸附方式实现，储氢载体通常为固体，尽管氢在固体中具有一定的化学吸附量，但材料的化学稳定性和吸附可逆性均存在一定的挑战，且固体储氢方式需要与之配套的新型能源基础设施。近年来，一类液态芳香族化合物通过催化加氢过程用于氢在常温常压下以液态方式储存引起了广泛关注，这类有机液态储氢载体及其氢化物不易燃、不易爆、低毒性、化学性质稳定、储氢密度高、可逆性强、可重复使用。特别是有别于现有其他储氢方式，这项技术与目前基于石油的能源基础设施完全兼容，储存、运输、加注均可利用现有的基础设施。该技术的出现为解决氢能产业发展的最大瓶颈提供了突破口。

本章将从氢的物理、化学性质入手，站在氢能经济建设和能源储备、多种能源互补的高度，论述氢作为未来能源的主要载体之一，在储能、交通、工业应用等领域的重要作用。重点探讨氢能发展路径上储运环节关键技术，并延伸到燃料电池及燃氢发动机的应用，以期明确氢能技术的重点发展方向。讨论通过氢气储存状态变化带来的技术革命，解决氢能产业长期存在的安全性及难以规模化等问题，为未来氢能社会的规模化用氢做好准备。构筑安全、高效、低成本的氢能产业链是实现"双碳"目标的重要手段。

11.2　氢能及其特点

能源消费经历了从高碳到低碳、最终从低碳到无碳的发展历程，本质上是能源结构碳氢比不断变化的过程。随着碳含量下降、氢含量上升，能量密度也逐渐增大，氢气的单位质量能量密度是天然气的 2.63 倍、石油的 3.38 倍，是未来最为洁净、能量密度最大的能源。人类使用能源资源变迁规律如图 11-1 所示。

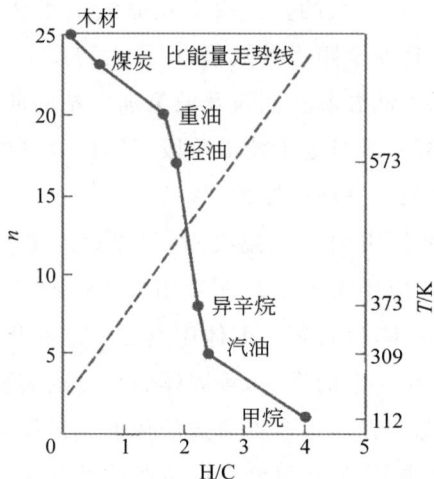

图 11-1　人类使用能源资源变迁规律

　　氢气具有资源属性和能源属性,既是用途广泛、重要的工业原料,又是理想高效的清洁能源,属于可再生二次能源;氢能具有无碳无毒,易燃、易爆、易扩散,单位质量能量密度高及来源丰富等特点,由于其利用过程的零碳排放而备受青睐。为了实现能源系统的深度脱碳需求,氢能的无碳、可再生属性,使其在能源应用领域具有先天优势。

　　氢气资源可以来源于海水、可再生植物、煤炭、天然气等,在地球上无处不在,取之不尽、用之不竭。氢氧结合的化学产物是最干净的物质——水,可广泛用于交通、工业、建筑、电力等各种工业过程甚至社会生活,因此,开发氢能源对人类社会可持续发展具有重要意义。

11.2.1　氢的基本性质概述

　　氢来自元素周期表中的第 I 主族,在大自然中多以氢的化合物形式存在。氢最大量地存在于水(H_2O)中。水的同位素重水(氧与氘燃烧后产生的 D_2O)和氚(T_2O)也富含氢。化石燃料煤炭中含有炭、氢及有机质等,天然气(CH_4)、石油(C_nH_m)中也含有氢。此外,氢还存在于生物质(C_nH_mO)及含氢的其他化工产品中,如甲醇(CH_3OH)、硫化氢(H_2S)、氨气(NH_3)等,在自然界中广泛存在。

1. 氢气的物理性质

　　氢气的分子式为 H_2,分子量为 2.016,是无色无味的气体,难溶于水。它的密度只有空气的 1/14，在标准大气压 0℃下，氢气的密度为 0.0899g/L；－252.77℃时氢气变成无色液体，－259.2℃时氢气变为雪花状固体。氢的同位素有 3 种：氕(protium)，原子核内有 1 个质子，无中子；氘(deuterium)，原子核内有 1 个质子，1 个中子；氚(tritium)，原子核内有 1 个质子，2 个中子。这三种同位素与氧原子形成的化学式为 H_2O、D_2O、T_2O，相对分子质量分别为 18.016、20.032、22.048。氢气的物理性能参数见表 11-1。

表 11-1　氢气的物理性能参数

物 理 性 能	参　　　数		物 理 性 能	参　　　数	
液体密度(平衡状态，－252.8℃)	169kg · m^{-3}		蒸气压力	正常态，17.703K	10.37kPa
沸点	－252.77℃			正常态，21.624K	53.33kPa
熔点	－259.2℃			正常态，24.249K	119.99kPa
三相点	－254.4℃		毒性级别	0	
比容(标准大气压)	5.987m^3 · kg^{-1}		熔化热(－254.5℃)(平衡态)	48.8kJ · kg^{-1}	
气液容积比(15℃，100kPa)	974L · L^{-1}		黏度	气体(正常态，标准大气压，0℃)	0.0101mPa · s
表面张力(平衡态，－252.8℃)	3.72mN · m^{-1}			液体(平衡态，－252.8℃)	0.040mPa · s
临界压力	1664.8kPa				
临界密度	66.8kg · m^{-3}		易燃性级别	4	
临界温度	－234.8℃		易爆性级别	1	
汽化热	305kJ * kg^{-1}		导热系数	气体，标准大气压，0℃	0.1289W · m^{-1} · K^{-1}
比热容(标准大气压25℃，气体)	C_p＝7.243kJ · kg^{-1} · K^{-1} C_v＝7.243kJ · kg^{-1} · K^{-1}			液体，－252.8℃	1264W · m^{-1} · K^{-1}
空气中的燃烧界限	4%～74.32%(体积)		热值	1.4×10^{8}J · kg^{-1}	

氢的相图如图 11-2 所示。

2. 氢气的化学性质

氢气在常温下性质稳定，在点燃或加热的条件下能跟许多物质发生化学反应。

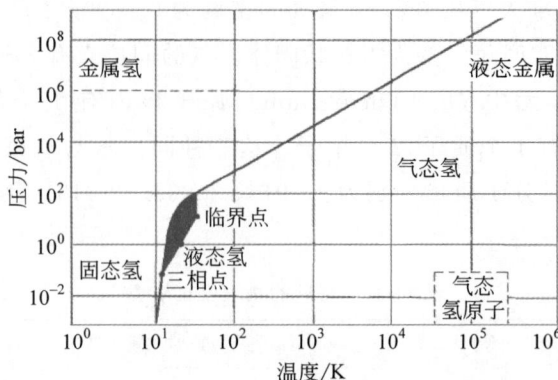

图 11-2　氢的相图

注：1bar＝0.1MPa.

1）可燃性

氢气在氧气中燃烧发生化合反应，反应式如下

$$2H_2(g)+O_2(g) \xrightarrow{点燃} 2H_2O(L) \quad \Delta H_{298K}=-285.8(kJ \cdot mol^{-1}) \tag{11-1}$$

点燃含氧气的氢气会发生爆炸，氢气的爆炸极限是 $4.0\%\sim75.6\%$（体积浓度）。

氢气在氯气中燃烧发生化合反应，反应式如下

$$H_2(g)+Cl_2(g) \xrightarrow{点燃} 2HCl(g) \quad \Delta H_{298K}=-183(kJ \cdot mol^{-1}) \tag{11-2}$$

2）还原性

氢气使某些金属氧化物还原为单质，例如，冶金和工业催化剂中氧化铁、氧化铜及氧化镍的还原。CuO 还原为单质 Cu，反应式见式（11-3）；NiO 还原为单质 Ni，反应式见式（11-4）；Fe_2O_3 还原为 Fe_3O_4，反应式见式（11-5）。还原反应一般是放热反应。

$$H_2+CuO \xrightarrow{\triangle} Cu+H_2O \quad \Delta H_{298K}=-86.627(kJ \cdot mol^{-1}) \tag{11-3}$$

$$H_2+NiO \xrightarrow{\triangle} Ni+H_2O \quad \Delta H_{298K}=-1.26(kJ \cdot mol^{-1}) \tag{11-4}$$

$$H_2(g)+2Fe_2O_3 \longrightarrow 2Fe_3O_4+H_2O(g) \quad \Delta H_{298K}=-86.627(kJ \cdot mol^{-1}) \tag{11-5}$$

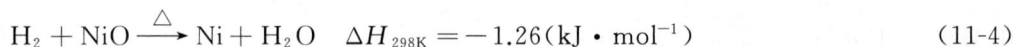

11.2.2　氢能的特点

氢能是一种来源丰富、绿色低碳、应用广泛的二次能源，是未来国家能源体系的重要组成部分，正逐步成为全球能源转型发展的重要载体之一，其化学能是通过氯气和氧气反应所产生的能量，不依赖化石燃料，主要以化合物形式存在，具有能量密度高、

可循环、零排放、可储能等特点。

1．能量密度高

氢的一个重要特点就是含能高。氢是一种热值很高的燃料，除核燃料外，氢的燃烧热值在所有的矿物燃料、生物燃料、化工燃料中位列榜首，燃烧 1kg 氢可释放 120MJ (28.6Mcal)的热量，是汽油的 2.6 倍、酒精的 4.0 倍、焦炭的 4.0 倍，几种不同物质及不同电池的能量密度比较见表 11-2。一般的可燃物质中，含氢越多，热值越高；各种混合物或化合物分子很复杂，使用条件也各不相同，所产生的平均热值都会降低。

表 11-2　几种不同物质及不同电池的能量密度比较

物质及电池	重量能量密度/（MJ/kg）	体积能量密度/（MJ/L）	循环特性
轻油	42.64	35.39	一次性
汽油	43.90	32.05	一次性
LPG（液化煤气）	45.93	27.65	一次性
LNG（甲烷）	50.24	22.61	一次性
锂电池	0.54～0.90	0.90～1.90	可循环
高压氢气（700 大气压）	120	6.87	一次性
液体氢气	120	8.71	一次性
固态储氢 MgH_2	10.63	14.68	可循环
$LiAlH_4$	11.04	12.58	不可循环
NH_3BH_3	18.87	19.57	不可循环

2．能源转化效率高

氢气可以提高能源转化效率，包括转化成机械能和电能，而且氢气和电之间的相互转换很方便，将化学能转化成电能，氢气的效率最高，是其他物质难以比拟。氢能可以通过燃料电池直接转化成电能，如果把燃料电池的废热进一步利用（如家用），其效率可以达到 83％（质子交换膜燃料电池的废热是 70～80℃，固体氧化物燃料电池的废热是 600～800℃）。燃烧氢气的温度可以高达 2000℃以上，热机效率比其他化石燃料高很多。氢气不仅热值高，而且火焰传播速度快，点火能量低，因此氢能汽车总的燃料利用效率比汽油汽车可高 20％ 左右[5]。

3. 零碳排放

氢可实现碳的零排放。与化石能源的利用相比,氢气在燃烧或在燃料电池产生电能的反应后不会排放导致全球变暖的二氧化碳气体,只生成无污染的水,可以实现良性循环。氢能源的无污染和地球上的巨大蕴藏量让人们对其充满了期望,被誉为化石燃料的最佳替代品之一。

4. 氢脆

氢脆现象是溶于金属中的氢,在一定条件下聚合为氢分子,导致局部应力集中,超过金属的强度极限,在金属内局部形成裂纹或缝隙,导致材料受损。在材料的冶炼过程和零件的制造与装配过程(如电镀、焊接等)中,进入钢材内部的微量氢(10^{-6} 量级)在内部残余或外加的应力作用下就会导致材料脆化甚至开裂。

与天然气相比,氢气更易导致管道材料脆化,使金属韧度降低,形成氢化物、高压氢微细穿孔、渗透,导致气体泄漏,因此氢气输送管道在材料选择、设计制造、安全保障等方面与天然气管道存在较大差异。天然气管线混入氢气后,存在氢脆和氢气泄漏风险,同时考虑到管道运行安全和气质变化对终端用户的影响等因素,一般要求天然气管道的混氢比例不超过 10％(体积比)[6]。

11.3 氢能产业链

11.3.1 氢能概况

中国氢能产业链的企业布局,在业内有一定共识,产业链的分布概括了国内氢能产业的一般格局。图 11-3 中描述了中国氢能产业初步形成的基本状态,首次提出了氢气资源化应用的新概念。同时表明,氢能还具有能源储备的功能。中国氢能产业链的发展,将沿着氢的绿色能源属性、生产资源属性和能源储备属性的方向发展。

氢能源产业结构全景图

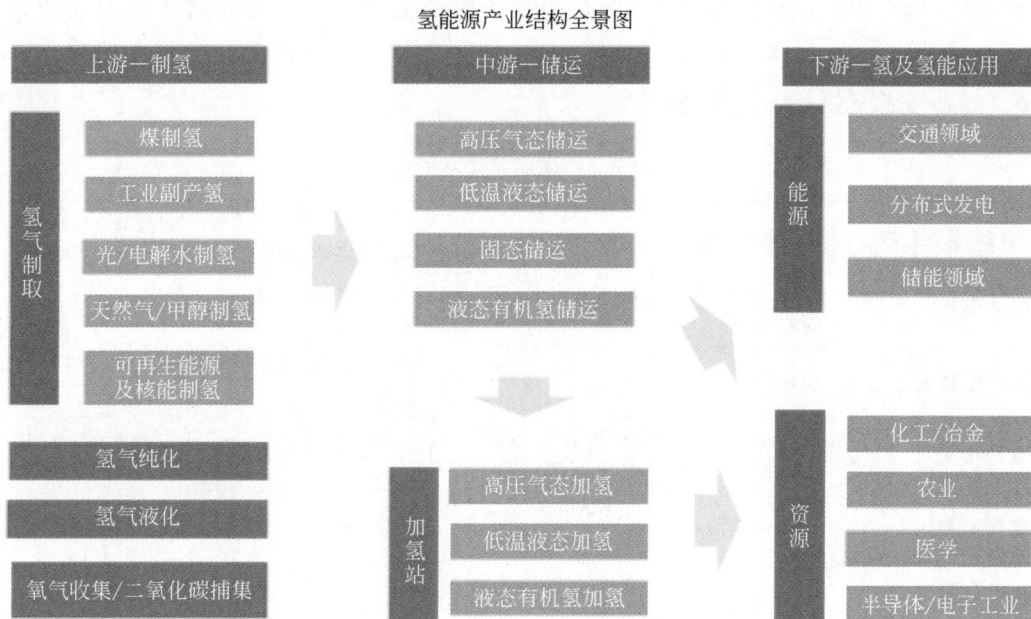

图 11-3　氢能源产业结构全景图[7]

1．制备氢

中国氢能产业链具有自身特色，上游制氢端所涉及的工业领域非常广泛，超过90％的氢气来源于传统化石能源的蒸汽重整，因此主要是灰氢。其中，48％产自天然气，30％产自醇类化合物。此外，大量的工业副产氢来自焦炉煤气、氯碱工业和丙烷脱氢，仅有约4％的氢气产自电解水。然而，灰氢生产过程中产生大量的碳排放，将灰氢中的二氧化碳捕集后封存或利用可以得到高品质的蓝氢。随着化石燃料的逐渐枯竭，灰氢和蓝氢在氢的制取占比也将逐步下降，可再生能源电解水或光解水将成为未来氢气制备的主要方式。近年来，中国西部地区逐年增加风能和太阳能的投资，沿海地区也加强了海上风光电的建设，由于可再生能源发电量随季节、时间、气候的变化而变化，在满足发电期间市场用电需求的前提下，用多余的电通过电解水制取绿氢是未来氢气制备的主要方向。随着中国氢能利用规模的加大，绿氢作为清洁能源的应用也将形成巨大规模的市场，化石能源制氢市场份额将随之逐渐缩减。据预测，到2050年，市场上约70％的氢气由可再生能源电解水制取，其余20％由化石能源制取，10％由生物制氢等其他技术供给[8]。

氢气可以通过多种资源生产,现有的制备途径见表 11-3。每种制备技术在稳定性、环境友好性、经济性等方面各有优缺点。这里着重介绍电解水和生物质制氢两种绿氢制备技术及热分解新兴技术。

表 11-3　不同制氢技术的比较

制氢技术	实用化阶段	稳定性	环境性（二氧化碳排出）	经济性
副产氢气	成本低,适合大规模制氢	供给不稳定,纯度低	回收过程碳排放量低	经济实惠,物尽其用
化石燃料重整	实用化阶段	稳定的大规模生产	二氧化碳排放量高	技术上确立,相对便宜,可以制备
电解水制氢	技术成熟,缺少大规模示范	取决于能量类型,输出存在波动	无二氧化碳排放	消耗大量电量,转化效率较低,成本较高
生物质制氢	基础研究阶段	原料构成复杂,杂质多,提纯困难	无二氧化碳排放	现阶段成本很高
热分解制氢	研究开发阶段	理论上可以实现稳定生产	取决于从哪里获得热量	—
光催化分解水制氢	基础研究阶段	理论上可以实现稳定生产,但制氢效率较低	无二氧化碳排放	—

1）电解水制氢

电解水制氢技术包括碱性电解水、质子交换膜电解水及固体氧化物电解水。在以上三种技术路线中,碱性电解水应用最为广泛,但是效率较低,只能达到 60% 左右[9];固体氧化物电解水效率最高,但是存在材料退化快、启动速度慢等问题,目前还未商业化应用,如果能将固体氧化物与核能技术结合,利用核能高温余热蒸汽进行电解水制氢,将大幅提高核电利用率;质子交换膜电解水制氢效率较高,碱性电解水和固体氧化物电解水仅适用稳定电源,质子交换膜电解水制氢可适用波动电源,即可适用可再生能源发电时的波动性,为可再生能源电解水制绿氢提供了技术支持,具有良好的应用前景。

2）生物质制氢

生物质制氢技术分为热化学转化法和微生物法,其中热化学转化法制氢是一种有效且快速的方法,目前已部分实现规模化生产。然而该方法在氢气产率上存在一定局限性,工业上一般采用贵金属或镍等常规催化剂。微生物法制氢技术的发展起步较晚，其制氢过程虽然具有流程简单、节能等优势，但易受自身副产物或外界环境影响，导致整体制氢效率不高，限制了产业化发展，目前仅处于研发阶段。因此，通过发展热化学转化法中高效、低成本的催化剂，优化制氢工艺以提高氢气产率，同时提高微生物法制氢体系的稳定性将成为未来生物质制氢技术的发展重点[10]。

3）热分解制氢

水在 2000℃以上可以分解成氢气和氧气，但是在实际过程中很难保证这样的高温，而且，能够承受这样温度的材料是有限的。在各种用于热分解水的方法（循环）中，正在研究的硫碘循环（IS 循环）被认为最有前途。在硫碘循环中，水中的碘和硫氧化物反应合成碘化氢与硫酸，碘化氢热分解（400℃）制氢，硫酸热分解（900℃）产生氧气。整个反应只是水的热解反应（$H_2O \rightarrow H_2 + \frac{1}{2}O_2$），因为中间物质碘和硫氧化物一直在反应中循环。

这种制备氢气的方法必须确保热源在数百至 1000℃。一种方法是使用太阳能集热器，但是必须选择适当的位置安放这套装置，受环境影响较大，还需要能够承受数百至 1000℃高温的容器和材料，因此维护成本较高。

热分解制氢工艺流程尚处于研究起步阶段，许多器件和工艺流程需要进一步研究和开发[11]。

2. 储运氢

在氢能储运体系中，国内目前主要以高压气体储运为主，低温液体储运主要应用在航天领域；化学材料和金属材料储运技术，除有机液态储氢技术已经通过示范工程，正在进行规模化工程推广外，固态储氢技术仍处于实验室阶段。氢气的管道运输采取的是天然气＋氢技术路线，目前较为先进的技术手段已经能够在天然气中加 20%的氢气，这种运氢方式长周期的安全性和经济性尚未得到论证。

1）高压氢

高压储氢和运输领域，目前中国普遍采用 20MPa 长管拖车的运氢方式。但其运输效率较低，随着运输距离的增加，成本会大幅上升，因此仅适用于小规模且 200km内的短途运输。加氢站主要通过外部供氢和站内制氢获得氢气后，经过调压干燥系统处理转化为压力稳定的干燥气体，随后在氢气压缩机的输送下进入高压储氢罐储存，最后通过氢气加注机为燃料电池汽车加注（图 11-4）。

图 11-4　加氢站流程图

欧美等国主要采用站内制氢,中国则主要为站外制氢。中国加氢站目前还处于小型闭环管理示范推广阶段,一方面单个加氢站的用氢需求量有限,难以覆盖制氢设备过高的成本,另一方面受限于法规政策,制氢需要在化工园区内进行,化工园区一般位于郊区,加氢站根据应用会向城市中心聚集,由此带来诸多不便和高昂成本。加氢站的三大核心设备为氢气压缩机、高压储氢罐、氢气加注机。

2) 低温液氢

低温液化储氢技术是利用氢气在高压、低温条件下液化,液化温度为 $-252.8℃$。将氢气液化后储存在低温绝热容器中运输,体积密度为气态时的 845 倍[12],实现高效储氢,输送效率高于气态氢。但目前,低温液态储氢技术还存在一些问题:一是氢气液化过程能耗大;二是液氢储罐由于密封、绝热和安全性等问题,对绝热材料的选择标准和储罐设计要求较高,导致制造难度加大,成本高昂。此外,国内的液态储氢技术尚不成熟,缺乏液氢相关的技术标准和政策规范,在一定程度上阻碍了低温液态储氢技术的发展和应用。目前,液氢工厂的建设成本非常昂贵,关键设备与核心零部件依靠国外进口,而短距离小规模的运氢量也使得液氢的储运成本过高。

3) 金属储氢

金属储氢是金属或合金与氢气发生反应互相结合,氢原子与金属原子生成化学键,产生金属氢化物,释放氢气需要对金属氢化物持续加热。金属合金储氢的特点是氢以原子状态储存于合金中,安全性较高,储氢体积密度大(但在温和条件下有效储氢容量大多低于 3%(质量分数)),体系可逆,运输方便,但存在放氢温度高和脱氢速率慢的缺点。例如,二氢化镁(MgH_2)放氢过程需要 400℃左右的高温[13],会增加氢气的使用成本。而且金属氢化物循环过程中易粉化,处理成本较高。

4) 有机液态储氢

有机液态储氢技术通过化学反应将氢以化学键的形式加到特定的液态储氢载体(储油)上,氢化后的液态储氢载体(氢油)可以在常温常压下储存,通过槽罐车或管道输送至用户端。在加氢站,氢油通过泵送的方式加注到氢能汽车上,类似于汽油加注到燃油汽车上。氢油通过催化脱氢过程在车上释放氢气,为燃氢发动机提供动力。回收的有机液态储氢载体通过槽罐车或管道输送回加氢工厂后再次加氢成为氢油重复使用。这类有机液态储氢材料无毒或低毒，不易燃、不易爆，化学性质稳定，储氢密度高，可逆性强，可重复使用。不仅如此，与其他储氢方式不同，有机液态储氢技术与基于石油的现有能源基础设施完全兼容，其储存、运输、加注均可利用现有的能源基础设施实现，从而大幅降低氢能经济的成本。目前，有机液体储氢技术已进入商业化应用示范阶段。

5）甲醇储氢

甲醇水蒸气重整制氢技术，以甲醇(CH_3OH)和水(H_2O)作为原料，在催化剂的作用下转化为氢气(H_2)和二氧化碳(CO_2)。理论上，该过程将甲醇中的氢和水中的氢同时转化为氢气，因此甲醇理论储氢质量分数高达 18.75%。由于重整温度一般较高（250～350℃，1～5MPa）[14]，实际催化转化过程中，会产生一些杂质气体，需要纯化。甲醇重整制氢在工业上应用广泛，尤其是在中小型用氢领域，该技术解决了氢的运输和储存费用高的难题。该技术反应条件相对温和，产物较易分离；但是，甲醇重整过程有碳排放，且能耗较高，纯化成本高，材料有一定毒性。

6）液氨储氢

氨有质量储氢密度高、体积储氢密度高、易于液化三大优势，是具有发展前景的储氢方式。相较于氢，氨易于液化，便于储存和运输。在标准大气压下，氨在−33℃就能够液化。同时，液氨的体积储氢密度比液氢高 1.7 倍[15]。但液氨具有腐蚀性、极易挥发，很容易发生泄漏事故，具有一定的安全隐患。制备液氨需要通过空气分离获取氮气，与氢气在高温高压下反应生成合成氨，随后将其液化，便于储存和运输。在用户端，液氨在高温下经催化裂解，还原成氢气和氮气。此反应为强吸热过程，高能耗，但原料成本降低，反应工艺成熟。

3. 用氢

目前氢能的利用方式主要有两种：一是采用燃料电池技术，二是采用燃氢发动机技术（氢内燃机或氢燃气轮机）。

1）燃料电池

目前，商用氢燃料电池主要包括质子交换膜燃料电池和固体氧化物燃料电池。

质子交换膜燃料电池凭借启动时间短、运行温度低，能量密度高等优势，已经成为全球燃料电池应用和推广的主流技术之一。其中，质子膜、膜电极材料、密封技术是氢燃料电池的关键卡点。在这些技术层面,中国的现有技术与德国、日本仍然存在差距,并且质子交换膜燃料电池的效率、成本、寿命等问题依然令人担忧。美国 Argonne 国家实验室与加拿大交通部合作,对量产的 2016 款丰田 Mirai 车型进行了实验室全面技术评估,测得 Mirai 燃料电池电堆及其系统性能、效率曲线:25% 电堆功率时,电堆效率为 61%,燃料电池系统效率为 58%;峰值功率(电堆 114kW)时,电堆效率会下降至 49%,系统效率仅为 40%[16]。对测试结果进一步分析可知:电堆功率越低,燃料电池系统效率与电堆效率越接近;电堆功率越高,燃料电池系统效率与电堆效率相差越大;电堆功率在 30% 以下时,燃料电池电堆和系统才具有较高的效率。因此,将质子交换膜燃料电池应用于重卡等大功率场景时,至少需要配备 300kW 燃料电池电堆,才能保证重卡在一般工况下具有较高的效率,这无疑将大幅增加重卡的初始购置成本。因此对于重卡这一类高负荷用氢场景,有必要考虑采用其他更具经济性的方式。

固体氧化物燃料电池是一种效率高、燃料范围广的电化学发电技术,可以直接使用氢气、一氧化碳、液化气、煤气及生物质气等多种碳氢燃料,在移动交通、热电联供、大型发电站等领域具有广阔应用前景。但是由于固体氧化物燃料电池项目需要耗费巨大的人力和财力,在没有相关政策扶持、产业链配套发展不成熟等情况下,国内投入研发及能够实现量产固体氧化物燃料电池的企业屈指可数,市场尚未真正启动,仍处于商业化初期。

2)燃氢发动机(氢内燃机/氢燃气轮机)

在全球碳中和的背景下,燃氢发动机作为一个很好的补充手段开始受到行业的重视,燃氢发动机比燃料电池更适应高负荷运行工况,适用于重载、非道路、建筑和专用商用车。

燃氢发动机相比于氢燃料电池主要有以下优势:一是氢内燃机与天然气内燃机类似,增加了氢气喷射系统,后处理主要处理氮氧化物,总体技术可靠性高,成本低,并且可利用现有生产线,易于规模化生产。二是燃氢发动机使用的原料氢气,对纯度的要求不高,可以直接使用工业副产氢,不需要进一步提纯,降低了成本。三是燃氢发动机产生的废热品位高,能被有效利用,大幅提升了系统综合效率。四是燃氢发动机耐久性好,易于维修。

但是由于氢气的点火能量低、燃烧速度快、燃烧温度高,因此燃氢发动机易发生早燃、回火和氮氧化合物排放高等问题。早燃、回火等问题,研究人员通过采用降低进气温度、改变进气方式,以及优化喷氢正时和点火正时等方法使其得到解决。氮氧化合物排放问题,氢燃料燃烧生成的氮氧化物几乎与燃料成分无关,而是源自氢燃烧时超过 2000K 的高温;研究人员通过采用稀薄燃烧与高压废气再循环相结合的方案,能在宽广的特性曲线场范围内将氮氧化合物排放降至最低程度,并且明显低于当前欧 6 排放标准所设定的限值。由于燃氢发动机无法在所有的运行工况点均实现无氮氧化合物排放的要求,德国 Keyou 公司与 TUFreiberg 公司合作开发出了一种能从废气中高效去除氮氧化合物的催化转化器,并将其命名为"H_2-DeNO$_x$ 催化转化器",该催化转化器可与氢燃料的燃烧系统配合使用,以便将废气中的氮氧化合物排放降至最低。由此看来,氢内燃机已经在关键技术上取得了一定突破,在不久的将来,燃氢发动机有望成为最有潜力替代现有传统化石燃料内燃机的技术[17]。

11.3.2　中国氢能产业链布局简析

目前超过 1/3 的央企已经在布局包括制氢、储氢、加氢、用氢等全产业链。其重点布局见表 11-4,从表中不难看出,中国在氢能产业方向上完全站在国家能源战略安全的角度进行布局。

表 11-4　央企积极布局氢能产业链[18]

产 业 领 域	参与布局企业
储运零售终端建设和运营	中国石化、中国石油
氢能产业链及氢能装备	国家能源集团、中船重工(718 所)
氢燃料电池及其核心部件	国家电投、东方电气、中船重工(712 所)
终端应用燃料电池汽车、列车、氢冶金	东风集团、一汽集团、中国中车、宝武集团

在氢气制备方面,中国目前的产业布局以化石能源制氢为主。由于中国对化工厂选址要求严格,受限于建设地点原料供应,目前工业副产提纯制氢较难以实现大规模生产。制氢市场发展远期目标(2050 年左右),中国将形成以可再生能源电解水制氢为主体,煤制氢+CCS 与生物质制氢为补充的多元供氢格局。

在氢气储运方面,中国目前的产业布局多数是氢能在交通领域的应用。20MPa 长管运输加 35MPa 加氢站储氢是目前主流的氢气储运模式。这种储运模式限制了氢气储运的效率,同时对城市布置加氢装置提出了更高的要求,氢气运输到加氢站需要加压超过 35MPa,加氢站为燃料电池车加氢时还需再次增压。同时,氢气压缩机在中国加氢站建设成本中占比最高,超过30%,目前,中国加氢站大多采用液驱式(又称液压活塞式)和隔膜式氢气压缩机。氢气压缩机需要具备承压大、流量大、安全和密封性好等特质,且要防止氢脆现象发生的同时,尽可能减少能源损耗。目前国内技术水平与国际先进技术水平尚存在一定的差距,国内在营加氢站大多采用国外进口压缩机。

欧盟国家70～90MPa储氢瓶材料已经过关,加氢站的储氢压力一般采用90MPa储氢瓶(罐),氢气的储存压力控制在70～75MPa,运输车氢瓶的储氢压力也控制在这个范围。同时,欧洲各国公共交通的大巴携带的都是35MPa的氢瓶,加氢时只要利用加氢站储氢瓶的压力就可以为燃料电池车注氢,大幅减少了加氢站的辅助设施的建设,也减少了加氢过程中安全问题的多余环节。这是中国目前氢能产业链里最大也是最重要的问题,也是限制中国氢能应用和氢能储运中最核心的瓶颈问题。

这个问题的关键涉及IV型氢瓶材料的国产化问题,IV型氢瓶采用的碳纤维材料,美国从国防应用角度严格限制欧洲出口,预计在中国取得研究进展以前不能规模化进口,这就限制了我们采用国际通行的高压氢储运技术路线扩展。因此,我们在目前已经布局的氢储运技术路线的同时,应该走出符合国情的另一条技术路线,如有机液态储运氢技术。

目前已经有中国企业在有机液态储氢技术方面取得了重大突破,摒弃了二甲苯和二苄基甲苯这些有毒的有机材料,而且实现了脱氢温度不高于200℃的脱氢工艺方法。每吨氢油的含氢量是20MPa高压运氢车运氢量的5～6倍,每千克氢气的百千米运费不到0.70元。常温、常压、无毒、液态储运含氢有机化合物,无疑将使氢能产业链最重要也最困难的环节处在最安全、最可靠的状态。

氢能产业链中,大部分下游企业集中在氢能在交通领域的应用。交通领域氢能应用的前提是加氢站的布局建设,其次是氢燃料电池技术。氢能产业链下游还有两个氢能利用的关键点目前是被忽略或不够重视的,即氢的储能功能及氢气作为生产资料在半导体、科研、医疗和冶金、稀土工业方面的应用。氢的储能功能更大意义在于为碳中和做必要的准备,利用可再生能源电解水制氢,将这类氢气作为能源储备时才是真正意义上的绿色能源,也只有这样,才可能作为实现碳中和的重要手段。中国目前在整个氢能产业链里企业的布局情况如图11-5所示。

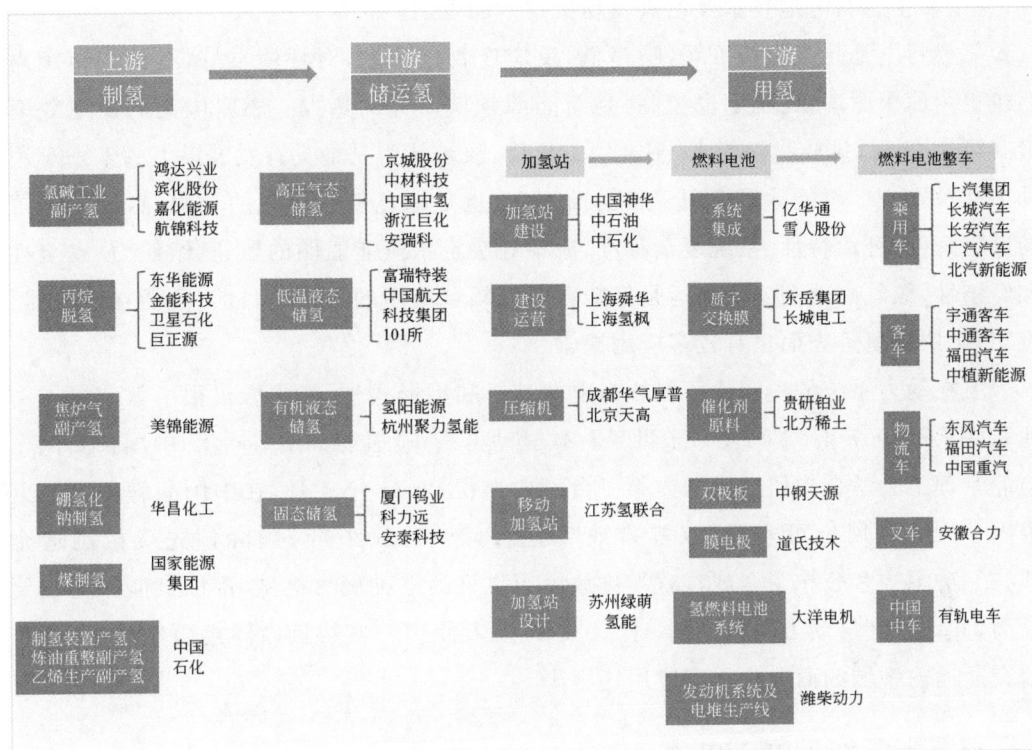

图 11-5　氢能产业链布局[19]

11.4　氢能的应用

正如氢的来源广泛一样，氢的应用也极为广泛，从工业到农业，从家庭到社会，从固定式场景到动力系统，从民用到军用，不一而足。这里，我们只列举几种主要的用氢方式。

11.4.1　动力系统

长期以来，氢作为潜在的交通燃料，被视为石油和天然气的清洁替代品。氢动力系统因零碳排放和广泛的适应性有望成为交通运输部门实现快速减排的少数选择之一,这依赖于燃料电池技术及燃氢发动机技术的发展。

氢燃料电池化学反应平缓,噪声低,反应产物仅为水,对环境友好,结构较传统内燃机更为简单紧凑,比功率也较高,是新能源领域研究的热点。燃料电池的发电效率最高可达60%,排放物仅为水,不会污染环境,故被认为是最具有发展潜力的未来车用动力能源之一。氢能除了应用于各类商用车,也是绿色船舶理想的动力源,储氢装置的储氢密度、补给特性、系统复杂程度、成本等决定了氢能船舶的航速、续航力、安全性和经济性,氢气高效高安全储运是氢能在船舶领域应用的关键。目前,氢能在航空器、汽车、军用潜艇等方面也有较多应用探索。

氢在动力系统的应用除了氢燃料电池这一利用形式外,氢内燃机很早就获得了关注和探索。2007年,宝马发布了世界首款氢动力汽车"氢能7系";同年,中国长安汽车与北京理工大学合作研究出国内第一台氢内燃机;2021年5月,在中国品牌博览会上中国一汽红旗展出可实现"双零排放"的氢内燃机;2020年,国际领先飞机制造企业——法国空客公布了全球首款零排放民用飞机的三种概念机型,都以氢能作为主要动力,并计划其氢动力飞机计划,于2035年投入使用。虽然氢内燃机研制较早,但目前交通运输领域的商业化示范应用还很少。

11.4.2　工业用户用氢

目前,工业用户中的氢几乎完全来自化石能源制氢,对环境影响巨大,采用可再生能源发电制氢,既可以为工业用户提供无碳氢,又可以提供可再生电力,避免化石燃料的碳排放问题。氢用于工业用户中的途径有5种。一是炼油,用于对石脑油、粗柴油、燃料油、重油的脱硫、石油炼制、催化裂化,以及不饱和烃等的加氢精制以提高油品的质量;二是化工,是用于合成氨、甲醇、甲烷等的主要原料之一;三是钢铁冶炼,代替传统高炉及碱性氧气转炉系统中常用的焦炭和天然气;四是子工业,在电子材料、半导体材料和器件、集成电路及电真空器件生产中,作为还原气、携带气和保护气。

11.4.3　分布式发电和储能

国际可再生能源机构(IRENA)预测:到2050年,太阳能和风能将占全球电力供应的62%。其中,太阳能光伏和风能的增长将是实现这一目标的主要驱动力。而彭博新能源财经(BNEF)预测,到2050年,风能和太阳能将分别占全球电力供应的48%和

23%,合计超过 70%[20]。可再生能源的波动、间隙、分布不均等问题将使电网消纳利用的压力激增,与传统的抽水蓄能、电化学储能方式不同,可充分利用弃电转化为氢能集中存储,并在需要时及时转化为电能并网供应,整个过程完全零碳循环。未来 30年,氢能将大量应用于与可再生能源耦合构建起的新能源体系。风、光可再生能源耦合应用结构如图 11-6 所示。

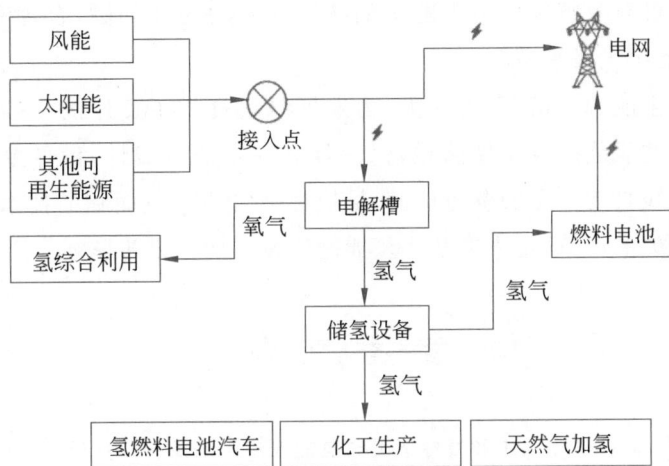

图 11-6　风、光可再生能源耦合应用结构图[21]

11.5　小结

在国家双碳背景下,氢能迎来重大发展机遇,氢能的开发利用是加快实现双碳目标的重要途径。从燃煤、炼油、采气到洁净氢能利用,对于低碳能源的认识逐步加深,但无论使用哪种化石原料,制备灰氢都会产生大量的二氧化碳,只有零碳排放可再生能源(如太阳能、风能等)驱动的水电解制氢才是未来理想的二次能源。氢能的利用目前仍然以氢燃料电池为主,但是在降低燃料电池成本和提高其使用寿命方面仍有大量优化工作需要完成。另外,燃氢发动机作为一个很好的补充手段也会越来越受到重视,相较于燃料电池,燃氢发动机更加适应高负荷运行工况,适用于重载、非道路、建筑和专用商用车。

　　普遍认为,制约氢能产业发展的瓶颈是如何在常温、常压下安全高效地储存和运输氢气。目前主流的储氢方式,即高压和深冷液化技术均存在成本高、有安全隐患等缺陷。有机液态储氢技术的出现打破了制约氢能发展的瓶颈,该技术采用的有机储氢载体在常温、常压下始终为液态,既不易燃也不易爆,并可以利用现有汽油输送方式和加油站构架,大幅降低配套基础设施的建设成本。另外,利用有机液态储氢技术结合电解水制氢技术可有效解决可再生能源消纳及并网稳定性问题,合理利用弃风、弃光电力,能够避免能源大量浪费。

　　中国的可再生能源丰富,潜力巨大,为发展绿氢提供了良好的基础,但是,走出一条新的符合国情的氢能产业发展路线,仍然具有一定的挑战性,世界主要工业国家在氢能产业发展路线具有一定的参考价值,尽快突破氢能产业面临的技术瓶颈,补齐、完善氢能产业链缺失的环节,是未来几年氢能健康发展的关键步骤。

参 考 文 献

[1]　魏凤,任小波,高林,等.碳中和目标下美国氢能战略转型及特征分析[J].中国科学院院刊,2021,36(9):1049-1057.

[2]　魏蔚,陈文晖.日本的氢能发展战略及启示[J].电力设备管理,2022(1):267-271.

[3]　张锐.欧盟清洁能源加速转型的动能与前景[J].对外经贸实务,2022(10):4-9.

[4]　韩红梅,杨铮,王敏,等.我国氢气生产和利用现状及展望[J].中国煤炭,2021,47(5):59-63.

[5]　李星国.氢与氢能[M].北京:科学出版社,2022.

[6]　王玮,王秋岩,邓海全,等.天然气管道输送混氢天然气的可行性[J].天然气工业,2020,40(3):130-136.

[7]　高慧,杨艳,赵旭,等.国内外氢能产业发展现状与思考[J].国际石油经济,2019,27(4):9-17.

[8]　张颖.双碳目标引领下,氢燃料电池重卡的崛起与挑战[J].汽车与配件,2022(4):34-37.

[9]　刘玮,万燕鸣,熊亚林,等.碳中和目标下电解水制氢关键技术及价格平准化分析[J].电工技术学报,2022,37(11):2888-2896.

[10]　陈冠益,高文学,马文超.生物质制氢技术的研究现状与展望[J].太阳能学报,2006,27(12):1276-1284.

[11]　李亮荣,彭建,付兵,等.碳中和愿景下绿色制氢技术发展趋势及应用前景分析[J].太阳能学报,2022,43(6):508-520.

［12］　丁镠,唐涛,王耀萱,等.氢储运技术研究进展与发展趋势［J］.天然气化工(C1 化学与化工)
　　　　2022,47(2)：35-40.

［13］　马通祥,高雷章,胡蒙均,等.固体储氢材料研究进展［J］.功能材料,2018,49(4)：
　　　　4001-4006.

［14］　李林,刘彤宇,李爽,等.甲醇重整制氢燃料电池发电研究进展［J］.发电技术,2022,43(1)：
　　　　44-53.

［15］　李璐伶,樊栓狮,陈秋雄,等.储氢技术研究现状及展望［J］.储能科学与技术,2018,7(4)：
　　　　586-594.

［16］　伍庆龙,张天强.丰田燃料电池汽车 Mirai 技术分析［J］.汽车文摘,2020(4)：18-21.

［17］　KOCH D T,EBER E,KURETI S,et al.用于降低氢燃料发动机氮氧化物排放的新型催化转
　　　　化器［J］.汽车与新动力,2021(1)：63-67.

［18］　金迈平.央企积极布局氢能全产业链发展［J］.现代国企研究,2022(10)：86-87.

［19］　徐硕,余碧莹.中国氢能技术发展现状与未来展望［J］.北京理工大学学报(社会科学版),
　　　　2021,23(6)：1-12.

［20］　王振华,王丽,邹业成,等.氢能的应用现状及展望［J］.中国氯碱,2021(11)：40-47.

［21］　刘金朋,侯泰.氢储能技术及其电力行业应用研究综述及展望［J］.电力与能源,2020,41(2)：
　　　　230-233＋247.

第 12 章

能源革命——挑战新材料极限：电池

学习目标

(1) 了解电池的发展及全球格局。

(2) 熟悉电池的典型形态及产业链。

(3) 掌握储能的原理及应用场景。

(4) 认识新材料在电池发展中的作用。

12.1 电池的发展概述

电能随时随地为人们的生活提供着动力，而且越来越以不受约束、移动的方式支持人们使用手机、相机、笔记本电脑，甚至驾驶电动车辆。其中最重要的技术产品高效储存电能的设备——电池，已经成为人们工作和生活中必不可少的组成部分。

回顾电池的发展历程，首先要从电说起，富兰克林在 18 世纪发现了电。1800—1960 年是技术的探索阶段，相继发明了伏特电池、燃料电池、铅酸电池、干电池、镍镉电池等；1970 年以后电池开始快速发展，锂电池被发明并不断完善，1991 年索尼实现了锂电池的商业化。在新一代电池的研发中，固态电池、锂硫电池、锂空气电池、超级电容器、燃料电池等是较受关注的类型[1]。

电池的诞生基于人们对获取持续而稳定电流的需要。早在 1800 年，意大利物理学家伏特就发明了世界上第一个电池，由一块铜板和一块锌板浸在溶液中构成。伏特用这种方法成功制成了"伏特电堆"，实际上就是串联的电池组。

1836 年，英国的丹尼尔对"伏特电堆"进行了改良，使用稀硫酸作电解液，解决了电池极化的问题,效果更好的"本生电池"和"格罗夫电池"等陆续问世。1860 年,法国的雷克兰士发明了碳锌电池,最初潮湿水性的电解液逐渐用糊状的方式取代,装在容器内时,"干"性的电池出现了。1887 年,英国人赫勒森发明了最早的干电池,相对于液体电池而言,干电池的电解液为糊状,不会溢漏,便于携带,因此得到了广泛应用。

如今,干电池已经发展成为一个庞大的家族,种类达 100 多种。常见的有普通锌锰干电池、碱性锌锰干电池、镁锰干电池等,不过,最早发明的碳锌电池依然是现代干电池中产量最大的一类电池。在干电池技术不断发展的过程中,人们发现,尽管干电池使用方便,价格低廉,但用完即废,无法重新利用,以金属为原料会造成原材料的浪费,废弃电池还会造成环境污染。于是,能够多次充电、放电,反复使用的蓄电池成为新的方向。

目前,充电电池的种类越来越丰富,形式也越来越多样,从最早的铅蓄电池、铅晶蓄电池,到铁镍蓄电池及银锌蓄电池,再到铅酸蓄电池、太阳能电池及锂电池等。与此同时,蓄电池的应用领域越来越广,电池容量越来越大,性能越来越稳定,充电越来越便捷[2]。

索尼公司于 1991 年推出了第一款商业锂电池(阳极为石墨,阴极为锂化合物,电解液为锂盐溶于有机溶剂),由于锂电池的高能量密度和不同配方能够适应不同使用环境的特点,被广泛使用。整个电池的发展史也可以说是一个"试试各种金属能不能造电池"的历史。

电池已经诞生了 200 多年,现在仍然在不断改进开发。无论是过去还是现在,电池的目标都没有改变——不断挑战新材料的极限,让人随时随地享受电能的巨大恩惠。

12.2 电池的全球格局

12.2.1 电池的全球研发格局

电池研发涉及很广泛的领域,包括正极、负极、隔膜,以及电解液、人工智能、材料、固态电池、续航里程、循环寿命、功率及安全等。在成本方面,动力电池四大主要材料的成本占电芯成本的 70％左右，正极材料、负极材料、隔膜及电解液分别占电池成本的 40％、10％、12％和 8％。

LG 化学在研发方面一直投入力度比较大，作为唯一一家以化学品和材料为基础的电池公司，经过数十年的深入研究、建立配料和发展化学品的经验，在正极材料、负极材料、隔膜、电解液、导电材料、粘接剂等领域均有布局。LG 化学在正极材料自供方面具有一定的成本优势，同时也与外部优质的供应商进行合作开发供应，保证原材料的稳定供应，降低成本。

三星作为韩国最大的企业和汽车生产厂商，其附属企业三星 SDI 也在电池研发领域布局，并成立三星材料研究所（Samsung Material Research Complex，SMRC），是韩国第一个电子材料研发机构，特别关注未来电池材料，专利数量遥遥领先。三星 SDI 采用协同性的研发结构不但可以提升现有产品的性能，还通过开发颠覆性的技术超越极限。三星综合技术研究院（Samsung Advanced Institute of Technology，SAIT）负责前沿研究，与国内外大学研究机构共同合作，一同设立重要技术课题，一道解决商品化开发，共同推进研究项目创造协同效应；三星材料研究所负责下一代材料、产品及技术平台开发[3]。

松下研发利用人工智能（artificial intelligence，AI）对电池材料的合成过程进行合理预测，可以将电池新材料的开发周期缩短一半。

中国的宁德时代具有完整的动力电池研发体系，包括纳米级别材料开发、工艺研发、电芯研发、模组研发、电池管理系统（battery management system，BMS）、电池包开发的核心技术等。先于韩国量产高镍三元电池，并于 2018 年投资 2.4 亿欧元在德国建设研发基地。宁德时代的研发链条环环相扣，在可靠性设计、寿命模型、产品安全等各方面都具备很强的实力，确保能够打造出完美的安全产品。宁德时代高度重视校企合作和全球智库，全面构建多领域、多层次的动力电池研发体系，相继在上海、美国、德国、日本建立研发院，加强与先进技术的融合，强化产品优势。

从宁德时代与诸多美国大学和科研院所合作可以看出美国的研发优势在基础研究。斯坦福大学通过将熔融锂金属渗透到氧化石墨烯主体中，设计并制造了超薄锂金属负极（最小 $0.5\mu m$）。负极独立、机械稳定、厚度可调，库仑效率接近 100％，锂离子全电池容量提升 8％[4]。加州大学圣地亚哥分校在固态电池（solid-state battery，SSB）中实现了使用全硅阳极和固态电解质的技术突破，其优势：一是硅更廉价；二是与锂金属阳极相比，具有固态电解质（solid electrolyte，SE）的硅反应性较低，同时保持相似的容量；三是容量是石墨阳极的 10 倍；在锂化过程中，99.9wt％的微硅被硫化物固体电解质钝化，形成固体电解质界面（solid electrolyte interphase，SEI），固体电解质与硅界面处的锂离子与硅合金形成高度可逆的致密锂硅合金（Li-Si）[5]。来自麻省理工学院、卡内基梅隆大学、布朗大学和德克萨斯农工大学的研究人员在固态电池中展示了具有高电流密度的半固态碱金属电极，该电池通过将锂金属与界面钠钾合金膜结合使用锂合金[6]。

12.2.2　电池的全球产能格局

2022 年，全球动力电池装机量同比（2021 年）增长了近 1 倍，新能源汽车进入发展的快车道，对动力电池的需求极大；全球动力电池厂商不断投资建厂扩大产能，头部企业快速发展，牢牢把握住市场份额。

其中，中国动力电池厂商以绝对优势霸榜前 10，共占据 6 席，其次是日韩厂商，前 10 厂家合计占据超过 90％的市场，一些分布在中日韩之外的厂商也由中日韩投资，因此行业集中度非常高。

到 2023 年，宁德时代以 35.7％的市场份额占据第一，领先排名第二比亚迪超过 20％。宁德时代于 2019 年在德国设厂，规划 14GW·h，并在 2022 年 4 月获得电池生产许可，同时投资 73.4 亿欧元在匈牙利建设 100GW·h 产能生产线，为奔驰和宝马供货。在北美，宁德时代布局墨西哥工厂，将为美版特斯拉和福特提供磷酸铁锂电池。比亚迪市场份额也在上升，达到 14.2％，LG 的市场份额在下降，以 12.1％的占比位列第三，松下占比不到 10％被挤出前三。

当下，新能源汽车产业已迈入规模化快速发展新阶段，在巨大的市场预期下，全球动力电池厂商加码布局。根据公开信息不完全统计，至 2025 年中国主流厂商产能有望超过 1TW·h。除中国厂商，主流日韩厂商也在积极扩充产能。

LG 化学与本田合作投资 44 亿美元在美国俄亥俄州建设 40GW·h 电池工厂，同时还在印度、中国南京和波兰等地设立电池工厂，用于提升该公司在全球的电动汽车电池产能。三星 SDI 是最早量产 2600mA·h 锂电池的，为实现电池产能扩张，三星 SDI 全额收购了 SB LiMotive 的博世股份，在中国西安开设电动汽车电池工厂，扩建匈牙利 Goed 的电池工厂，并计划投资 1.7 万亿韩元（约合 88.4 亿元人民币）在马来西亚建厂。此外，三星 SDI 还宣布与汽车厂商 Stellantis 合作，在美国印第安纳州建立电动汽车电池制造厂，2022 年三星 SDI 电池扩张产能支出接近 3 万亿韩元（约合 156 亿元人民币）。

　　松下于 1994 年开始研发生产圆柱形可充电锂电池,2008 年耗费 64 亿美元并购实力强大的三洋电机进入动力电池领域,成为全球最大的锂电池供应商。2018 年在中国大连的电池工厂投产。松下还表示将斥资 40 亿美元在美国堪萨斯州德索托市建厂生产特斯拉 4680 电池,以满足特斯拉及其他整车配套需求。

　　据北美的 Scotch Creek Ventures 的预测,从 2020 年到 2030 年的 10 年间,电池产能将增加 16 倍。2025 年全球前 10 国家的产能预测见表 12-1。从表中可以看出,中国仍将以较大优势领先。

表 12-1　2025 年全球前 10 国家的产能预测

排名	国家	2025 年电池产能/(GW·h)	全球占比
1	中国	944	65.2%
2	德国	164	11.3%
3	美国	91	6.3%
4	波兰	70	4.8%
5	匈牙利	47	3.2%
6	瑞典	32	2.2%
7	法国	32	2.2%
8	韩国	18	1.2%
9	日本	17	1.2%
10	英国	12	0.8%
	其他	20	1.4%
	Total	1447	100.0%

　　电池产业是高度资源依赖型的产业,发挥着越来越重要的作用。从 2021 年开始电池企业加大了上游资源端的布局。例如,宁德时代布局四川锂辉石矿和宜春锂云母矿,入股洛阳钼业在刚果(金)的 Kisanfu 项目,以及投资印尼镍矿开采、三元材料生产等项目。比亚迪参股了中国最大的盐湖锂矿扎布耶盐湖、投资建设了碳酸锂项目。LG 化学投资 52 亿美金培育从正极材料到隔膜、负极黏合剂、碳纳米管等多元化产品组合。2020 年,三星 SDI 与 ECOPRO BM 公司联合建设 5 万吨正极材料项目,2021 年 SK Materials 公司与美国电池材料企业联合投资 8500 万美元建设电池负极材料生产工厂。

　　头部厂商在布局上游材料资源的同时也把目光投向了上游电池制造设备厂商,宁德时代投资入股包括先导智能、利元亨等设备龙头企业,比亚迪参股德瑞精密设备,以满足其对生产设备的需求供应。

12.3　电池的种类

12.3.1　按照工作性质及储存方式分类

电化学电源发展至今,品种繁多,用途广泛,外形差异大,按照工作性质及储存方式进行分类,主要可分为一次电池、二次电池、储备电池和燃料电池四种。

1. 一次电池

一次电池又称原电池,因电池反应不可逆或可逆反应较难进行,通常放电一次后便无法使用。主要有锌锰干电池、锂原电池等。一般的应用范围是低到中功率放电,以其便携性与低价格用于各类电器与电子设备。

2. 二次电池

二次电池又称蓄电池,是电化学能量储存装置,电池可反复使用。主要有铅酸电池、镍镉电池、镍氢电池、钴酸锂电池、锰酸锂电池、磷酸铁锂电池和三元锂电池(镍钴锰酸锂电池)等几大类。二次电池及其电池组主要用于较大功率的放电场合,以及充当辅助和应急电源。由于在能量密度、功率密度等电化学性能方面的改善,在车辆动力领域,逐渐显示出较强的竞争力。

1) 铅酸电池

铅酸电池成本低、低温性好、性价比高;但能量密度低、寿命短、体积大、安全性差。由于能量密度低和使用寿命短,作为动力的电动汽车无法拥有良好的车速和较高的续航里程,一般用于低速车。铅酸电池的一个延伸品种是超细玻璃纤维隔板(Absorbent Glass Mat,AGM)铅碳电池,可以大规模应用于各种储能场景。

2) 镍氢电池

镍氢电池成本低、技术成熟、寿命长、耐用;但能量密度低、体积大、电压低、有电池记忆效应。由于其超强耐用性,被丰田混动车型 Prius 采用。镍氢电池单体电压仅为 1.2V,为锂电池的 1/3,因此需求电压一定的情况下,镍氢电池的体积比锂电池大。虽然镍氢电池性能优于铅酸电池,但是含有重金属,遗弃后会对环境造成污染。

3)锂电池

锂电池能量密度越高,能存的电就越多;循环寿命越长,充放电的次数就越多,使用寿命也长。现在用在电动汽车上的锂电池,主要是磷酸铁锂电池和三元锂电池两种。"磷酸铁锂""三元锂"都是动力锂电池的正极材料,正极材料对电池能量密度起决定性作用,因此在电池命名规则上,多以正极材料命名。

(1)磷酸铁锂电池热稳定性佳、安全、成本低、寿命长;但能量密度低、怕低温;同时热稳定性是动力锂电池中最好的。当电池温度处于 $500\sim600℃$ 时,其内部化学成分才开始分解,并且相比三元锂电池,穿刺、短路、高温更不易引起燃烧或者爆炸,比松下的钴酸锂电池的安全性更高,使用寿命也更长。但磷酸铁锂电池能量密度相对较低,导致电池更重更大,车辆续航里程一般。而最大的痛点在于低温充电问题,当温度低于 $-5℃$ 时,充电效率低,不适合北方冬天充电的需求。

(2)三元锂电池能量密度高、循环寿命长、不惧低温;但高温下稳定性不足。其能量密度可达最高,但高温性相对较差,对续航里程有要求的纯电动汽车,三元锂电池是主流方向,且适合北方天气,低温时电池更加稳定。特斯拉公布的 Model3,即采用松下的 21700 型三元圆柱形电池。三元锂电池缺点是三元材料的脱氧温度在 $200℃$,并且无法通过针刺实验,导致三元锂电池在内部短路、电池外壳损坏的情况下,容易引发燃烧、爆炸等安全事故。

3. 储备电池

储备电池又称激活电池,由于仅在使用前激活电池,因此可使电能储存较长时间。主要有镁银电池等。储备电池常在特殊环境下使用,因其自放电性能好、工作寿命长等特点,对可靠性要求高的场合是较好的选择。

4. 燃料电池

燃料电池又称连续电池。只要将活性物质连续注入,就能长期运行。主要有氢燃料电池等。由于具备较好的能量及功率密度,因此常用于长时间连续工作的场合。随着技术的进步与产品的完善,燃料电池将在各类重要用电领域开展试验及应用。

12.3.2　按照结构创新分类

2019 年是动力电池结构创新元年,各动力电池企业及各大车企积极探索动力电池结构创新,推出各类去模组化、集成化的电池结构创新技术,并在新能源汽车市场逐步予以应用。

当前,随着电池包模块化、标准化程度不断加深,整个电池包的生产环节集中度继续提升成为大势所趋,以宁德时代、比亚迪为代表的动力电池企业,以及以特斯拉为代表的各大新能源汽车车企对动力电池结构的进一步革新引领着整个电池行业的发展。近年来,动力电池结构创新案例见表 12-2。

表 12-2　动力电池结构创新案例汇总

年份	结 构 创 新	应　　用
2019	宁德时代 CTP1.0	北汽新能源 EU5 车型
2019	蜂巢能源叠片电池工艺	—
2020	特斯拉 4680 电池	特斯拉德州工厂生产的 Model Y
2020	比亚迪刀片电池	首搭车型为比亚迪中大型高端轿车比亚迪汉
2020	国轩高科 JTM 集成技术	—
2021	宁德时代 CTP2.0	蔚来系列 75kW·h 电池包
2021	广汽弹匣电池	广汽 AION Y 为首搭车型,AION VPLUS、AION SPLUS 等同样予以应用
2021	中航锂电 one-stop 电池	原预计于 2022 年 6 月推向市场
2021	长城汽车大禹电池	首搭车型为沙龙机甲龙,2022 年起长城旗下车型将全面应用
2022	零跑 CTC 方案	零跑旗下全球首款 CTC 技术量产轿车零跑 C01
2022	比亚迪 CTB	首搭车型为比亚迪海豹
2022	上汽魔方	上汽 MG MULAN 等上汽星云纯电专属系统化平台开发的车型
2022	宁德时代 CTP3.0 麒麟电池	首搭车型为极氪 009

无模组动力电池包(cell to pack,CTP)是宁德时代主推的电池结构集成技术,其发展大体可以划分为 3 个阶段,分别为 CTP1.0、CTP2.0 和 CTP3.0。

2022 年 6 月 23 日,宁德时代首次公开发布麒麟电池(CTP3.0),开创结构创新之路。通过第三代CTP技术革新，麒麟电池成为全球集成度最高的电池，体积空间利用率最高可达72%，同时可将三元电池系统能量密度提升至255W·h/kg，磷酸铁锂电池系统能量密度提升至160W·h/kg，量产后整车续航里程可实现1000km以上。

此外，在安全性、电池寿命及快充性能等方面也得到了进一步提升。理想汽车的L9车型和蔚来的ET7、ES8等车型已经搭载了麒麟电池，并投入市场。

2020年9月23日，特斯拉推出4680电池，是特斯拉继18650电池、21700电池之后推出的第三代电池，相较于21700电池，4680能量提高5倍、续航里程提高16%、动力提高6倍、成本降低14%；冷却方面，4680采用蛇形冷却板贴附设计，而且内部散热鳍片自成回路，无须串联，整体来看散热能力优异。2022年1月特斯拉生产了100万块4680电池。

目前，特斯拉拥有CTC技术、4680电池及一体式压铸三大前沿技术，在新能源汽车领域是一面旗帜，引领电池结构创新。

此外，比亚迪着重从安全和续航出发，2020年3月推出比亚迪刀片电池，其技术逻辑是将单体电池通过阵列的方式排布在一起，像"刀片"一样插入电池包内，在成组时跳过模组和梁，减少了冗余零部件，形成类似蜂窝铝板的结构，从而大幅提升集成效率，空间利用率提升至60%。该技术在电池安全、强度、续航、耐低温、寿命、功率、成本，以及快充性能等方面均有显著优势，并计划推出第二代刀片电池，性能提升将主要体现在温控能力和能量密度方面。目前大部分动力电池的技术创新以结构创新为主，除了比亚迪刀片电池、特斯拉4680大圆柱电池及宁德时代发布的第三代CTP技术以外，还有诸如国轩高科JTM集成技术、广汽弹匣电池、中航锂电one-stop电池、长城汽车大禹电池、上汽魔方及蜂巢能源叠片电池工艺都是着力在电池结构领域进行的创新。

除了结构创新之外，不同学科的多项突破性科学发现，包括电化学、有机/无机化学、材料科学等学科的发现，都促进了动力电池技术创新。除了全固态电池还需要若干年的努力才能实现商业化量产之外，从材料上看，高镍电池、无钴电池、无镍无钴电池等已经相继开始研发或发布。

12.4　锂电池

12.4.1　锂电池的全球状况

2019 年诺贝尔化学奖,授予了三位对发明锂电池做出贡献的科学家,分别是约翰·B.古迪纳夫(John B.Goodenough)、M.斯坦利·威廷汉(M. Stanley Whittingham)和吉野彰(Akira Yoshino)。约翰、斯坦利和吉野彰的发现对世界产生了巨大的影响。锂电池是移动电子革命的重要组成部分,目前笔记本电脑、照相机、手机中的电池都是锂电池,正在进行转换的以替代能源或电能替换化石燃料为动力的交通工具也用到锂电池,这从根本上改变了世界[7]。

1991 年日本索尼公司率先实现了锂电池的商用化,锂电池在能量密度、循环寿命方面,以及高、低温性能方面都有显著的提升,弥补了其他二次电池在消费电池领域的痛点,从而为消费电池大面积的应用奠定了基础。

2000 年之后,以便携式手机、MP3 为代表的消费电子行业进入高速成长阶段。以智能手机为例,2003 年出货量为 957 万台,2010 年增长至 3.05 亿台,年均复合增长达到 63.97%。下游消费电子终端产品爆发式的增长拉动了锂电池消费需求,从而提升了行业成长的天花板。而这个时期,全球锂电池在材料体系的创新速度明显放缓,出现日本企业的技术向东亚各国外流的趋势。日本锂电池企业及锂电池上下游产业链开始受到韩国、中国的冲击。

得益于全球节能减排趋势及新能源汽车的快速发展,全球锂电池市场需求增长迅猛。为满足高速增长的需求,从政策导向和价值链的趋势来看,供应端企业致力于搭建技术创新、价值整合和生态赋能的平台,从单点技术的裂变、产业链的稳定和生态圈共赢三方面共同塑造和提升了锂电行业的整体盈利能力。在纯电力汽车领域,锂电池和燃料电池成为最令人瞩目的"明星"。

12.1 节涉及的研发相当大比例与锂电池有关,同时锂电池作为目前核心电池,提及电池产能反映的基本就是锂电池全球的产能状况。电池原材料直接决定动力电池的性能和成本,南美玻利维亚、智利和阿根廷三个国家的锂矿储量超过了全球的 50%,

因此,这三个国家也在酝酿成立"LPAC(Lithium Producing Alliance of Countries)"。

12.4.2　锂电池的基本原理

锂电池的基本原理是用"活性较高"的金属材料制作阳极(即负极一),用较为稳定的材料制作阴极(即正极+),阳极材料由于库仑力的原因丢失电子(还原反应),流向阴极使其获得电子(氧化反应),电池内部(电解液)阴极的阴离子流向阳极与阳离子结合,由此形成回路,产生电能。锂电池的工作原理示意图如图 12-1 所示。

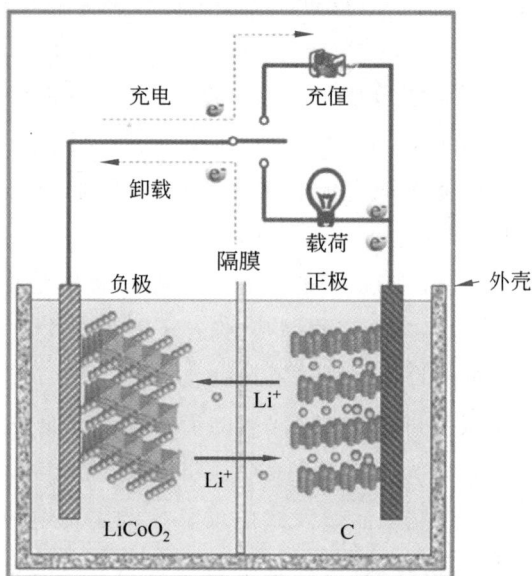

图 12-1　锂电池的工作原理示意图

因为这种流动本质上是化学反应,所以遵循能量守恒定律。如果对外部用电器(手机、相机等耗电物品)做功,就意味着反应产生的能量被用电器"吸收"了,达到了相对的平衡。如果没有用电器,但是回路接通,就意味着能量无处可用,将会变成热能,且速度非常快,因为电子移动的速度与光速相同,这就是电池发生短路时会剧烈发热甚至燃烧爆炸的原因。

一旦电池内部化学能量消耗完毕,电池就没用了。因此可充电的电池,即使能够利用外部通电使内部的化学反应"还原"(归位),也需要选择特别的材料和设计,让还原"完美",使电池重新获得化学能量。

锂电池按下游应用主要分为消费类锂电池、动力电池和储能电池。从其发展脉络来看,锂电池最早主要应用于 3C 领域,即消费类锂电池。随着技术的发展和电池性能的不断提高,锂电池逐渐应用在电动工具、电动汽车等交通工具,即动力电池。

锂电池一般包括 5 个基本部分:分别用两种不同材料组成的电极——正极和负极;将电极分隔在两区域的隔膜;电解液和外壳(图 12-1)[8],组分之间相互匹配发挥效用。

1. 电极

电极由活性物质、导电骨架和添加剂等组成,作用是参与电极反应,是决定电池电性能的主要部件。其中活性物质更为关键,要求是:正极电位越正负极电位越负、电化学活性高、电化当量低、电解液中稳定、导电性好、资源丰富、便于制造。

2. 隔膜

隔膜用于防止正负极活性物质直接接触而短路,但要允许离子顺利通过。对隔膜的具体要求是:对电解质离子运动的阻力越小越好、电子导电绝缘体、具备化学稳定性、一定的机械强度和抗弯曲能力、价格低廉等。

3. 电解液

电解液的作用有 3 方面:一是在与活性物质接触面附近形成双电层,建立电极电位;二是保证正负极间离子导电作用;三是参与电极反应。具体要求是:电导率高、成分稳定、使用方便等。电解液在完成离子导电的同时不能完成电子导电,要保证正常回路的形成。

4. 外壳

外壳即电池容器,具体要求是:高机械强度、耐高低温环境、能经受电解质腐蚀。

12.4.3　锂电池的核心优势

锂电池通过锂离子在正负极之间移动实现充电和放电。这个领域的一个核心技术是"层叠电池结构",也就是把多个电池做成很薄的层然后叠在一起,这样可以用很小的体积达到很高的效率,在这方面日产汽车公司走在行业的最前面。

相对于传统铅酸电池和镍铬电池等,锂电池的优势十分明显,如工作电压高、体积小、质量轻、能量高、无记忆效应、无污染、自放电小、循环寿命长、污染较小等,锂电池近 30 年(尤其是近 10 年)取得了巨大发展,成为最适用于电动汽车的电池之一。

从技术创新方面来看,价值链是企业主要深耕的核心环节,可提升核心竞争力,以求裂变。主要技术革新体现在以下 3 方面。

(1) 锂电生产技术(如锂原料的密度、再生、提取技术、新原料的出现等)是锂电行业各类企业,尤其是锂电上游企业重点深耕的领域,以及与新能源车生态链结合应用等领域,推动价值链竞争格局持续变化。

(2) 高镍化、固态化等趋势正在优化材料的效能与成本。

(3) 电池充电方式的提升,需要更安全、更便捷的充电方式消除用户的续航疑虑。

从价值整合方面来看,产业链子环节企业向产业链上下游延伸与整合,保证对产业链的整体把控能力,稳定供应体系并提高企业整体话语权。跨产业链环节的锂电上市企业,基于“研发—增长—融资—再研发”的良性循环发展趋势明显,在资本市场表现活跃。而产业链上的其他企业如锂电厂,也应考虑以用户为中心,定义高质安全的产品、服务和创新商业模式。

从环保可持续方面来看,锂电池存量市场大,回收潜力高,回收成本比矿石提取低,减少对锂原料资源开采的依赖,同时也减少废弃锂电池对环境的污染。常见的回收方法如下[9]。

(1) 熔炼是最简单和最成熟的回收方法。会产生很高的二氧化碳排放量并产生最低比例的可重复使用电池组件,优先回收有价值的镍和钴,而不是锂、锰和铝。

(2) 湿法冶金是一项成熟的技术,依靠水分离电池材料。可以回收电池电极料中的大部分金属(包括锂),产生的废物比熔炼法少。大多数水力技术使用酸选择性提取金属,像 Nth Cycle 这样的初创公司正在开发替代方法。

(3) 直接回收是仔细分离和去除电解质、黏合剂和阳极分离,产生的阴极粉末可以在新电池中重复使用。可以在最大程度减少浪费的同时保留阴极材料的内在价值。

12.5 钠电池

12.5.1 钠电池的全球状况

自 2010 年以来,钠电池受到国内外学术界和产业界的广泛关注。目前,钠电池已逐步从实验室走向实用化应用阶段,国内外已有超过 20 家企业正在进行钠电池产业化的相关布局,并取得了重要进展,主要包括英国 Faradion 公司、法国 Naiades 计划团体、美国 Natron Energy 公司、日本岸田化学、丰田、松下、三菱化学,以及中国北京中科海钠科技有限公司、浙江钠创新能源有限公司、辽宁星空钠电电池有限公司等[10]。

12.5.2　钠电池的基本原理

钠电池由来已久,在充放电过程中由钠离子在正负极间嵌入脱出实现电荷转移,锂电池是通过锂离子在正负间移动来进行电荷转移,工作原理本质上相同。

从材料体系来看,除了隔膜以外,钠离子和锂离子在 4 个方面存在差异,并间接导致成本差异较大。

(1) 正极方面,由于钠离子比锂离子半径大,导致其很难从层状正负极材料嵌入/脱出,因此钠离子正极材料在能量密度上有所欠缺,为了使钠离子更容易嵌入/脱出,正极材料选择和锂电池有所差别。

(2) 负极方面,锂电池常用的石墨材料无法有效嵌入钠离子,需要更换材料,目前常见的是各类硬碳材料。

(3) 电解液方面,钠离子摩尔电导率更高,使得钠电池所需电解液浓度较低,对添加剂的要求也较低,从而使电解液成本也较低。

(4) 集流体方面,钠电池正负极集流体均可以选用成本较低的铝箔,锂电池则需要正极集流体铝箔,负极集流体铜箔[11]。

12.5.3　钠电池的核心优势

随着锂价格的暴涨,电池企业的利润下滑,材料替代逐渐成为行业变革研究的方向,加之锂电资源在全球处于比较稀缺的状态,使钠电池重新进入厂商的视野。相比锂电池,钠电池的最突出优势在于钠电池成本优势。且钠电池与锂电池的工作原理相似,因此与锂电池的生产设备大多可兼容。在电池安全性方面,钠电池的内阻相比锂电池稍微高一点,在短路等安全性试验中瞬间发热量少、温升较低,因此钠电池安全性更好。钠电池的优势如图 12-2 所示[12]。目前钠电池的技术成熟度尚不及锂电池,处于导入期向成长期过渡阶段,尚未形成产业规模,但是随着研究的深入,更多钠电池特有的优势将会逐渐显示出来,挖掘这些特有优势将提高钠电池产品差异化,使其在未来市场竞争中占据有利地位。

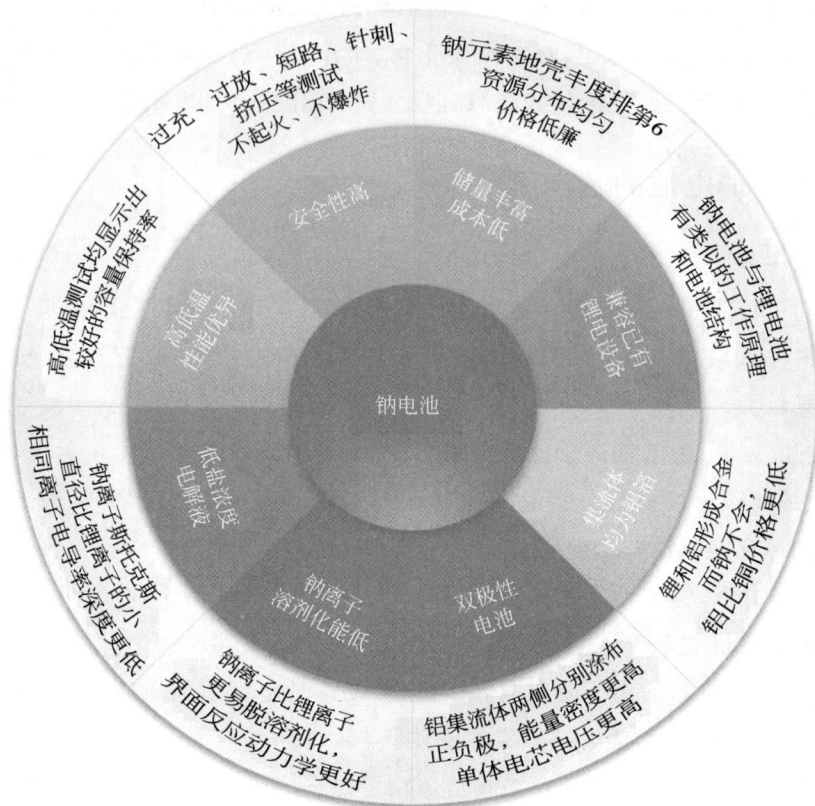

图 12-2　钠电池的优势

12.6　石墨烯与电池

　　石墨烯可作为导电介质用于传统的活性炭—有机系双电层电容器中。首先,通过石墨烯的高导电性,可提高传统双电层电容器的循环稳定性和功率密度。石墨烯在电池正负极中是导电剂,而非对原有活性材料的替代。在此阶段,石墨烯在电极中的质量占比较低,电解液体系仍为有机液体系,传统活性炭基双电层电容器的制备工艺和生产设备仍可沿用。其次,逐步增大石墨烯在电极中的比例,使其充当导电介质和电极活性材料双重角色。在此阶段,电解液体系仍不改变,但传统活性炭基双电层电容器的制备工艺和生产设备需要大幅改进。石墨烯外露的表面积可以显著改善双电层电容器的性能。最后,石墨烯将完全取代活性炭作为电极活性材料,高工作电压窗口的离子液体也将取代有机电解液。在此阶段,双电层电容器的各电容性能将获得大幅提升[13]。

导电剂在活性物质之间、活性物质与集流体之间起到收集微电流的作用,以减小电极的接触电阻,有效提高锂离子在电极材料中的迁移速率,从而提高电极的充放电效率,使电池倍率性能和循环寿命得到改善。石墨烯导电剂的制备过程,原材料石墨通过氧化还原法、化学气相沉积法、液相剥离法和外延生长法等不同工艺制备成为石墨烯粉体,粉体再制成浆料添加到正负极中。与炭黑类、导电石墨类等传统导电剂相比,石墨烯等新型导电剂阻抗更低、导电性能更好、能够提高充电速度和能量密度,以及改善循环寿命,未来有望大规模应用在快充电池当中[14]。

12.7　碳纳米管与电池

碳纳米管(carbon nanotubes,CNT)是由卷起的单层碳原子片(石墨烯)组成的圆柱形分子,不仅是一种具有特殊结构的一维量子材料,也是一种优势显著的导电材料,主要应用在锂电池,并且涵盖新能源汽车产业、3C 数码产业、半导体产业、电力基础设施等领域。

利用碳纳米管杰出的导电性能,可以制备优良的锂电池导电剂,导电剂是锂电池的关键辅材,能有效提升电池的导电性能和倍率性能。由于锂电池材料的导电性并不均匀,正极材料比负极材料导电性差,因此需要添加一定比例的导电剂,形成导电网络,提升整体导电性能。炭黑和导电石墨属于传统导电剂,碳纳米管、碳纤维和石墨烯属于新型导电剂材料,新型导电剂材料在活性物质之间形成的线接触式、面接触式导电网络更为充分,能够更加有效地提升导电性能[15]。

根据石墨烯层数的差异,碳纳米管可分为单壁和多壁;单壁碳管的化学性质更稳定、机械性能更好,且能够提升极片附着力。

碳纳米管技术壁垒主要体现在 3 个方面,一是催化剂是工艺核心。二是设备工艺决定连续化和宏量化制备水平,头部企业多自研设备以提升生产效率。三是分散体系是浆料制备的核心步骤,分散程度的优劣将直接决定浆料性能。

碳纳米管具有突出的多方面性能:一是力学性能。具有极高的弹性和韧性,杨氏模量是钢的近 6 倍,抗拉强度是钢的 100 倍,也是目前自然界中比强度最高的材料。二是电学性能。导电性显著优于石墨烯、炭黑等材料,且管径越细、长度越长,导电性越好。三是导热性能。极高的热导率,室温下导热率是金刚石的 2 倍。轴向导热性能优、径向导热较差,可合成各向异性的导热材料。四是化学稳定性。具有耐酸性、耐碱性,在高分子复合材料中添加碳纳米管可以提高材料本身的阻酸抗氧化性能。五是嵌锂性能优异。碳纳米管的中空管腔、管与管之间的间隙、管壁中层与层之间的空隙及管结构中的各种缺陷,为锂离子提供了丰富的存储空间和运输通道[16]。

由于碳纳米管和石墨烯等新型碳材料具有特殊的一维和二维柔性结构、具有良好的导电和导热特性,因此在锂电池应用中具有巨大的潜能。

12.8　固态电池

固态电池是一种使用固体正负极和固体电解质,不含有任何液体,所有材料都由固态材料组成的电池,具有安全性好、能量密度高、循环性能强、适用温度范围大等优点[17]。

按照电解质材料的选取,固态电池可分为聚合物体系、氧化物体系和硫化物体系三大类,聚合物体系工艺最成熟,但性能上制约发展;氧化物体系中薄膜型电池的难题在于容量扩充与规模化生产,非薄膜型电池综合性能优异,是当前开发的热门;硫化物体系处于发展空间巨大与技术水平不成熟的两极化局面。综合来看,虽然每一类固态电池体系都有较为棘手的问题需要攻坚,但目前实验室产品的性能已颇具潜力,且在全球范围内资本一致看好与龙头车企多方布局的情况下,固态电池技术有望获得超速发展。发展固态电池的最大动力来自固态电池的能量密度及其安全性能,可解决现有动力电池的不足与安全隐患[18]。

从能量密度来看,液态锂电池难以实现中长期动力电池能量密度的发展要求,固态锂电池与传统液态锂电池相比,得益于更高的电化学窗口,可以匹配高能正极材料和金属锂负极,理论能量密度更高,在相同条件下可以达到液态电池的 2 倍。

从安全性来看,液态电池的安全隐患主要因为液态电解质,固态电池使用固态电解质,热稳定性更强,大大降低了自燃、爆炸的风险。不可燃烧的固态电解质是固态电池的核心。

此外,固态电池不需要电解液和隔膜,可简化封装、冷却系统等,整体电池包的重量和体积得以缩减,从而提升续航能力[19]。

但全固态电池商业应用的技术瓶颈仍面临较大挑战,一方面界面问题影响电池性能：固与固的界面阻抗大,影响电池功率,同时界面接触差在循环过程中界面将不断被破坏,影响电池寿命。另一方面固态电解质影响快充性能：固态电解质中锂离子的迁移率较低,尤其是聚合物和氧化物固态电解质,电池的快充性能将会受限[20]。

目前,电池企业及整车企业都积极布局固态电池技术,但行业尚处于半固态向全固态发展的阶段,全固态电池的技术难题仍有待解决,真正实现产业化及规模上车仍需要较长时间。

12.9　电池与储能

12.9.1　储能的分类

储能技术是将多余的能量储存起来,在有需要时将能量释放出来。可用于电力系统削峰填谷、调频调相和紧急事故备用等。储能是电力系统"发—输—配—用—储"的重要组成部分,是构建新能源微电网的基础。例如,太阳能可以用来发电,但只有白天才能接收能量,可以把白天的太阳能,通过蓄电池储存起来(储能),需要发电的时候再用蓄电池发电,这样就可以使系统中的电力负荷平衡,以支持可再生能源的大规模利用。储能技术可以使电力系统摆脱对化石燃料的依赖,从而提高可再生能源的使用率,减少二氧化碳排放,减少能源成本。储能技术包括电储能(包括电化学储能、机械储能)、热储能和化学储能(氢储能),如图 12-3 所示[21]。

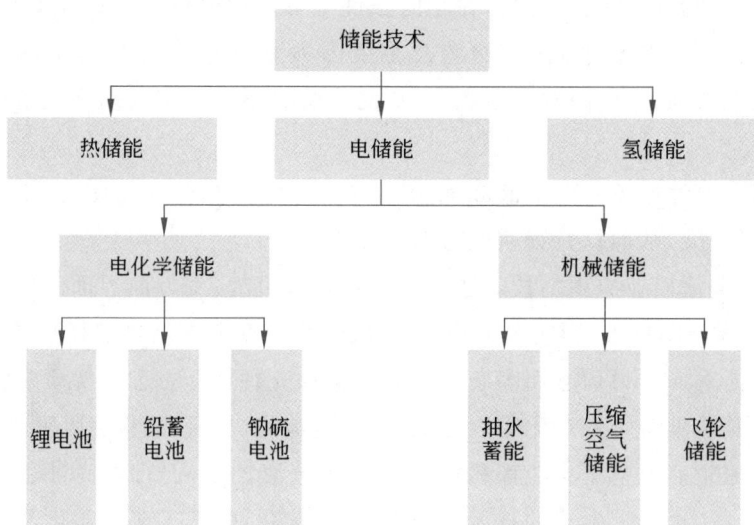

图 12-3　储能的分类

12.9.2　电化学储能

在储能技术中,电化学储能是储能最重要的路径之一,电化学储能系统主要由储能电池组、电池管理系统、储能变流器(power conversion system,PCS)、能量管理系统(energy management system,EMS)及其他电气设备构成。电池作为整个储能系统中的核心组成部分,成本占到整个储能系统成本的 50% 以上,是储能降低成本的关键。电化学储能系统结构示意图如图 12-4 所示[22]。

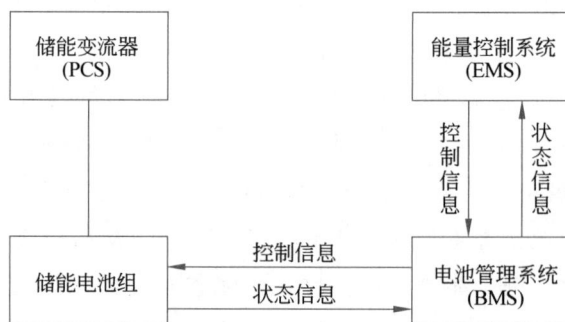

图 12-4　电化学储能系统结构示意图

各种电池是电化学储能系统的核心部件,其中包括以下 4 类。

1. 锂电池与储能

锂电池作为可再生能源的储能设备越来越受欢迎，其重量轻，能量密度高，并且能够反复充放电数百次。锂电池还用于电动汽车和消费电子产品，包括笔记本电脑、手机和平板电脑。与其他类型的可充电电池相比，锂电池价格更高，但使用时间更长，适合用于需要更可靠的电源的场景。

2. 钠电池与储能

钠电池是一种经济实惠的储能设备，特点是低成本和高容量。钠电池通常用于大型可再生能源储能系统，如太阳能和风能系统，以及商业和工业应用；也可用于汽车和船只，以及偏远地区的供电系统。

3. 铅酸电池与储能

铅酸电池也可用于储存能量，但通常比锂电池更重且效率更低。铅酸电池常用于车辆，尤其是汽车；还可用于太阳能发电系统和其他需要大容量储能的场合。铅酸电池比锂电池便宜，但需要定期维护，而且通常寿命较短。

4. 其他类型电池与储能

其他类型电池包括镍镉电池（NiCd）、镍氢电池（NiMH）等。镍镉电池是一种常用于储能的可充电电池，由镍和镉制成，这两种化学元素能够在需要时储存和释放能量，并因此闻名。与其他类型的可充电电池相比，镍镉电池具有许多优势，例如，能够保持更长的充电时间；还能够为耗电应用提供更高的电流输出。缺点是含有有毒金属，必须妥善处理。镍氢电池是储能电池的一种，包含两个电极，分别由镍和氢制成。当两个电极在溶液中结合时，会发生产生电能的化学反应，这些电能可以储存在镍氢电池中。与其他类型的电池相比，镍氢电池价格相对昂贵，但可以储存更多的能量，主要用于为卫星供电、作为企业应急备用电源，以及为偏远地区供电等。

12.9.3　储能在不同场景的价值

在全球实现环境温度控制目标和碳中和，需要新能源利用不断提升，发展储能技术是解决供需匹配问题、减小风光波动性对电网冲击的必由之路。一方面，通过削峰填谷,可以解决峰谷时段发电量与用电负荷不匹配的问题;另一方面,可以参与提供电力辅助服务,解决风光发电的波动性和随机性导致的电网不稳定问题;此外,通过储能系统的储存和释放能量,可提供额外的容量支撑;同时,储能可以在一定程度上增加电量本地消纳,减少输电系统的建设成本。

储能还可以应用在发电侧、输配电侧和用电侧,在不同场景下具有不同的价值和意义[23]。在发电侧,平滑新能源的出力波动、发电输出,为系统提供调峰、调频及备用容量等辅助服务,解决弃风、弃光的问题;在输配电侧,缓解输配电阻塞、延缓输配电设备扩容及无功支持,提高电网运行的稳定水平;在用电侧,主要应用于分时电价管理、容量费用管理、提高供电质量和可靠性、提高分布式能源就地消纳、提供辅助服务等方面。储能在不同场景的价值如图 12-5 所示。

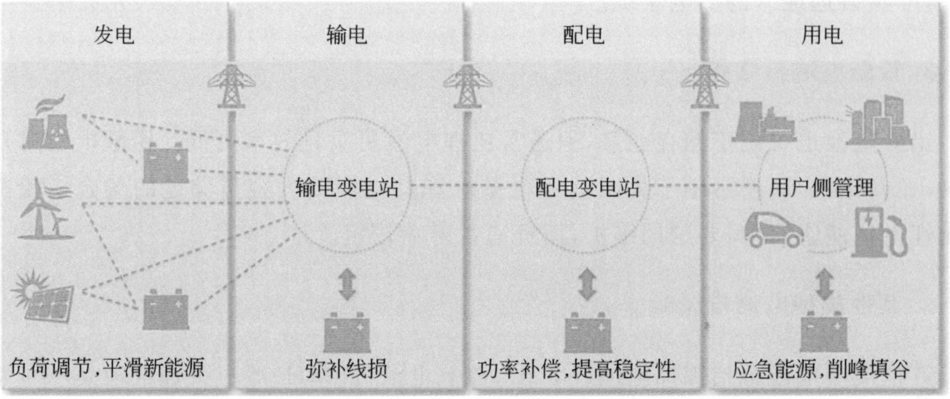

图 12-5　储能在不同场景的价值

12.9.4　电池与电动汽车

电动汽车及充电桩是一个常见的电池及储能的应用场景。为了提高便捷性,目前很多锂电汽车都可以使用普通家庭电压充电,但充电时间长达数小时。要大规模推广锂电池汽车,建立相应的快速充电站必不可少。2022 年 3 月,日本研究人员研发出一种新型"锂-空气"电池,无须充电,只需更换正极的水性电解液,通过卡盒等方式更换负极的金属锂就可以连续使用。也就是说,充电的设施更像添加物体的"加油站",而不是带着大插销的"充电站"。

除了电池以外,人们还想出了各种为电动车蓄能的方式,例如,曾经有人想用转速奇快的飞轮蓄能。但这个飞轮一旦破碎,就变成了炸弹,所以现在主要研究方向仍然是电池。除了锂电池,燃料电池也很有前途,它是一种将存在于燃料与氧化剂中的化学能直接转化为电能的发电装置。燃料和空气分别送进燃料电池,就产生电能。其中最实用的燃料电池是使用氢或富含氢的气体作为燃料[23]。

12.10　电池产业链

整个电池产业链较长,上游包括原材料及相应各类产品,中游是正极材料、负极材料、隔膜、电解液及其他辅助材料,下游是新能源汽车、消费电子、储能设备、工业领域等。全球下游市场空间广阔,新能源汽车处于成长期起步阶段,未来还会进一步带动电池产业需求持续旺盛。

12.11　电池的能源革命之路

电池产业链涉及非常广泛的领域,因此围绕电池有很广阔的创新及升级空间。

首先充分利用智能化、数字化的手段进行研发,缩短材料开发周期。在新一代锂电池的研发中,如固态电池和新型电池,新材料的开发至关重要。同样,通过原子或分子水平的分析了解锂电池使用过程中锂离子的具体运动特性也极其重要。在开发新材料过程中,花费太多时间在强调经验的试错试验上是个有问题的方式。松下推广"材料信息技术"开发理念,是一种基于人工智能和数据科学的全新材料搜索方法,发挥了公司内部电池材料专家和信息技术专家的人才优势,利用人工智能对电池材料的合成过程进行合理预测,可以将电池新材料的开发周期缩短一半。"材料信息技术"的开发理念至关重要的是人工智能所必需的信息数量及其质量,松下与外部机构合作,正在构建一个包含文献报告、仿真数据和材料信息的庞大数据库;同时最大限度地利用公司 50 多年来在电池研究上所积累的庞大技术数据。松下通过在原子水平上自己独特的先进材料分析方法和其"材料信息技术",已经成功地全球首次可视化研究了固态电池的锂离子特性。因此,松下将在全球领导电池新材料及其下一代电池的开发。

目前,宁德时代投资数十亿元建立智能化、自动化生产线,该生产线在"智慧工厂"和工业 4.0 信息物理融合系统(Cyber-Physical Systems,CPS)的指导下,实现了高度的自动化。厂区内使用了大量的高科技机器人、中控系统、在线检测设备和信息追溯系统,以做到"生产数据可视化""生产过程透明化""生产现场无人化"。而且宁德时代根据离散型制造的特点,将组织结构设计、经营管理流程、生产制造、仓储物流设计、生产线设备自动化都采用系统化管理。所建成的智能化车间,具有较强的技术成果可复制性和可扩展性。宁德时代通过物联系统,对人、机、料、法、环等生产数据进行监控、采集、分析、处理,实现对突发事件的快速反应和产品全制程可追溯性;并在大数据基础上,实现自动完成统计、测评、管理、考核,以及报表生成等。制造执行系统(manufacturing execution system,MES)对生产线上每台设备进行数据自动采集,通过中央专家系统与分布式控制系统对设备异常进行预警,并对产品制造信息进行数据挖掘分析,实现产品制造全过程管控。保证只有正确的物料、有资质的人员、正确的机器设备和正确的工艺参数被用来生产产品。

电池核心技术有着巨大的开发空间,影响着能源革命,全球各龙头企业纷纷布局。LG 化学在正极、负极、电解液、隔膜四大关键材料领域具备全面的技术储备;三星 SDI 独创的方形电芯技术,在安全保护领域拥有核心专利;松下的高镍 NCA＋硅碳,产品能量密度全球最高;宁德时代的快充技术独具特色,安全性媲美日韩。从研发体系来看,研发模式各具特色,日韩企业技术储备丰裕体系健全,宁德时代通过校企创新合作异军突起。从工艺积累的深度来看,中国企业仍落后于日韩同行。在客户拓展方面,日韩深耕欧美,宁德时代立足本土。受益于政策与市场的驱动,中国电池产业构建了完整的产业链,四大材料环节国产化率达到了 90％以上并成功进入日韩企业供应链体系。

高能密度是未来动力电池发展的主要方向。从材料体系、电芯、模组到电池包,四大企业展开了全面的赛跑。在能量密度提升方面,高镍化和硅碳负极成为中日韩领先企业的共同选择,固态电池等新体系电池技术有望在 2023—2025 年带来新的变革。在封装技术方面,LG 化学和韩国动力电池企业 SKI 采用叠片式软包设计,三星 SDI 和宁德时代主要以方形为主,松下的 NCA 以圆柱封装为主,同时发展新的电池结构。简化模组结构、提升散热性能、提高电池系统的安全性也是动力电池企业关注的焦点。通过挑战新材料极限,借力人工智能及数据分析,电池产业将会得到深入发展,最终引发能源革命。

参 考 文 献

[1]　葛军,孙景文,李铭全.动力电池深度：从芯出发,回归技术本源、聚焦发展主线[R].深圳：五矿
证券,2021.

[2]　郑思,张睿智.中国锂电行业发展德勤观察[R].上海：德勤管理咨询,2021.

[3]　刘波,张鹏,赵金保.锂离子动力电池及其关键材料的发展趋势[J].中国科学：化学,2018,48
(1)：18-30.

[4]　CHEN H，YANG Y F，BOYLE D T，et al. Free-standing ultrathin lithium metal-graphene
oxide host foils with controllable thickness for lithium batteries[J]. Nature Energy,2021,6(5)：
790-798.

[5]　TAN D H S，CHEN Y T，YANG H，et al. Carbon-free high-loading silicon anodes enabled by
sulfide solid electrolytes[J]. Science, 2021, 373(6562)：1494-1499.

[6]　PARK R J，ESCHLER C M，FINCHER C D，et al. Semi-solid alkali metal electrodes enabling
high critical current densities in solid electrolyte batteries[J]. Nature Energy, 2021，6(3)：
314-322.

[7]　PAGE M. Nobel prize in chemistry goes to developers of lithium-ion batteries [R/OL]. New Scientist
（2019-10-09）. https://www. newscientist. com/article/2218951-nobel-prize-in-chemistry-goes-to-
developers-of-lithium-ion-batteries/.

[8]　DENG D. Li-ion batteries：basics，progress and challenges[J]. Energy Science and Engineering，
2015，3(5)：385-418.

[9]　MORSE I. A dead battery dilemma：With millions of electric vehicles set to hit the road，
scientists are seeking better battery recycling methods [J]. Science, 2021, 372(6544)：780-783.

[10]　周权，戚兴国，陆雅翔，等.钠电池标准制定的必要性[J].储能科学与技术,2020,9(5)：
1225-1233.

[11]　王勇，刘雯,郭瑞,等.钠电池正极材料研究进展[J].化工进展,2018,37(8)：3056-3066.

[12]　容晓晖,陆雅翔,戚兴国,等.钠电池：从基础研究到工程化探索[J].储能科学与技术,2020,9
(2)：515-522.

[13]　崔超婕,田佳瑞,杨周飞,等.石墨烯在锂离子电池和超级电容器中的应用展望[J].材料工
程,2019,47(5)：1-9.

[14]　朱栋,余兵,王德安,等.广汽发布石墨烯基电池,主打快充性能[R].深圳：平安证券研究
所,2021.

［15］ 武浩,张鹏.碳纳米管行业翘楚,国产替代领军者［R］.深圳:信达证券,2022.

［16］ 王蔚祺.锂电行业深度系列七:碳纳米管新一代导电材料,应用前景广阔［R］.深圳:国信证券,2022.

［17］ 中商产业研究院.2022年中国固态电池行业市场前景及投资研究报告(简版)［R］.深圳:中商产业研究院,2022.

［18］ 程奇奇.2022年中国固态电池技术发展短报告［R］.南京:头豹研究院,2022.

［19］ 邓永康.朱凯,王瀚,等.固态锂电产业化深度解析［R］.深圳:安信证券,2021.

［20］ 韩冰冰,楼家豪.专题报告:固态电池一夜爆红 正极高镍需求如何［R］.杭州:信达期货,2021.

［21］ 黄博,张天楠.下游应用场景多点开花,储能万亿级市场即将开启［R］.成都:川财证券,2021.

［22］ 王蔚祺,李恒源.储能专题研究:全球电化学储能市场展望与技术创新［R］.深圳:国信证券经济研究所,2022.

［23］ 郑华航.储能市场加速开启,商业模式未来可期［R］.上海:东方证券,2021.

第 13 章

能源革命——挑战数字化极限：数字能源

学习目标

(1) 了解数字能源的发展历史。

(2) 了解数字能源主要依赖的技术手段。

(3) 了解数字能源领域的重要场景。

13.1　数字能源的发展概述

　　人类科技发展的浪潮从来都是有迹可循的，并遵循螺旋加速的趋势。20 世纪中期发起的第三次科技革命，以信息化为显著特征。硬核的物理化学积累的成果，逐渐在应用领域开花结果，带来信息化技术的蓬勃发展，从而诞生了电子计算机、互联网、智能手机、云计算等一系列因果明确的技术浪潮。近 10 年来，数字化和信息化的浪潮席卷各行各业，推动社会生活发生了天翻地覆的变化。此时人类把目光投向了一个非常古老的行业——能源行业。

　　根据美国国家海洋和大气管理局的观测，2022 年 8 月的全球表面温度偏离是 143 年来 8 月的第六高，比 20 世纪平均水平 15.6℃ 高出 0.90℃，有记录以来最热的 10 个 8 月都发生在自 2009 年以来的 13 年内。除了全球气候变暖外，极端天气也逐渐增加。能源行业面临的问题非常突出，人类如何持续发展变成了一个非常迫切的问题。人类不可能回到过去，单纯降低能源的使用量，不能确保环境的可持续发展。只有改变能源的来源、生产、传输、存储和使用等方方面面的环节，才能满足人类对于能源持续增长的需求，同时保证不会对子孙后代造成重大影响。

从能源的获取方式入手，新能源技术推动了能源行业深层次的变化，减少化石能源的使用，提高可再生能源在发电量中的比重，提升传统行业发电的效率，改变电网工作方式等多种方法，都能让我们距离终极目标——碳中和越来越近。数字化在这个过程中作为基础的技术支撑，会起到越来越重要的作用。可以预测，未来能源行业将是被数字化塑造最为彻底的行业。未来电网流淌的电力的含"数"量将越来越高，人们使用电能的各个场景中都可以看到数字化的影子。以数据作为能源行业的关键生产要素，以各种信息技术为基础，以能源网络为载体，将不断提高能源全行业的生产效率。

作为耗能大国中国积极融入这场变革，推进能源革命，加快数字化发展，构建智慧能源系统。电力系统的"双高""双峰"特征凸显，面对加速推进能源清洁转型的强烈信号，以及新能源大规模高比例并网、分布式电源和微电网接入等多重挑战，亟待运用数字思维，破解安全、经济和绿色发展"不可能三角"难题，有效支撑水火风光互补互济、源网荷储协同互动，加快推动以新能源为主体的新型电力系统转型升级[1]。

能源数字化转型坚持以新发展理念为引领，以能源技术和数字技术融合应用为核心推动力，以数据作为关键生产要素，以现代能源网络和信息网络为主要载体，提高能源行业全要素生产率，推动构建现代能源体系。能源数字化转型将为传统能源行业的产业升级、业态创新、服务拓展及生态构建注入新动能，在推动质量变革、效率变革、动力变革中持续发力，提升能源高质量发展水平。

13.2　数字能源的技术基础

13.2.1　大数据技术

"大数据"最早出现在 20 世纪 80 年代未来学家阿尔文·托夫勒所作的《第三次浪潮》，书中用"第三次浪潮的华彩乐章"形容大数据技术。随着计算技术、互联网、云计算等技术的发展，大数据作为底层的支撑技术，也得到了长足的发展。

人类对于数据搜集、记录、存储的活动非常悠久，早在文字诞生之前就利用岩画记录重要的活动，如祭祀、狩猎，记录部落的图腾崇拜等。悠久的历史没有磨灭这些记录在石头上的数据，人们依靠这些数据才得以揭示数万年前，早期人类时期发生的事情。

随着文明的发展,数据的载体也变得更加的多样,包括石板、兽皮、龟甲、布帛、纸张等,记录的内容可谓无所不包,从天文地理到普通人的日常生活,从人文科学到医疗金融。随着智能手机和自带设备办公(bring your own device,BYOD)的普及,我们日常的通信、位置、行为、身体情况都可以被记录下来。可以说,文明孕育的过程中产生了大量的数据,而数据又反过来塑造了文明。

第三次科技革命已经逐渐步入巅峰,人类存储数据的能力趋于无限。英特尔(Intel)创始人之一的戈登·摩尔(Gordon Moore)提出了摩尔定律——集成电路上可以容纳的晶体管数目大约每经过 18~24 个月便会增加 1 倍。换言之,处理器的性能大约每 2 年翻 1 倍,同时价格下降为之前的一半。集成电路的指数级发展推动了存储技术的长足进步,每 GB 存储器的价格每年下降约 40%。

数据收集、存储技术的进步,让人们可以摆脱过去依赖于有限数据的情况。例如,一个人每天 24h 的行为和身体变化都可以被记录下来;人们可以获得某个事物的全量数据,而不只是一部分样本。借助于计算能力的爆炸性增长,对于这些数据的分析和发掘变得更加容易;关注的重点也从事物的因果关系,转变为相关性,传统统计学的方法发生了巨大的变化。

能源行业的数据量巨大。传统能源行业的集中式产能模式,逐步过渡到以新能源为代表的分布式产能模式。针对大量的场站和每个场站内部海量设备的监控体系就是一个依赖大数据技术的应用场景,分布式产能模式下大数据场景见表 13-1。

表 13-1　分布式产能模式下大数据场景

监 测 维 度	监 测 方 向	选 取 指 标
建设规模监测	资源规模监测	资源量、可开发电量、可开发容量、装机规模、出力年均变动幅度等
	微电网监测	微电网数量、微电网装机容量、微电网电量自给率等
	综合能源站监测	综合能源站数量、容量、电量自给率等
	电网承载力监测	并网线路容量、上级变压器容量、最大/小负荷、平均/最大峰谷差、规划一致性等
生产运行监测	并网运行监测	发电利用率、发电量、等效利用小时数、网购电量、并网电能质量等
	系统调控监测	设备和容量的可观、可测、可控率,储能配置率、储能容量配比等
	设备运行监测	设备运行停机时长、项目损耗电量等

监 测 维 度	监 测 方 向	选 取 指 标
生产运行监测	设备故障监测	设备检修次数、检修时长、故障率、修复时间等
	经济性能监测	平均上网电价、单位补贴额度及平准化发电成本等
	报装申请时长监测	并网接入的申请受理平均时长、方案审核平均时长和验收调试平均时长等
运营成效监测	上网情况监测	限发电量和发电预测功率准确性等
	支付情况监测	电费支付时长、政府补贴发放平均时长、电网企业补贴发放平均时长等
	综合效益监测	社会效益、经济效益和环境效益等

大数据学科的兴起依赖于一系列底层技术的实现,包括数据采集和预处理技术、数据存储、数据处理和分析、数据安全和隐私保护等。

(1) 数据采集和预处理。利用数据仓库技术(extract-transform-load,ETL)工具将分布在异构数据源中的数据,如关系型数据、半结构化数据、无结构数据文件等数据抽取到大数据的中台,进行清洗、正则化、富化,最后存储到数据湖中,作为批处理的数据源。也可以使用流式处理技术,如 Flink,Spark Streaming,实时或者近实时的处理和分析数据。

(2) 数据存储。数据存储的方式多种多样,包括基本的文件存储、关系型数据库存储、非关系型数据库存储,以及底层的海量分布式存储。

(3) 数据处理和分析。利用分布式计算引擎,结合机器学习和数据挖掘算法对数据进行场景化的处理,最终使用 BI 软件进行展示。分析出的数据模型可以应用在实际的场景中。

(4) 数据安全和隐私保护。大数据在收集、传输、使用、模型分享过程中都存在泄露、篡改、伪造的风险,不仅会影响数据的正常使用,也会带来更多法律和伦理上的影响。数据安全技术用来解决这些潜在的风险。另外,海量的数据中包含大量的个人隐私数据,目前对于个人隐私数据的保护已经有明确的要求,这不仅是技术层面的问题,更是法律法规层面的问题。

13.2.2　物联网技术

能源互联网(Energy Internet)的概念于 2004 年首次提出。通过借鉴互联网自愈和即插即用的特点,将传统电网转变为智能、响应和自愈的数字网络,支持分布式发电和储能设备的接入,以减少大规模停电事故及其影响。能源互联网示意图如图 13-1所示[2]。

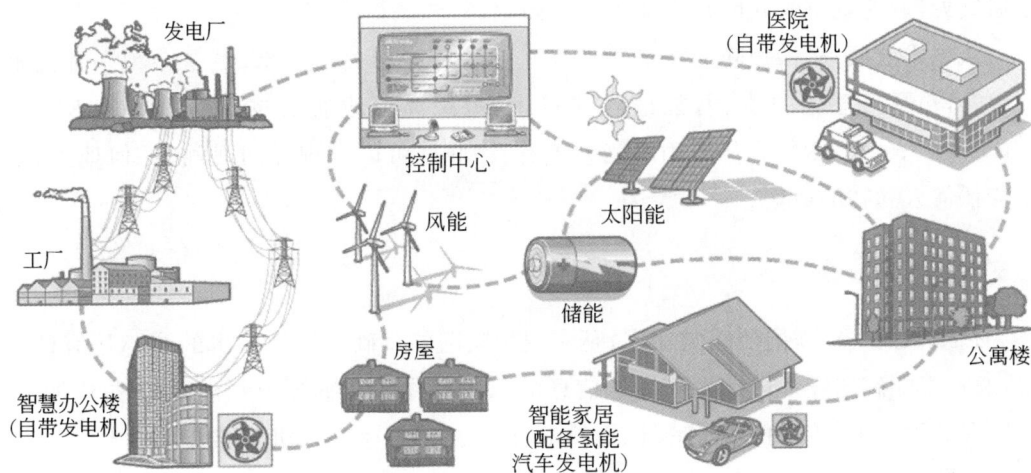

图 13-1　能源互联网示意图[2]

2011 年美国经济趋势基金会主席杰里米·里夫金指出,由于化石燃料的逐渐枯竭及其造成的环境污染问题,在第二次工业革命中奠定的基于化石燃料大规模利用的工业模式正在走向终结。对于能源互联网,里夫金认为它应具有以下四大特征。

(1) 以可再生能源作为主要的一次能源。

(2) 支持超大规模分布式发电系统与分布式储能系统接入。

(3) 基于互联网技术实现广域能源共享。

(4) 支持交通系统的电气化,即由燃油汽车向电动汽车转变。[3]

总结起来,能源互联网是通过将能源产生、传输和消费与信息通信技术相结合,实现能源系统的智能化和高效性。这个概念强调使用信息和通信技术连接能源生产者、储存设施、传输网络和终端用户,形成一个智能、灵活、可持续和可靠的能源系统。能源互联网的主要目标之一是促进可再生能源的大规模集成和利用,解决可再生能源的间歇性和不稳定性的问题。能源互联网具有设备智能、多能协同、信息对称、供需分散、系统扁平、交易开放等主要特征。在全球新一轮科技革命和产业变革中,互联网理念、先进信息技术与能源产业深度融合,正在推动能源互联网新技术、新模式和新业态的兴起。

能源数字化程度的高低和物联网技术发展的成熟度有直接关系。如果把数字比作贯穿能源行业各方面的血液，那么物联网技术就是通向微观世界的毛细血管。既然要获取全量样本，就需要创造出描述事物特征的数据，并且把这些数据传输到云端，便于后续处理，这就是物联网技术能解决的问题。

从技术层面来看，物联网技术并不仅是一种网络相关的技术，更是一种多种技术的组合，包括传感器技术、智能嵌入式技术、短距离无线通信技术（如 NFC、RFID、ZigBee 等）、5G 技术等。从应用的范围来看，物联网可以实现任何时间、任何地点，以及与任何人和物的通信。

1. 感知技术

感知识别是物联网的感觉器官，是实现物联网的基础。感知技术的核心是信息采集，通过智能感知设备进行物理世界信息的采集。物联网感知识别涉及的技术众多，主要有标识技术、传感技术、特征识别技术、位置感测技术和人机智能交互技术。

2. 物联网的传输技术

物联网的传输技术包括有线网络传输和无线通信网络传输，借此实现物联网感知层获取的数据到控制中台数据的互联互通。有线网络传输通过有线传输介质将物与物之间连接起来，有线传输适用于稳定性要求高、传输带宽较大、时延低等应用场景。无线通信网络传输基于移动通信网络技术发展起来，适用于移动场景。无线通信网络传输包括无线、卫星、互联网、低功耗广域网等数据网络。无线通信网络传输技术按通信制式可以分为短距离无线接入，2G、3G、4G、5G 移动接入，以及实现有线与无线的结合，宽带与窄带的结合，传感网接入和网络承载的结合。随着 5G 的普及及投入使用，5G 具有的大带宽、高速率、广连接、广覆盖、低成本、低功耗、架构优等特点将会大幅提升物联网的用户体验。作为物联网应用实现的基础，感知层承担底层数据采集的职能。

3. 物联网的应用技术

物联网的应用是物联网发展的根本目的，即服务于人，让世界变得智能高效。物联网的应用技术处于枢纽地位，是物联网架构中连接设备与应用场景的桥梁。物联网应用技术包括数据采集、处理、储存、云平台，以及挖掘分析、监控管理等广泛领域。数据处理及分析服务，降低了物联网解决方案的复杂度和成本，为各大应用场景的实现奠定了基础。物联网的应用技术以平台即服务（Platform as a Service，PaaS）提供的平台为主。PaaS 平台居于整个架构的枢纽位置，向下通过传输层与感知层相连，对终端收集到的信息进行处理、分析、优化等；向上服务于应用场景，为应用服务商提供应用开发的基础平台及连接物理世界的统一数据接口。物联网 PaaS 平台包括云计算、数据管理、连接管理、设备管理、应用使能、业务分析等功能，根据功能类型可以分为连接管理平台、设备管理平台、应用开发平台等。除了物联网 PaaS 平台外，人工智能开放平台的渗透率也逐渐提升。人工智能开放平台是人工智能算法、算力、开发工具聚合而成的平台，使用者通过调用平台接口，可依靠平台的 AI 能力，高效地开发 AI 产品，从而规避重新开发 AI 的高成本、大难度、长周期的问题。

4. 物联网的层次

物联网分为 4 个层级，包括感知层、传输层、平台层和应用层。感知层是物联网的最底层，主要功能是收集数据，通过芯片、蜂窝模组/终端和感知设备等工具从物理世界采集信息。感知层相当于人体的器官，用于采集和识别信息，物联网之间的通信，物的感知是非常重要的。传输层是物联网的管道，主要负责传输数据，将感知层采集和识别的信息进一步传输到平台层。如果没有传输体系支撑感知到的信息，就无法对物联网设备进行管理和控制，要实现物与物、物与人之间的通信，必须在物联网终端和网之间架设信息传输的通道，建立端到端的网络。传输层如同人的神经系统，负责对感知到的信息进行加工传输。传输层主要应用无线传输方式，无线传输分为远距传输和近距传输。平台层负责处理数据，在物联网体系中起到承上启下的作用，负责将来自感知层的数据汇总、处理和分析，主要包括 PaaS 平台、AI 平台和其他能力平台。应用层是物联网的最顶层，主要基于平台层的数据解决具体垂直领域的行业问题，包括消费驱动应用、产业驱动应用和政策驱动应用。目前，物联网已实际应用到家居、公共服务、农业、物流、服务、工业、医疗等领域，各个细分场景都具备巨大的发展潜力。物联网架构如图 13-2 所示[4]。

能源行业中使用了大量的物联网设备，能源物联网是通过智能技术，把发电、储能、配电、用能和控制整合起来而构建成的一个体系。据 Gartner 数据显示，全世界公共事业电力网中有超出 11 亿台物联网设备，而且这一数据仍在快速提高，这种趋势是由于对可再生能源和可持续发展的要求应运而生。未来世界的趋势是大部分普通家

应用层	消费物联网应用			产业物联网应用		
	智慧家居	智慧家电	智能穿戴	智慧城市	智慧交通	智能工业
	健康医疗	智慧出行	休闲娱乐	智能安防	智慧农业	智慧零售

平台层	PaaS平台		通用交付能力平台		支撑平台	
	基础设施云	连接管理	语音交互	视觉处理	大数据平台	存储平台
	设备管理	业务管理	VR/AR	生物识别	AI平台	物联网安全

传输层	蜂窝网络通信	LPWA通信网络	Wi-Fi通信网络	卫星通信网络	固网网络

感知层	芯片	模组	传感器	终端硬件	其他元器件
	通信芯片 (如射频芯片、光芯片等)	通信模组	音、视频 数据采集	穿戴、手机等 智能设备	电源、天线等
	运算控制芯片 (如CPU、AI芯片等)	功能控制模组	状态数据采集	车载、安防等 终端	屏幕、面板等

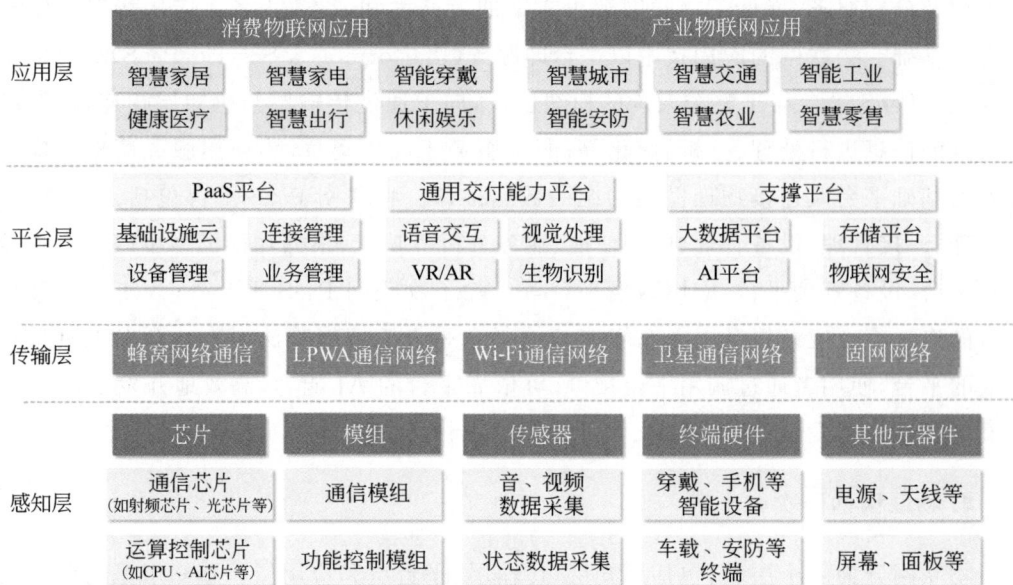

图 13-2 物联网架构图[4]

庭中都有热泵机组、太阳能电池板和风力发电机,将是能源结构调整的关键推动者。而且依靠各种新型电力能源储存解决方案,在消费者与电网之间将带来储存乃至售卖电力能源的新机遇。

13.2.3 云计算技术

和大数据技术一样,云计算技术也并非单一的一门技术,而是一系列互为依赖的技术集合。随着计算、网络、存储技术的不断成熟,以及基础设施的大规模投入,传统的数据中心(internet data center)逐渐从部署私有的物理基础设施转换到使用云化的资源以服务更多租户的模式。我们称这种新形式的数据中心为云计算中心(cloud computation center)。

云计算虚拟化技术基础上构建,虚拟化技术包括计算虚拟化、存储虚拟化和网络虚拟化。虚拟化技术使计算、存储、网络资源池化,从只能服务于单一用户变成可以让多租户共享。这种理念下诞生了多租户的商业概念,亚马逊网络服务(Amazon Web Service,AWS)、谷歌、微软、阿里巴巴、腾讯及运营商纷纷转型为云提供商,大量云计算中心如雨后春笋般出现。业界用基础设施即服务(Infrastructure as a Service,IaaS)来定义这种技术和商业模式的结合体。

在科技巨头的加持下，云计算行业呈现百花齐放的态势，大家不局限于只提供 IT 基础设施给租户，开始更进一步把操作系统、数据库、运行环境等一系列平台资源作为服务提供给租户。这样既简化了租户部署这些软件的时间和人力成本，让租户可以更好地集中精力开发自己的应用，又使应用程序的维护变得更有效率。

在这场变革中，软件公司不甘心只作为旁观者，他们基于云计算的思路，推出了软件即服务（Software as a Service，SaaS）的概念。SaaS 和传统软件的使用方式完全不同，软件公司从销售软件的拷贝、授权变成了销售软件服务。利用云服务商提供的设施，包括平台和基础设施，SaaS 类软件部署在云端服务器上，用户数据、系统数据也存储在云端。SaaS 类软件是建立在 PaaS 和 IaaS 之上，直接面对客户的应用。从商业模式来看，SaaS 分为通用型 SaaS 产品和垂直型 SaaS 产品，通用型是为大部分公司提供软件服务，如 Salesforce、Workday 等 SaaS 公司；垂直型是服务于某些利基市场的软件产品，多以专业化获取客户的信任，能源行业的 SaaS 化产品也属于这个类型，比较知名的如 GE、远景智能等公司。

国内外的能源公司云计算的技术落地在领域内略有差别，国内的能源企业主要是通过把私有云部署在自己的数据中心，从而构建横跨不同区域、不同场站的多数据中心的复杂结构，针对某些业务，也少量使用公有云作为支撑。国外的能源企业更倾向于将 IT 技术设施部署在公有云上，直接利用公有云的便利资源进行数字化转型。在软件层面，能源行业更多关注运营层面的优化工作，把提升发电效率、灵活性、减少碳排放作为目标；同时也关注经营层面，新能源企业通过对风光的预测，从而减少分布式电站入网时对电网的冲击。

13.2.4 数字孪生技术

数字孪生的概念最初由格里夫斯（Grieves）教授在 2003 年美国密歇根大学产品生命周期管理课程上提出，其背后的仿真模拟的有限元法（finite element method，FEM）是随着电子计算机的发展就已经发展起来的一种现代计算方法。20 世纪 50 年代有限元法首先在连续体力学领域——飞机结构静、动态特性分析中应用，是一种有效的数值分析方法，随后便广泛地应用于求解热传导、电磁场、流体力学等连续性问题，早期主要被应用在军工及航空航天领域。

数字孪生是对现实世界中的事物（通常指有实体存在的），通过数字化的手段在信息世界中构建对等的模型，借此实现对物理实体的了解、分析和优化；集成了边缘计算、云计算、大数据、人工智能（AI）等技术，将数据、算法和决策分析结合在一起，建立一个模型，这个模型可以反映我们对现实中观测的事物的抽象信息，便于揭示物体运行中一些深层次的现象和本质，能够提前预判事物的运行规律，并且发现隐患和问题，提前介入，提前解决。数字孪生有两个难点，一是如何完成对物理对象的监控，并且实时反映其变化信息；二是如何设计合理的数据模型，并且进行行为预测，数字孪生的过程如图 13-3 所示。

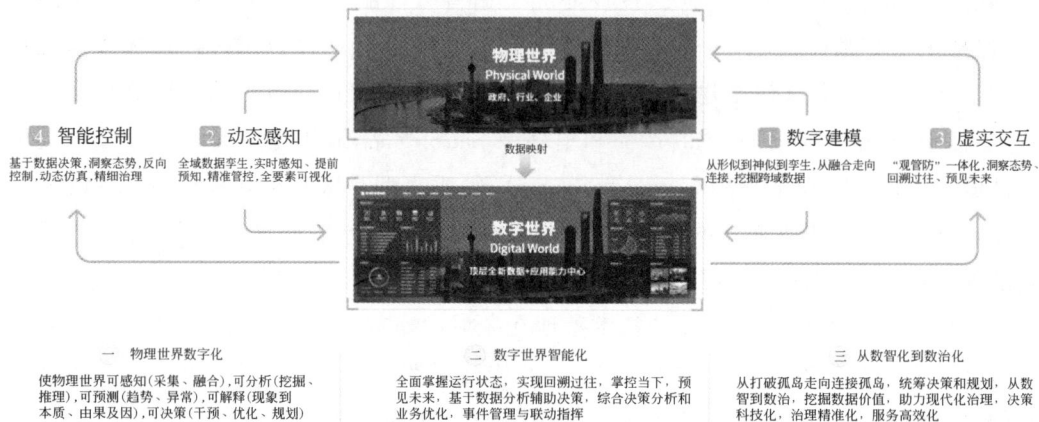

图 13-3　数字孪生的过程

过去，创建数字孪生的成本高昂，且收效甚微。随着存储与计算成本日益走低，数字孪生的应用案例与潜在收益会大幅上涨，并将转而提升商业价值。

在探析数字孪生的商业价值时，企业需要重点考虑战略绩效与市场动态相关问题，包括持续提升产品绩效、加快设计周期、发掘新的潜在收入来源，以及优化保修成本管理。可根据这些战略问题，开发相应的应用程序，借助数据孪生创造广泛的商业价值，见表 13-2。

表 13-2　数字孪生的商业价值[5]

项　目	商　业　价　值
质量	提升整体质量； 预测并快速发现质量缺陷趋势； 控制质量漏洞，判断何时会出现质量问题
保修成本与服务	了解当前设备配置，优化服务效率； 判断保修与索赔问题，降低总体保修成本，并改善客户体验

续表

项　目	商　业　价　值
运营成本	改善产品设计，有效实施工程变更； 提升生产设备性能； 减少操作与流程变化
记录保存与编序	创建数字档案，记录零部件与原材料编号，从而更有效地管理召回产品与质保申请，并进行强制追踪
新产品引进成本与交付周期	缩短新产品上市时间； 降低新产品总体生产成本； 有效识别交付周期较长的部件及其对供应链的影响
收入增长机会	识别有待升级的产品； 提升效率，降低成本，优化产品

数字孪生具备的虚拟现实、云端建模、持续监控和迭代等特点，非常适合应用到生产制造的各个阶段，如产品设计、生产制造、设备运维等。数字孪生的应用领域已经从最初的军工航天，扩展到了电力、汽车、医疗、船舶等 11 个领域。

结合中国新型电力系统的转型规划，电力系统数字孪生将面临以下 4 个挑战[6]。

（1）新型电力系统调控对象大规模持续变化，非线性特征突出，运行不确定性加剧。

（2）市场主体出现随机行为及复杂博弈关系。

（3）系统时空耦合关系复杂，推演及决策的尺度多、跨度大。

（4）仿真任务繁杂，计算压力大，系统实时认知决策困难。

在仿真的真实性方面，挑战（1）（2）（3）表示电力系统运行特性向随机化和复杂化转变，传统仿真决策系统面向单一业务的数学机理模型在未来可能出现计算失准的现象；在决策的有效性方面，挑战（1）（3）（4）表示电力系统仿真决策从规模、尺度、跨度到任务都将会快速增长，传统仿真决策系统集中式平台从计算到安全都面临巨大压力，难以满足未来电力系统实时可观、可知、可控的决策需求。

作为新一代仿真决策系统，数字孪生需要构筑新型电力系统模型生成发展的新格局，以对庞大、开放、随机且随社会发展动态变化的新型电力系统进行准确刻画及实时映射，保证其准确性；同时，数字孪生应完善新型电力系统认知决策关键技术体系，以适应新型电力系统不断发展的业务需求，保证其有效性，最终助力新型电力系统认知决策新发展。

以发电为例，通过将电力设备的属性数字化，在数字环境中利用大数据算法和专家知识进行实时的逼真分析,实现物理设备全寿命周期的状态预测和管控,为企业在电力市场中的运行提供实时寻优的手段。同时依托开放的云平台工具,企业内外的专家可自行开发和加载算法及应用,通过迭代效应,实现智慧发电,形成生态圈共荣共赢的局面。

对于新建电厂,数字化的过程起始于创建整体电厂系统模型,并通过数字镜像(通过一系列基于物理的方法及高级分析方法在虚拟电厂中模拟当前的系统状态)融合物理模型于 3D 布置之中。这些系统级模型利用基于物理的专业知识,以及太比特量级的运行测试数据模拟设备级和电厂级的性能、成本、排放量和生命周期。

13.2.5　数字化技术在新能源领域的应用案例

工业应用不同于传统的互联网应用,工业应用有着高并发、高可靠性、高稳定性、低容错率、硬件资源受限、嵌入式等特点,要求技术具备绝对可靠性,现有的通过人机交互为主的技术无法满足海量机器高并发的应用。见数科技(SeeData)开发了核心平台——全域数据孪生引擎(global data twin,GDT)如图 13-4 所示,聚焦核心的底层技术,并基于该体系进行多个创新应用。

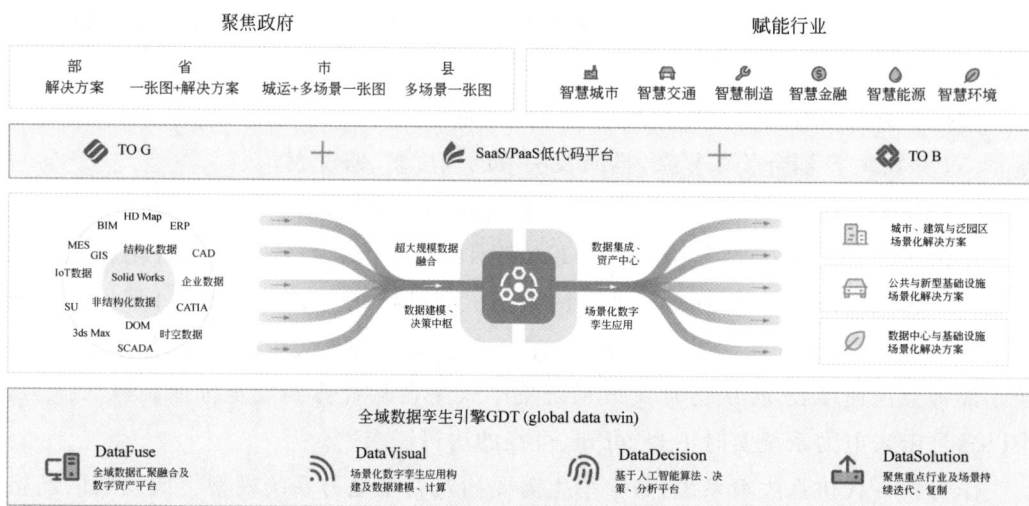

图 13-4　全域数据孪生引擎

1. 数据采集与传感器技术

深入研究适用于风电和光伏系统的高精度传感器,包括温度、湿度、风速、风向、光照强度等相关参数，实现对设备运行数据的实时、高效采集。为数字孪生模型提供精确、可靠的基础数据，保证数字孪生系统的高质量运行。

2. 数字孪生模型构建与优化

综合运用物理学原理和数据驱动方法，构建风电和光伏系统的数字孪生模型，使其能够精确地反映设备的实时运行状态。通过实时监测设备状态和故障预警，为运维人员提供有力支持，提高系统运行效率。

3. 多能源系统集成与调度策略

针对风电、光伏等多种能源形式，研究集成与优化调度策略，实现不同能源系统间的协同运行。提高整体能源利用效率，降低系统运行成本，为可持续能源发展提供强有力的技术支撑。

4. 运维管理与决策支持系统

基于数字孪生技术，开发智能化运维管理和决策支持系统。实现设备故障诊断、维修优先级排序等功能，为运维人员提供实时、有效的决策支持，提高运维效率，降低维护成本。

5. 应用与实施

通过与能源企业、政策制定者及行业协会的紧密合作，积极实施数字孪生技术在智慧能源领域的应用，促进技术创新和产业发展，为能源领域提供新的增长点，推动绿色经济转型与可持续发展。数字孪生技术在智慧能源（如风电、光伏系统等）中已经得到广泛应用，为整个能源行业带来显著的经济、环境和社会效益。

13.3　数字能源的变革之路

能源行业的传统商业模式正在受到直接和间接的改变，能源公司正在重新发掘自己的角色，并开始了一场深度的转型之旅。能源行业将在去中心化、发散化和数字化三个维度中得以重生,其数字化十大发展趋势如下。

1. 可再生能源与分布式能源的影响

随着大规模风能和太阳能的电价成本逼近电网的平均电价成本,电力行业必须积极运用数字化技术,以在满足环境法规的前提下,实现更加高效、灵活地运行。

2. 人工智能(AI)

基于能源行业的创新人工智能应用正在不断涌现,这些应用包括无人机对远程运输物资的检查分析,预测设备的故障防止非计划停机的发生等。

3. 破坏性网络攻击

大多数电力企业开始意识到信息攻击的巨大威胁,且自身没有充分的措施加以应对,这促使企业加速采用具有高可靠性的信息安全解决方案。

4. 新电网中的多向技术

数字化智能电网技术、多向电流技术及高质量电力的应用将越来越多地定义本行业的未来。

5. 电力消费者的浪潮

电力产消者正开始以变革性的方式重新塑造能源行业,他们要求能源供应商使用分析算法及数字化平台预测用户的使用情况、管理双向电网流量,并提供设计精良的移动端客户体验。

6. 首席官的角色转换

根据 Gartner 咨询公司的研究报告:"首席信息官(chief information officer,CIO)正在运营技术与信息技术方面发挥越来越重要的核心作用,因为电力行业正在经历着由物联网(internet of things,IoT)带来的,将人、商业与事物连通的数字化转型时代。"新兴的首席数字官(chief data officer,CDO)及首席变革官(chief transformation officer,CTO)正在推动数字化进程。

7. 云＋端势在必行

相较于现有的 IT 基础设施，云＋端提供了强大的阶跃优势，其中包括提供更快的速度，更可靠的端到端连接安全性，更低的成本，更好的性能与可靠性、可扩展性，以及跨地域资产的可见性。

8. 人才挑战

数字化、移动终端、可穿戴设备及分析技术的应用，将加速能源产业工人的生产力，同时也会加快流程化资深劳动人口知识储备的进程，防止知识积累随着人员退休而流失。

9. 平台经济

能源行业将越来越多地被数字化平台重新定义，这种数字化平台被应用开发者和企业用于扩展协作，其快速构建的能力能够帮助企业解决所面临的各种挑战并驱动新的价值创造。

10. 全新商业模式

能源和电力公司在越来越多地利用数字化技术改变其商业模式，从而能从分布式发电、可再生能源、智能电网、储能技术、数字化技术、非传统竞争对手和产销者推动的快速变革的能源市场竞争中保持不败之地。

13.4　数字能源新型应用

1. 能源云将能源流和信息流智能融合，源、网、荷、储协调互济[7]

能源流与信息流融合，构建一朵能源云，将作为数字能源世界的"操作系统"，统领信息流、调控能源流，真正实现"比特管理瓦特"，持续推进能源革命。未来的能源系统将以电力系统为关键承载，而电力系统需要将发、输、配、用、储的各个环节全面构建在数字技术与电力电子技术之上。一方面提升新能源的"可观、可测、可控、可调"水平，解决新能源接入系统的脆弱性问题，提高新能源消纳水平；另一方面提升对微电网、综合能源、分布式电源等海量末端系统的群控群调能力，让发电单元和用户进行实时数据双向互动。通过网络反馈回来的数据可以使发电单元掌握用户的消费习惯，从而对发电量进行合理调节，达到提升资源利用率的目的，实时保障电能质量和电力系统安全稳定运行。

能源云将实现能源流跨时间、空间尺度的协同。能源资源与能源需求往往呈现逆向分布的格局，以中国为例，西北、西南地区风光水资源丰富但电力消费需求较低，中东部、华南地区电力消费需求高但能源资源禀赋较差。高比例新能源集中接入，局部网架的高随机性与波动性导致电力输送瓶颈；在消费侧，随着电动汽车、分布式电源等海量用户和电源的广泛接入，对于配电网资源的需求不断提高，导致区域电网越来越脆弱。因此需要进一步加强网架的分区与互联功能，简化系统运行方式、提高相互支援能力；加强故障隔离功能，避免连锁故障引发骨干电网崩溃。能源云一方面可以提高配电网资源互济功能，配合主动配电网、柔性直流配电网等技术的应用，支持微电网、虚拟电厂、综合能源系统等多种场景的应用；另一方面有助于提升输配电网的数字化与信息化水平，加强运行的灵活性与适应性，提升输配电网控制能力。

能源云让能源生产消费关系具有更大弹性。传统电网在能源的生产和消费过程中，有超过 50% 的资源被白白浪费。在能源云的统一管理下，分布式的源、网、荷、储融合的综合能源高度自治，实现区域内节点实时监控和管理，平衡区域内部能量消耗，实现本地能源生产与用能负荷基本平衡，确保能源生产和使用的智能化匹配及协同运行，达到提升资源利用率的目的，如优化算法确保光伏、风电及储能的发电运行时间段与电力市场、天气预报、生产需求等进行协同，通过数据的整合，确保发电的组合最优。多个综合能源进行柔性互联和数字化调控，能够实现能源供需更大范围的平衡，在系统投资经济性、碳排放指标、综合能效等不同目标下充分挖掘能源系统的灵活性，实现更广泛能源形式之间的需求互补，多种能源灵活转化和多能源综合需求响应，为电力系统消纳可再生能源提供了额外弹性。

2. 新材料和数字化重新定义电动汽车驾乘体验和安全

宽禁带半导体的全面应用和数字化控制技术的全面协同，推进了电动汽车极致能效比。随着电力电子技术相关功率器件、拓扑及控制算法的升级，电源部件将达到新的极致高效。尤其是碳化硅等器件新技术、新材料的应用，相比传统的硅器件，禁带宽度提升 3 倍，电场强度提升 15 倍，电子饱和速率提升 2 倍，导热系数提升 3 倍，电动车系统级的效率如充电、行驶工况、供电传输、功率变换、加热/制冷、能量回收全链路架构将被持续重构升级。在数字化技术加持下，从器件到系统，从动力域到整车运行，通过智能电热协同、智能扭矩分配算法、智能电液制动分配实现整车全场景高效。同时为了进一步节能及提升续航里程，采用超融合及域控制架构，通过电能、动能、热能、能量回收的联动控制，实现多能互补，可达到充电——储电——用电的全链路整车级高效。例如，智能电热协同，电机和逆变器热量通过热泵系统智能配送至乘客舱供暖；四驱扭矩智能分配，兼顾制动安全与能量回收比例；最优分配电机、液压制动比例等提升续航的技术全面使用。

数字化正在重新定义电动汽车的驾乘体验。随着电池能量密度增加、电池管理做得更加完善，以及电控系统调校更加细腻，电动汽车也逐渐有了驾驶"灵魂"，电动汽车在驾驶体验如极致加速、极致操稳、创新智能特性上全面超越传统燃油车。例如，极致加速，电动汽车大功率、快加速成为趋势，300kW、400kW、600kW、800kW 动力配置完胜燃油车；极致操稳，多电驱分布式驱动，取代燃油车时代的机械限滑差速器，实现更快弯道加速、更优山地越野，驾驶乐趣全面提升；创新智能特性，在面向服务的体系结构（service oriented architecture，SOA）＋集中式电子电气架构（electric electronics architecture，EEA）趋势下，电动汽车动力域生命周期内可持续软件特性升级，常用常新；智能剩余续航预估，让车主出行无忧；智能赛道模式，调整热系统升功率，调整前后驱扭矩，让驾驶更有乐趣；智能油门，车随人动，驾驶随心所欲；驱动制动融合，电机监控轮胎滑移率，实时调整驱动扭矩，冰雪湿滑路面不打滑，驾控性和安全性都得到大幅提升。

能源云推进能耗管理从单车到集群的能效提升，从周期性到全在线的服务体验。随着汽车进入电动化和智能化时代，客户需求的个性化发展，市场环境的多样性也给汽车产品的研发上市和生命周期要求带来更多影响。这些新变化催生新的制造与产品服务模式变革，驱动汽车行业全产业链数字化转型。例如，新能源汽车动力域数字孪生技术基于车端动力系统数字化＋车联网技术，在云端创建动力域实体的数字孪生体，不间断地通过传感器采集产品的实时运行数据，并与云上的数字模型实行同步拟合，生成现实物体＋实时运行状态的数据，监测动力域状态，预测运行工况，通过实时互动保障电动车动力系统工作在高可靠、高效运行状态。云计算在算力、算法、模型训练、大数据的存储与分析、引入生态等方面具备天然优势,通过采集车辆的电池、电机和电控等运行数据,在云端对三电部件进行数字化建模,构建故障预测性分析算法、高效运行状态参数匹配、设备老化模型、故障智能修复算法和智能标定算法等,实现先于用户发现潜在车辆问题、远程诊断并修复故障,使主机厂和服务商面向终端用户需求主动优化产品设计,改善用户服务效率、降低用户车辆使用成本,提升用户体验。

1)智能电网中的数字化电网控制

大量的新能源发电设备的接入导致能源系统的复杂性增加,这使得平衡配电网和输电网内的能源供需变得越来越具有挑战性,不稳定电网条件的风险增加。智能电网旨在帮助克服这种复杂性并确保电网的稳定性。智能电网不仅传输能源,还传输数据,使电网运营商能够在短时间内获取有关电力生产、运输、存储和消耗的信息。例如,他们能够准确了解分散式发电厂何时、何地向电网供电。通过传感器技术(特别是通过智能计量系统)提高数据可用性,使电网运营商能够更好地记录他们的电网,如果执行器可用,也可以用控制方式进行干预。这意味着即使在分散发电比例较高的情况下,也可以始终确保稳定的电网状况,并且可以更大程度地利用现有电网。

然而,智能电网方面的重大挑战还没有合理的解决方式。例如,有些规则允许电网运营商在出现电网瓶颈时关闭个别生产者或消费者的用电供应,以避免停电。但目前还不清楚,在复杂的背景下,应该使用哪些经济和技术标准从众多选项中选择停工,这是算法和数字工具应该提供支持的地方。原则上,已经根据当前能源系统的电网等级明确了配电系统运营商和输电系统运营商之间的责任,但是,当这些级别之间存在多层次交互时,角色的变化仍在协商中。因此还不清楚如何组织对收集到数据的访问,以及哪些平台适用于此。

2)"电力算力融合"发挥数字化引擎作用

电力在终端能源的占比已经超过80%,未来能源的形态是电力与算力融合的形态,电网也将由单纯输送电力向输出电力的同时,充分考虑算力发展需求。首先,电力服务算力,从目前来看数据中心的耗电量不超过全社会用电量2%,未来即使需求量增长加倍,总体上供电压力也不大。其次,电力即算力,电力的分布式生产、消费与远距离大规模输送等功能形态均能够同步加载算力资源,实现资源复用与时空优化。最后,电网的平台枢纽功能将在电力+算力时代得到进一步丰富,电力北斗、电力5G、电力数据中心对外服务等利用模式可充分响应用户对算力、电力的双重需求,彻底改造新型能源基础设施的功能形态与价值形态。

算力的高耗能属性决定了其与电力存在着紧密的相互支撑关系。从计算的本质来看，是把数据从无序变成有序，这个过程一定需要能量的输入，算力水平的提升会带来电力水平提升。仅从量的方面看，根据不完全统计，2020 年全球发电量中，有 5％左右用于计算能力消耗，而这一数字到 2030 年将有可能提高到 15％～25％，也就是说，计算产业的用电量占比将与工业等耗能大户相提并论。对于计算产业来说，电力成本也是除了芯片成本外最核心的成本，因此，电力与算力本身就具有相互影响的关系。

充分发挥电力和算力双引擎作用，以电力支撑算力提升，算力提升反哺能源电力科技突破创新，为现代经济体系建设提供新型基础设施支撑。从投资规模看，相比于制造业、金融业，能源电力行业的算力应用水平还不高，发展空间大；从地域分布看，算力与电力都遵循了"逆向分布"特点，即供给中心在中西部，需求中心在东部发达地区，电力和算力规划实施的同步性特征明显；从预期价值看，电力＋算力的应用场景还主要在电力系统内部，以电力北斗、电力 5G 为例，可选择成熟度较高的关键场景突破，如无人机智能巡检、小水电精准调控等。

算力在能源电力行业中的应用和投资分布情况还远低于行业平均水平，能源电力行业迫切需要加强对算力的超前布局。一方面，算力供需缺口较为突出，算力的供需格局与电力供需格局存在相似之处，在中西部地区资源充足；另一方面，虽然一线城市对算力资源的需求十分旺盛，但由于政策、土地、电力、网络等条件的制约，算力供给能力反而相对有限，造成供需缺口突出。

现代能源企业要以"电力＋算力"为重点，支撑新型电力系统建设，驱动能源系统高质量发展。通过电力和算力共同发挥作用，促进大规模可再生能源协同发展，这是当前建设能源互联网企业面临的重要课题，也是建设新型电力系统的要求。以电力新基建为抓手，面向新型电力系统发展需要，应通过强大的算力支撑及海量数据基础、平台支持，实现能源流、信息流与业务流的深度融合，增强电网资源大范围优化配置能力，提高电力的清洁绿色、安全稳定水平，再进一步反向促进算力的可持续发展，在电力和算力螺旋式上升的过程中，实现能源系统的高质量发展。

3. 电力北斗技术打造多元融合高弹性电网

当前，基于北斗系统的电力北斗精准服务网已经基本建成，电力北斗可为电网业务应用提供实时处理厘米级、事后处理毫米级的精准定位服务，以及纳米级的高精度授时服务，满足电网规划、基建、运检、营销、调度等业务领域对高精度位置等服务的需求,一张高承载、高互动、高治愈、高效能的多元融合高弹性电网正在不断铺展。未来,"北斗＋电力"将深度融合发展,结合人工智能、云计算、大数据、5G等新技术开展综合应用,助力能源互联网建设,不断提升科技创新能力。

北斗在无人机飞行中发挥着不可替代的作用,通过在输电、变电、配电等各个环节和各个场景的应用,实现北斗智能时空服务与电网需求的深度结合,提升电网自动化、信息化程度。依托变电站等既有基础设施条件,建设1200座电力北斗参考站,构建电力北斗时空精准位置网与统一时频网,为各类电力业务提供高精度的导航定位服务、高精准的时频同步服务。此外,除了基准站的建设,还利用了大量的终端对电网状态监测和感知,大幅提升电网的健壮性、安全性。电力北斗在电网五大领域的20个场景的应用见表13-3。

表 13-3 电力北斗在电网五大领域的 20 个场景的应用[1]

专 业 领 域	典 型 场 景	成 熟 度
基建	智慧工地	★★★★
	大型设备运输管理	★★★★
	现场作业风险管控	★★★
运检	地质灾害监测	★★★★★
	杆塔倾斜监测	★★★★★
	风偏舞动监测	★★★
	变电站沉降监测	★★★★
	无人机智能巡检	★★★★★
	线路故障定位	★★★
	变电站人员安全管控	★★★
	线路停电检修	★★★
	无人机高精度	★★★★
营销	用电信息采集	★★★★★
	营销作业终端	★★★
	反窃电	★★★
	营销作业高精度定位	★★★

续表

专 业 领 域	典 型 场 景	成 熟 度
调度	变电站授时	★★★★
	小水电盲调	★★★★★
后勤	应急通信	★★★★
	公车管理	★★★★

参 考 文 献

[1]　国网能源研究院有限公司.能源数字化转型白皮书(2021)[R].北京：国网能源研究院有限公司,2021.

[2]　VAITHEESWAREN V, ANDERSON R N. Building the energy internet[R].London：The Economist,2004.

[3]　RIFKIN J. The third industrial revolution：How Lateral Power Is Transforming Energy, the Economy and the world[M].New York：St. Martin's Press, 2011.

[4]　沈寓实,金双根,徐亭,等.数字新基建：开启数字经济新时代[M].北京：电子工业出版社,2022.

[5]　董伟龙,薛锌源,周令坤.工业 4.0 与数字孪生,制造业如虎添翼[R].北京：德勤中国,2022.

[6]　李鹏,黄文琦,余涛.数字孪生——推动新型电力系统认知与决策的新手段[A].北京：中国能源报,2022-11-28.

[7]　华为技术有限公司.数字能源 2030[R].深圳：华为技术有限公司,2021.

第 14 章

能源革命——挑战资本极限：产融一体化

学习目标

(1) 了解创新投资模式与策略。

(2) 熟悉特高压、氢能、电池、数字能源、碳中和产业链创新投资。

(3) 认识能源革命与产融一体化。

14.1 创新投资模式与策略概述

14.1.1 创新投资模式

1. 产业链垂直投资

产业链垂直投资是投资者立足产业，聚焦并深耕全产业链，围绕产业上下游从原材料、加工、制造到销售各阶段紧密布局，再链接外部高新技术的窗口，抓住行业变更机会，把握"自主可控"带来的黄金窗口期，践行产业投资，与企业紧密协调，相互赋能，实现合作共赢。

2. 三链融合投资

三链融合投资是指将产业链、创新链、金融链（资本链）融合，围绕产业链部署创新链、围绕创新链完善金融链，实现创新链、产业链、资本链的深度融合的新生态体系，推动经济发展。

3. 依托链长制的链主投资

链长制，以领导挂帅担任链长，通过充分发挥核心领导集聚内外部资源的能力，提升一个区域的产业链现代化水平、推动产业链高质量发展。链长的主要职责是聚焦产业链"建链、补链、延链、强链"，在统筹协调企业转型升级或复工复产方面促进产业链上下游大中小企业协同发展。链主则主要是产业链发展过程中由市场自发形成，大多数是所在领域的龙头企业。依托链主的引领作用，结合优越的链长制，帮助链主做大做强，对产业链上下游进行并购重组，完善发展整个产业链。

14.1.2　创新投资策略

1. 基金机构化投资

发起专项的产业基金，每一个项目都有基金配套。基金在政策引导下遵循市场化机制，由专业投资者进行运营管理，通过资本定价和驱动，实现产业供应链上下游资源的快速整合和平台要素集聚，让金融资本以产业基金的形式通过市场化机制更有力地支持实体经济发展。集聚整合全球优质的创新资源，对接高端专业资源打造产业设计创新服务链，致力融合构建协同创新的产业载体平台和创新产业生态。同时实现资本招商，推动优秀企业和数字总部平台上市。

2. 产业链补链投资

通过资本投资，补齐关键企业，提升产业链完整度；补齐关键技术，提高产业链核心竞争力；补齐主要产品，丰富产业链产品结构；补齐稀缺人才，推动产业链可持续发展。

3. 分阶段投资

投资紧密关注相关高校和研究机构、教授和其科研方向，重点投资已经具备产业化能力的科研成果转化项目，聚焦科研成果转化，推进产业与资本的融合。

4. 战略性投资与财务性投资并举

战略投资者不仅能够帮助投资标的企业提高资信度和行业地位，还可以帮助融资企业获得技术、产品、上下游业务或其他方面的互补,以提高企业的盈利水平和盈利增长能力。财务投资者主要从资本汇报的角度选择投资标的。在投资策略上采取战略性投资与财务性投资并举,有利于兼顾产业扩张和资本回报双重目标。

14.2　特高压产业链创新投资

14.2.1　投资背景

中国是世界上最大的煤炭消费国和生产国,煤炭一直深植于中国的能源系统。近年来,中国风电、光伏发电的容量迅速增加,电力系统、电力应用进入高速发展期;在全球双碳背书下,绿电更是掀起了新能源的浪潮,对电力系统提出了新的需求。"十四五"规划新能源发电占据 20% 的发电量,未来将会达到 80% 以上。想要达成这一目标,电网迫切需要改变,电网对清洁能源的输送、调配、促进消纳等尤为重要,实现这一切离不开一项至关重要的技术——特高压。

从定义上来看,特高压是指电压等级在交流 1000kV 及以上和直流 ±800kV 及以上的输电技术,具有输送容量大、距离远、效率高和损耗低等技术优势。1000kV 特高压交流输电线路输送功率约为 500kV 线路的 4～5 倍;±800kV 直流特高压输电能力是 ±500kV 线路的 2 倍多。同时,特高压交流线路在输送相同功率的情况下,可将最远送电距离延长 3 倍,而损耗只有 500kV 线路损耗的 25%～40%。而且输送同样的功率,采用 1000kV 线路输电与采用 500kV 的线路相比,可节省 60% 的土地资源。把煤电、风电从西北输送到华东、华北地区,跨度超过 3000km,采用特高压输电技术节省的资源无疑是可观的。

从能源消费情况看,中国 2/3 以上的能源需求集中在中东部和南部地区,这些地区大多缺少一次能源。采用特高压远距离、大容量输电具有成本低、损耗小的固有经济优势,尤其是高压/特高压直流输电,适宜远距离输送,送电容量大且易于控制和调节。实施高压/特高压直流输电,可以较好地解决中国能源分布和能源需求不匹配、不均衡的问题,优化能源资源配置,实现西电东送、南北互供、全国联网,对于中国具有现实的意义,对全球能源革命也有重大贡献。

14.2.2　投资重点

站内核心设备技术壁垒高，龙头企业受益投资建设。特高压直流工程主要包括换流站和输电线路。换流站是在高压直流输电系统中，为了完成将交流电转换为直流电或者将直流电转换为交流电，并达到电力系统对于安全稳定及电能质量的要求而建立的站点。换流站的主要设备包括换流阀、换流变压器、控制调节系统、保护系统、平波电抗器、交流滤波器、直流滤波器、避雷器等。其中，换流变压器和换流阀组成的换流装置是换流站核心（主设备）；换流阀是实现电能交、直流转换的核心装备；换流变压器是超高压直流、特高压输电工程中至关重要的设备，是交、直流输电系统中的换流、逆变两端接口的核心设备。特高压交流工程的主要电气设备（主设备）是变压器和气体绝缘开关设备，此外还包括电抗器、避雷器、互感器等设备。

14.2.3　投资策略

围绕特高压产业链中毛利率水平相对较高、市场集中度较高的站内设备核心供应商、核心技术厂商、数字化服务厂商加以布局。

14.3　氢能产业链创新投资

14.3.1　投资背景

新能源的另一个细分风口——氢能源，一直受到各方的密切关注。虽然当前的氢能行业还处在起步阶段，但氢能本身的特性为它未来的发展增添了很多确定性。

（1）绿色低碳：高能量密度、零碳排放、相对安全，是很好的绿色低碳转型载体。

（2）能源安全：氢是帮助中国实现能源独立的重要路径。目前中国有 70％的石油、84％的锂矿石依靠进口，而氢的制取可实现全国产化。氢能是制造型能源，而非资源型能源，对中国这样的制造大国更有优势。

（3）能源耦合：氢是连接一次能源与二次能源很好的载体。氢气能和电、热之间实现高效的双向转化,加上本身的可储存形态,未来的氢能网络将和现有的电力网络、热力网络高度耦合。

外部环境亦对氢能发展非常友好。在双碳目标下,氢能是改变能源结构的重要技术革命。尤其在 2030 年碳达峰目标实现后的减碳周期,氢能将发挥更重要的作用。否则,仅依赖现有技术路线无法实现 2060 年碳中和的目标。由于可再生能源具有不可控性、不连续性,想要在未来实现更大规模的应用,必须大量配合类似氢能的储能手段,才能确保电网的稳定与安全。从长周期来看,氢能会是化学储能的重要路线。

此外,国家与地方层面都在不断出台支持政策。2022 年 3 月,国家能源局、国家发改委联合印发《氢能产业发展中长期规划(2021—2035 年)》,国家层面对氢能的战略定位进一步明确;燃料电池城市示范群也出台了各自的地方政策。当前,各级政府的氢能补贴政策相对谨慎,但参考光伏、锂电等产业通过政府的大力政策扶持实现快速发展的经验,人们对氢能产业的发展抱有充分信心。从长远来看,氢能是新能源领域少有的兼具确定性与颠覆性的万亿级赛道,亦有可能是最大的能源变革机遇。

14.3.2　投资重点

氢能产业链各环节紧密相连,发展须从多点入手。

从制氢来看,灰氢中的工业副产制氢、蓝氢,以及绿氢更具有发展前景。据《中国氢能源及燃料电池产业白皮书 2020》估算,2030 年中国氢气的年需求量将从 3342 万吨增加至 3715 万吨,2060 年增加至 1.3 亿吨左右。蓝氢是灰氢过渡到绿氢的重要阶段。灰氢中工业副产制氢,具有生产成本较低、技术成熟、效率高等优点,预计未来中国丙烷脱氧(propane dehydrogenation,PDH)扩产将带来 90 万吨/年以上的副产氢潜在增量,增长潜力可观。虽然蓝氢在灰氢的基础上结合 CCS 技术,成本有所提高,但是依然低于绿氢成本,因此蓝氢未来更有增长空间。同时,绿氢长期占比有望大幅提升,从增长空间来看,受益于可再生能源成本下降及碳排放约束,2020—2030 年间绿氢比例将从 3% 上升至 15%。2050 年中国氢气需求量将接近 6000 万吨,因此灰氢中的工业副产制氢、蓝氢,以及绿氢更具有未来发展前景。

从中游储运来看,储运氢气的方式主要分为气态储运、液态储运和固态储运。高压气态长管拖车是中国目前氢气运输的主要方式,中国目前正不断建设氢气管道工程,未来随着管道输送氢气压力等级的升级和氢气管道规模的扩大,将降低氢能管道输送成本。液态储运具有储氢密度高,能运送大量氢气,适用长距离运输氢气等优势,但液体转化成本较高,未来伴随成本下降,有望在液态氢气运输上具备竞争力。加氢站是氢能产业发展的重要环节,2020 年底已达到 553 站。

从下游燃料汽车行业来看,氢能源汽车未来发展空间广阔。2050 年,氢能源将承担全球 18％的能源需求,有望创造超过 2.5 万亿美元的市场,燃料电池汽车将占据全球车辆的 20％～25％。近年来氢能源汽车都保持了较高的销量和保有量增速,2016 年和 2019 年年复合增长率分别为 63％和 114％。燃料电池具有效率高、污染小、噪声低、充能快等优势,2020 年全球燃料电池市场规模达到 42 亿美元。成本端,燃料电池降本空间大,据测算,2020—2030 年每年系统成本下降 14％左右。长期来看,燃料电池汽车仍将是燃料电池市场的增长主力。根据预测,2020—2025 年全球燃料电池市场年复合增长 16.64％,2025 年将达到 90.5 亿美元。可以看出燃料电池和氢能源汽车未来市场具有很好的发展前景。

14.3.3　投资策略

政策支持氢能发展,叠加行业长期发展潜力大,推荐氢能源产业链上制氢、储运,以及核心部件和整车的投资机会。

14.4　电池产业链创新投资

14.4.1　投资背景

作为新能源汽车的心脏,动力电池的性能决定了车辆安全系数、续航里程等硬性指标,且其成本占整车成本的近 40％,直接影响车企的盈利能力。对需要依靠动力电池赋予车辆跃动生命的主机厂来说,对动力电池供应链的布局,几乎是未来掌控新能源汽车制造主动权的必选项。因此,动力电池的市场发展充满想象空间,新能源汽车保有量远未登顶,电池行业受宏观经济波动的影响会较小。

对产业来说,无论"十四五"规划中提出的双碳目标,还是近年来中国在新能源汽车领域接连推出的支持性政策细则,无一不释放出对新能源汽车发展的利好性信号。

此外,放眼全球市场,多个国家已经设定燃油车禁售时间,多集中在 2025—2040

年。欧盟提出到 2035 年达到零排放目标,在碳排放考核趋严的背景下,欧洲各国(尤其是德国、法国)频繁发布政策支持新能源产业的发展,主要为消费补贴政策。美国政府也积极推动"绿色经济"及新能源发展,支持本国新能源汽车原材料供应链的建立,通过补贴和税收优惠鼓励购买本国制造的电动汽车。根据其政策规划,至 2026 年,美国的电动汽车年销量将达到 400 万辆。

新能源汽车市场的爆发式增长潜力将持续推动动力电池出货增长。全球汽车产业的电动化浪潮已然来临,动力电池作为新能源汽车的核心部件,与新能源汽车产业的发展高度契合,未来仍有数倍的增长空间,预计到 2030 年全球动力电池出货量有望达到 3000GW·h;中国大概率会成为全球最大动力电池市场。在新的需求与机遇之下,资本蠢蠢欲动。在近两年获得融资,且融资额已披露的动力电池厂商中,单笔融资过 10 亿的厂商超过 15 家。从中长期发展来看,动力电池仍然具有较高的投资价值。

14.4.2　投资重点

碳中和政策加码,锂电行业高成长性确立,TWh 时代即将来临。2020 年,世界主要经济体都把疫情后的经济复苏突破口选在"绿色复苏"上,并且中国、美国、欧洲等地区碳中和目标屡超预期。碳中和已成为全球大趋势,作为能源需求端最重要的场景之一,新能源汽车也成为世界各国发展的重点。中国在电动汽车供应链已经积累了较强的优势,成本快速下降,同时使用成本的降低和体验的提升,以及智能化的加持,行业已经进入市场化驱动时代。预计 2025 年国内新能源车销量将突破 800 万辆,装机量达到 406GW·h,渗透率达到 32%;全球能源汽车销量将突破 2300 万辆,装机量达到 1163GW·h,渗透率达到 28%,正式进入太瓦时时代。全球新能源汽车销量高速增长,带动了动力电池出货量连年攀升,进一步确定了锂电行业的成长性。

成长属性下周期与资源矛盾凸显。产能周期(六氟磷酸锂、碳酸亚乙烯酯(VC))、设备国产化(隔膜、铜箔)、能耗约束(负极石墨化)将强化锂电材料的周期性矛盾,设备瓶颈、扩产及良率爬坡周期长使隔膜将成为供需最紧的环节。面对锂资源掣肘,盐湖提锂是未来新增锂产能的重要来源,也是中国锂资源自主可控的重要保障。面对未来巨大的矿产资源需求,锂电回收是构成产业闭环与摆脱锂约束的必然之选。同时,钠电池将成为重要的备选方案,但仍处于产业化初期。

电池材料技术和结构的创新成为两条优选赛道,技术趋势决定方向:动力电池技术的更迭在于原材料体系的性能优化及封装工艺的改良,因此,材料和结构创新是动力电池行业的两条优选赛道,也是降低成本的必经之路。

(1)正极:高镍三元渗透率提升,备战 9 系时代;结构创新与化工一体化推动磷酸铁锂降本。

(2)负极:石墨负极性能接近理论值,新型硅碳负极产业化蓄势待发,解决体积膨胀问题是产业化关键。

(3)电解液:锂盐待革新,固态电解质拉开序幕,但仍受到技术和成本的双重制约。

(4)隔膜:湿法、干法拥有各自应用场景,固态电池技术成熟后将不可避免冲击隔膜产业。

(5)结构创新:国内引领 CTP(cell to pack)创新,CTC(cell to car)或成为电池厂和正极厂下一个角力点。

14.4.3　投资策略

碳排放政策超预期,全球电动化加速,渗透率快速提升。建议重点关注具有差异化竞争优势的全球龙头新能源车产业链。新能源车下游高度景气,市场不断调高销量预期;中游整体排产较好,建议重点关注当前供需较为紧张、盈利预期修复的环节,如隔膜、铜箔、六氟磷酸锂、聚偏氟乙烯(PVDF)、碳酸亚乙烯酯(VC)、上游锂资源及负极。

14.5　数字能源产业链创新投资

14.5.1　投资背景

双碳时代下蕴藏着巨大数字能源投资机会。一方面,受制于产业链不通畅,传统能源消费市场出现了产能过剩、能源周转、能耗过高等问题,消费者难以享受更加实际、优惠、便捷的能源服务。这使得能源行业的数字化变革成为全社会的迫切需求和共识。另一方面,从国家能耗数据上看,截至 2021 年,中国汽车相关油电消费近 4 万亿元人民币;能源消费赛道规模已经达 10 万亿元。伴随着全球气候变暖、电气化转型、VC涌入及全球能源系统的结构化转变,在海量的新能源投资机遇中,能源产业的数字化变革已经成为业界迫切的需求和共识。

根据中国信通院发布的研究报告,2020年中国数字经济规模达到39.2万亿元,占GDP比重38.6%,同比名义增长9.7%,是当前最具活跃度、最具创新性、最具辐射力的新经济形态之一;同期,中国能源消耗量占全世界的20%以上。两者交叉衍生出的数字能源将是一个万亿起步的市场,如风光发电、储能、充电、工业与建筑节能、站点与数据中心节能、配电网等,都是其中场景之一。

14.5.2 投资重点

数字电力,寻找存量与增量的机会。数字电力产业链可以被拆解为电力资产(设计、咨询/工程、设备、基础软硬件、监测/运维、终端/电表)、电力营销、电力企业信息化,整体轻总量重结构,配网侧、智能化投资比例加大。发电侧重点在于绿色能源的接入;电网侧的输电重点关注特高压和柔性输电;配网侧投资占比大幅提升,给自动化、智能化如二次设备、智能巡检、调度2.0、营销2.0带来新机会;用电侧的机会是智能电表和充电桩,同时碳资产管理、综合能源服务也是增量;储能侧贯穿发输变配用,抽水储能是发展新机会。

数字煤炭,政策催化与下游盈利共振。煤矿智能化有内在需求,煤炭工业作为中国传统支柱型工业,煤矿生产是整个煤炭工业的核心所在,数字煤炭建设的最终目标是智慧矿山,即对生产、技术和后勤保障等进行主动感知、实时互联、自动分析、快速处理的无人矿山,智慧矿山建设能够极大地提升煤矿生产效率、优化生产管理、保障生产安全及降低生产成本。数字煤炭建设中要重点关注嵌入式软件及设备,评估智能综合管控平台、智能地质保障系统、智能采掘通风系统的开发程度。

数字水务。水务工作主要包括防汛防台、资源水利、生态水务、城市水务等四大领域,根据业务类型可分为供水业务与污水处理,具有明显地域性、公共服务性。数字水务受需求、政策、技术、标杆案例共驱,具有极大的发展空间。具体来看,数字水务产品可分为感知监测与自动控制,通常通过专业设计的控制与监测设备或在水表、水泵、水阀中加入传感器及嵌入式软件实现自动控制、感知监测。

数字热能。供热是利用一个或多个热源通过供热管网向用户供应生产和生活所需热能的供热方式,主要涉及热源厂、换热站、一级管网、二级管网,以及用户设施设备。数字供热通过物联网网络,利用大数据、人工智能、云计算等先进技术手段对换热站、二次网庭院及热用户所有生产数据进行监控和管理分析,帮助供热企业对整个供热系统进行过程管理和运行管理,不仅可实现供热系统的整体节能,还可提高调度效率,便于高层管理决策。

数字化能源综合管理平台。无论楼宇是政用、企用还是民住,在能源管理上都存在能耗信息失真,缺乏完善的能效管理与监测工具等痛点,亟须智慧化、数字化平台。数字能源综合管理平台的搭建可以提高能源的利用效率和需求侧灵活性;帮助用户更好地了解能源使用情况、降低能耗支出成本、完善基建;提供底层数据保证,以便能源管理企业进一步推广清洁能源解决方案、降低能源转型成本。

14.5.3　投资策略

数字能源产业的传导周期为先硬后软,即硬件设备——嵌入式软件——应用软件、服务。投资逻辑分为两个方面,一是存量市场,扩容的增长,新技术对存量的替代,难以爆发性增长,以及寻找竞争壁垒高、竞争格局好、竞争力强的公司;二是增量需求,0 到 1 的过程带来爆发性增长,寻找高壁垒环节的公司,能源功率预测、双碳交易平台、电改后交易系统、电力机器人、储能等。

14.6　碳中和产业链创新投资

14.6.1　投资背景

碳中和是通过节能减排、清洁能源发电等形式,抵消排放的二氧化碳总量,实现二氧化碳的零排放。这个概念最早源于《巴黎协定》,2015 年在巴黎举行的气候变化大会上,联合国成员国达成了共识,要把全球平均气温上升控制在较工业化前不超过 2℃之内,并在 21 世纪后半叶,也就是 2050—2100 年,实现全球碳中和。随后,越来越多的国家公布了实现碳中和目标的时间表。中国 2009 年在哥本哈根气候大会做出碳减排的承诺,并于 2015 年巴黎气候大会进一步强化。2020 年,在巴黎协定签署 5 周年之际,中国首次明确碳中和时间点。习近平总书记在第七十五届联合国大会一般性辩论上宣布,将提高国家自主贡献力度,采取更有力的政策和措施,二氧化碳排放力争于

2030 年前达到峰值,努力争取 2060 年前实现碳中和。国内碳中和行业在"3060"目标主旋律的引导下进入高增长期,全球也迎来碳中和投资热潮,碳中和、零排放正在以前所未有的方式重塑投资。绿色转型正在成为最大的确定性,这一确定性正有力引导大量社会资本转向碳中和相关产业。

14.6.2　投资重点

六大路线:源头减量、能源替代、节能提效、回收利用、工艺改造、碳捕集。

源头减量:短期减排压力下,政府可能通过"能耗"等措施进行供给侧改革,需要关注是否发生阶段性冲刺,引发大宗商品价格进一步上涨。吨产品能耗大户包括电解铝、硅铁(钢铁)、石墨电极、水泥、铜加工、烧碱、涤纶、黄磷、锌等。

能源替代:以风光、储能、氢能、新能源汽车为代表的新能源行业,包括供应链上下游、制造端、运营端的智能化转型升级在内的全产业链都将受益于碳中和对投资的拉动。

节能提效:工业节能、建筑节能及节能设备将受益。

回收利用:再生资源的回收利用可以有效减少初次生产过程中的碳排放,如废钢、电池回收、垃圾分类及固废处理。

工艺改造:主要集中在电池技术升级、智慧电网、分布式电源、特高压、能源互联网、装配式等方面。

碳捕集:部分路径碳减排的难度较大,二氧化碳捕集、利用与封存可能作为"兜底"技术存在。目前来看成本处于高位,不同路线成本在 700~1500 元/吨。

14.6.3　投资策略

碳减排的短期压力促生了基于行政手段压减产能的供给侧改革预期。能源革命下可再生能源逐渐成为主角。建议关注逆变器、光伏、风电、锂电新能源汽车及储能、氢能、运营商、充电桩、锂电设备等领域。

以节能、循环利用为主线的产业升级。建议关注节能措施、废钢利用、电池回收、垃圾分类、再生资源、智慧电网等领域。

14.7　挑战资本极限：产融一体化

14.7.1　产融一体化支撑

能源革命就是新一轮能源产业转型升级。金融资本是最重要的生产力要素之一，每一次产业变革都离不开金融资本力量的赋能。要实现碳中和，需要对现有能源进行颠覆性的革命，淘汰旧的能源供给业态，建立更新、更清洁的能源保障体系。新旧能源保障产业的转变，需要有更多、更集中的金融资本赋能，推动新能源产业快速成长。因此，可以建立政府产业引导和新能源专项基金，促进新能源产业与金融资本流动高度融合，通过基金金融工具，精准投资新能源产业，全面推动能源革命发展，为碳中和夯实能源产业基础。

14.7.2　平台型总部经济支撑

从过往能源革命实践来看，每一种新能源出现，组织形态上都是企业单打独斗，没有形成共生共赢的组织形式；从生产环节来看，产品专业封闭，没有形成互动协作的产业链生态。工业革命带来了数字化，要运用数字化的工具整合细分产业链平台，通过平台型总部经济，推动能源产业上下游企业抱团发展，互为支撑，减少内耗；扩大能源龙头企业对能源产业投资范围和力度；利用平台数据流、信息流、业务流，为供应链金融提供可靠的应用场景，为平台上下游中小企业提供及时有效的金融产品。

14.7.3　链长制支撑

能源革命是一场人类为了自己生存的革命，是全社会共同的使命。能源革命需要企业的努力、产业的支撑，更需要政府职能的推动和扶持。要充分应用正在推行的链长制，建立新能源细分产业链长制管理机制，增强对能源产业链的整合组织能力，在链长制的推动下，通过供应链、金融链、技术链、人才链、服务链赋能低碳绿能产业的健康发展，促成"3060"国家战略目标的实现。

第 15 章

能源革命——挑战创新极限：走向碳中和

学习目标

（1）了解碳中和专利和标准状况。

（2）掌握碳中和技术创新。

（3）清晰碳中和产业图谱。

15.1 碳中和专利和标准状况

随着越来越多的国家、企业和组织致力于实现碳中和，全球加快了对碳中和专利申请和标准的建设。截至 2021 年 2 月，世界银行已拨款超过 12 亿美元用于碳中和投资和举措，重点是可再生能源和能源效率。国家、企业和组织也在投资研发，开发新技术和新工艺以减少排放，并激励探索碳中和解决方案。随着国家、企业和组织继续投资碳中和计划，对碳中和专利申请和标准的建设会不断加速。政府、企业和组织必须继续合作和创新，以创造全球碳中和经济。

全球碳补偿专利和标准的竞争非常激烈。许多公司和组织都在竞相开发碳中和产品和服务的标准和专利。微软、谷歌和苹果等公司都制定了自己的碳中和标准。各国政府也越来越重视碳中和，许多国家出台了法规和激励措施鼓励企业减少碳足迹。此外，越来越多的非营利组织致力于促进碳中和。随着碳中和专利和标准竞争的加剧，企业保持领先地位并确保其产品和服务符合最新标准非常重要。

全球碳中和专利统计是一项对全球碳中和技术发展的专利数量进行统计的工作。这项工作主要是分析各个国家、各个领域的碳中和技术发展和专利数量，以及各个碳中和技术的研发方向和热度等。这项工作的目的是为了掌握全球碳中和技术的发展趋势，以及政府和企业可以采取的相关措施。有一些针对全球碳中和专利和标准建设的具体措施可供考虑。

（1）制定有助于碳中和技术的开发和应用的专利政策，例如政府鼓励企业申请碳中和专利，并给予一定的优惠政策。

（2）加强对碳中和技术标准的制定，使标准更加适应市场需求，推动碳中和技术的研发和应用。

（3）建立碳中和技术的专利池，通过技术贸易让更多企业和机构接触到碳中和技术，同时也能让更多企业拥有碳中和技术。

（4）政府可以设立碳中和技术的补贴和采购方案，以推动碳中和技术的研发和应用。

全球碳中和专利和标准目前正在加速发展，主要因为全球温室气体排放量正在增加，迫使世界各国采取行动以减少排放。此外，联合国气候变化框架公约（United Nations Framework Convention on Climate Change，UNFCCC）的《巴黎协定》进一步提高了碳中和技术的重要性。

碳中和专利和标准通常用于创建可持续发展的系统，以减少温室气体的排放，实施碳汇、碳抵消和碳捕集等解决方案。专利技术可以提供创新的技术解决方案，并帮助企业快速投资，推出新的碳中和技术。标准则为碳中和技术提供了一致的定义和标准，以确保其在全球范围内的应用。

现有的全球碳中和专利和标准的发展主要受到国家和国际组织的支持。联合国气候变化框架公约（UNFCCC）起草了《巴黎协定》，该协议旨在提高各国对碳中和技术的重视。此外，国家和国际机构还正在制定政策和法规，推动碳中和技术的发展。

此外，许多国家和组织都在开发碳中和专利和标准，包括美国、中国、日本和欧盟等国家和地区。这些专利和标准的发展，正在帮助政府、企业和消费者更有效地应对气候变化，从而促进全球碳中和技术的发展。

据中国国家知识产权局数据显示，2016—2021 年，全球绿色低碳专利授权量累计 47.1 万件，其中，中国国家知识产权局授权 16 万件，占 34％。近 5 年，中国绿色低碳专利授权量年均增长 6.5％，已成为拉动绿色低碳技术创新的重要力量。

15.2 碳中和技术创新

15.2.1 煤炭的碳中和技术创新

技术创新是推动煤炭行业发展的关键,以实现煤炭行业的绿色环保。

1. 推进煤炭动力技术改造升级

通过改进煤炭的热质量、利用热质量、改进煤炭的燃烧技术等手段提高煤炭的热效率,改造和升级煤炭动力技术、节能减排技术,提高煤炭动力设备的效率和能源利用率,实现节能减排。

2. 加强煤炭综合利用技术

煤炭综合利用是提高可再生能源利用率的重要手段之一,实现煤炭的多元化利用,可以有效改善煤炭的绿色环保性能。

3. 研发绿色清洁煤技术

研发绿色清洁煤技术,通过提高煤炭的热值并降低烟尘、二氧化碳等污染物排放,起到净化空气、保护环境的作用。如捕集技术、热解技术、变压燃烧技术等,有效控制煤炭排放。

4. 推广节能环保新技术

推广节能减排技术,加强煤炭行业能源消耗管理,减少污染物的排放,从而实现绿色环保。

综上所述,煤炭的碳中和技术创新主要包括改善煤炭的热效率、改进煤炭的燃烧结构、改善煤炭的利用结构、改进煤炭清洁利用技术等,有助于降低碳排放,有利于环境保护。

15.2.2　化石能源的碳中和技术创新

绿色环保技术创新对于减少对化石能源的依赖至关重要。开发更有效的太阳能、风能、水能、海洋能源和生物质能源技术是减少对化石能源依赖的关键。同时,对现有的燃料转换技术进行改进,例如,提高发动机的效率、改善发电机的性能、减少排放,也可以减少对化石能源的依赖。另外,技术创新也可以推动新型能源技术的发展,例如,先进的储能技术,可以更有效地利用可再生能源,减少对化石能源的依赖。近年来,化石能源的碳中和技术创新发展得十分迅速,为解决全球变暖问题提供了有力的支持。

1. 碳捕集和封存(CCS)技术

CCS 技术是将大气中的二氧化碳捕集并封存起来,以减少温室气体的排放,从而改善全球气候变化。应开展重点企业碳捕集技术研究,推进碳捕集、封存技术的示范。

2. 碳循环利用技术

碳循环利用技术利用碳排放的能量,将二氧化碳和水分解成碳和氧,并将碳转换成燃料及其他化学品,从而减少温室气体的排放。

3. 碳捕集利用和储存技术

碳捕集利用和储存技术可以通过吸收二氧化碳,将其储存在地下,从而降低大气中二氧化碳的浓度,减少温室气体的排放。

4. 能源转换利用

能源转换利用指的是推广燃料电池发电技术,推行甲烷改性和汽油改性技术,推广气体发电技术。

5. 植物油技术

植物油技术是利用植物油替代化石燃料,以减少温室气体的排放。

6. 深水勘探

推进海洋石油勘探技术改进,提高海洋石油勘探开发的成本效益。

通过这些技术创新可以有效减少温室气体的排放，从而解决全球变暖问题。

15.2.3　再生能源的碳中和技术创新

再生能源的技术创新不仅指将太阳能、风能、海洋能、生物质能等转化成能量以满足人类能源需求的技术创新，还包括在网络环境中的技术创新和网络技术创新，以及环境技术创新。

1. 再生能源的技术创新

再生能源的技术创新主要指再生能源技术的研究与开发。主要包括改进再生能源设备的结构设计，提高其性能；改善再生能源的利用系统，提高其可用性；开发更高效的再生能源利用技术，实现更多的再生能源利用；以及再生能源的储存和转换技术的研究，提高再生能源的可利用性，减少对传统燃料的依赖，实现更高的能源节约效果。

2. 再生能源的网络技术创新

再生能源网络技术创新是再生能源在网络环境中的技术创新，主要包括可再生能源网络的结构设计、信息技术应用、能源调度算法、节能降耗技术等。再生能源网络技术创新主要是为了提高再生能源的使用效率，实现更高的能源节约。例如，在再生能源网络中可以应用大数据分析技术，对再生能源的利用情况进行监测和分析，实现能源的更合理调度；也可以应用智能控制技术，实现再生能源的更高效利用，达到节能减排的目的。

3. 再生能源的环境技术创新

再生能源的环境技术创新主要指再生能源与环境相关的技术创新。包括再生能源的环境污染控制技术，再生能源利用系统可以更加绿色环保的技术。例如，技术创新可以实现降低的再生能源设备污染排放，减少再生能源系统的环境影响；可以开发更加绿色环保的再生能源利用系统，以及再生能源的储存和转换技术，实现更好的环保效果。

随着再生能源技术创新，再生能源利用率不断提高，再生能源将会发挥越来越重要的作用。这不仅可以改善空气质量，减少温室气体的排放，还可以提高能源效率，降低能源成本，改善再生能源的可用性和可靠性，为走向碳中和奠定基础。

15.2.4　氢能的碳中和技术创新

氢能是最重要的绿色环保创新技术之一。氢能具有清洁能源、高效、无污染等优点。近年来在氢能技术创新上的投入，使燃料电池技术、制氢技术、储氢技术的研发取得重大进展。核心技术创新如下。

1. 提高氢的储存密度

优化改进氢的储存技术，提高储存系统的容量，减少储存系统的体积，降低氢能储能成本，促进其大规模应用。氢能储能技术的研究方向包括开发高性能低成本的氢能储能电池及储能系统，改进氢能储能设备技术，以及基于可再生能源的氢能储能系统的研发。此外，氢能储能系统的安全可靠性、系统集成、智能控制等关键技术的研发也是重要任务。

2. 建立氢转换反应网络

利用化学反应技术建立各种氢能源系统之间的转换网络，实现氢能源的综合利用。在建立氢转换反应网络中，需要考虑到氢的多种形式，以及这些形式之间的转换。在氢发生的反应中，常用的反应形式有氢原子、氢分子、氢离子和氢氧化物，这些反应形式之间可以通过一系列化学反应来实现转换，可构成一个氢转换反应网络。

3. 实施氢能源的综合利用

氢能的综合利用有助于减少二氧化碳等污染物的排放，降低能源消耗，提高能源利用效率，促进能源产业转型升级。在基础设施方面，氢能需要建设加氢站、制氢、储存和配送系统，发展氢燃料电池汽车。在技术方面，氢能需要发展电解、天然气重整、生物质汽化等制氢技术，发展燃料电池、氢发动机等氢气利用技术。在政策法规方面，要制定氢能发展的优惠政策和标准，如对氢气的生产、储存、配送和运输给予补贴，实施氢燃料电池汽车排放标准等。在安全方面，要加强制氢、储运等环节安全管理，确保氢能利用项目安全有效实施，有效提高氢能源的利用效率。

4. 开发可再生能源制氢

通过发展太阳能、水力能等可再生能源直接制氢,实现氢能源的可持续发展。

5. 建立氢能源资源共享体系

建立氢能源资源共享体系,实现氢能源的共享发展。

总之,随着一系列措施的实施促进氢能技术的创新发展,使氢能技术不断完善,预计在不久的将来氢能将得到广泛应用,成为碳中和的不可或缺的部分。

15.2.5 电池的碳中和技术创新

电池和储能技术的发展,给社会带来了经济和环境的双重好处;电池和储能技术的进步,为社会提供了可再生能源、低碳能源和清洁能源的稳定供应,为经济发展提供了支撑。此外,改善电池和储能技术,还有助于减少污染和温室气体的排放,以及有效地利用能源。电池的重点技术创新领域如下。

1. 锂电池技术

由于锂电池的高能量密度,其被广泛应用于移动电源、汽车电池和其他新能源应用领域。最近,锂电池技术又取得了新的进展,如改进电池容量,提高电池安全性能及延长电池寿命等。

2. 超级电容器技术

超级电容器是一种无极性电容器,具有高能量密度、高放电速率、低温特性等优点,可以有效地储存能量,并应用于汽车发动机启动和新能源供电系统。

3. 钠电池技术

钠电池是一种新型的长寿命、低成本电池,具有高能量密度和高安全性,可以用于储能和新能源应用领域。

4. 镍氢电池技术

镍氢电池具有高能量密度、高放电速率、低温特性等优点,可用于汽车发动机启动、储能和新能源应用领域。

5. 燃料电池技术

燃料电池是一种新型的储能技术，具有低碳排放、高效率、可持续发展等优势，可以用于汽车发动机启动和新能源应用领域。

6. 固体电池技术

固体电池技术已经发展了很长一段时间，比液体电池更加安全、可靠和适用于高温环境。受到电子和汽车等行业的推动，固体电池技术发展迅速，并取得了许多创新性成果。在材料创新方面，主要包括改变电池正极和负极材料及电解液，例如，碳材料可以替代传统的锂电池的正极材料，可以提高电池的安全性和耐久性；由金属氧化物构成的负极材料可以提高电池的容量和功率；改变电解液的结构可以提高电池的稳定性和可靠性。在结构创新方面，主要是改变电池的结构形式，包括电池组件的排列方式、电池容量和尺寸等，例如，可以采用多层电芯结构，以增加电池的容量；采用小尺寸的结构可以更好地适应各种应用场合。在多功能创新方面，主要是改变电池的功能，使其具有自动充电、多种充电模式、自动放电等功能。这些技术可以使电池更加方便、快捷、安全，更加符合用户的使用需求。

7. 采用新型电池技术

采用新型电池技术如先进的电池管理系统、多层次电池保护系统、高密度电池等可以提高电池的容量、循环寿命和安全性。为了提高电池和储能技术的可靠性和有效性，政府需要采取有效的政策，以支持和促进电池和储能技术的发展。政府可以通过制定更多的政策和法规，促进电池和储能技术的发展。同时，政府还可以通过鼓励企业投资、重点支持和提供补贴，来推动电池和储能技术的发展。

基于碳中和的目标，电池的技术创新仍然有巨大的空间：改善电池性能，提高储能效率，实现绿色能源转换；开发新型电池技术，使电池具有更低的成本，更长的寿命和更高的能量密度；研究新型电池材料，如多孔碳材料、石墨烯材料和其他类型的电池材料，以实现更高的能量密度；探索新型电池系统，以满足不同应用领域需求，实现低成本、高能量密度、高安全性和高可靠性。

15.2.6　碳中和数字能源技术创新

在走向碳中和的过程中,数字能源技术创新具有举足轻重的地位,涵盖了从数据采集到计量、分析、决策、控制和模拟等多个领域,为能源系统提供了一站式服务。

数字能源技术创新能够提高能源利用效率、减少能源消耗、促进能源的可持续发展。可以帮助企业更好地管理能源,实现能源的智能管理,节省能源成本,降低能源消耗,提高能源利用效率,改善能源供应稳定性,实现智能供应链,改善能源市场运作,推动新能源发展,实现可持续发展的目标等。

1. 智能电网技术

智能电网技术是一种使用自动控制和智能优化系统提高电网效率和安全性的技术,它能够检测到异常的电流、电压、功率和其他参数,并能自动调整电网系统以保证电网的正常运行。

2. 分布式发电技术

分布式发电技术是指利用局部地区的自然能源,如太阳能、风能、生物质能等,在局部地区发电,而不是依靠大型电力发电厂输电。

3. 储能技术

储能技术是指将电能转换成其他形式的能源,如化学能、热能或机械能,以便在需要能源的时候进行反向转换,满足用户的需求。

4. 节能减排技术

节能减排技术是指采取各种措施,如节电、提高能源利用率等,来降低能源消耗,减少温室气体的排放。

此外,数字能源技术还支持能源优化服务,实现能源系统的综合优化,提高能源利用率,减少能源消耗,节约能源成本,实现可持续发展的目标,为走向碳中和奠定基础。

15.3　碳中和产业图谱

——

　　根据与碳减排相关度（碳排放来源构成：51％电热能源、28％工业制造业、10％交通业），将碳中和划分为三大碳中和产业路径。

　　（1）高度相关产业：电力脱碳（如火电、水电、光伏、风电等）、输配升级（如储能、特高压等），供输两端直接推进深度脱碳。

　　（2）中度相关产业：高碳工业供改（如钢铁、水泥、化工等）、建筑节能减排（如装配式建筑等）、新能源车（如动力电池等），碳中和驱动传统工业、制造业升级转型。

　　（3）衍生相关产业：高耗电产业（如电解铝等）、潜在的高耗高排领域，环保产业（如固体废物等），节能减排下的碳回收者[1]。

　　根据国际可再生能源机构（the international Renewable Energy Agency，IRENA）对全球 2050 年可再生能源预期数据显示，可再生能源在电力产业的占比将从 2015 年的 24％上升到 2050 年的 86％；在工业的占比将从 2015 年的 14％上升至 2050 年的 63％；在建筑业的占比将从 2015 年的 36％上升至 2050 年的 77％；在交通运输业的占比将从 2015 年的 4％上升至 2050 年的 58％。[2]

15.4　碳中和——创新突破人类极限

——

　　人类可持续发展的目标是在满足当前能源需求的同时，保护环境，减少污染。为此，通过能源革命的技术创新突破了人类的极限，以求可持续的能源开发和使用，达到碳中和。

　　能源革命技术创新主要涉及节能技术、再生能源、节能型建筑、节能设备、原材料利用、特高压、能源互联网等多个方面。首先通过技术创新实现化石能源（如煤炭、石油、天然气等）的转型，一方面发展先进清洁高效煤电技术，与此同时提升煤焦化、冶金、水泥、化工等各行业煤炭资源的利用率,另一方面要加强碳循环、封存和转化利用技术的创新,主要通过排放端和碳汇端两个维度实现,最终将煤电从基础能源转化为可再生能源的备用电源,打造煤炭资源清洁转化产业。其次非化石能源利用的技术创新更为关键,可以更有效地利用太阳能、风能、氢能、水能、海洋能等可再生能源,实现低碳减排。供给端的能源革命技术创新概况示意图如图 15-1 所示[3]。

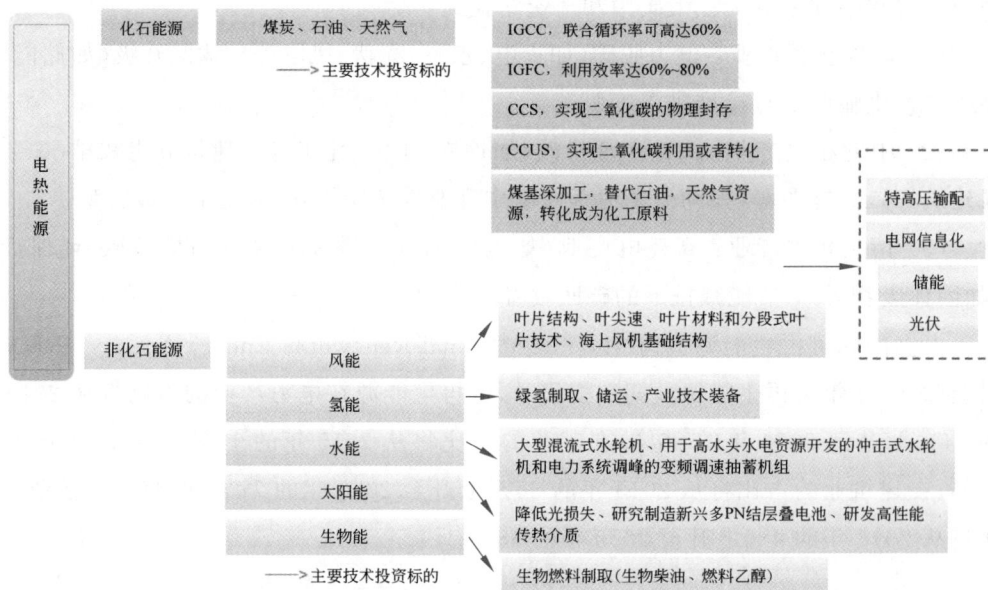

图 15-1　供给端的能源革命技术创新概况示意图[3]

注:IGFC 是整体煤气化燃料电池(intergrated gasification fuel cell)

从产业供给端领域来看,主要实现电力脱碳,减少化石能源的使用,推动非化石能源的发展,同时进一步加强能源革命技术创新包括特高压输配、电网信息化、储能等,打造全球能源互联网骨干网架。当前特高压交流输电工程在中国已经成功运行,该技术在大规模能源基地远距离输电场景及跨大区骨干电网构建方面具有巨大优势,但是在输电距离、容量、拓扑及关键设备等方面需进一步提升和改进。储能方式主要分为机械储能、电化学储能、电磁储能、储热和化学储能等,整体上储能技术未来将向大容量、高安全、长寿命、低成本的方向发展[3]。此外,针对工业节能转型升级、交通的节能减排、节能型的建筑、节能设备,以及原材料利用技术,结合外部环境形成零碳产业发展协同效应。

　　零碳产业发展协同效应是多个零碳产业之间的联系，以及它们之间产生的合作效应。这种协同效应可以帮助激发零碳产业的发展，使其可以在更短的时间内取得更快的发展。零碳产业之间的协同效应可以通过四个方面体现：外部环境、技术转移的零碳产业系统、能源供给侧转型及数字化赋能。

　　外部环境包括共享化及个性化的消费理念，智能化及去中心化的工业行业技术，以及城市化及去工业化的宏观社会经济。零碳产业系统：通过对工业的产业升级及产品再生，提高交通的电气化效率，节约建筑耗能等产生能效提升。在能源供给侧采用零碳电力并发挥储能优势。数字化系统性方案为零碳产业系统及能源供给侧赋能如图 15-2 所示[4]。

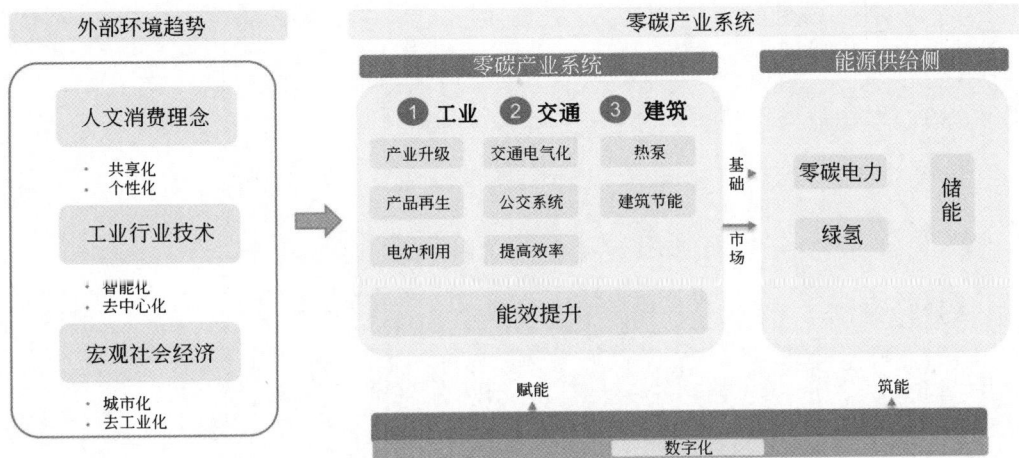

图 15-2　数字化系统性方案为零碳产业系统及能源供给侧赋能[4]

　　可再生能源产业可以利用其他零碳产业的创新技术成果，提高自身的发展速度。零碳产业也可以利用其他零碳产业的创新融资渠道获得资金，从而更快地实现可持续发展。零碳产业还可以通过数字化赋能及共享资源创新，更有效提高自身的发展速度。总之，零碳产业的协同创新对于加快零碳产业发展至关重要。它可以帮助零碳产业更快地实现可持续发展，并有助于改善大气污染和降低碳排放，走向碳中和。

参 考 文 献

［1］ 倪赓，戴康，郑恺. "碳中和"产业图谱与指数构建［R］. 广州：广发证券，2021.

［2］ GÜL T, PALES A F, LEVI P. 中国能源体系碳中和路线图［R］. 巴黎：国际能源署，2021.

［3］ 段小乐，杨一凡. "碳中和"如何改变全球产业配置格局？［R］. 成都：国金证券，2021.

［4］ 陈济，李抒苡，李婷，等. 零碳中国. 绿色投资［R］. 北京：中国投资协会，2021.

能源革命，未来可期

　　能源带来了人类文明之光，能源带来了工业革命，而新一轮的工业革命又推动能源革命的升级和加速，触发新一轮前所未有的能源革命大变局。近几十年，人们高度重视工业革命对人类发展进程的影响，却没有把能源革命提到应有的重视程度。本书回顾了第一、第二次能源革命，全面地梳理了正在进行的第三次能源革命核心要素——再生能源：太阳能、风能、生物质能、微纳能源、海洋蓝色能源等，而能源互联网将是再生能源规模化的重要基础设施。发展新能源替代、实现能源转型、降低化石燃料排碳量，将是中国实现"二氧化碳排放力争于 2030 年前达到峰值，努力争取 2060 年前实现碳中和"的重要能源战略。在新一轮工业革命的加持下，结合数字科技工具，包括人工智能、大数据、云计算、区块链、边缘计算、数字孪生、虚拟现实、元宇宙等，以及半导体和新材料，我们正在步入第四次能源革命，特高压突破传输极限、氢能突破工艺极限、电池突破新材料极限、数字能源突破数字化极限，融合新一代科技手段，挑战创新极限人类终将实现碳中和。完整能源革命的发展及关系逻辑如下图所示。

　　当前，新一轮能源革命正在兴起，从科技创新的角度来看，很多实现碳中和的技术还不成熟，需要重大领域的科技突破；实现碳中和涵盖的科技领域不仅包含能源，还涉及交通、建筑、工业、农业、生物科技、信息通信技术、人工智能等。从经济转型角度来看，碳排放涉及整个经济系统，任何企业都有碳排放的问题，需要整个经济体系里每一个经济个体的转型，也需要相关的基础设施和金融体系的转型。本书在书写过程中还在不断传来各种能源相关的信息："能源革命下一站，新型储能大爆发""人工智能将是能源革命的一部分"，还有人正在研究生命科学、外太空与下一阶段的能源革命，总之，新一轮的能源革命才刚刚开始，还有极大的想象突破空间，让我们共同努力并期待接下来几十年能源革命带我们走向碳中和。

能源革命——挑战
资本极限：产
融一体化

→

能源革命——挑战
创新极限：走
向碳中和

第14章 第15章

第12章

**能源革命
与碳中和**

第13章

能源革命——挑战
新材料极限：电池

能源革命——挑战
数字化极限：
数字能源

第10章 第11章

能源革命——挑战传
输极限：特高压

能源革命——挑战
新工艺极限：氢能

第四次能源革命

第7章
高熵能源——
微纳能源

第8章
海洋蓝色
能源

第9章
综合能源系统
与能源互联网

第4章
可再生能源——
太阳能

第5章
可再生能源——
风能

第6章
可再生能源——
生物质能

第三次能源革命

第1章
能源及碳中和概述

第2章
第一、第二次
能源革命

第3章
煤炭高效清洁
利用

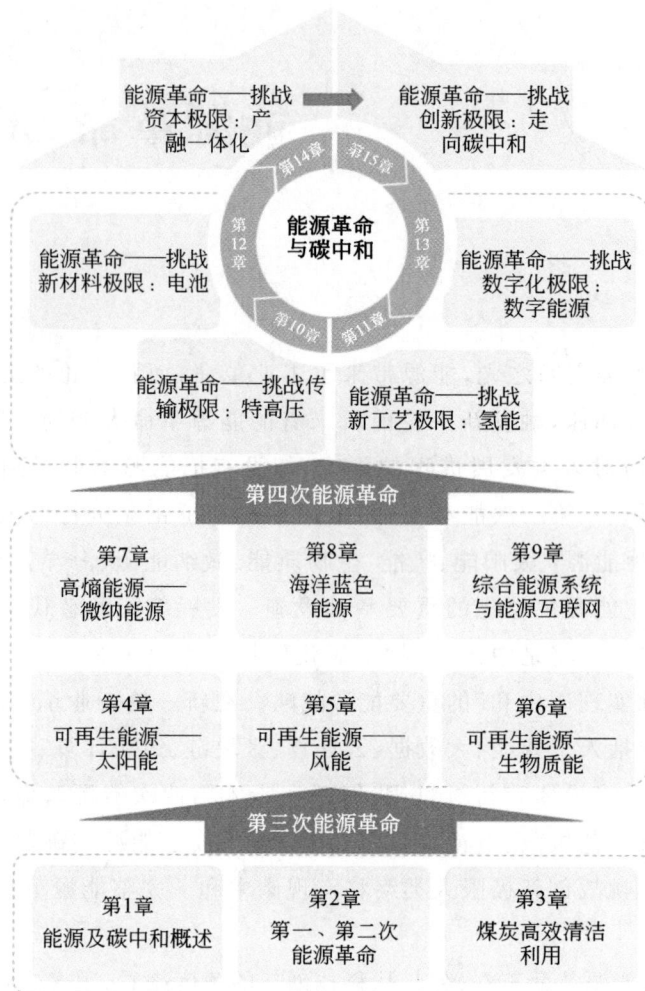

图　能源革命与碳中和的发展及关系逻辑